커뮤니케이션 사상가들

강준만 지음

커뮤니케이션 사상가들

인물과
사상사

"커뮤니케이션은
노력할 때 가능해진다"

사상과 이론은 시간이 지나면서 그 역사성을 상실하고 추상화되거나 신비화되는 경향이 있다. 어떤 주의나 주장이 그 시공간적 맥락과 상황에서 이탈해 떠돌아다니다 보면 현실의 이해에 도움을 주기는커녕 현실의 이해를 어렵게 만드는 경우도 없지 않다.

이와 관련, 흔히 '구조주의의 아버지'로 불리는 프랑스 인류학자 클로드 레비스트로스Claude Lévi-Strauss, 1908~2009가 1960년대에 "오늘날 프랑스에서 이해되고 있는 바와 같은 의미에서라면 나는 구조주의자가 아니다"고 선언한 것은 의미심장하다. 그는 자신을 '구조주의의 아버지'니 뭐니 하고 부르는 것에 대해선 짜증까지 냈다. 왜 그랬을까? 레비스트로스가 보기엔 '구조주의'가 유행하면서 그 의미가 크게 왜곡되었다는 것이다.

나는 커뮤니케이션학을 공부하면서 그와 유사한 문제에 자주 직면했다. 굳이 '왜곡'까지는 아니라 하더라도 어떤 실용적인 사상조차 '추상화'와 '현학衒學'에 의해 불명료하고 난해한 것으로 변질되어버린 게 아닌가 하는 생각을 자주 했다. 그래서 나는 인물에 많은 관심을 기울였다. 물론 사상과 이론은 그 출처나 배경과는 무관하게 그 자체로 평가되어야 할 것이다. 다만 그 이해의 총체성을 위해 그 출처와 배경에 관심을 기울이는 건 매우 중요하거니와 재미도 있다는 걸 깨닫게 된 것이다.

나의 그러한 관심은 프랑스 사회학자 피에르 부르디외Pierre Bourdieu, 1930~2002가 강조하는 이른바 '성찰적 사회학reflexive sociology'의 정신과도 통하는 면이 있다. 이 성찰적 사회학은 부르디외 이전에도 많은 사회학자가 제기한 바 있다.

예컨대, 앨빈 굴드너Alvin W. Gouldner, 1920~1980가 주창한 '성찰적 사회학'은 사회학자가 자신에 관해 알고 사회 세계에서 자신의 입장에 관해 알아야 한다는 것이 그 핵심이다. 요컨대, 여기서 성찰성은 지식의 생산자를 탐구하는 것이다. 굴드너에게 성찰성은 실천 가능한 프로그램이라기보다는 슬로건의 성격이 강했지만, 부르디외는 좀더 적극적이고 구체적인 입장을 취한다. 예컨대, 그는 사회과학자에게는 자신의 소속 계급에서 비롯되는 무의식적 전제를 분석해야 할 과제가 부여된다고 주장하며 그 주장을 실천으로 옮겼다. 나의 주된 관심은 '성찰적 사회학'의 그러한 정신은 비단 '실천'뿐만 아니라 어떤 사상과 이론의 '이해'에도 큰 도움이 된다는 데에 있다.

사상과 이론 중에서도 나는 커뮤니케이션에 관심이 많다. 커뮤니케이션에 주목하는 한 어떤 주제든지 다룰 수 있고 다루어야 한다는 게 내 생각이다. 나는 학생들에게도 리포트 주제를 잡을 때 전공 분야의 울타리를 뛰어넘어 무엇이건 좋으니 커뮤니케이선에만 집중해달라는 조건을 내건다.

　사람들은 역사는 역사학자들이 쓰는 거라고 생각하는 경향이 있지만, 내 생각은 좀 다르다. 커뮤니케이션사史를 전공한 내가 쓰는 역사는 커뮤니케이션에 방점을 둔다. 차별성이 있다는 이야기다. 그러나 그런 '가로 지르기'에 익숙지 않은 사람들은 내 소속 학과의 이름인 '신문방송학'만 보고선 내가 전공 이외의 분야를 건드린다고 생각하는 것 같다. 나는 그런 고정관념을 넘어서야 한다고 생각한다.

　최근엔 대부분의 대학이 '신문방송학과'라는 이름을 좀더 팬시한 이름으로 바꾸었지만, 그 어떤 작명을 하건 가장 정확한 이름은 '커뮤니케이션학'이다. 커뮤니케이션은 라틴어인 communis(공유)와 communicare(공통성을 이룩한다 또는 나누어 갖는다)에서 유래한 단어로 공통common 또는 공유sharing라고 하는 기본적인 의미를 갖는다. 즉, '공통의 것을 갖게 한다to make common'는 것이다. 달리 말하자면, 사람들이 서로 의미를 공유함으로써 이해에 도달하고 합의에 도달하고 거기에서 공동체의 규범으로서 문화를 창출하는 걸 가리켜 커뮤니케이션이라고 할 수 있다. 본문에 나오는 이야기지만, 레이먼드 윌리엄스Raymond Williams, 1921~1988가 『커뮤니케이션스Communications』(1962)라는 책에서 한 다음과 같은 말을 음미해보는 게 좋을 것 같다.

　"내 생각엔 우리는 커뮤니케이션을 부차적인 것으로 간주하는 어리석음을 범해왔다. 많은 사람이 우선적으로 현실이 있고 그다음으로 현실에 관한 커뮤니케이션이 있다고 당연스럽게 여기는 것 같다. 우리는 예술과 공부를 늘 2차적인 활동으로 간주함으로써 얕잡아본다. 우선 인생이 있고 그다음에 인생에 관한 이야기가 있을 수 있다는 식이다.……공부하고 묘사하고 이해하고 교육시키기 위한 노력은 우리의 인간성에 중심적이고 필요한 부분이다. 이러한 노력은 현실이 일어난 후에 2차적인 것으로 시작된 게 아니다. 그것은 그 자체로 현실이 계속 형성되고 변화될 수 있게 하는 중요한 방법이다. 우리가 사회라고 부르는 것은 정치적이고 경제적인 배열들의 네트워크일 뿐만 아니라 배움과 커뮤니케이션의 과정인 것이다."

미국 경영학자 피터 드러커Peter Drucker, 1909~2005는 "모든 경영 문제의 60퍼센트는 부실하거나 잘못된 커뮤니케이션의 결과다Sixty percent of all management problems are the result of poor or faulty communication"고 했는데, 이 정도면 결코 부차적이거나 2차적인 걸로 보긴 어려울 것이다.

이 책의 제목은 『커뮤니케이션 사상가들』이지만, '커뮤니케이션 사상가'가 따로 있는 건 아니다. 그 누구든 커뮤니케이션에 중요한 영향을 미쳤거나 커뮤니케이션의 구조와 관행과 관련해 어떤 '업적'을 이루었다면, 그 사람의 커뮤니케이션 사상 또는 커뮤니케이션 사상과 관련된 행동은 탐구할 가치가 있을 것이다. 여기서 커뮤니케이션 사상가는 바로 그런 탐구할 가치가 있는 인물을 지칭하는 것이다.

이 책에 실린 인물 가운데에 어떤 인물은 자신의 커뮤니케이션 사상을 직접 역설하기도 했지만, 어떤 인물은 단지 행동만

했을 뿐이다. 나는 그런 행동가들의 행동을 촉발시킨 생각이 무엇이며 그 행동을 둘러싼 환경에 관심을 기울임으로써 그들을 커뮤니케이션 사상가의 반열에 올려놓고자 했다.

이 책에서 다루는 사상가들은 월터 리프먼Walter Lippmann, 1889~1974, 조지프 매카시Joseph R. McCarthy, 1908~1957, 마셜 매클루언Marshall McLuhan, 1911~1980, 자크 엘륄Jacques Ellul, 1912~1994, 머리 에델먼Murray Edelman, 1919~2001, 조지 거브너George Gerbner, 1919~2005, 레이먼드 윌리엄스Raymond Williams, 1921~1988, 앨빈 토플러Alvin Toffler, 1928~2016, 백남준Nam June Paik, 1932~2006, 테드 터너Ted Turner, 1938~ 등 모두 10명이다.

이 책은 20여 년 전인 1994년에 출간한 『커뮤니케이션 사상가들』의 개정판이지만, 사실상 새로 쓴다는 기분으로 많은 공을 들였다. 지난 20여 년간 이 10명에 대해 이루어진 각종 논의를 다 포괄하고자 했으며, 그래서 책의 분량도 처음에 비해 크게 늘어났다. 독자들께서 이 10명의 흥미로운 사상과 삶의 궤적을 감상하는 데에 동참한 게 유익하고 재미있었다고 생각한다면 저자로서 더 바랄 게 없겠다. 커뮤니케이션은 저절로 이루어지는 게 아니다. 우리 모두 이거 하나는 명심하면 좋겠다. "커뮤니케이션은 노력할 때 가능해진다Communication works for those who work at it."

2017년 2월
강준만

차례

제5장　머리 에덜먼
왜 정치는 '상징 조작의 예술'인가?

제6장　조지 거브너
왜 폭력의 공포에 떠는 사람들은 정치적으로 보수화되는가?

월터 리프먼
Walter Lippmann

왜
저널리즘이
민주주의를
결정하는가?

"찰나적인 것을 통해 영원을 보도록 했다"

미국『뉴욕타임스』의 1974년 12월 15일자 1면에는 「정치 분석가 월터 리프먼 85세에 사망」이라는 기사가 실렸다. "은퇴한 칼럼니스트이자 저자며 20세기 미국 정치 저널리즘의 아버지dean인 월터 리프먼이 파크 애버뉴 755번지 사설 요양소에서 어제 아침 심장병으로 사망했다." 이 기사는 1면을 지나 다음 한 면을 온통 채우며 계속 이어지고 있다. 1958년과 1962년 두 번에 걸쳐 퓰리처상을 수상하고, 1964년 대통령이 주는 '자유의 메달'을 수상하고, 책을 25권이나 낸 저자이고……등등.[1]

『뉴욕타임스』는 월터 리프먼Walter Lippmann, 1889~1974이 "찰나적인 것을 통해 영원을 보도록 했다"고 말했다. 리프먼을 스승으로 삼으면서 그를 '경외'의 수준까지 존경해 마지않았던 『뉴욕타임스』의 칼럼니스트 제임스 레스턴James Reston, 1909~1995은 그

에 대한 특집 기사를 따로 쓰고 또 그의 고정 칼럼난에 리프먼의 어록을 게재하는 경의를 표했다.[2]

『뉴욕타임스』의 이런 각별한 대접이 시사하듯이, 리프먼은 '미국 역사상 가장 영향력 있는 언론인'이라거나 '현대 저널리즘 의 아버지Father of Modern Journalism'라는 평가를 받은 인물이다. '언론계의 교황'으로 불리기도 했는데, 이 표현과 관련, 언론학자인 허버트 알철J. Herbert Altschull은 "나는 리프먼을 개인적으로 두 번 만났고 또 전화로 두세 번 이야기를 나눈 적이 있다. 이 모든 것이 직업적인 일로 만난 것이지만, 그럼에도 불구하고 교황을 만나는 그런 분위기가 있었다"고 했다.[3]

리프먼은 '1인 국무성one-man State Department'으로 불릴 정도로 미국의 대외 정책에 큰 영향력을 행사했다. 어떤 국무성 관리는 거의 모든 아침 회의는 리프먼의 최근 평론에 대한 토론으로 시작되었다고 말할 정도였다.[4] 미국 대통령도 결정을 내리기 전에 그의 자문을 했으며, 리프먼은 종종 그러한 결정에 직접적으로 영향을 주었다. 미국의 국력 덕분에 세계의 권력자들이 그의 독자였으며 그의 조언을 갈망했다.[5]

대단한 인물이긴 하지만, 이런 정도의 소개만으론 리프먼이라는 인물의 가치를 제대로 음미하기엔 모자라다. 리프먼은 무엇보다도 현대 저널리즘의 본질적인 문제를 체계적으로 거론한 최초의 인물로 평가되는 것이 옳다. 바로 그것이 우리가 중요하게 생각해야 할 리프먼의 진정한 가치일 것이다. 리프먼이 제기했던 문제는 여전히 해결되지 않은 채로 남아 있으며 특히 오늘날의 한국 언론에 매우 절실한 문제로 떠올랐다는 점에 주목할 필요가 있다. 그와 동시에 리프먼의 삶은 그 자체로 여론에 막강한 영향을 끼치는 전문 언론인의 정치적 위상과 윤리적 문제를 고찰하는 데에 귀중한 교훈을 제공하고 있다는 점에서 음미할 만한 가치가 있다. 그럼에도 리프먼은 우리 학계에서 많이 다루어지고 있는 인물은 아니다. 저널리즘과 여론의 본질적인 문제를 거론할 때에 약방의 감초처럼 짧게 언급되는 수준에 불과하다.[6] 이 글이 그런 불균형을 시정하는 데에 기여하면 좋겠다.

"정치란 인간의 삶처럼 본질적으로 비합리적 현상"

리프먼은 1889년 9월 23일 뉴욕시의 독일계 유대인 가정에서 태어났다. 그의 집안은 매년 온 가족이 유럽 여행을 갈 정도로 부유했다. 1906년 17세 때 드와이트고교Dwight School를 졸업하고 하버드대학에 진학한 리프먼은 그곳에서 윌리엄 제임스William James, 1842~1910, 조지 산타야나George Santayana, 1863~1952, 그레이엄 월러스Graham Wallas, 1858~1932 등에게서 큰 영향을 받았다.

　　산타야나는 스페인 출신으로 어릴 때 미국으로 이주해 살다가 1912년 하버드대학을 떠나 유럽으로 건너가 활동한 세계주의자였다. 산타야나가 제시한 도덕적 인간의 품성은 절도節度, 자제, 초연 등이었는데, 리프먼은 산타야나의 영향을 받아 금욕주의에 매료되었으며, "이 세상의 권력자와 한 식탁에서 저녁 식사

를 수없이 했더라도 언제나 자신을 국외자, 즉 초연한 관찰자로 생각했다".[7]

리프먼이 나중에 그의 친구이자 하버드대학 동급생이었던 존 리드John Reed, 1887~1920를 비난한 것도 바로 초연함의 결과였다. 리프먼은 리드가 자신의 보도에서 초연할 수 없었기 때문에 "직업작가나 직업기자가 아니다"고 했다.[8] 실제로 리드는 1917년 러시아에서 일어난 볼셰비키 혁명을 목격한 것을 기록해 『세계를 뒤흔든 10일Ten Days That Shook The World』(1919)을 출간하는 등 짧은 생애 동안 공산주의자로 맹활약했다.

후일 리프먼에 의해 "나의 가장 위대한 스승"으로 불린 월러스는 당시 하버드대학의 객원교수로 온 영국 정치학자이자 사회주의자로서 인간의 지성을 정치의 기본 전제로 삼는 것에 큰 회의를 느낀 인물이었다.[9] 월러스는 『정치에서의 인간 본성 Human Nature in Politics』(1908)에서 정치는 인간 생활처럼 본질적으로 본능·편견·습관의 지배를 받는 비합리적 현상이며, 정치학의 한계는 인간 본성을 문제 삼지 않고 통계에만 집착하는 데에 있다고 역설했다. 월러스는 "대부분의 사람의 정치적 의견의 대부분은 경험에 의해 테스트된 논리의 결과가 아니라 무의식과 반의식적 추론의 결과에 지나지 않는다"고 주장했다.[10]

리프먼은 대학 시절 카를 마르크스Karl Marx, 1818~1883의 작품들을 열심히 읽었지만 완전히 빠져들지는 않았다. 그는 당시 중산층 개혁가들을 매료시킨 영국의 '페이비어니즘Fabianism'에 큰 매력을 느끼고 곧 그 주창자인 H. G. 웰스H. G. Wells, 1866~1946와 조지 버나드 쇼George Bernard Shaw, 1856~1950와 친분을 갖게 되었다.

리프먼은 비록 부유한 가정에서 태어났지만 유대인이어서 하버드대학 최고 엘리트 학생들의 클럽에는 가입할 수 없었다. 그래서 그는 '사회주의 클럽'을 조직해 회장을 맡으면서 활발한 캠퍼스 정치를 전개했다. 1910년 졸업 후 사회개혁 의지를 실천하기 위해 당시 '추문 폭로muckraking' 언론인으로 명성을 날리던 링컨 스티븐스Lincoln Steffens, 1866~1936의 조수로 1년간 일하기도 했다.

리프먼이 스티븐스 밑에서 보낸 1년간은 '발로 뛰는 취재와 사실에 근거한 주장'의 중요성을 일깨워주어 리프먼은 학자의 안목과 언론인의 현실 감각을 동시에 갖출 수 있게 되었다. 스티븐스는 리프먼을 통해 경찰 기자를 거치지 않고도 훌륭한 언론인이 될 수 있다는 것을 증명하고 싶어 했으며, 그의 그러한 바람은 결코 헛되지 않았다는 것이 후일 입증되었다.

'노동 숭배'와 '민주주의 숭배'에 대한 비판

리프먼이 스티븐스와 결별한 이유는 두 사람의 개혁관 차이였다. 리프먼은 예수를 본뜸으로서 좋은 정부에 이를 수 있다는 스티븐스의 믿음이 "너무 별나다"고 여겼다. 스티븐스의 낭만주의를 받아들이기에 리프먼은 너무 이지적인 인물이었다.

리프먼이 대학을 졸업하던 당시의 미국은 33개 시의 시장이 사회주의자였으며 사회주의자 유진 데브스Eugene V. Debs, 1855~1926가 대통령직에 도전할 만큼 사회주의가 상승 국면을 맞이하고 있었지만, 리프먼의 사회주의는 매우 현실적인 것이었다. 그는 '노동'은 잘못일 수 없고 '자본'은 늘 잘못이라는 '노동 숭배'의 단순 사고를 가진 감정적 사회주의자들을 비난했다. 그는 그들을 향해 "우리는 미국의 낙관주의라고 하는 얼굴의 모든 여드름에 대해 운동을 전개할 수는 없다"고 역설했다.[11]

리프먼은 '민주주의 숭배cult of democracy'에 대해서도 비판을 퍼부었다. 국민은 모든 덕을 갖고 있고 그들이 그 덕을 보이지 않을 경우 그것은 그 누군가의 음모 때문이라고 하는 생각을 꾸짖었다. 그는 그의 동료들에게 제발 민주주의의 한계를 인정하고 유권자는 그들 자신의 일에 너무 바빠 투표 따위엔 관심도 없다는 것을 인정할 것을 촉구했다.[12]

결국 리프먼은 사회주의자들에게 작별을 고하면서 1912년 초여름 조용한 연구와 저술을 위해 메인주州의 어느 숲 속으로 칩거해 집필 활동에 들어갔다. 그는 1913년 자신의 첫 번째 저서인 『정치학 서설A Preface to Politics』을 출간했다. 이는 리프먼이 상호 교류를 가지면서 열렬히 지지했던, 1901년에서 1909년까지 미국 제26대 대통령을 지낸 시어도어 루스벨트Theodore Roosevelt, 1858~1919의 혁신주의에 대한 찬가였다.

대학 시절부터 지그문트 프로이트Sigmund Freud, 1856~1939에 심취했던 리프먼은 프로이트 이론에 근거해 『정치학 서설』을 완성했다. 이에 감격한 프로이트가 비엔나로 초청해 그곳에서 알

프레트 아들러Alfred Adler, 1870~1937와 카를 구스타프 융Carl Gustav Jung, 1875~1961과 교분을 갖고 그들의 사상에 더욱 큰 영향을 받게 되었다.[13]

리프먼은 곧 뒤이어 노동조합 운동의 중요성을 강조한 『표류와 승리Drift and Mastery』(1914)라는 책을 발표했는데, 그는 이 책에서 "우리 존재의 뿌리까지 흔들리고 있다"며 공동체의 약화를 개탄했다. "부모와 자식의 관계이건, 남편과 아내의 관계이건, 노동자와 고용주의 관계이건 간에, 모든 인간관계가 낯선 상황 속에서 움직이고 있다. 우리는 복잡한 문명에 익숙하지 않다. 인격적 접촉과 영원한 권위가 사라져버린 지금, 우리는 어떻게 행동해야 할지를 알지 못한다. 우리를 인도해줄 선례는 전혀 없고, 지금보다 단순한 시대를 위해 만들어졌던 지혜만 있을 뿐이다. 우리는 우리 자신을 어떻게 바꿔야 할지를 인식하는 것보다도 더 빠른 속도로 우리의 환경을 변화시켰다."[14]

공동체가 약화되면서 상대적으로 강화된 건 광고의 힘이었다. 리프먼은 광고를 가리켜 "경관을 해치고 담벼락을 뒤덮으며 도시를 도배한 채 당신을 향해 밤새 명멸의 눈짓을 보내는 현혹의 아우성"이자, "소비자들이 자신이 원하는 것이 무엇인지를 결코 제대로 판단할 수 없는 변덕스럽고 어리석은 군중"이라는 사실의 증거라고 한탄했다. 그럼에도 그는 소비자의 목소리는 노동이나 자본의 이익보다도 강한 외침이 될 것이며, 소비자가 '정치적 상황의 진정한 주인'이 될 것이라고 예견했다.[15]

리프먼은 이 두 저서로 25세의 나이에 지식인들 사이에서는 제법 명성을 얻게 되었고, 그 덕분에 1914년 진보적인 지식인 대상의 잡지인 『뉴리퍼블릭New Republic』의 창간에 참여하게 되었다. 당시 이 잡지는 우드로 윌슨Woodrow Wilson, 1856~1924 대통령에 대해 부분적으론 호의적인 입장을 취했는데, 리프먼은 그런 관계를 이용해 윌슨 행정부의 고위 관리들과 친분을 갖게 되었다.[16]

윌슨 대통령은 1916년 4월 2일 저녁 상하 양원 합동 회의 연설을 통해 독일에 대한 선전포고를 요청하면서 '세계의 민주주의를 안전하게 만들기 위해서making the world safe for democracy'라는 유명한 말을 했는데, 이는 리프먼이 만들어낸 말이었다.[17] 리프먼은 제1차 세계대전 기간 중 정보장교로 정부의 전쟁 프로파간다 작업에 복무했다.

리프먼은 1917년 3월 11일 윌슨 대통령에게 보낸 사적인 편지에서 정부의 선전 활동을 통해 '건전한 여론'을 강화함으로써 전쟁에 대해 회의적인 대중을 설득할 수 있다고 했는데, 이 제안은 곧 공보위원회CPI: Committee on Public Information의 발족으로 실현되었다. 공보위원회는 미국 역사상 최초의 연방 선전 기관으로 위원장의 이름이 조지 크릴George Creel, 1876~1953이어서 '크릴 위원회Creel Committee'로 불렸다.[18]

또한 리프먼은 윌슨이 1918년 1월 8일 선포한 14개 조항으로 된 평화 원칙의 협정문을 작성하는 데에 중요한 역할을 했으며, 제1차 세계대전이 1918년 11월 3일 독일의 항복으로 끝이 나면서 1919년 6월 28일에 맺어진 베르사유조약을 위한 평화 회의에도 참석했다. 그는 이런 경험을 통해 여론의 형성 과정과 영향

에 대해 깊은 우려와 회의를 갖게 되었다.[19]

'신문은 민주주의의 성경'

리프먼은 정부의 전쟁 프로파간다 작업에 참여한 경험을 통해 여론의 조작성에 깊은 관심을 기울였다. 그렇게 해서 나온 최초의 책이 『자유와 뉴스Liberty and the News』(1920)다. 정치학자 해럴드 라스키Harold J. Laski, 1893~1950는 이 책이 모든 정치학 교수의 '필독서'라고 평했는데,[20] 리프먼은 이 책에서 "신문은 모든 사람이 읽는 유일한 책이고 그들이 매일 읽는 유일한 책"이기 때문에 "신문은 민주주의의 성경이며 사람들은 이를 근거로 행동을 결정한다"고 주장했다.[21]

리프먼은 "현대 국가에서 의사 결정은 입법부와 행정부의 상호 작용이 아니라 여론과 행정부의 상호작용에 의해 내려지는 경향이 있다"며 "주권이 입법부에서 여론으로 옮겨간 이상 공중은 정확하고 신뢰할 만한 정보에 접근할 수 있어야 한다"고 말했다. 따라서 공중 의견의 출처를 보호하는 것이 '민주주의의 근본적 문제'로 대두되었다는 것이다.

존 밀턴John Milton, 1608~1674과 존 스튜어트 밀John Stuart Mill, 1806~1873은 자유는 언론이 검열과 위협에서 면제될 때에 실현될 수 있다고 보았다. 그래서 그들은 주로 사상과 표현의 자유를 역설했다. 그러나 현대 민주주의에서 문제는 전혀 달라졌다는 게 리프먼의 주장이다. 언론은 자유로울 수 있지만 그 임무를 제대로 수행하느냐 하는 것은 전혀 별개의 문제라는 것이다.

리프먼은 정치적 자유는 단지 표현과 언론의 자유만으론 구현될 수 없으며 언론이 뉴스를 보도하는 데 완벽성·정확성·성실성을 기할 때에만 가능하며, 이는 언론인의 전문화를 통해 구현될 수 있다고 주장했다. 이를 위해 리프먼은 법대가 법률가들을 길러내듯이 저널리즘스쿨이 언론인들을 길러내야 하며, 최고급 인력을 끌어들일 수 있어야 한다고 했다.[22]

리프먼의 뉴스에 대한 지대한 관심은 실증적 연구로 발전했으며 이는 러시아의 볼셰비키 혁명에 대한 『뉴욕타임스』의 보도를 분석한 것으로 나타났다. 찰스 메르츠Charles Merz와 함께 쓴 「뉴스의 테스트A Test of News」라는 논문은 그가 창간에 참여한 진보적 주간지 『뉴리퍼블릭』의 1920년 8월 4일자에 장장 42페이지에 걸쳐 게재되었다.

리프먼은 『뉴욕타임스』의 러시아혁명에 대한 보도가 아주 잘못된 것으로 편집자와 기자들의 희망과 두려움이 반영되었을 뿐 사실에 근거한 것이 아니라고 비판하면서 기자의 감정 개입 이외에도 관급 뉴스 의존과 출처 불명 뉴스 등과 같은 문제를 지적했다. 그는 오도된 뉴스는 아예 알리지 않는 것보다 나쁘며 뉴스의 신뢰성이야말로 민주주의 활성화의 근거임을 강조했다.[23]

『뉴리퍼블릭』에서 이미 7년째 일을 하고 있던 리프먼은 언론의 문제를 더 심층적으로 다룬 책을 쓸 필요를 절감하고 1921년 4월 6개월간의 휴가를 얻어 집필에 전념하게 되었다. 그가 책을 쓰고 있을 때 조지프 퓰리처Joseph Pulitzer, 1847~1911가 창간한 『뉴욕월드』는 리프먼에게 논설위원직을 제안했다.

1911년 퓰리처가 사망한 이후 그의 장남 랠프 퓰리처Ralph Pulitzer, 1879~1939가 경영을 맡은 『뉴욕월드』는 당시 진보적 일간지로 명성을 날리던 신문이었다. 미국 내의 모든 진보적 신문은 『뉴욕월드』의 보도와 논평을 기준으로 삼는 것이 당시의 관례처럼 통용되고 있었다. 진보주의가 『뉴욕월드』의 한 축이라면 또 다른 한 축은 노골적인 상업주의였다.

리프먼은 『뉴욕월드』의 상업주의가 꺼림칙하긴 했지만 일간지의 논설위원이라고 하는 직책의 매력과 『뉴리퍼블릭』의 영향력이 급감하고 있는 현실을 감안해 『뉴욕월드』의 제안을 수락했다. 물론 리프먼의 이적은 『뉴리퍼블릭』의 동료들을 매우 슬프게 만들었으며, 그들이 우려한 대로 리프먼은 점차 사상적 변신을 거듭하게 되었다.

민주주의의 기본 전제를 뒤흔든 『여론』

리프먼이 『뉴욕월드』로 자리를 옮긴 1922년에 세상에 선을 보인 책이 바로 그 유명한 『여론Public Opinion』이다. '정치의 사회심리학적 해석서'라 할 『여론』은 당시로선 충격적인 내용을 담고 있었다. 철학자 존 듀이John Dewey, 1859~1952가 서평에서 "지금까지 알려진 것 가운데 민주주의에 대해 가장 효과적인 비판"이라고

평했듯이, 이 책은 민주주의의 기본 전제를 뒤흔들었다.[24]

민주주의 이론은 국민이 중요한 문제들을 이해하고 합리적 판단을 내릴 수 있다는 가정에서 출발하지만, 이 가정은 신화에 가깝다는 게 리프먼의 주장이다. 작은 커뮤니티에서는 사람들은 합리적 판단을 내릴 수 있지만 큰 사회에서 정치 질서는 추상적으로 이해된다는 것이다. 그러나 리프먼은 과거로 돌아가자고 외치지는 않았다. 역사가 민주주의를 위해 개조될 수는 없으며 오히려 민주주의가 역사에 적응해야 한다고 주장했다. 리프먼에 따르면, 민주주의는 사람들이 갖고 있는 지혜를 표현하는 방법이 아니라 사람들이 지혜에 도달할 수 있게끔 해주는 방법이다.

그렇다면 민주주의에서 숭상해 마지않는 여론의 실체는 무엇인가? 리프먼에 따르면, 흔히 여론으로 간주되는 것은 번쩍이는 이미지들의 결합, 표피적인 인상, 스테레오타입, 편견, 이기심의 반영에 지나지 않는다. 보통 사람들의 세계와의 접촉은 간접적인 것이며, 그들은 무작위로 사물에 대한 정의를 내리는 것이 아니라 오히려 그들의 문화가 요구하는 스테레오타입에 따라 정의를 내린다는 것이다.

우리말로는 흔히 '정형화'로 번역되는 '스테레오타입stereotype' 이라는 용어는 인쇄에서 '연판 인쇄'를 가리키는 말인데, 리프먼이 최초로 이런 비유적 용도로 사용했다. 그는 사람들의 사회적 상황에 대한 지각과 정의를 표준화하는 데 폭넓게 공유된 기대의 효과를 설명하기 위해 스테레오타입이라는 개념을 원용한 것이다.

리프먼은 "우리는 먼저 보고 나서 정의를 내리는 게 아니라 정의를 먼저 내리고 나서 본다"고 했다. 사람은 모든 것을 다 볼 수는 없기 때문에 자신의 경험에 적합한 현실만을 만들어내며, 그것이 바로 '우리 머릿속의 그림the pictures inside our heads'이라고 하는 스테레오타입이라는 것이다.[25]

사람들은 권력과 의사 결정과는 거리가 멀고 일련의 이미지와 픽션들로 구성된 '의사환경pseudo-environment'에 살고 있다. 리프먼은 "우리가 정치적으로 다루어 할 세계는 손에 닿지도 않고 눈에 보이지도 않고 마음속에 존재하지도 않는다. 그것은 탐구되어야 하고 보도되어야 하고 상상되어야 한다"고 말한다.

그런데 실상은 어떠한가. 리프먼은 여론이 근거해야 할 사실들에 대한 접근을 방해하는 것들로 인위적인 검열, 언론인의 제한된 사회적 접촉과 시간, 생활의 일상적 관행을 위협하는 사실들을 직면하는 데 뒤따르는 공포, 편견과 이기심이 우리의 빈약한 정보에 미치는 영향, 사사로운 의견들이 여론으로 정형화되는 것 등을 지적했다.

리프먼은 "진실과 뉴스는 동일하지 않다"고 말했다. "뉴스의 기능은 사건을 두드러지게 하는 것이고 진실의 기능은 감춰진 사실들을 밝혀내고 그 사실들 사이의 올바른 관계를 정립하고 사람들이 행동할 수 있는 근거로 삼을 현실의 그림을 만드는 것이다." 리프먼에 따르면, 언론은 사건을 하나씩 어둠에서 꺼내 빛을 밝히는, 끊임없이 움직이는 서치라이트의 빛과도 같은데, 사람들은 이 빛만으론 세상사를 다 알 수는 없다.[26]

저널리즘과 미디어 연구의 초석을 놓은 『여론』

『여론』은 민주주의에서 관심의 한계에 대한 연구이기도 하다. 리프먼이 지적한 바와 같이, 보통 사람들의 정신은 현대사회의 급변하는 문제들을 따라잡기엔 역부족이다. 언론이 세계의 정확한 그림을 공급해준다 할지라도 보통 사람은 혼란스러운 정보의 공급 과잉에 대응할 시간도 능력도 갖고 있지 못하다. 리프먼은 자신이 지적한 문제의 해결책으로 '전문화된 지성'의 중요성을 강조했지만, 엄밀한 의미에서 그는 해결할 수 없는 '판도라의 상자'를 연 것과 다를 바 없었다.

보수주의자들은 『여론』에 담긴 국민의 지혜에 대한 비관적 견해를 좋아했으며 자유주의자들은 같은 이유로 곤혹스러워했다. 그래서 리프먼은 좌파에겐 공적公敵이 되었으며, 이는 오늘날까지도 지속되고 있다. 예컨대, '미국 언론계의 놈 촘스키'로 불리는 크리스 헤지스Chris Hedges는 『진보의 몰락Death of the Liberal Class』(2010)에서 다음과 같이 말한다.

"리프먼은 1922년에 낸 책 『여론』을 통해 당대의 가장 사악한 인물로 부상했다. 그는 대중의 공포를 자아내면서 동시에 여론을 어떻게 조작하는지 알 정도로 총명한, 지적인 대신문관의 역할을 떠맡았다. 전쟁은 그의 탁월한 선견지명을 입증해주었으며, 『여론』은 새로운 파워 엘리트들의 경전이 되었다."[27]

일부 좌파의 혹독한 비판에도 리프먼의 『여론』은 90여 년이 지난 오늘날에도 모든 뉴스와 여론 연구에서 빠지지 않고 인용되는 불후의 명작이며, 모든 언론인과 언론학도의 필독서로 군림하고 있다. 진보적인 미국 언론학자 제임스 캐리James W. Carey, 1934~2006는 이 책을 '현대 저널리즘의 초석을 놓은 책the founding book of modern journalism'이자 '미국 미디어 연구의 초석을 놓은 책the founding book in American media studies'으로 평가한다.[28]

박승관 서울대학교 언론정보학과 교수는 "현대 언론학이 다루고 있는 다기하고 방대한 쟁점 영역과 문제 틀도 90년 전 『여론』이 발굴해낸 탁월한 개념적, 이론적 성과의 폭을 크게 벗어나고 있다고 주장하기는 어려울 것이다"며 다음과 같이 말한다.

"이 책은 20세기 전반 상업주의와 당파주의의 역사적 잔재를 여전히 극복하지 못하고 있었던 미국 언론을, 참된 '민주주의'를 보강할 수 있는 독립적 전문기관으로 격상시키기 위한 도덕적, 철학적 기준과 원칙을 설정하는 데 크게 공헌하였다. '사실'과 '의견'을 엄격하게 가분하는 객관주의 언론의 출현을 위한 이론적 모형을 마련하였으며, 언론인의 전문직화professionalism에 선구적 영향을 남겼다. 리프먼이 제공한 학문적 유산은 이처럼 값진 것이었으므로, 우리는 『여론』을 20세기 사회과학이 얻어낸 걸출한 '고전'으로 평가하는 데 인색할 수 없게 된다."[29]

김영석 연세대학교 언론홍보영상학부 교수는 리프먼의 『여론』을 처음 읽게 된 자신의 경험을 이렇게 이야기한다. "대학에 입학한 후 한동안 전공 및 진로 문제로 고민에 빠졌던 적이 있다. 그러던 중 우연한 기회에 한 권의 책을 접하게 되었고 그것은 내가 진로를 결정하는 데 중요한 계기가 되었다.……당시에 느꼈

던 충격이 지금까지도 생생하게 살아남아 있을 뿐만 아니라 지금
도 언론과 여론의 관계를 연구할 때마다 우선으로 읽으면서 그때
의 느낌을 되살리곤 한다."[30]

철학자 존 듀이의 진보적 반론

철학자 존 듀이는 리프먼의 주장에 동의하지 않았다. 그는 리프
먼의 주장을 받아들이는 것은 민주주의의 전제를 포기하는 것이
라며 "민주주의는 완전히 실현되지 않은 이상이었고, 이는 여전
히 그럴 것이다. 인간임을 배우는 과정은 소통을 주고받으면서
공동체 내에서 자율적인 구성원이 되기 위한 감각을 키워가는 것
이다"고 말했다.[31] 또 듀이는 민주주의가 정상적으로 작동하기
위해 모든 것을 아는 '지적인 공중'이 필수적인 것은 아니며, 지
적인 공중이 없으면 민주주의가 불가능하다고 보는 시각이 잘못
되었다고 주장했다. 이와 관련, 이준웅 등은 다음과 같이 말한다.

　"듀이는 공중은 단지 전문적 지식이 공동의 관심사에 대해
갖는 결과를 판단할 수 있을 정도의 능력만 있으면 충분하다고
주장한다. 또한 그는 공중의 판단을 위해 필요한 것이 바로 사회
적 탐구social inquiries와 그 결과의 자유로운 전달과 공개라고 지
적하면서, 공중의 문제the problem of the public란 바로 이것들을 위
한 '논쟁, 토론, 설득의 방법과 조건을 개선하는 것'이라고 주장한
다. 결국 듀이에 따르면, 민주주의의 실현은 공적인 채널을 통해

자유롭게 접근할 수 있는 정보를 근거로 상호 논쟁, 토론, 설득을 통해서 공공의 관심사에 대해 나름대로 판단할 수 있는 능력을 지닌 공중이면 된다는 것이다. 우리는 듀이의 주장에 공감하면서도, 바로 이러한 공중, 즉 '정보를 근거로 상호 논쟁, 토론, 설득을 통해서 공공의 관심사에 대해 나름대로 판단할 수 있는 능력을 지닌 공중'을 기대하는 것조차 쉽지 않을 것이라고 생각한다."[32]

사실 쉽지 않은 정도가 아니라 그마저도 거의 불가능하다는 게 충분히 입증되었다고 보아야 하지 않을까? 듀이의 반론은 진보의 '희망 사고wishful thinking'에 가까운 것이었는지도 모른다. 역사학자 크리스토퍼 래시Christopher Lasch, 1932~1994는 『진보의 착각: 당신이 진보라 부르는 것들에 관한 오해와 논쟁의 역사』(1991)에서 리프먼-듀이 논쟁에 대해 다음과 같이 논평했다.

"정작 듀이가 설명하지 못한 것은 대규모 생산과 매스컴이 지배하는 세상에서 (공동체에 대한) 충성과 책임이 도대체 어떻게 살아날 수 있는가 하는 것이었다. 듀이는 '가정, 교회, 이웃의 해체'를 당연한 것으로 받아들였다. 거기서 생겨나는 '공백'을 무엇으로 채워야 할까? 듀이는 답하지 않았다. 듀이는 '얼굴과 얼굴을 맞대는 공동체를 재건할 전망을 점치는 것'은 '우리의 논의 범위를 벗어났다'고 썼다. 듀이가 이 점을 파고들지 못한 것은 진보 이념에 대한 그의 믿음이 워낙 투철해서였다."[33]

"공중은 유령이다"

『여론』이 언론과 정치의 관계에서 나타나는 문제들을 해결하기 보다는 더욱 많은 문제를 제기했을 뿐이라는 것을 리프먼도 의식하고 있었던 것 같다. 그는 1925년 『여론』의 속편으로 『유령 공중 The Phantom Public』이라는 책을 출간했다. 그러나 이 책 역시 민주주의에 대해 『여론』보다 더욱 강한 비판을 퍼부었을 뿐, 리프먼 자신이 지적한 민주주의의 딜레마를 해결한 건 결코 아니었다.

리프먼은 『유령 공중』에서 유권자들이 공공 문제들을 대하는 데 잠재적인 능력을 갖고 있다는 것조차도 그릇된 이상이라고 주장했다. 그는 시간, 흥미, 지식이 없어서 사회적 문제들의 세부사항을 알고 있지 못한 유권자들의 의견을 물어 여론이라고 말하는 것은 무의미하며, 보통 사람들에게 많은 것을 기대하는 것은 부당하다고 역설했다.

리프먼은 이익단체들을 아예 '공중public'이라는 개념에서 배제해야 한다고 주장했다. 이해세력들 간의 갈등에 직접적으로 개입하지 않은 채 관중으로 머무르는 사람들이야말로 진정한 '공중'이라는 것이다. 그러나 리프먼의 기준에 따르면, 진정한 '공중'의 범위는 너무 축소되고 만다는 데에 문제가 있었다. 모든 이해관계에서 자유로운 진정한 공중은 가능한가? 예컨대, 모든 사람의 이해관계가 걸려 있는 세금 문제에서 초연함을 유지할 수 있는 사람이 얼마나 될까?

그러나 그것보다 리프먼을 더욱 괴롭힌 문제는 '공중'의 무력과 무능함이었다. 리프먼은 "공중은 연극의 제3막 중간에 도착해 커튼이 채 내려지기도 전에 떠난다. 공중은 그 연극의 주인공과 악한이 누구인지를 겨우 알아차릴 수 있을 정도로 머물렀을 뿐이다"고 말한다. 문명이 발달된 사회라면 그렇게 우연적으로 통치되어서는 안 된다는 것이다. 고전적 민주주의 이론에서 기본 가정으로 삼은 공중은 '유령'이요 '추상'이라는 것이 『유령 공중』의 주장이었다.[34]

리프먼의 민주주의의 한계에 대한 신념은 1925년 봄에 일어난 이른바 '스콥스 사건'으로 인해 더욱 강해졌다. 이 사건은 테네시주 데이턴의 학교 교사인 존 스콥스John T. Scopes, 1900~1970가 테네시주 법을 어기고 다윈의 진화론을 가르쳤다 하여 법정에 회부되어 온 미국을 떠들썩하게 만들었다. 리프먼은 이 사건이 '다수 지배majority rule'의 한계를 노출시켰다고 보았다. 테네시주의 사람들은 그들 다수의 힘을 그들의 아이들이 단지 진화론을 배우는 것을 막는 데에만 사용한 것이 아니라 새로운 배움이 가능하다고 하는 정신까지 막는 데에 사용했다는 것이다.[35]

리프먼은 공중을 가르칠 수 있는 세력이라기보다는 길들여져야 할 괴물로 보았다. 『아메리칸머큐리American Mercury』의 편집자이자 독설가로도 유명한 헨리 루이 멩켄Henry Louis Mencken, 1880~1956이 대중 민주주의를 비웃는 것을 리프먼이 심각하게 받아들인 것도 바로 그런 이유 때문이었다. 두 사람은 '다수 지배'라고 하는 전제를 의심한다고 하는 점에선 의견이 일치했다. 다만 멩켄에겐 그러한 의심이 일종의 조크였으나 리프먼에겐 매우

심각한 딜레마로 여겨졌다는 것이 다를 뿐이었다.[36]

리프먼은 1926년 멩켄을 "이 세대의 모든 미국인에게 가장 큰 영향력을 가진 사람"이라고 했고, 이에 화답하듯 멩켄도 『유령 공중』을 긍정 평가했다. 멩켄에 따르면 리프먼은 "민주주의에 대한 드높은 희망을 품고서 인생을 시작"했지만 "대중은 무지하고 가르칠 수가 없다는 결론에 도달"했다.[37]

"오늘은 리프먼이 나를 두렵게 만들었다"

미국에서 1920년대는 신문의 소유 집중이 가속화되던 시점이었다. 1870년부터 1900년 사이에 미국 인구는 2배로 증가했으며, 이 기간에 미국의 신문 수는 4배로 증가했다. 1915년에 이르러 2,200개 이상의 일간 신문이 발행되었으며, 그 밖에 160개의 외국어 일간지가 발행되었다. 1913년에는 323개의 사회주의 신문이 발행되었으며, 전체 판매부수는 200만 부에 이르렀다. 그러나 동시에 소유 집중화도 일어났다. 에드워드 스크립스Edward W. Scripps, 1854~1926는 1914년까지 33개의 신문을 통합해 하나의 체인으로 묶었으며, 윌리엄 허스트William Randolph Hearst, 1863~1951는 1922년까지 20개의 일간지, 11개의 일요신문, 2개의 통신사, 1개의 뉴스영화사, 1개의 영화제작사를 소유하게 되었다.[38]

그런 상황에서 『뉴욕월드』는 1920년대 말 큰 경제적 곤경에 빠지게 되었다. 독자와 광고 수입이 급격히 감소함에 따라 경쟁지인 『뉴욕타임스』의 2분의 1의 규모로 전락했다. 『뉴욕타임스』가 사실 기록에 충실한 신문이라면 『뉴욕월드』는 폭로와 집중 보도에 큰 관심을 기울이는 신문이었다. 『뉴욕타임스』의 기록성에 대해 『뉴욕월드』의 편집자들은 "인쇄할 가치가 있는 모든 뉴스가 다 읽을 가치가 있다고는 생각하지 않는다"고 코웃음을 쳤다.[39]

『뉴욕월드』의 위기는 방향성 상실에서 비롯된 것이기도 했다. 사설은 지식인을 대상으로 삼는가 하면 어떤 기사들은 아주 무식한 사람들을 대상으로 삼는 등 신문의 모든 편집 방향이 일관성을 크게 결여하고 있었다. 『뉴욕월드』에서 편집장 직책까지 맡은 리프먼은 그 책임에서 면책될 수 없었다.

『뉴욕월드』는 선정적인 '옐로저널리즘yellow journalism'으로 성공한 신문이었는데, 리프먼은 그러한 체질을 바꾸고자 노력했다. 그는 『뉴욕월드』의 뉴스 보도량이 너무 적고 보도에 감정이 개입된다고 불평했다. 그는 언론의 '역 그레샴의 법칙'을 주창했다. 언론사를 살펴보면 신문들은 정부의 통제에서 자유롭기 위해 광고주에 의존하고 대중의 기호에 영합했지만, 독자들은 궁극적으로 '센세이셔널리즘'에 싫증을 내게 되었다는 것이다. 독자들이 성숙함에 따라 그들은 더욱 진지하고 덜 센세이셔널하며 신뢰할 수 있고 포괄적인 보도를 하는 신문을 선호하게 되었다는 것이다.[40]

리프먼의 견해는 장기적인 관점에선 옳은 것이었는지 몰라도 적어도 『뉴욕월드』의 상업적 성공을 위해서는 아무런 기여도

하지 못했다. 1931년 리프먼은 『뉴욕월드』가 신문 재벌 스크립스-하워드Scripps-Howard에 매각되자 허스트의 스카우트 제의를 뿌리치고 『헤럴드트리뷴』으로 자리를 또 옮기게 되었다.[41]

당시 리프먼의 이적은 사회적으로 큰 화젯거리가 되었다. 그는 비록 변신을 했을지라도 여전히 자유주의자의 체취를 풍기고 있던 반면에 『헤럴드트리뷴』은 대표적인 공화당계 신문으로 실업가들이 주요 독자층이었기 때문이다. 리프먼으로선 경제적 안정이 필요했고 『헤럴드트리뷴』으로선 더 넓은 독자층이 필요했기 때문에 가능했던 일종의 대타협이었다.

리프먼이 일주일에 4개를 쓰기로 한 「오늘과 내일Today and Tomorrow」이라는 칼럼은 시작부터 온 미국을 떠들썩하게 만들었다. 흔히 'TNT'로 불린 이 칼럼은 1년 내로 100개 신문이 신디케이션Syndication 신청을 했으며 나중에는 250여 개의 신문에 게재되었다. 전적으로 의견을 실은 최초의 정치 칼럼으로 각광을 받은 「오늘과 내일」은 만평과 코미디의 소재로까지 등장할 정도로 많은 미국인의 사랑을 받게 되었다.

리프먼은 의견을 제시하면서도 감정에 몰입하지는 않았다. 그의 칼럼의 생명은 냉정한 분석이었다. 리프먼은 매우 복잡한 것을 쉽고 단순하고 재미있게 설명할 수 있는 천부적인 재능을 갖고 있었다. 한 평론가는 「오늘과 내일」의 독자들은 리프먼이 말하기 전까지는 주요 이슈들에 대해 어떻게 생각해야 할지를 몰랐다고 말했다. 아낙네들은 자신이 「오늘과 내일」을 읽는다는 것을 강조함으로써 자신의 지성을 뽐내고 싶어 했다. "오늘은 리프

먼이 나를 두렵게 만들었다"고 말하는 한 부인을 그린 만평이 잡지에 등장하기도 했다.[42]

리프먼은 과연 돈 때문에 타락한 걸까?

리프먼이 『헤럴드트리뷴』과 손을 잡은 것은 실제로 그의 사상적 변신을 의미하는 것이기도 했다. 그는 『헤럴드트리뷴』으로 자리를 옮긴 바로 그해에 미국정치학회에서 행한 한 연설을 통해 '자유주의liberalism'의 개념을 새롭게 정의했다. 그는 대기업들이 사회에 미치는 영향력이 너무도 막강해짐에 따라 자유주의자들과 대기업들이 반목하던 시대는 지났으며 이제 그들은 서로 손을 잡고 공동의 목표를 추구할 수 있게 되었다고 역설함으로써 많은 사람을 깜짝 놀라게 했다. 그의 오랜 친구인 해럴드 라스키Harold J. Laski, 1893~1950는 돈이 리프먼을 타락시켰다고 개탄했다.

"나는 부가 리프먼에게 두 가지 영향을 미쳤다고 생각한다. 부는 그의 감수성을 손상시켰다. 그는 외적인 것에만 관심을 갖게 되었고 가정부가 커피를 끓이는 걸 잊었다고 몹시 화를 내는 등 아주 가치 없는 안락에 탐닉하게 되었다. 그리고 리프먼은 지적인 위험을 회피하려고 하는 단계에까지 이르렀다.……나는 그의 독서량이 줄었고 전망에 대한 감각을 잃었다는 것을 발견하게 되었다. 그는 즉각적인 순간 속에서만 살고 있으며 그것에 대해 깊은 생각을 기울이지 않고 있다."[43]

리프먼이 새롭게 수용한 보수주의는 1933년에 집권한 프랭클린 루스벨트Franklin Delano Roosevelt, 1882~1945 대통령의 '뉴딜New Deal' 정책에 대한 비판에서 잘 드러났다. '뉴딜' 예찬론자들은 리프먼을 철저한 반동이라고 비난했으며, 좌익 언론은 리프먼을 '월스트리트의 대변인'이라고 몰아붙였다. 루스벨트도 리프먼을 "글을 워낙 잘 써서 자신의 일관성 없는 모순이 잘 드러나지 않게 하는 사람"으로 폄하했다.[44]

리프먼은 왜 뉴딜에 반대했던 걸까? 그는 '뉴딜'에서 '전체주의totalitarianism'의 확산을 발견하고 그러한 우려를 1937년 『좋은 사회The Good Society』라는 책을 통해 상세히 표현했다. 그는 이 책에서 공산주의와 파시즘은 물론 심지어 '뉴딜'까지 포함하는 모든 '집단주의collectivism'는 '경제계획'이라는 개념에 근거를 두고 있기 때문에 위험하다고 주장했다.[45]

리프먼에게 '계획'과 '인간 자유'는 양립할 수 없는 것이었다. 그래서 그에게 '계획된 민주사회'란 언어 그 자체로서 모순이었다. 모든 종류의 '계획'을 '집단주의'와 동일시하고 '집단주의'의 형태와 정도에서 차이를 완전히 무시함으로써 리프먼은 '뉴딜'을 파시스트 이탈리아, 나치 독일, 공산주의 러시아와 동일선상에 놓는 무리를 범하고 말았다.

당시 국제적 상황으로 보아 리프먼의 '전체주의'에 대한 우려는 이해할 만한 것이긴 했지만 『좋은 사회』는 그가 분석과 설명엔 뛰어날망정 '이론화theorizing'엔 명백한 한계가 있다는 걸 보여준 책이었다. 리프먼은 '뉴딜'을 '개혁'이 아닌 '혁명'으로

봄으로써 그의 생애에서 가장 큰 오류를 저지르고 말았다.[46]

리프먼은 과연 돈 때문에 타락한 걸까? 역사학자 프레더릭 크롬Frederic Krome은 리프먼은 타락한 것이 아니라 그가 공개적으로 천명한 자신의 원칙과 사상에 충실했다고 주장한다. 국가가 위기에 직면했다고 해서 대통령에게 초헌법적 권한을 부여하는 것은 미국 체제를 파괴시킬 것이라는 리프먼의 주장에 대한 동의 여부에 관계없이 일관성만큼은 리프먼의 몫이라는 것이다.[47]

왜 드골은 리프먼의 『공중 철학』에 감격했는가?

리프먼은 1943년 『미국 외교정책U.S. Foreign Policy: Shield of the Republic』, 1944년 『미국의 전쟁 목표U.S. War Aims』, 1947년 『냉전 The Cold War』 등의 저서를 출간하는 등 1940년대엔 국제 관계에 깊은 관심을 기울였다. '냉전'은 리프먼이 처음 만들어낸 말은 아니지만, 『냉전』이란 저서와 더불어 그의 유명세로 인해 그가 만든 말로 널리 알려졌다.[48] 리프먼은 1947년 유럽 부흥을 목표로 한 마셜플랜Marshall Plan에 깊숙이 관여한 것을 비롯해, 미국의 대외 정책에 막강한 영향력을 행사했다.[49]

상원의원 조지프 매카시Joseph R. McCarthy, 1908~1957가 이른 바 '매카시즘McCarthyism' 공세를 펼치던 1950년대 초반, 리프먼의 자유주의는 '뉴딜'을 비판하던 때와는 반대 방향으로 작동했다. 비록 많이 다루진 않았지만, 그는 매카시를 혐오했다. 매카시에게서 '전체주의의 씨앗seeds of totalitarianism'을 본 그는 매카시를 '야심만만하고 무자비한 선동가ambitious and ruthless demagogue'라고 부르면서 그를 방관하는 아이젠하워 정부를 비판했다.⁵⁰

1950년대 들어 리프먼의 민주주의에 대한 회의는 더욱 깊어만 갔다. 그는 1954년에 출간한 『공중 철학Essays in the Public Philosophy』에서 무식한 공중이 책임감 있고 정보 능력을 갖춘 관리들의 판단을 압도하고 있기 때문에 서구 국가들의 정부는 위기에 처해 있다고 주장했다. "대중의 의견이 정부를 지배하는 곳에선 권력의 참된 기능에 병리적 이탈"이 일어난다는 것이었다.

리프먼은 "국민은 행사할 수 없는 권력을 갖고 있고 국민이 선출한 정부는 통치에 필요한 권력을 잃어버렸다"고 개탄했다. 리프먼은 그런 문제에 대한 해결책으로 강력한 행정부로 복귀하는 것과 '자연법natural law'에 따른 주권에 대한 제한을 제시했다. 강력한 행정부는 의회를 특별한 이익집단들의 장악에서 해방시키고 '자연법'에 대한 존중은 '예의civility'를 회복시킬 수 있다는 것이다. 그러나 리프먼은 '자연법'에 대해 구체적으로 거론하지 않았으며 이것은 비평가들의 표적이 되었다.⁵¹

리프먼이 몸담았던 『뉴리퍼블릭』은 『공중 철학』이 '민주주의에 대한 편견'이라고 꼬집었으며, 시인 아치볼드 매클리시Archibald MacLeish, 1892~1982는 '자유의 사상으로부터의 후퇴'라고 혹평했다. 『공중 철학』에 대한 호평도 없지는 않았는데, 특히 프랑스 정치인 샤를 드골Charles de Gaulle, 1890~1970은 『공중 철학』에 감격해 리프먼에게 감사의 편지를 보냈다. 드골은 그 편지에서 민주주의가 '의회주의parliamentarianism'와 혼동되고 있으며 문제를 해결할 자격도 확신도 없는 직업적 정치인들이 국민주권을 횡령하고 있다고 불평하면서 리프먼의 책은 그런 문제를 적시했다고 예찬했다.[52]

리프먼도 드골에 대해서는 매우 호의적이었다. 많은 사람이 드골의 1958년 재집권을 '파시즘'의 대두로 우려했지만, 리프먼은 드골에게서 천박한 독재자의 모습을 찾아 볼 수는 없으며 오히려 뛰어난 역사적 식견과 상상력을 발견할 수 있다고 주장했다. 리프먼은 드골이 단지 위대한 인물일 뿐만 아니라 천재라고 평했다. 드골은 사건들의 표면 밑에 숨어 있는 것들을 볼 수 있고 사건의 전통적이고 스테레오타입화한 외양을 통해 중요한 현실을 꿰뚫어볼 수 있는 천부적 재질을 타고났다는 것이다.

드골에 대해서 그토록 호의적인 리프먼이 매우 소극적인 지도력을 발휘한 것으로 유명한 드와이트 아이젠하워Dwight Eisenhower, 1890~1969를 좋게 볼 리는 만무했다. 그는 대통령으로서 아이젠하워의 명성이 자신의 경험에 비추어보건대 가장 허위적으로 부풀려진 명성이라고 혹평했다. 그는 아이젠하워가 적어도 개인적으로는 호감이 가는 인물이라는 세평에 대해서도 이의를 제기했다. 리프먼은 아이젠하워가 대인관계에서 의리가 없으며 특히 과거 그의 직속상관이었던 더글러스 맥아더Douglas MacArthur, 1880~1964 장군에게 취한 태도가 그 대표적 예라고 지적했다.[53]

텔레비전은 '물건을 팔아먹기 위한 매춘부'인가?

리프먼은 강력한 리더십과 함께 개인의 도덕성에 대해서도 깊은 관심을 기울였다. 그는 가족과 공동체community가 위축되면서 권위가 약화되는 걸 우려했다. 그는 사회에서 고립된 개인의 몰도덕화 경향을 지적하면서 '자유로부터의 도피'의 위험을 경고했다.[54]

1959년 말에 일어난 텔레비전 퀴즈쇼 스캔들은 도덕성을 강조하는 리프먼에게 큰 충격이었다. 그는 당시 온 미국을 떠들썩하게 만들 정도로 선풍적인 인기를 누리던 거의 모든 텔레비전 퀴즈쇼가 조작된 사기극이었다는 사실에 분개해 그간 쌓아두었던 텔레비전에 대한 불편한 심기를 폭발시켰다. 이번엔 이른바 '문화적 민주주의cultural democracy'에 대한 비판이었다.

리프먼은 "텔레비전이 범하고 있는 사기 행위는 너무도 극심해 텔레비전 산업의 근본을 문제 삼지 않을 수 없다. 그 사기 행위는 너무도 크고 너무도 광범위하고 너무도 잘 조직되어 있어 몇몇 뛰어난 사람들을 그 늑대소굴에 집어넣는다고 해도 치유되거나 사면될 수는 없을 것이다"고 독설을 퍼부었다.

텔레비전을 "물건을 팔아먹기 위한 매춘부"로 정의한 리프먼은 시청자의 인기가 아니라 무엇이 좋은가 하는 기준에 의해 텔레비전 네트워크들이 운영될 수 있는 방법들을 고안해내야 한다고 역설했다. 리프먼은 한 방안으로 상업 텔레비전 네트워크들의 이익을 모아 비상업 텔레비전 네트워크를 새로 만드는 데에 써야 한다고 제안했다.[55]

당시 CBS-TV에서 〈CBS 리포트CBS Reports〉라는 프로그램을 제작하던 프로듀서 프레드 프렌들리Fred Friendly, 1915~1998는 리프먼의 텔레비전에 대한 혹평에 충격을 받아 그를 텔레비전에 출연시키겠다는 마음을 먹었다. 그는 "당신과 같은 사람의 출연이 곧 상업 텔레비전을 개선시키는 방법이 아니겠느냐"고 리프먼을 설득했다. 리프먼은 프렌들리의 집요한 설득에 굴복해 결국 텔레비전에 출연하게 되었다. 인터뷰 프로그램 형식으로 모두 6번에 걸친 리프먼의 텔레비전 출연은 방송 비평가들에게서 매우 호의적인 평가를 받았다.[56]

리프먼은 그렇게 해서 가진 한 인터뷰에서 지도자의 조건을 묻는 질문에 그 특유의 지도자관을 피력했다. 그는 지도자에게 가장 중요한 건 최근의 신문 헤드라인들을 뛰어넘어 영구적인 것들을 꿰뚫어볼 수 있고 일상사의 소란 속에서 무엇이 중요한지를 판별해낼 수 있는 능력이라고 말했다. 그는 그러한 능력을 갖춘 지도자로 드골, 윈스턴 처칠Winston Churchill, 1874~1965, 시어도어 루스벨트Theodore Roosevelt, 1858~1919를 꼽았다.[57]

12명의 미국 대통령들과의 교제

리프먼은 평소 도덕과 냉정을 강조했지만, 유부남으로서 자신의 아내에게 이혼을 요구하고 매우 친한 친구의 아내를 빼앗아 재혼을 할 만큼 파렴치한 격정의 소유자이기도 했다. 그는 자신의 떳

떳하지 못한 애정 행각에서 느낀 삶의 교훈을 『도덕 서설A Preface to Morals』(1929)에서 간접적으로 표현한 바 있다.

이 책에서 그는 공유된 관심, 상호 존경, 상호 양립성과 같은 비감정적 전제들에 근거하지 않은 채 사랑이라는 감정에만 의존하는 결혼은 위험하다고 지적했다. "사랑의 감정은 그 낭만성에도 불구하고 자립해 존재할 수 있는 게 아니다. 그것은 연인들이 서로 사랑하는 것뿐만 아니라 많은 것을 같이 사랑할 때에만 지속되는 법이다."[58]

아내를 빼앗긴 리프먼의 친구 해밀턴 암스트롱Hamilton F. Armstrong, 1893~1973은 리프먼과 아내를 평생 용서하지 않았다. 암스트롱이 편집자로 있던 『포린어페어스Foreign Affairs』엔 그 후 35년간 리프먼의 이름은 다른 사람의 글 속에서조차 아예 나타날 수 없었다.[59]

리프먼은 또 명성과 권력자들과의 교제에 몹시 탐닉한 인물이기도 했다. 그는 자신의 나이 겨우 25세이던 1914년 7월 5일에 쓴 일기에서 그것을 이렇게 정당화했다. "공공 문제에 대해 글을 쓰는 사람은 명성을 경멸하는 척할 수 없다. 왜냐하면 명성은 허영심을 충족시켜줄 뿐만 아니라 이 세상을 이해하기 위해 알아야 할 사람들을 만날 수 있는 유일한 방법이기 때문이다."[60]

그러나 리프먼에겐 본말이 전도되는 경우가 많았다. 권력자들과의 교제가 수단이 아니라 목적이 되는 경우가 많았다는 뜻이다. 그는 정의를 추구했지만 정의는 그에게 감정적인 문제는 결코 아니었으며, 그는 무엇보다도 공인의 영향력에 큰 애착을 갖고 있었다.

리프먼의 권위에 대한 존중, 권력의 핵심부에서 차단되는 것에 대한 두려움, 급진론자들과 가깝게 지내는 것에 대한 혐오 등은 때로 그를 중요한 문제들에 대해서도 침묵하게 만들었다. 그에게 효과적이라는 것은 결정권을 가진 사람들의 귀를 사로잡는 것을 의미하는 경우가 많았다.

리프먼은 우드로 윌슨에서 리처드 닉슨Richard Nixon, 1913~1994에 이르기까지 모두 12명의 대통령을 거치면서 그들과의 교제를 한껏 즐겼다. 그는 시어도어 루스벨트를 존경했고, 윌슨의 연설문을 써주고 그의 선거 유세를 도왔으며, 아이젠하워의 선거 전략을 짜주고, 존 케네디John F. Kennedy, 1917~1963의 정치 자문을 맡았으며, 또 대부호들과 잦은 골프 모임을 갖기도 했다.

리프먼이 외국 여행을 나서면 국가 원수들은 그와 만나기 위해 애썼다. 소련의 니키타 흐루쇼프Nikita Sergeyevich Khrushchev, 1894~1971가 국내 정치의 갑작스런 위기 상황으로 인하여 리프먼과의 약속을 며칠간만 연기하자고 말하자 리프먼은 그와의 약속을 아예 없던 것으로 취소하고 말았다.[61]

"언론인의 가장 중요한 형태의 타락은 권력자들과의 친분"

리프먼에게 권력과의 교제가 늘 유쾌한 것만은 아니었다. 그는 늘 권력의 배반을 당했다. 물론 리프먼 자신의 관점에서 말이다.

그는 윌슨에게 크게 실망하고 나서 권력자들과 일정 거리를 유지하려고 했지만, 권력 근처에서 놀고 싶어 하는 열망은 어쩔 수 없었던 모양이다. 그는 프랭클린 루스벨트, 존 F. 케네디, 린든 존슨Lyndon Johnson 1908~1973 등과 사귀다 나중엔 등을 돌리는 일을 반복했다.[62]

그래서 리프먼을 '기회주의자'로 보는 사람들도 적지 않았다. 루스벨트와의 관계에서도, 리프먼은 둘의 사이가 좋을 때엔 루스벨트에게 '독재 권력'을 행사할 것을 넌지시 말한 적도 있었다.[63] 그러다가 나중엔 뉴딜 정책에 대해서 혹평을 내리고 루스벨트의 정적들을 지지했으니, 그 내막이야 어찌 되었든 기회주의자라는 비판이 나온 것도 무리는 아니었는지 모른다.

권력자들과의 그런 쓰라린 경험 때문이었는지, 그는 기자들의 권력자들과의 친분에 대해서 비판적인 발언을 하기도 했다. 그는 존슨 대통령과 결별하기 몇 개월 전 국제적인 언론 단체인 IPIInternational Press Institute에서 행한 한 연설을 통해 "현대 언론인들의 세계에서 가장 중요한 형태의 타락은 권력의 피라미드에 기어 올라가는 언론인들의 권력 향유 그리고 권력자들과의 친분"이라고 경고했다.[64] 리프먼은 적어도 자신만큼은 권력자들과 일정한 선을 그어가며 친분관계를 유지했다고 믿고 싶어 했겠지만, 그러한 경고야말로 그 자신 스스로 권력에 이용당했다는 것을 실토한 것과 다름없다.

리프먼이 자신의 명성을 이용하는 건 일반 기자들을 상대하는 데에도 적용되었다. 그는 자신과는 아무런 관계도 없는 『뉴욕

왜 저널리즘이 민주주의를 결정하는가?

타임스』의 엘리트 기자들을 자신의 뉴스 서비스로 이용했다. 리
프먼을 숭상해 마지않았던 『뉴욕타임스』의 제임스 레스턴James
Reston, 1909~1995을 통해 그는 『뉴욕타임스』의 기자들과 자주 식사
를 즐겼다. 어느 기자가 아프리카 취재에서 돌아오면 그를 만나
아프리카 이야기를 들었다. 리프먼은 젊은 기자들과의 교류를 통
해 자신이 과거 경험의 포로가 되는 것을 막는 효과까지 기대할
수 있었다. 기자들은 단지 리프먼에게 필요한 정보만을 제공할
뿐 리프먼에게서 감히 정보를 얻어내지는 못했다. 단지 "리프먼
과 식사를 같이했다"는 게 그들의 대단한 영광이었을 뿐이다.[65]

리프먼이 누렸던 풍요도 결코 긍정적으로 평가할 수는 없는
것이었다. 특히 리프먼이 1963년 『헤럴드트리뷴』에서 필 그레이
엄Phil Graham, 1915~1963의 『워싱턴포스트』로 자리를 옮기면서 받
은 대우는 지나친 것이었다. 그는 『워싱턴포스트』를 위해 1년에
8개월만 일하고, 일주일에 2개의 칼럼만 쓰고, 또 『워싱턴포스
트』의 자매 주간지인 『뉴스위크』를 위해 1년에 16개의 칼럼을
쓰는 것으로 7만 달러의 연봉과 칼럼 신디케이션 수입의 90퍼센
트를 받게 되었다. 연봉 3만 5,000불에 칼럼 신디케이션 수입의
50퍼센트를 받던 『헤럴드트리뷴』에서의 대우에 비하면 가히 파
격적인 계약 조건이었다.

게다가 『워싱턴포스트』는 리프먼에게 아파트, 비서 2명, 연
구 조수 1명, AP 텔렉스 서비스, 리무진 서비스, 여행 경비 일체
등을 제공 또는 부담하기로 했다. 리프먼이 개인 사정으로 인해
칼럼을 아예 쓰지 않게 되더라도 10년간 5만 달러의 연봉에 개인

경비로 매년 2만 달러를 받게 되었다. 또 사망 시 리프먼의 아내에게는 10년간 매년 2만 5,000달러를 지급하기로 했다. 어떻게 해서든 리프먼을 활용해 경쟁지들을 따라잡고야 말겠다는 그레이엄의 집념은 후일 결코 빗나가지 않았다는 것이 입증되었으며 리프먼은 그러한 상황을 최대한 만끽했다.[66]

비평가 존 레너드John Leonard, 1939~2008는 1980년 리프먼에 대해 이런 평가를 내렸다. "종종 외롭고 용감한 사람으로 인식되고 있지만, 일반적으로 그는 그가 그토록 무시했던 여론을 가까이 했던 사람이었다. 즉, 시대가 요구한다고 생각되면 대중적인 혁신주의자로, 윌슨주의자로, 뉴딜주의자로, 고립주의자로, 개입주의자로, 국제주의자로 나섰던 것이다."[67]

'저널리즘의 위기'는 '민주주의의 위기'

리프먼이 가졌던 사상의 한계와 그의 인간적 한계에도 리프먼이 언론사에 남긴 족적은 결코 과소평가될 수 없는 것이다. 아마도 리프먼의 참된 가치는 그의 왕성한 회의력 그 자체에서 발견하는 것이 옳을지도 모르겠다. 리프먼은 이마누엘 칸트Immanuel Kant, 1724~1804 이래로 서구 사상에 출몰해 수많은 사상가를 괴롭혀온 '주관성subjectivity'의 문제에 골몰한 인물이었다. 언론학자 제임스 캐리James W. Carey, 1934~2006가 지적하듯이, 리프먼은 언론 자유의 문제를 도덕과 정치의 문제에서 '인식론epistemology'의 문제

로 재정의했다.[68]

물론 그 결과는 국가와 계급의 문제를 희석시키고 또 역설적으로 공적 영역의 '탈정치화'에 기여하는 것으로 나타났다는 지적도 있지만, 그런 한계를 극복하는 건 다른 사람들의 몫인지도 모른다. 진보주의자들은 이념적 관점에서 리프먼을 평가하려는 경향이 있지만, 리프먼의 주장은 이념의 좌우를 떠나 고민의 대상으로 삼을 필요가 있다. 프랑스의 진보적 사회학자인 피에르 부르디외Pierre Bourdieu, 1930~2002가 리프먼의 논지를 더 발전시켜 아예 "여론은 없다"고 선언한 것도 그런 맥락에서 이해할 수 있지 않을까?

1960년대에 프랑스 정치에 여론조사가 도입되자 그걸 강력히 반대하고 나선 부르디외는 여론조사가 ① 여론조사는 모든 사람이 의견을 갖고 있다, ② 모든 의견이 똑같은 무게를 갖고 있다, ③ 물을 만한 가치가 있는 질문에 관한 동의가 이루어졌다는 등의 그릇된 전제 위에서 출발하는 것이라는 점을 지적하면서 그 특유의 강조법으로 "여론은 존재하지 않는다"고 주장했다. 또 그는 여론조사가 단순한 것을 좋아하는 언론인들이 이미 단순한 데이터를 더욱 단순화시키는 위험을 처음부터 안고 있으며, 응답자의 정치 문제에 대한 대답이라고 하는 건 '계급적 성향'에 따라 이루어질 뿐이라는 점을 강조했다.[69]

리프먼이 사람들을 자극하는 심리적 힘을 무시하고 정치 제도에 대해서만 말하고 그것을 통계로만 표현하려 했던 미국의 정치학에 대해 정면 공세를 취한 건 높이 평가할 만하다. 리프먼이

"인물의 전기傳記를 쓰게 되면 정치적 신념이 논리적으로 결정된다는 생각은 바늘에 찔린 풍선처럼 붕괴되고 만다"는 명언을 남긴 것도 그런 맥락에서 이해할 수 있지 않을까?[70]

어떤 평론가의 말대로 마르크스가 '보드룸boardroom'의 문제를, 프로이트가 '베드룸bedroom'의 문제를 제기했다면 리프먼은 '뉴스룸newsroom'의 문제를 제기했다. 특히 리프먼이 "서구 민주주의의 위기는 저널리즘의 위기다"라고 단언한 것은 깊이 되새겨볼 만한 가치가 있다.[71]

언론이 단지 사회사 또는 문화사의 일부로 연구되어서는 안 되며 민주적 정부의 운영과 관련해 연구되어야 한다는 리프먼의 주장 자체는 이데올로기의 문제를 떠나 얼마든지 수용할 가치가 있으며, 또 마땅히 그러해야 한다고 판단된다. 특히 아직도 정치 연구에서 언론을 무시하는 경향이 있는 사람들은 리프먼을 반드시 읽어야 하지 않을까?

리프먼에게 신문은 무엇보다도 정치적 제도였다. 언론인들도 스테레오타입을 공유하고 있다는 사실을 심각하게 문제 삼은 리프먼은 여론이 언론에 의해 형성되기보다는 언론을 위해 형성되어야 하며 그러기 위해서는 보이지 않는 사실들을 밝혀내는 독립적인 전문 기구의 설립이 필요하다고 주장했다. 그러한 대안은 여전히 현실성이 결여된 이상이기는 하지만 계속 고민의 대상으로 삼을 가치는 있다.

명백한 한계를 보여주긴 했지만 리프먼은 자신의 대안을 부분적으로나마 실천해 보였다. 그는 저널리즘이 단지 자질구레한 사실의 집합을 나열한 '게시판'이 아니며 무언가를 분석해 설명하고 아디이어를 포용해야 한다는 것을 실천해 보였다. 그는 자신의 칼럼에 소문과 가십을 다루지 않았다. 고위 관리들의 말이 바이블이라도 되는 양 인터뷰에 크게 의존하는 다른 칼럼니스트들의 방식을 전면 거부했다. 다른 언론인들이 이벤트의 포로였던 반면에 그는 매우 원대한 시각과 전망을 보여주었다.

언론인이 자기 자신을 스스로 통제한다고 하는 건 매우 쉬운 일인 것 같지만, 그건 축적된 지식과 폭넓은 안목이 없이는 이루어내기 어려운 목표다. 오늘날 한국 언론에 가장 필요한 것은 겉만 번지르르하고 변덕스러운 이벤트들의 나열과 출몰에 지배당하지 않고 그들을 오히려 지배하는 분석력과 통찰력이 아닐까? 뉴스 출처, 즉 권력자들의 여론 조작 시도가 날이 갈수록 기승을 부리고 있기에 그러한 필요성은 더욱 절실하다. 자기 자신의 작업에 스스로 끊임없는 이의를 제기하고 아무리 작을망정 자기 자신의 독립적인 세계를 꿈꾸는 야망이 언론인들에게 필요하다는 것을 리프먼은 가르쳐 주고 있다 하겠다.

조지프 매카시
Joseph R. McCarthy

왜
언론은 매카시즘의
공범이 되었는가?

매카시즘을 탄생시킨 조지프 매카시

'매카시즘McCarthyism'은 이미 우리 국어사전에도 올라 있는 당당한 외래어며, 우리의 정치 풍토에서 여전히 잘 활용되고 있는 정치 수법이다. 동아출판사의 『신콘사이스 국어사전』(1982)의 정의에 따르면, 매카시즘은 "논리적인 이론이나 사실의 근거 없이 정적을 비난하거나 공산주의 등으로 몰아 탄압하는 일"이다.

그러나 우리의 현실 정치뿐만 아니라 일부 언론의 보도 태도에 관한 논의에서 '매카시즘 공방'이 치열한 상황에서 그런 정도의 정의로는 만족하기 어렵다. 아무래도 매카시즘이란 말을 낳은 장본인이라 할 조지프 매카시Joseph R. McCarthy, 1908~1957라는 인물에 대해 자세히 아는 것이 매카시즘에 대한 논쟁의 생산성을 높이는 데에도 큰 도움이 될 것이다.

매카시는 미국의 상원의원이었다. 미국에서는 1946년에서

1954년까지를 흔히 '매카시 데커드McCarthy Decade'라고 부르지만, 매카시즘이란 말을 낳게 한 매카시의 주요 활동 기간은 1950년에서 1954년까지의 5년간이다. 매카시는 과연 어떤 인물이었던가?

매카시는 1908년 11월 4일 미국 위스콘신주 우타가미 카운티Outagamie County의 그랜드 슈트Grand Chute에서 아일랜드계 농부 집안의 7남매 중 다섯째 아이로 태어났다. 그는 14세에 학교를 그만두고 20세에 다시 학교로 돌아와 고교 과정을 1년 만에 끝냈다. 머리는 꽤 좋은 젊은이였던 모양이다. 1935년 위스콘신주에 있는 마켓대학Marquette University 법학과를 졸업하고 나서 변호사로 활동했다.

매카시는 변호사로 별 재미를 보지 못했다. 당시 포커에 몰두했던 것으로 알려지고 있다. 1939년 위스콘신 판사직Tenth Judicial Circuit of Wisconsin 선거에 출마해서 당선되었다. 그는 선거 과정에서 경쟁자인 현직자의 나이가 66세인데도 73세라고 주장하는 등 사실을 날조했는데, 이런 솜씨는 날이 갈수록 무르익어 그 정도가 심하게 된다.[1]

매카시는 판사직에 있으면서 여러 가지 비리를 저질러 위스콘신주 대법원에서 징계를 2번이나 받았다. 그래서 그랬는지는 알 수 없으나, 그는 1941년 판사직을 그만두고 "영웅이 되려면 해병대에 입대하라"는 친구의 조언에 따라 해병대 장교로 입대했다. 그는 이미 이때에 정치에 뜻을 두었던 것으로 보인다. 그는 군 복무 중인 1944년에 상원의원에 출마하기 위해 공화당 지명을 노렸으나 실패하고, 1945년에 제대를 하고 나서 본격적으로 정치에 뛰어들었다.

매카시는 1946년 선거에서 공화당 예비선거에 출마해 당시 현직 상원의원이던 로버트 매리언 라폴레트Robert Marion La Follette, Jr., 1895~1953, 본선에서 민주당 후보 하워드 맥머리Howard McMurray, 1901~1961를 누르고 상원의원에 당선되었다. 그의 상원의원으로서 활동은 평점을 매긴다면 평범 이하였다. 그는 의회에서 '불한당ruffian'으로 명성을 얻었을 뿐이다. 그는 의회 내에서도 형편없이 구겨진 옷을 입고 돌아다니는가 하면 아무 의자에서나 누워 잠을 자기도 했다. 그리고 그는 아무 때나 두 주먹을 불끈 쥐는 해병대식 제스처를 남발했다.[2]

매카시의 그런 행동은 그렇게 해서라도 유명해져야겠다는 그의 치밀한 계산에서 비롯된 것이라고 보는 사람들도 있다. 그는 나치 친위대를 칭찬하는 발언을 해 물의를 빚은 적도 있었는데, 비판자들은 그것도 사실은 위스콘신주에 많이 사는 독일계 주민들의 성향으로 미루어 크게 밑질 건 없는 발언이었다고 본다. 어찌 되었거나 그는 불한당으로 악명을 얻는 것 이외에는 이렇다 할 활동 없이 4년을 보냈다. 그래서 많은 사람이 그가 다음번 선거에서 재선하긴 어려울 것이라고 점치고 있었다.[3]

반공의 '정치적 상품화'

매카시도 그런 사정을 알고 초조감을 느꼈던 모양이다. 그는 자기 주변의 친지들에게 어떻게 해야 빛을 볼 수 있겠느냐고 물었다. 1950년 1월 7일 그는 자신의 정치적 조언자들에게서 귀가 번쩍 뜨일 말을 듣게 되었는데, 그건 바로 '반공反共'이었다. 1949년 중국의 공산화, 소련의 원폭 실험과 유럽·동아시아에서 영향력 증대, 당시 미국을 휩쓸고 있던 외국인 혐오증 등은 반공의 정치적 상품으로서 그 가치를 크게 돋보이게 만들었다.[4]

당시의 시대상을 말해주는 좋은 증거가 바로 베스트셀러 작가인 미키 스필레인Mickey Spillane, 1918-2006의 맹활약이다. 그는 미국의 국민 정서에 깊게 침투해 있었던 편집증을 이용해 1947년 『내가 심판한다I, the Jury』와 같은 소설을 썼다. 소설 속 주인공인 사설탐정 마이크 해머Mike Hammer는 미국의 냉전에 대한 강박관념이 너무 크기 때문에 이제 미국은 평범한 깡패들이나 부패한 정치가들을 추적하는 대신 공산주의자들의 내란 기도를 막는 데 전념해야 한다고 확신하는 인물이다. 이 책은 수백만 부나 나가는 초대형 베스트셀러가 되었다. 스필레인의 초창기 6권의 책은 평균 250~300만 부가 팔렸는데, 1956년 미국 출판업계에서 선정한 '60년간의 베스트셀러'에서 가장 많이 팔린 10대 소설 중 7권이 스필레인의 것이었다.[5]

스필레인의 성공은 공산주의에 대한 공포가 매카시 혼자서 만들어낸 건 아니라는 걸 말해준다. 이미 그의 등장 이전부터 공산주의에 대한 공포는 스필레인의 소설뿐만 아니라 신문의 머리기사를 장식했다. 그럼에도 그 공포를 드라마틱할 정도로 실감나게 키우는 데엔 매카시만큼 발군의 실력을 보인 사람은 없었다.

매카시의 변신은 빨랐다. 반공이 좋은 정치적 상품이라는 말을 들은 지 한 달 후인 1950년 2월 9일, 그는 웨스트버지니아 주 휠링Wheeling에서 '링컨의 날'을 기념하는 주말 모임의 일환으로 열린 행사에서 연설을 하면서 역사에 길이 남을 매카시즘의 포문을 열기 시작했다. 그는 자신의 손에 국무성에 근무하는 공무원들 가운데에 당원증까지 가진 공산당원 205명의 리스트가 있다고 주장했다. 그러나 그건 거짓말에 가까운 것이었다. 그 명단은 FBI의 안보 관련 체크리스트로 의례적인 단순 조사 대상자까지 포함한 것인 데다, 그 명단에 있는 대부분의 사람들은 이미 오래전에 국무성을 그만두었으니 말이다.[6]

일반 대중이 그걸 알 수는 없는지라 매카시는 하루아침에 전국적인 인물로 부상했다. 미국의 상원의원이 미국의 국무성에 침투한 공산주의자의 명단을 그것도 205명이나 갖고 있다는데, 언론이 가만있을 리 없었다. 매카시는 언론의 화려한 조명을 받았다. 매카시의 휠링 연설이 있은 지 한 달 후인 3월 초순 『워싱턴포스트』의 시사만평가 허버트 블록Herbert Block, 1909~2001은 최초로 '매카시즘McCarthyism'이란 말을 만들어냈다. 그는 매카시즘을 "선동, 근거 없는 비방, 인신공격demagoguery, baseless defamation, and mudslinging"으로 정의했다.

매카시는 처음에는 '매카시즘'이라는 단어를 불쾌하게 여겼지만, 나중에 이 단어를 껴안으면서 '소매를 걷어 붙인 미국주의Americanism with its sleeves rolled'로 재정의했고, 매카시즘은 '공산주의와의 투쟁'이라며 "우리에겐 더 많은 매카시즘이 필요하다”고 주장했다. 나중엔 『매카시즘: 미국을 위한 투쟁McCarthyism: The Fight For America』(1952)이란 제목의 책까지 출간했다.[7]

6 · 25전쟁으로 날개를 단 매카시

매카시의 뒤엔 FBIFederal Bureau of Investigation 국장 존 에드거 후버 John Edgar Hoover, 1895~ 1972가 있었다. 후버는 1924년부터 1972년 숨을 거둘 때까지 48년 동안 FBI 국장으로 장기 집권하면서 8명 의 대통령들을 “뒤에서 갖고 논다”고 해도 좋을 정도로 막강한 권력을 행사한 전설적 인물이다. 후버를 내쫓으려고 굳게 결심 한 대통령들도 자신의 모든 약점을 비밀 파일로 쥐고 있는 후버 의 보복이 두려워 감히 그를 건드리지 못했다.

매카시는 전국적인 유명 인사가 되기 전부터 후버가 자신의 휘하에 두면서 관리해온 인물이었다. 자신의 주장에 대한 입증 자료를 요구받자 매카시는 후버에게 도움을 청했다. 후버는 13년 연하인 매카시를 나무랐다. 그 방식이 너무 서투르다는 이유에 서였다. 그는 매카시에게 날조된 주장은 두루뭉수리하게 해야 한다고 충고하면서, 자신의 부하들에게 매카시를 도울 수 있는 자료를 찾아보라고 지시했다.[8]

후버의 도움을 얼마나 받았는지는 알 수 없으나 매카시는 약 두 달 후인 1950년 3월 30일, 상원에서 국무성의 극동 담당 부 서와 대외 선전 방송인 ‘미국의 소리VOA: Voice of America’는 자유

세계보다는 공산주의에 더 충성하는 사람들에 의해 거의 전적으로 지배되고 있다고 주장했다. 또 1950년 5월 그는 애틀랜틱시티Atlantic City에서 행한 한 연설에서 어린 시절 집의 닭장에서 스컹크를 쫓아냈던 불유쾌한 경험을 이야기하면서, "지금 워싱턴엔 더 위험하고 냄새가 독한 스컹크들이 득실거리고 있다"고 주장했다.[9]

1950년 6월 25일 6·25전쟁은 매카시에게 날개를 달아주었다. 그 전쟁은 공산주의에 대해 공포감을 갖고 있던 많은 사람에게 매카시를 구세주처럼 여기게 만들었다. 매카시는 신바람이 났다. 1950년 8월 그는 위스콘신주 밀워키Milwaukee에서 행한 한 연설에서 미국의 젊은이들이 한국에서 죽어가고 있으며, 이는 정부 고위 관리들이 서구 문명보다는 공산주의에 더욱 충성을 하고 있기 때문이라고 주장했다.[10]

1951년 4월 11일 해리 트루먼Harry S. Truman, 1884~1972 대통령이 미 극동군 총사령관이자 유엔군 총사령관이었던 더글러스 맥아더Douglas MacArthur, 1880~1964를 해임하자, 매카시는 그의 해임은 공산주의자들에겐 승리라고 주장했다. 그는 맥아더를 '가장 위대한 미국인'으로 치켜세우면서, 트루먼에겐 이런 욕설을 퍼부었다. "그 개새끼는 탄핵되어야 한다The son of a bitch should be impeached!"[11]

당시 트루먼은 그 누구 못지않은 반공주의자였지만 매카시의 비난 앞에선 속수무책이었다. 매카시는 민주당 정권인 트루먼 행정부와 그전의 루스벨트 행정부의 집권 기간을 가리켜 '20년

간의 반역twenty years of treason'이라는 독설을 퍼부어댔다. 공화당
은 내심 미소를 짓고 있었다. 공화당도 매카시의 주장이 터무니
없다는 걸 잘 알고 있었지만, 나날이 인기가 치솟는 매카시와 매
카시즘이 1952년의 대통령 선거에서 큰 정치적 상품이 될 것이
라는 계산을 하고 있었다. 공화당 대통령 후보 드와이트 아이젠
하워Dwight D. Eisenhower, 1890~1969도 내심 매카시가 내키진 않았
지만, 대선에서 그의 지지를 요청하고야 말았다.[12]

　　매카시는 1952년 대선에서 맹활약했다. 그는 10월 27일 선
거 유세 연설에서 민주당 대통령 후보인 아들라이 스티븐슨Adlai
Stevenson, 1900~1965, 역사학자 아서 슐레진저Arthur Schlesinger, Jr.,
1917~2007, 시인 아치볼드 매클리시Archibald MacLeish, 1892~1982 등
6명의 저명인사를 공산당 동조자요 지지자라고 비난했다. 그는
대통령 선거와 함께 치러지는 의원 선거에서도 공화당 후보자를
위해 16개 주를 돌며 지지 연설을 했는데, 『뉴욕타임스』는 그가
최소한 8명의 의원을 당선시켰다고 보았으며, 다른 언론은 매카
시의 정치력을 이보다 높게 평가했다.[13]

매카시의 든든한 '빽'은 여론이었다

1952년이 미국 역사상 정상적인 시절이었다고 보기는 어렵다.
매카시는 상원의원 재선에 성공했으며, 공화당도 압승을 거두면
서 대통령직을 차지하고 상원의 다수당이 되었다. 매카시는 그

승리에 기여한 공을 인정받아 상원의 정부감사위원회Committee on Government Operations 및 그 산하의 조사소위원회Permanent Subcommittee on Investigations의 위원장이 되어 막강한 권력을 행사하게 되었다.[14]

권력이 커지면서 매카시의 '광대 짓'은 더욱 기승을 부렸다. 그는 상원에서 지켜야 할 에티켓의 모든 규칙을 어겼다. 그의 심복 보좌관인 로이 콘Roy M. Cohn, 1927~1986과 G. 데이비드 샤인G. David Schine, 1927~1996은 매카시 못지않은 괴짜들이어서 매카시가 이끄는 상원 조사소위원회의 활동은 서커스를 방불케 했다. 그들이 공산당을 잡아낸다고 청문회에 소환한 사람들 가운데엔 21년 전 결혼과 축구를 비판한 책을 쓴 국무성 공무원, 북부 지역의 흑인이 아칸소Arkansas주 백인보다 지능지수가 높다는 연구 결과를 발표한 인류학자가 포함되어 있었다.[15]

그런데 놀랍게도 매카시가 미친 짓을 하면 할수록 그의 정치적 영향력은 더욱 커졌다. 그는 그야말로 좌충우돌左衝右突을 일삼았다. 그의 화살은 어느덧 자신이 지지했던 아이젠하워에게 향하고 있었다. 그는 아이젠하워가 임명한 고위 관리 여러 명을 공격했으며, 아이젠하워 행정부 여기저기에 역모의 혐의가 있다고 주장했다. 그는 아이젠하워 정권 1년이 지나자 '21년간의 반역'이라고 주장했다.

전 국무장관이며 육군 원수에다 노벨평화상 수상자이기도 한 조지 마셜George C. Marshall, 1880~1959도 매카시의 사정권을 벗어나진 못했다. 매카시는 그가 '오명의 음모a conspiracy of infamy'

에 가담했다고 공격했다. 아이젠하워가 대통령이 되기 전부터 시작된 이런 공격에 대해 아이젠하워는 시종일관 침묵을 지켰다. 1952년 대선 유세 중 이런 일도 있었다. 『워싱턴포스트』 사주인 캐서린 그레이엄Katharine Graham, 1917~2001은 다음과 같이 회고했다.

"내가 아이젠하워를 반대하게 된 것은 마셜 장군이 관련된 사건 때문이었다. 아이크는 매카시가 마셜 장군을 무자비하게 공격하자 10월 초 위스콘신주 순회 유세 중에 마셜 장군을 옹호하는 연설을 하기로 결정했다. 그러나 위스콘신주 공화당 지도부는 아이크가 그런 발언을 하지 않도록 그의 선거 참모들에게 압력을 넣었다. 아이크는 참모들의 조언을 받아들여 연설문에서 그 부분을 삭제했으나 그때는 너무 늦어 모든 일이 낱낱이 공개되고 말았다."[16]

아이젠하워 행정부의 국무장관 존 포스터 덜레스John Foster Dulles, 1888~1959도 매카시에겐 무력하기 짝이 없었다. 그는 매카시의 공격을 받은 관리를 불러 "나는 당신이 아무 잘못이 없다는 걸 잘 안다"고 말하면서도 그의 사표를 받아내고야 말았다.[17]

아이젠하워의 모든 국무위원이 매카시에겐 벌벌 떨었다. 심지어 육군 장관 로버트 스티븐스Robert Stevens, 1899~1983는 매카시와 잘 지내려고 자신의 보좌관인 존 애덤스John G. Adams, 1912~2003에게 매카시에 대한 로비 업무를 전담시키는 일도 마다하지 않았다. 스티븐스는 애덤스에게 자신과 매카시의 관계가 우호적이 되게끔 일하라고 주문했으며, 매카시의 모든 청탁을 다 들어

왜 언론은 매카시즘의 공범이 되었는가?

주었다. 후일 애덤스는 자신의 자서전에서 스티븐스가 매카시에게 아첨을 일삼았다고 폭로했다.[18]

매카시의 든든한 '빽'은 여론이었다. 1954년 1월 갤럽 조사에 따르면, 매카시의 지지도는 51퍼센트(반대 29퍼센트)였다. 이런 지지를 의식한 아이젠하워도 사적인 자리에선 매카시를 '부랑아guttersnipe'라고 비판했지만, 공적으론 매카시에 의해 놀아나기 일쑤였다.[19] 그 꼴을 보다 못해 민주당 대통령 후보였던 아들라이 스티븐슨은 1954년 3월 6일 전국에 중계된 텔레비전 연설에서 아이젠하워가 매카시즘에 굴복했으며, 공화당은 정치적 성공의 공식으로 매카시즘을 채택했다고 비판했다.[20]

그 비판은 결코 당파적 이해관계에서 나온 것만은 아니었다. 공화당 내부에서도 매카시가 해도 너무 한다는 비판의 소리가 거세게 터져나오고 있었다. 1954년 3월 9일 버몬트주 공화당 상원의원 랠프 플랜더스Ralph E. Flanders, 1880~1970는 상원에서 매카시가 매카시즘이라고 하는 '1인 정당'을 만들려 하고 있다고 비판했다.[21]

그런 비판에서 자극을 받아서였겠지만, 아이젠하워의 매카시에 대한 인내심도 서서히 그 바닥을 드러내고 있었다. 아이젠하워는 무엇보다도 매카시가 자신의 고향이라 할 육군을 건드리는 데에 몹시 분개했다. 매카시는 오래전부터 육군이 공산당 동조자들을 보호한다는 공세를 취해왔는데, 이는 돌이켜보건대 스스로 자신의 무덤을 파는 무모한 행동이었다.

CBS-TV 에드워드 머로와 매카시의 대결

보수적인 공화당 상원의원 플랜더스가 상원에서 매카시를 비난하는 발언을 한 날 저녁에 방송된 CBS-TV의 다큐멘터리 〈지금 봅시다See It Now〉의 '상원의원 조지프 매카시에 관한 보고Report on Senator Joseph R. McCarthy'가 매카시의 몰락에 미친 영향도 무시할 수 없는 것이었다. 이 다큐멘터리는 미국의 전설적인 방송인 에드워드 머로Edward R. Murrow, 1908~1965와 프로듀서 프레드 프렌들리Fred Friendly, 1915~1998가 만든 작품으로 미국 방송사에 한 획을 긋는 대사건이 되었다.

머로와 프렌들리는 오래전에 매카시를 그대로 두어서는 안되겠다는 결론을 내리고, 1년 전부터 이 다큐멘터리를 위한 자료를 준비해왔다. 자료가 확보된 뒤에도, 매카시를 잘못 건드렸다간 오히려 역습을 당할 것이 두려워, 그들은 적당한 때에 방영하려다 1954년 3월 9일을 택한 것이었다. 회사 측은 그 다큐멘터리의 방영이 못마땅했지만 머로가 CBS 내에서도 워낙 거물이었기 때문에 그저 모른 척 방관했다. 머로와 프렌들리는 이 다큐멘터리의 영향력을 높이기 위해 『뉴욕타임스』에 안내 광고를 싣기까지 했는데, 회사 측에서 지원을 해주지 않아 그들의 주머니를 털었다.

이 다큐멘터리는 매카시의 기만과 광기를 유감없이 폭로하는 데에 성공했다. 방영 후 2주간 CBS-TV에 답지한 편지만도 2만 2,000통에 이르렀는데, 대부분이 그 다큐멘터리에 긍정적인 반응을 보였으며 부정적인 반응을 보인 편지는 2,500통에 지나지 않았다. 그 다큐멘터리에 관해 CBS-TV에 보내온 편지, 전보, 전화는 모두 10만여 건에 이르는 것으로 추산되었으며, 대부분은 머로를 지지하는 것이었다.[22]

언론도 대부분 머로의 용기를 칭찬했다. 그러나 그 다큐멘터리의 저널리즘적인 윤리에 대해선 우려를 표시했다. 그 다큐멘터리는 원래의 제작 의도가 시사하듯이, 객관성을 위장하지 않은 채 매카시를 고발하기 위해 제작되었다. 그 다큐멘터리는 매카시를 최대한 부정적으로 보이게 만들기 위해 그의 연설의 일부를 맥락에서 제거한 채 자의적으로 사용했으며, 매카시가 이상하고 우스꽝스럽게 보이는 장면을 강조하는 등의 방법을 동원했다. 요컨대, 머로는 매카시의 수법을 폭로하기 위해 매카시의 수법을 일부 원용한 셈이었다. 일부 평론가들은 카메라와 마이크가 이번 경우와는 달리 매카시처럼 위험한 선동꾼의 손에 넘겨진다면 어떻게 할 것인지라는 우려를 표명했다.[23]

매카시에겐 반론 방송이 허용되었는데, 그는 그 기회를 잘 활용하지 못했다. 그는 30분의 반론을 외부 프로덕션에서 제작했는데, 그 수준이 머로의 프로그램에 비해 매우 조잡했다. 4월 6일에 방송된 매카시의 반론 이후 머로에 대한 지지도는 2대 1로 떨어지긴 했지만 여전히 우세였다.[24] 매카시가 자신의 반론 프로그램을 머로처럼 아주 용의주도하게 잘 만들었더라면 그 결과는 전혀 달라졌을지도 모른다고 말하는 사람들도 있었다.[25]

매카시의 몰락을 부른 '육군-매카시 청문회'

매카시의 부상은 텔레비전의 대중화 시기와 딱 맞아떨어졌다. 매카시의 휠링 연설이 있었던 1950년 2월 당시 미국 내엔 텔레비전 방송국은 98개, 텔레비전 수신기는 370만 대에 불과했다(라디오 방송국은 2,029개였고, 라디오 수신기는 8,300만 대로 94퍼센트의 보급률을 기록했다). 그러나 1950년 말 텔레비전 방송국은 106개, 수신기는 1,000만 대로 늘어났으며, 1954년 말에 이르러 텔레비전 방송국은 413개, 수신기는 3,500만 대로 급증했다.[26]

짧은 기간 내에 그 정도로 급증한 텔레비전은 처음엔 매카시를 유명하게 만드는 데에 크게 기여했지만, 나중엔 매카시를 결정적으로 몰락하게 만든 이유가 되었다. 머로의 방송이 나가고 난 지 40여 일 후인 4월 22일부터 시작된 그 유명한 '육군-매카시 청문회Army-McCarthy hearings'는 매카시의 몰락을 재촉한 결정타가 되고 말았다.

이 청문회는 사실상 아이젠하워의 매카시에 대한 인내가 극에 달해 이루어진 것이었다. 아이젠하워의 결심은 늘 매카시에게서 괴로움을 당해오던 육군의 매카시에 대한 반격으로 나타났다. 그 반격은 매카시의 비리를 폭로하는 보고서를 발표하는 형식으로 이루어졌다. 그 보고서는 매카시와 그의 보좌관 로이 콘이 육군에 입대한 매카시의 또 다른 보좌관인 데이비드 샤인의 군복무 면제를 위한 청탁을 오래전부터 해왔으며, 입대 후에도 특별대우를 요구하는 등 압력을 가했다고 밝혔다.[27]

이에 대해 매카시는 그 보고서가 육군의 공산당 침투에 대한 자신의 조사를 방해하려는 음모라고 맞받아쳤다. 육군과 매카시의 대결은 신문에 떠들썩하게 보도되었으며, 상원도 여론의 압력을 피할 수 없어 그 대결을 조사하기 위한 청문회를 열게 되었다. 매카시는 자신이 위원장으로 있는 조사소위원회의 조사를 받는 기묘한 상황에 처하게 되었지만, 그에겐 육군 측의 증인들에 대해 심문권을 갖는 특별대우가 허용되었다.

매카시는 처음엔 모든 걸 자신의 보좌관인 콘에게 미루고 자신은 그 싸움에 초연하게 대처하려고 했지만, 막상 청문회장에서 텔레비전 카메라가 돌아가자 자기 홍보에 대한 유혹을 못 이겨 그 싸움판에 직접 뛰어들고 말았다. 그는 그 어떤 의원이나 증인보다 더욱 많이 떠들어댔다.[28] 그는 육군 특별 자문관인 보스턴의 변호사 조지프 웰치Joseph N. Welch, 1890~1960를 심문하게 되었는데, 웰치와의 대결은 매카시에게 결정적인 패배를 안겨주고 말았다. 노련한 웰치는 능숙한 말솜씨로 매카시를 흥분하게 만들었고, 매카시의 흥분은 자신의 '고약한 매너bad manner'를 유감없이 드러내게 하고 말았다.[29]

텔레비전으로 36일간 중계된 이 청문회에서 발언된 진술의 양은 200만 단어로 7,300페이지에 이르는 기록을 남기게 되었고, 텔레비전 시청자는 2,000만 명에 이르렀다. 청문회가 텔레비전과 라디오로 중계되는 시간에는 전화량이 급감했고, 서점에서는 의회 진행에 관한 책이 불티나게 팔려 나갔으며, 시청자들은 극심한 감정적 반응을 드러내보였다.[30]

그렇게 전 국민적 관심의 대상이 된 청문회에서 매카시는 '고약한 매너'로 크게 점수를 잃고 말았다. 평소 텔레비전 뉴스에 자신이 보도되는 수준에서 텔레비전을 이용할 때엔 아무런 문제가 없었지만, 말싸움이 벌어지는 청문회에서 매카시는 아무래도 텔레비전에 어울리지 않는 '뜨거운 인물'이었다. 갤럽 여론조사 결과에 따르면, 청문회 전 매카시에 대한 지지도는 50퍼센트, 반대는 29퍼센트였으나, 청문회가 끝난 다음 실시된 여론조사에서는 반대가 50퍼센트를 넘어섰다.[31]

FBI 국장 존 에드거 후버의 기회주의적 배신

그러나 무대 이면에서 결정타는 후버와 매카시의 관계 단절이었다. 그간 매카시는 후버와의 관계에서 그의 허영심을 이용했다. 그는 1952년 후버에게 보낸 한 전형적인 편지에서 "그 누구도 당신을 위해 기념비를 세울 필요는 없을 겁니다. 당신은 FBI라는 형태로 자신의 기념비를 세웠으니까 말입니다. FBI가 바로 에드거 후버이며 이는 앞으로도 항상 그럴 것이라고 저는 확신할 수 있습니다"라고 했다. 이에 후버는 "FBI가 이룩한 그 어떤 업적도 당신과 같은 좋은 친구들로부터 받고 있는 전적인 협조와 지원에 크게 힘입지 않은 것이 없소"라고 답했다.[32]

하지만 1953년 들어 두 사람의 관계는 달라졌다. 후버는 빨갱이 사냥을 맹렬하게 추진한 건 물론이고 그런 사냥을 비판하는 사람들마저 모조리 색인 카드를 만들어 정보 파일을 축적하는 등 편집증적 성향을 보였지만, 그에겐 권력욕이 우선이었다는 평가가 있다. 후버는 자신의 자리를 유지하기 위해 늘 대통령을 상대로 이중 플레이를 구사했는데, 이젠 매카시를 혐오하는 아이젠하워의 편에 서는 게 좋겠다는 판단을 했던 것 같다. 매카시가 볼 때엔 후버가 기회주의적 배신을 한 셈이다.[33]

1953년 7월 후버는 법무장관을 통해 아이젠하워 행정부를 무너뜨리고 매카시를 대통령으로 세우려는 음모가 있다는 것을 비밀정보원에게서 들었다고 대통령에게 일러주었다. 그 주모자들은 프랜시스 스펠먼Francis J. Spellman, 1889~1967 추기경과 훗날 미국 대통령이 되는 존 케네디John F. Kennedy, 1917~1963의 아버지인 조지프 케네디Joseph P. Kennedy, 1888~1969로 이들은 부유한 가톨릭 신자들에게서 후원을 받고 있다는 것이었다.

아이젠하워가 이 정보에 대해 어떤 반응을 보였는지는 알려지지 않았지만, 후버는 1954년 봄 리처드 닉슨Richard M. Nixon, 1913~1994 부통령에게 "매카시는 공산당원 색출을 방해할 정도의 지경에까지 이르렀습니다"라고 불평하기도 했다.[34] 후버의 이런 불평은 당시 FBI의 방첩 활동 책임자 로버트 램피어Robert Lamphere, 1919~2002의 다음 증언과도 일치한다. "매카시의 접근 방법은 반공의 명분에 해를 입혔으며, 많은 자유주의자들로 하여금 공산주의 활동을 위축시키려고 하는 정당한 노력에 대해 등을 돌리게 만들었다."[35]

후버는 부하들에게 '육군-매카시 청문회'와 관련해 매카시를 위한 정보 제공 차단을 지시했고, 결국 매카시는 정보 부족으로 참패를 당하고 만 셈이었다.[36] 상황이 그 지경에 이르자, 기회주의적인 신문들도 매카시에게 완전히 등을 돌리기 시작했다. 그를 못마땅하게 생각하고 있었지만, 무서워서 감히 어쩌지 못했던 동료 의원들도 생각을 달리 먹었다.

1954년 12월 상원은 67대 22로 매카시에 대한 '비난condemn' 결의를 단행했다(이는 탄핵은 아니고 견책이었다). 그러나 그 결의는 매카시의 진짜 범죄를 대상으로 한 것이 아니라 매카시가 폭언과 모독 등으로 상원 클럽의 규칙을 어겼다는 걸 문제 삼은 것이었다. 상원의 결의는 매카시즘이 아닌 매카시를 거부한 것에 지나지 않았던 것이다.

상원의 매카시 징계 후 아이젠하워는 이렇게 선언했다. "매카시즘은 이제 과거사가 됐습니다McCarthyism is now McCarthywasm." 아이젠하워는 나중에 매카시에게 반대하는 공적公的 역할을 왜 좀더 적극적으로 하지 않았느냐는 질문을 받고 "저는 단지 그 스컹크와 오줌 멀리 누기 경쟁a pissing contest을 하지 않으려고 했을 뿐입니다"라고 주장했다.[37]

상원의 '비난' 결의 이후 매카시의 영향력은 땅에 떨어졌고 상원에선 왕따를 당하는 신세가 되었다. 후버에게 도움을 청하려고 전화를 걸면 늘 '회의 중'이거나 '외출 중'이었다. 그는 1956년 '후버를 대통령으로'라는 캠페인도 시도해보았지만 후버는 여전히 아는 척도 하지 않았다.[38] 매카시는 알코올중독으로 시름시름 앓다가 1957년 5월 2일 메릴랜드주 베데스다 해군병원Bethesda Naval Hospital에서 48세의 나이로 사망했다.

매카시는 과연 반공 광신도였나?

매카시는 그 후 오랫동안 잊혔지만, 1980년대 초반 보수적인 '레이건 혁명'의 와중에서 매카시를 재평가하는 움직임이 일어났다. 1984년 대통령 선거에서 재선에 도전한 로널드 레이건Ronald Reagan, 1911~2004은 민주당의 고정표마저 휩쓸어가는 대승을 거두자 평소 매카시를 존경한다고 공언해온 보수 칼럼니스트 패트릭 뷰캐넌Patrick J. Buchanan, 1938~을 공보수석비서관으로 임명하기까지 했다. 뷰캐넌은 레이건의 주요 지지 기반인 극우 보수 단체들의 강력한 성원을 받고 있었기 때문에 곧 백악관 내에서 비서실장 도널드 리건Donald Regan, 1918~2003에 뒤이어 제2의 실력자로 부상했다.[39]

　이런 변화에 자극을 받은 걸까? 1987년 밀워키에서 매카시의 사망 30주기를 기념하는 행사가 '매카시 교육재단Joseph R. McCarthy Educational Foundation'의 주최로 개최되었다. 그 모임에 참석한 사람은 300여 명이었는데, 그 중 반은 보도진이었고 나머지는 거의 노인들 아니면 극우 단체인 존 버치 소사이어티John Birch Society 회원들이었다. 이 자리엔 장개석의 부인도 참석하기로 되어 있었으나 폐렴으로 인해 불참했다. 그 자리에 참석한 사람들은 오늘날 미국은 매카시와 같은 위대한 반공 지도자가 절실히 필요하다고 추모했다.

그 자리에서 『매카시: 30년 후McCarthy: 30 Years Later』의 저자인 M. 스탠턴 에번스M. Stanton Evans, 1934~2015는 추모 연설을 통해 매카시에 관한 잘못된 기록을 바로잡아야 한다고 역설했다. 그는 공산당의 전복 음모는 지금도 계속되고 있다고 주장하면서, 매카시의 사망 직후 없어진 '하원 반미국적 활동 조사위원회House Un-American Activities Committee'와 같은 기구들이 많이 필요하다고 주장했다. 그의 바로 뒤에는 '공산주의 지도Communist Scoreboard'가 걸려 있었다. 그건 세계 지도에 공산주의자들의 영향력을 표시한 것이었다. 그 지도에 따르면, 공산당의 영향권은 미국이 25~50퍼센트, 유럽은 거의 대부분이었다.[40]

매카시 재평가 움직임은 2001년 9·11 테러 이후 미국에 불어닥친 애국주의 열풍 속에서 다시 한 번 점화되었다. 변호사 출신의 금발 미녀이자 보수 논객으로 명성을 얻은 앤 콜터Ann Coulter, 1961~는 2003년에 출간한 『반역: 냉전에서 테러와의 전쟁에 이르는 진보주의자들의 반역 행위Treason: Liberal Treachery from the Cold War to the War on Terrorism』에서 매카시를 열정적으로 옹호하면서 진보주의자들에 의해 저질러진 '50년간의 반역'을 고발했다.

" '매카시즘'이라는 신화는 우리 시대의 가장 거대한 오웰George Orwell 식式 사기극이다. 조지프 매카시 상원의원이 순진한 목숨을 파괴하는 과격한 독단주의자로 묘사된 것은 순전히 진보주의자의 도깨비장난 때문이었다. 진보주의자들은 더 이상 매카시 시대의 공포로 위축되지 않았다. 그들은 매카시의 이름에 먹

칠을 하기 위해 호전적 거짓말을 퍼뜨려가며 이 나라의 국방 태세를 조직적으로 잠식하고 있었다. 여러분이 매카시에 대해 알고 있다고 생각하는 것은 주도권을 장악하려는 자들이 지어낸 거짓말에 지나지 않는다.”[41]

오늘날에도 이와 같이 생각하는 이들이 미국에 적잖이 있는 건 분명 사실이지만, 매카시를 ‘반공 광신도’로 보는 이들이 다수인 것도 분명한 사실이다. 그런데 매카시는 과연 반공 광신도였을까? 기회주의자였다고 보는 이들은 매카시가 늘 부르짖었던 ‘미국을 위한 투쟁fight for America’은 사실상 ‘자기 자신을 위한 투쟁fight for Joe McCarthy’에 지나지 않았다고 말한다.[42]

반면 매카시를 광신도로 보는 사람들은 매카시가 억세고 경건한 농부로 성장했다는 사실을 강조한다. 매카시는 술과 오입질을 실컷 하고서도 다음 날 성당 미사엔 결코 빠지지 않았다는 것이다. 그의 유머 감각은 남의 바지에 물바가지를 퍼붓는 게 고작이었고, 죽어라 하고 일하는 스타일이었다고 말한다.[43]

특히 그의 신앙은 그런 종류의 주장을 돋보이게 만들었다. 사실 매카시가 활약하던 시절 내내 미국에서 가톨릭은 매우 불편한 입장을 감수해야 했다. 많은 사람이 매카시의 뒤엔 가톨릭이 버티고 있다고 믿고 있었기 때문이다. 가톨릭의 대변지라 할 『커먼월Commonweal』은 그런 시각을 반박하면서 자신들은 1950년부터 계속해서 매카시에 반대해왔음을 강조했다. 1954년 한 상원의원이 미국의 가톨릭 대주교에게 매카시를 비판하는 발언을 해줄 것을 촉구했을 때, 『커먼월』은 그런 요청에도 마찬가지로 반대했다는 것을 밝히면서, 가톨릭의 입장은 그 어느 쪽이든 매카시의 일에 관여하지 않는다는 것을 원칙으로 삼아왔다고 강조했다.[44]

요컨대, 『커먼윌』은 매카시를 문제라고 생각은 하지만 가톨릭의 문제라고는 생각하지 않는다는 것이었다. 그렇지만 당시 가톨릭을 믿지 않는 사람들의 생각은 달랐다. 일부 개신교 목사들은 역사적으로 종교재판Inquisition과 검열에 능했던 가톨릭의 전통을 상기시키면서 가톨릭의 매카시에 대한 불간섭 원칙에 비판을 가했다. 그러나 『커먼윌』은 가톨릭 신자의 58퍼센트, 개신교 신자의 49퍼센트가 매카시를 지지하고 있다는 1954년 1월의 갤럽 조사 결과를 인용하면서, 그 미미한 차이로 미루어 보건대 매카시가 가톨릭의 도구라고 믿는 주장은 터무니없는 것이라고 반박했다.[45]

매카시와 케네디 가문의 밀월 관계

매카시-가톨릭의 관계에서 정작 흥미로운 건 같은 아일랜드계로 가톨릭 신자였던 매카시와 케네디가家의 관계다. 조지프 케네디가 매카시를 대통령으로 세우려는 음모에 가담했다는 후버의 첩보를 어떻게 평가하건, 여기서 따져볼 점은 매카시가 케네디가와 밀월 관계를 누렸으며, 그 연계 고리가 바로 가톨릭이었다는 점이다.

당시 전체 유권자의 20퍼센트를 차지한 가톨릭 인구는 반공의 보루로 간주되고 있었다. 조지프 케네디는 열성적 반공주의자로서 정치자금을 지원하는 등 매카시를 적극 지지했다. 매카시는 케네디의 집에도 놀러가 그의 딸들인 퍼트리샤Patricia, 유니스Eunice와 데이트를 하기도 했다(내내 독신이었던 매카시는 1953년 9월 29일 자신의 보좌관이며 오랜 여자 친구였던 진 커Jean Kerr와 결혼했는데, 워싱턴엔 그가 동성애자라는 소문이 무성했다).[46]

조지프 케네디가 매카시와 친하게 지낸 건 자신의 아들들을 대통령으로 만들기 위한 계획의 일환이었다는 설이 있다. 1928년 대선에서 가톨릭 신자로 민주당 후보였던 뉴욕 주지사 알 스미스Al Smith, 1873~1944의 실패를 통해 강한 반反가톨릭 정서를 확인했던 조지프 케네디는 자신의 아들들이 나중에 대선에 도전하는 데 도움이 될 수 있게끔 매카시가 길을 좀 닦아 주길 기대했다는 것이다.

아버지의 그런 뜻에 부응한 탓인지 1953년에 상원에 진출한 존 케네디John F. Kennedy, 1917~1963는 단 한 번도 매카시를 비판한 적이 없었으며, 그의 동생 로버트 케네디Robert F. Kennedy, 1925~1968는 한동안 매카시의 의회 활동을 거드는 조수로 일하기도 했다. 존 케네디는 매카시 비난 결의 때에도 매카시 자신을 포함해 기권을 한 3명 중의 한 명이었다.[47]

나중에 대통령이 되는 존 케네디는 사실 이때까지만 해도 매우 보수적인 인물이었다. 매카시 이외에도 당시 케네디가 친하게 지낸 정치인들은 모두 골수 보수파들이었고 그 중엔 인종차별주의자까지 있었다. 케네디는 매카시즘에 대해 내내 방관 자세를 취했다. 매카시를 비판하자니 반공·가톨릭 지지 기반을 잃고, 매카시를 지지하자니 자유주의 지지 기반을 잃는 딜레마 상황에서 침묵의 길을 택한 것이다. 오죽하면 엘리너 루스벨트 Eleanor Roosevelt, 1884~1962가 케네디가 비겁하다고 꾸짖었겠는가. 어쩌면 케네디는 매카시와는 정반대로 나중에 시대의 흐름이 진보라는 걸 감지하고 진보로 돌아섰거나 진보적 제스처를 취한 건지도 모르겠다.[48]

매카시즘은 '우파 포퓰리즘'이었는가?

그런가 하면 매카시가 아일랜드계 가톨릭 신도라는 점에 주목하는 사람들은 그가 '빨갱이 사냥'을 하면서 진짜 표적으로 삼았던 것은 '빨갱이'가 아니라 미국 사회의 주류인 앵글로색슨계 미국인 신교도를 가리키는 WASPWhite, Anglo-Saxon, Protestant 상류층과 그들의 지배 체제였다고 주장한다. 이는 나중에 하층 아일랜드계 출신으로 퀘이커 교도라는 약점을 가지고 있던 리처드 닉슨이 한동안 '빨갱이 사냥'에 앞장서고 나중에 집권해서는 동부 WASP 세력과 일전—戰을 벌이는 것과 흡사하다는 것이다.[49] 이와 관련, 데이비드 핼버스탬David Halberstam, 1934~2007은 다음과 같이 말한다.

"가난한 아일랜드 꼬마였던 그는 자신의 역경을 헤치고 결국에는 상원까지 진출했다.……그는 놀랍게도 일반 국민들의 표층 바로 밑에 존재했던 분노를 파악하고 있었다. 왜냐하면 그 자신도 똑같은 분노로 불타고 있었기 때문이었다.……초기 연설들 가운데 한 연설에서 매카시는 '입에 은수저를 물고 있는 총명한 젊은이들'을 꾸준히 질책했다. 사실 반공이란 피상적인 것이었다."[50]

매카시를 옹호하는 콜터는 반공의 중요성을 강조하면서도 매카시가 누린 인기에 대해 이렇게 말한다. "매카시는 근로자들의 사랑을 받았다. 그는 미국인들의 위대한 상식에 호소하는 천부적 재능이 있었다. 그는 신문 일면을 장식했고 미국인들을 끌어 모으는 폭넓은 식견을 갖고 있었다. 정상적 미국인들은 그들의 동포가 조국을 그렇게 사랑하지 않을 수 있다는 사실을 믿을 수 없었다."[51]

매카시는 특히 아이비리그를 볼셰비즘의 온상으로 지목했으며, 애치슨의 경우처럼 예일대학과 하버드 법과대학에서 공부한 후 월스트리트에서 일한 이들을 혐오했다. 매카시는 한 연설에서 이렇게 말했다. "이 나라를 팔려고(배반하려고) 했던 자들은 행복하지 못한 소수 집단이 아니라 오히려 지상에서 가장 부유한 나라가 제공했던 가장 좋은 집, 최상의 대학 교육과 우리가 부여할 수 있는 정부에서 가장 좋은 직업 등 모든 혜택을 받은 사람들이다. 이것은 국무부 안에서도 사실이다. 은 스푼을 입에 물고 태어난 영리한 젊은이들이 가장 사악한 사람들이다."[52]

이런 점 등을 들어 매카시즘을 우파 포퓰리즘(민중주의)으로 보는 시각도 있다. 이에 대해 두 편의 논문을 발표한 서울여대 사학과 교수 안윤모는 "매카시는 동부 도시에서 우세한 외래 급진주의 사상에 맞서 미국의 전통적인 가치를 지키려는 서부 농촌 지역의 대변자였다"며 다음과 같이 말한다.

"그는 민중이 그의 편에 있으며, 대통령, 의회, 군대, 국무부가 아닌 민중이 그의 주장이 진실인가 아닌가를 결정해야 한다고 생각했다. 그래서 그는 라디오, 텔레비전, 여론조사, 신문 등 대중매체를 통해 그의 주장을 밝히고 상대편을 비난했다. 이러한 매카시의 태도에서 우파 민중주의의 일면을 찾아볼 수 있다.……매카시는 단순히 공산주의자들을 공격한 것이 아니라 동부에서 교육받은 정치적·지적 엘리트, 특히 하버드 출신의 지식인, 친영주의자, 국제주의자, 군대 등을 비난의 표적으로 삼았다.……뿐만 아니라 그는 큰 정부 지지자들, 월스트리트 등을 싫어했으며, 일반적으로 동부 기득권층을 경멸하는 자들의 지지를 받았다."[53]

매카시즘은 과연 우파 포퓰리즘이었는가? 그렇게 딱 잘라 말하긴 어렵다 하더라도, 그런 요소가 다분히 있었다는 정도로 이해하면 될 것 같다. 그건 마치 오늘날 미국에서 반대자들에겐 '미치광이' 정도로 폄하되는 도널드 트럼프Donald Trump에게도 우파 포퓰리즘의 요소가 적지 않다는 것과 비슷한 게 아닐까?[54]

매카시를 두려워한 미국 언론

매카시는 죽기 전 한 위스콘신 신문에 "나의 정치와 정책은 당신들이 내게 전폭적인 지지를 보내주었을 때와 달라진 게 없는데" 왜 자신에게 지면을 전혀 할애하지 않느냐고 물었다.[55] 물론 매카시가 그 답을 몰라서 물은 게 아니다. 그는 한때 자신이 마음대로 주물렀던 언론의 천박함을 조롱한 것이었다.

상업주의에 눈이 먼 미국 언론의 한심한 실태를 지적한 허친스위원회Hutchins Commission의 보고서가 나온 건 1947년이었다. 매카시의 부상은 허친스위원회의 우려가 틀리지 않았다는 것을 입증해준 좋은 사례였다. 매카시는 미국 언론의 구조와 속성을 꿰뚫어보고 있었으며, 그것을 자신을 위해 최대한 활용했다.

일부 신문과 매카시는 상부상조하는 관계였다. 특히 극우적 성향을 가진 허스트Hearst와 매코믹McCormick 계열의 신문들은 매카시의 열렬한 지지자들이었다. 이 신문들로 말하자면 때때로 히틀러와 무솔리니를 예찬하는 기사를 실었다.[56] 특히 거의 매일 매카시를 응원하는 사설이나 칼럼을 게재한 허스트 계열 신문들은 매카시와 자료까지 공유하는 등 상부상조하는 관계를 유지했다.[57]

그렇다면 다른 신문들은 왜 매카시에게 놀아났던가? 여기엔 여러 가지 이유가 있었다. 신문들의 상업성, 취재 방식의 한계, 매카시의 보복에 대한 두려움 등이 작용했다. 매카시는 자신에 대해 비호의적인 신문은 무조건 좌파 신문으로 몰아세웠다. 『타임』은 1951년 10월 커버스토리로 매카시를 다루었는데, 매카시는 그 기사가 자신에게 비우호적이었다는 이유로 『타임』을 좌파 잡지라고 비난했고 광고주들에게 그 잡지에 광고를 내지 말

것을 요구했다.[58]

　매카시는 때론 폭력까지 행사했다. 1950년 12월 13일 매카시에 대해 비판적이었던 저널리스트 드루 피어슨Drew Pearson, 1897~1969은 워싱턴에 있는 한 클럽의 탈의실에서 매카시에게 가랑이를 걷어차이는 등 구타를 당했다. 현장에 있던 리처드 닉슨이 간신히 뜯어말렸는데, 닉슨은 훗날 그 사건에 대해 "내가 말리지 않았더라면 매카시가 피어슨을 죽였을지도 몰라"라고 말했다. 그런데 그걸로 끝난 게 아니었다. 며칠 후 매카시는 상원 연설에서 피어슨을 러시아의 앞잡이 노릇을 하는 불순분자라고 맹공격했다. 피어슨은 알아주는 반공주의자였는데도 말이다.[59]

　매카시의 이런 횡포 때문에 한동안 매카시를 비판했던 『워싱턴포스트』와 같은 신문도 흔들렸다. 캐서린 그레이엄은 신문 경영을 맡은 남편 필 그레이엄Phil Graham, 1915~1963이 이 시기에 보인 변화에 대해 이렇게 회고했다. "필은 어려운 시기를 맞아 아슬아슬한 줄다리기를 해야 했다. 그는 원래 철저한 자유주의자였으나 포스트지를 살리기 위해 발버둥치면서 점차 보수적인 반공주의자로 변했다. 그것은 대체로 사회 현실이 주요인이었으나 어느 정도는 포스트지와 자신에 대한 우익들의 끊임없는 공격 때문이기도 했다."[60]

'20세기 미국 역사상 가장 탁월한, 최악의 선동꾼'

그런 이치를 꿰뚫고 있던 매카시는 신문들에 대한 의회 조사를 제안했는가 하면, 1952년 5월 18일의 한 라디오 인터뷰에서는 신문과 방송계에 엄청난 수의 공산당원들이 침투해 있다고 주장했다.[61] 또 1954년 3월 20일 오클라호마시티Oklahoma City에서 행한 한 연설에서도 미국 신문과 방송에 공산주의자들이 침투해 있으며 그들이 사실상 신문과 방송을 지배하고 있다고 주장했다.[62]

방송에 대해서는 방송 규제 기관인 연방통신위원회Federal Communications Commission에 끊임없는 압력을 가해 방송국들을 벌벌 떨게 만들었다. 아니 방송은 굳이 매카시가 손을 댈 필요도 없었다. 방송계에서는 오래전부터 아무런 근거도 없이 작성된 공산당 동조자들의 블랙리스트가 유포되면서 대대적인 숙청 작업이 벌어졌으며, CBS-TV의 경우 2,500여 명의 사원이 모두 '충성맹세'를 해야만 했다.

매카시가 기회만 있으면 공산당이 신문과 방송을 지배하고 있다고 떠들어대는 바람에 어떤 신문과 방송은 자신들이 공산당이 아니라는 걸 입증하기 위해서도 매카시에 대해 호의적인 보도를 하지 않을 수 없었다. 게다가 미국인들의 다수는 이미 매카시를 지지하고 있다는 걸 무시할 수 없었다. 언론의 무책임한 보도가 만들어 낸 국민의 오해에 이젠 언론이 거꾸로 지배당하는 일이 벌어진 것이다.

게다가 매카시는 상업적인 언론이 좋아할 요소들을 두루 갖추고 있었다. 매카시는 센세이셔널리즘, 과장, 단순화, 독설에 능했고, 사람들의 피를 끓어오르게 만드는 증오와 복수의 언어를 잘 구사했다. 그를 가리켜 '금세기 미국 역사상 가장 탁월한, 최악의 선동꾼demagogue'이었다는 말이 나온 것도 무리는 아니다.[63]

사실 매카시는 처음부터 자기 홍보에 굶주린 인물이었다. 1946년 선거 시 그의 캠페인 팸플릿 제목은 "신문은 이렇게 말한다The Newspapers Say"였는데, 그 대부분이 매카시를 지지하는 신문들의 극찬, 과장, 날조, 아첨으로 가득 차 있었다. 물론 그 대부분의 자료는 매카시가 제공한 것이었는데, 그는 자신을 '해병대 영웅Marine Corps Hero'으로 부각시켰다.[64]

매카시를 지지하는 신문들의 보도에 따르면, 매카시는 군이 군에 갈 필요도 없었는데 오로지 나라를 구하겠다는 일념 하나로 입대를 자원한 '위대한 애국자'라는 것이다. 반면 민주당 후보 맥머리는 군에 가지 않았다는 것을 강조했다.[65] 그러나 매카시의 군 경력은 거의 대부분 과장되거나 날조된 것이었다. 다리를 저는 것도 수류탄 파편 때문이라고 주장했지만, 사실은 말에서 굴러떨어져서 그렇게 된 것이었다.[66]

처음부터 매카시에 대해 비판적이었던 『밀워키저널』은 매카시의 '해병대 영웅'의 이미지가 허구라는 것을 폭로하는 기사를 1952년 6월 8일자로 보도했다. 이 신문은 세금 포탈, 금융 관계 의혹 등 매카시의 비리까지 폭로했지만, 놀라운 건 그 기사가 별 영향을 미치지 못했다는 것이다. 무엇보다도 매카시의 보복을 두려워 한 통신사들이 그 기사를 보도하지 않는 바람에 그 사

실은 널리 알려지지도 않았다.[67]

매카시의 "이 손안에 있소이다" 수법

드라마틱한 거짓말은 무미건조한 진실보다 매력적인 것일까? 매카시가 자랑하는 최대의 장기는 거짓말과 왜곡이었으며, 그건 늘 잘 먹혀들어갔다.[68] 그는 자신이 연방 정부에서 1,456명의 불온분자를 쫓아냈다고 큰소리쳤지만, 그가 말하는 불충disloyalty혐의로 쫓겨난 사람은 극소수에 지나지 않았다. 그는 또 늘 국무성에 공산당원이 득실거린다고 말했지만, 그는 죽을 때까지 국무성 공무원 가운데 당원증을 가진 공산당원은 단 한 명도 잡아내지 못했다.[69]

미국 듀크대학의 사회학과 교수 호넬 하트Hornell N. Hart, 1888~1967는 1951년 여름과 가을 몇 개월간 매카시의 발언을 추적해 분석했는데, 50개의 주장이 전혀 사실과 다르다는 걸 발견했다. 그는 그 분석 결과를 『뉴리퍼블릭』에 발표하기 전 반박 기회를 주기 위해 매카시에게 보냈는데, 매카시는 반박은 전혀 하지 않고 듀크대학 총장에게 왜 그런 교수를 그냥 두냐며 항의하는 협박 편지를 보내는 것으로 대응했다.[70]

또 노스웨스턴대학의 법대 교수 윌러드 패드릭Willard H. Pedrick은 1952년 매카시의 선거 유세 연설 2개를 분석했는데, 민주당 대통령 후보 스티븐슨과 그의 보좌관들을 공격한 부분은 명백한 명예훼손에 해당된다는 결론을 내렸다. 매카시의 주장엔 사실의 악의적 왜곡과 날조가 흘러넘쳤다는 것이다.[71]

1950년 2월 9일의 휠링 연설이 그렇게 큰 반향을 불러일으킬 수 있었던 이유도 매카시가 205명이라고 하는 숫자를 댔기 때문이다. 그 숫자는 전혀 근거가 없는 것이었지만, 그 이후 매카시를 신문 1면에서 떠나지 않게 만드는 마력을 발휘했다.[72]

매카시는 늘 틀리거나 왜곡된 숫자를 말하고 이름을 대고 증언의 일부를 인용하고 보고서의 페이지 번호까지 대는 수법을 즐겨 썼다. 전통적인 프로파간다 기법 가운데에 '화려한 추상어 glittering generalities'라는 게 있는데, 미국 국민은 이 기법에 대해 신물이 날 정도로 노출되어 있었다. 그런데 매카시는 늘 구체적인 사실을 대니 사람들에게 어필하지 않을 수 없었다. 그는 연설을 하면 이런 식으로 말했다. "그 누구든 일반적으로 말하기는 쉽습니다. 구체적인 사실을 봅시다. 여기 몇 개 사례를 살펴봅시다."[73]

듣는 사람으로서야 매카시가 무슨 거짓말을 하든 그 자리에선 확인할 길이 없는데다, 나중에라도 확인하려고 애쓰진 않을 테니, 그 수법은 확실히 잘 먹혀들어갔다. 그는 가짜 자료까지 동원하는 수법도 사용했다. 그는 연설을 하거나 상원에서 발언을 할 때엔 늘 손에 무엇인가 자료를 들고 있었다. 그에겐 늘 두툼한 서류 가방과 사진 한 움큼이 따라다녔다. 말을 할 때에 서류, 사진, 복사물, 편지 등 자료를 손에 쥐고서 '이것이 증거다'고 말하면 그 내용을 확인할 길이 없는 관객은 감명을 받기 마련이었다. 그래서 매카시의 "이 손안에 있소이다 have here in my hand"는 그

왜 언론은 매카시즘의 공범이 되었는가?

의 트레이드마크가 되었다.

　물론 매카시가 손에 쥐고 흔드는 건 대부분 증거 능력이 전혀 없는 것들이었다. 매카시의 그런 수법은 토끼가 나무 위로 기어 올라갔다고 주장하는 '토끼 사냥꾼'의 이야기를 방불케 했다. 토끼가 어떻게 나무 위로 기어 올라갈 수 있느냐고 반문하면 그 사냥꾼은 이렇게 대답했다. "무슨 소리야. 토끼가 분명히 나무 위로 기어 올라갔다니까! 그 토끼를 잡으려고 내 사냥개도 나무 위로 기어 올라갔는데 뭘. 정 내 말을 못 믿겠다면 내가 그 나무를 보여줄게."[74]

매카시의 정치적 자산이 된 반反지성주의

문제의 나무를 보여주면서 그게 증거라고 떠들어대는 매카시의 수법은 늘 논리를 초월하는 것이었다. 그래서 매카시의 수법을 '반反지성주의anti-intellectualism'의 표본이라고 말하는 사람도 있었다. 하버드대학 법대 교수 제카리아 채피Zechariah Chafee, 1885~1957가 매카시의 공격을 가리켜 '야만적 공격barbarian invasion'이라고 부른 것도 바로 그런 반지성주의를 지적한 것이었다.

　사실 매카시가 누린 인기의 비결은 지성과는 무관한 것이었다. 그의 추종자들은 "그는 대담해. 그는 투사라구!He has guts; he's a fighter!"라는 말을 즐겨했다. 서부극의 폭력에 물든 미국인들이 대담한 투사를 사랑하는 게 그리 놀라운 일이 아니라면, 싸우는 해병대의 이미지를 풍기는 매카시가 미국인들의 지지를 받았던 것도 그리 놀랍게 생각할 일은 아닐는지도 모른다. 흥미롭게도 『의회 기록Congressional Record』을 조사했더니 매카시의 발언 도중에 박수가 터져나온 건 대부분 그가 '배짱guts'을 강조한 부분이었다.

매카시는 자신의 방법을 문제 삼는 비판에 대해 방울뱀과 스컹크를 때려잡는 데에 점잖은 방법은 있을 수 없다고 대꾸했다. 그런 사람에게 지식인은 단지 지성을 가졌다는 이유만으로 의심의 대상이 되기에 충분했는지도 모른다. 매카시는 모든 문제를 완전하게 옳거나 그르다는 식의 흑백논리로 보지 않으려 하는 지식인들을 용납하지 않았다. 그가 지성적으로 보일 때엔 아마겟돈Armageddon 등과 같이 『성경』에서 나오는 표현을 이용하면서 말을 할 때인데, 그것마저도 모든 걸 선악의 대결, 광명과 암흑의 대결 구도로 보는 데에 이용했을 뿐이다.[75]

매카시가 '지식인'이라는 단어를 말할 때엔 늘 그 앞에 수식어가 따라다녔다. 그에게 지식인은 늘 '흐리멍텅한 지식인fuzzy intellectuals', '좌파 지식인left-wing intellectuals', '생각이 뒤틀린 지식인twisted-thinking intellectuals'이었다. 매카시의 이런 반지성주의는 그에게 정치적으론 도움이 되었다. 1946년 선거에서도 그는 민주당 후보가 교수 출신인 것을 겨냥하여, 주로 농민들인 유권자들에게 "나는 단지 농촌 젊은이지, 대학 교수가 아니요I'm just a farm boy, not a college professor"라는 말로 인기를 끌었다. 심지어 욕

왜 언론은 매카시즘의 공범이 되었는가?

설에 가깝거나 노골적인 욕설도 마다 않는 그의 빈번한 속어 사용도 적지 않은 사람들에겐 매력적으로 보였다.[76]

매카시의 반지성주의가 그에게 큰 정치적 자산이었다는 건 그가 모든 것을 과도하게 단순화하는 데에서도 잘 나타났다. 그의 '과도한 단순화oversimplification'는 군중 연설에서 잘 통했다. 군중 연설에서 어떤 문제에 대해 분석적인 접근 방법을 취하는 건 군중에게 잘 먹혀들어가지 않았다. 그저 매카시처럼 해병대의 박력을 보여주면서 걸쭉한 입담과 욕설을 퍼부어대는 것이 훨씬 더 도움이 되었다.

매카시의 반지성주의는 그의 사상에 대한 철저한 무관심과 민주적 과정에 대한 관심의 결여에서도 잘 드러났다. 사실 매카시는 반공을 외쳤지만 마르크스주의에 대해선 잘 모르는 인물이었다. 또 그는 자신이 떠드는 것만 좋아할 뿐 남의 말은 도무지 들으려고 하지 않았다. 상원에서도 동료 의원을 비난하는 발언을 해놓고 나서, 그 의원이 반박 발언을 하는 동안 내내 전혀 듣지 않고 다른 의원들과 잡담을 나누기 일쑤였다. 그는 자신에 대한 비판에 대해서도 합리적으로 대응하는 게 아니라, 주로 인신공격, 독설, 입에 담을 수 없는 욕설로 대응했다.[77]

매카시의 탁월한 언론 조종술

언론은 매카시가 문제가 많은 인물이라는 걸 잘 알면서도 그의 발언을 대서특필했다. 극우신문들이야 이해가 간다 하더라도 다른 신문들은 도대체 왜 그랬을까? 앞서 그 이유의 일부에 대해선 이야기했지만, 이제 다른 이유를 살펴보자. 당시 매카시를 취재하는 기자들의 태도는 보도의 효과에 대해선 전혀 생각하지 않았으며, 그건 자신의 문제가 아니라는 식이었다. 그들에게 중요한 것은 특종을 하거나, 낙종하지 않아야 한다는 강박관념뿐이었다. 특히 당시로서는 가장 중요한 미디어였던 통신사들이 고객인 신문사들을 잃지 않으려고 그런 압력을 더욱 크게 받고 있었다.[78]

게다가, 신문의 헤드라인을 만드는 데에 광적인 집착을 했던 매카시가 신문과 통신의 속성을 잘 아는데다 그들에게 최대의 서비스를 제공했다는 점도 간과할 수 없다. 매카시는 무슨 건수가 생기면 무조건 통신사와 신문부터 먼저 찾았다. 마땅히 정부나 의회에 먼저 알리거나 확인을 해야 할 경우에도 말이다.[79]

매카시의 심복 보좌관인 로이 콘도 후일 매카시의 가장 큰 목표가 언론을 통해 여론에 영향을 미치는 것이었다고 시인했다. 매카시는 어린 시절부터 신문에 대해 잘 알았다. 그는 자신이 살던 동네의 신문인 『애플턴포스트-크레슨트Appleton Post-Crescent』의 편집국장 존 리들John Riedl을 아버지처럼 따르면서 컸다. 매카시의 영특함을 눈치 챈 리들은 매카시를 교육시켰고 후일 정치적 조언도 해주었다.[80]

자신의 힘이 언론에서 나온다는 것을 잘 알고 있던 매카시는 자신의 시간 가운데에 가장 많은 부분을 기자들과 어울리는 데에 쏟았다. 그는 가끔 기자들의 집에 놀러가 자신이 직접 요리까지 하는 등 기발한 처세술도 마다하지 않았다. 워싱턴에 새로운 기자가 부임해오면 그는 만사를 제쳐놓고 그들의 아파트를 물색해주었다. 그러다 보니 한 아파트에 매카시의 소개로 들어온 기자들이 몰려 살게 되어 기자촌을 형성하게까지 되었다.

매카시는 자주 밤에 그 아파트를 찾아 술 파티를 벌이기도 했다. 그건 그만큼 매카시가 사람을 좋아해서 그런 것 아니겠느냐고 좋게 볼 수도 있을 것이다. 그러나 그건 어디까지나 계산적인 사교에 지나지 않는 것이었다. 그는 그런 자리에선 큰소리치고 떠들었지만, 술은 창밖으로 내버리고 "술 더 줘"라고 외치는 식의 수법을 즐겨 썼다.[81]

매카시와 친한 기자들은 매카시가 아무리 언론을 비판해도 그게 다 매카시의 상투적 수법이라는 걸 잘 알고 있었기에 별 반응을 보이지 않았다. 매카시는 그저 호감이나 얻자고 기자들과 친하게 지낸 건 아니었다. 그는 기자들과의 친분 덕분에 언론의 뉴스 사이클에 정통하게 되었다. 그는 주요 통신과 신문의 마감 시간을 다 알고 있었으며, 기자들이 그가 말한 것을 그대로 보도하는 이외에 달리 선택이 없는 경우까지 다 알고 있었다. 그는 통신과 신문의 마감 시간을 이용해 거짓말이라도 기자가 그대로 보도하지 않으면 안 되게끔 만드는 재주를 갖고 있었다.[82]

매카시는 기자들과 공생 관계를 형성했다. 그는 기자들에게 "내가 뭘 말해주길 원해? 원하는 걸 말하면 내가 그대로 말해줄께"라고 말했다. 통신사 기자가 "기사가 있어야 돼요"라고 말하면 매카시는 무언가 찾을 때까지 자신의 파일을 뒤져 작은 기사라도 꼭 제공했다. 금요일엔 통신사 기자들에게 일요일과 월요일 게재용 기사가 더 필요하다는 걸 알고 그에 대비해 기사거리를 미리 비축해두었다.[83]

그런 식으로 매카시는 언론의 속성을 최대한 이용했다. 기자들은 매카시가 거짓말을 하더라도 그걸 확인할 시간도 없는데다 자료도 갖추어져 있지 않았기 때문에 거짓말인 줄 뻔히 알면서도 그대로 보도했다. 게다가 언론사들 간 경쟁도 치열했으니 언론 윤리를 지키겠다고 매카시를 외면할 수는 없는 일이었다. 그랬다간 매카시의 열렬한 지지자들이 호통을 쳐댈 게 뻔한 노릇이었다. 『시카고트리뷴』의 기자 윌러드 에드워즈Willard Edwards는 이렇게 말했다. "매카시는 일종의 꿈의 기사였죠. 4년 동안 1면을 떠나지 않았으니까요."[84]

무분별한 객관주의 보도의 함정

매카시의 득세는 한 선동적인 정치인이 언론의 불편부당성과 중립성의 원칙을 어떻게 악용할 수 있는가 하는 걸 잘 보여준 사건이기도 했다. 또 언론인의 객관적 보도에 대한 신념에 근본적인 의문을 제기한 사건이기도 했다. 이와 관련해서 역사가 대니얼 J. 부어스틴Daniel J. Boorstin, 1914~2004은 다음과 같이 말한다.

"매카시는 뉴스에 굶주린 기자들에게 악마와 같은 매력을 끌고 거의 최면술과 같은 위력을 발휘하였다. 기자들은 매카시가 기삿거리를 만들어 주는 데 대해 약간 꺼림칙하게 생각하면서도 감사하게 느꼈다. 그들은 매카시가 그처럼 빈약한 자료로부터 그처럼 많은 뉴스를 만들 수 있는 데 대해 놀랄 뿐이었다. 많은 기자들이 그를 미워하였다. 그렇지만 모든 기자가 그를 도왔다. 기자들은 어느 기자가 '무분별한 객관주의indiscriminate objectivity'라고 부른 것의 희생자들이었다. 바꾸어 말하면, 매카시와 기자들은 동일한 합작품으로 같이 이득을 보았던 것이다."[85]

언론학자 허버트 알철J. Herbert Altschull은 "매카시 상원의원이 등장하여 매카시즘이란 신조어가 만들어진 무렵에는 미국 언론인들의 자화상에 하나의 놀라운 획일성이 나타나고 있었다"며 다음과 같이 말한다.

"언론의 미덕은 객관성이라는 개념 속에 있고 또 사실을 찾아내서 공중에게 보도하는 데 있다는 생각이 널리 받아들여졌다. 언론인 자신은 보도되는 기사와 관계가 없었다. 뉴스 가치가 있는 사람에 의해 만들어진 성명이나 선언을 공표하는 것으로 충분했다. 논란되는 문제의 '양 측면'을 똑같이 취급해서 제시하는 한, 그러한 성명이나 선언의 진실 여부가 기자에게는 단순한 관심 이상의 문제가 되지 못했다. 독자는 그 진실 여부를 스스로 판단해야 하는 것으로 간주되었다."[86]

매카시가 공격 대상으로 삼은 혐의자들의 부인도 함께 보도하긴 했지만, 그것은 종종 다음 판에 보도되었거니와 매카시의 비난을 해소시키지 못했다. 신문 사설은 심심치 않게 매카시를 비난했지만, 사설을 읽는 독자는 독자 10명 중 1명꼴이었다.[87]

매카시의 득세는 바로 그런 '스트레이트 보도straight reporting'의 한계를 노출시킨 사건이기도 있다. 뉴스 가치가 있는 인물이 뉴스 가치가 있는 발언을 했을 때에 언론은 그 어떠한 해석과 평가를 내리지도 않고 그저 신속하게 보도하기만 그만이라는 발상이 매카시의 득세를 가능케 한 것이었다. '스트레이트 보도'는 특히 통신사 기자들에겐 저널리즘적인 원칙이기 이전에 속보 경쟁에서 유리한 고지를 점령하기 위한 전술이었다는 점도 간과할 수 없다.[88]

언론계도 그런 문제점을 전혀 느끼지 않았던 건 아니다. 이미 1952년 『뉴욕타임스』의 발행인 아서 헤이스 설즈버거Arthur Hays Sulzberger, 1891~1968는 뉴욕에서 열린 저널리즘교육협회 총회 연설에서 '더 나은 보도better reporting'와 '더욱 많은 해석more interpretation'을 강조했다. 그러나 그는 저널리즘의 대원칙으로서 객관주의를 포기할 수는 없다고 밝혔다. 그런가 하면 『워싱턴포스트』의 편집자 허버트 엘리슨Herbert Ellison은 중요한 기사는 '스트레이트 보도'와 '해석 보도'를 동시에 할 수 있게끔 기자를 한 명 더 딸려 보내자는 제안을 했지만, 장사를 하는 신문들이 그런 추가 비용을 부담할 리는 만무했다.[89]

1946년에서 1959년까지 『밀워키저널』의 기자로 일한 바 있는 에드윈 베일리Edwin R. Bayley, 1918~2002는 버클리대학 저널리즘 대학원장으로 재직하던 1981년 『매카시와 언론Joe McCarthy and the Press』이라는 저서를 출간했다. 그는 이 책을 위해 129개 신문의 내용을 분석했고, 수십 명의 취재 기자를 인터뷰했다. 베일리는 매카시즘이 언론에서 지속적이고 근본적인 변화를 가져왔다고 결론을 내렸다. 매카시 덕분에 1954년경엔 미국 언론계에 해석적 보도와 뉴스 분석이 완전히 정착되었다는 것이다.

사실『밀워키저널』같은 신문은 이미 1950년부터 매카시에 대해 보도할 때엔 매카시의 발언 다음에 괄호를 넣어 분석하거나 해석하는 말을 집어넣는 방식을 취했다. 예컨대, 매카시의 어떤 발언에 대해 국무성은 이에 대해 부인했다는 식의 추가 정보를 삽입하거나, 매카시의 주장 중 틀린 부분을 바로잡는 식이었다. 1952년 9월 4일의 선거 유세 연설 보도 시엔 52인치 기사 가운데 13인치가 그런 정보였다. 때론 통신도 그런 방식을 도입했다.[90]

그러나 언론의 그런 보도 방식은 널리 확산되지 않았으며, 또 널리 확산되었다고 해도 이미 때가 너무 늦은 것이었다. '해석 보도'라고 하는 건 근본적으로 미국 상업 언론의 체질엔 맞지 않는 것이었다. 사실 커티스 맥두걸Curtis MacDougall, 1903~1985의 명저인 『해석적 보도Interpretive Reporting』의 초판이 출간된 건 1938년이었지만, 미국 언론은 그런 보도 방식을 외면하다가 매카시로 인해 망신을 당하게 되니까 뒤늦게 수선을 떤 것에 지나지 않았다.[91] 미국 문명을 날카롭게 비판했던 드와이트 맥도널드Dwight Macdonald, 1906~1982가 오래전에 고질적인 미국병으로 지적했던 '사실 물신주의fact-fetishism' 때문이었는지도 모른다.

매카시의 아내였던 진 커 매카시Jean Kerr McCarthy는 1961년 재혼하면서 매카시의 각종 자료와 서류들을 매카시의 모교인 마켓대학 문서보관소에 기증했는데, 이 자료엔 2050년까지 공개

금지 조건이 붙었다.[92] 2050년 공개 금지 조건이 해제되면 언론이 매카시로 인해 또 한 번 바빠질지도 모르겠다.

매카시즘은 좌파의 '마지막 피난처'인가?

매카시는 가고 매카시즘만 남았다. 매카시즘이란 말의 용법도 다양해지고 있다. 캐나다 경제가 캐나다인의 전반적인 의지와는 무관하게 미국의 극우적 논리에 휘둘려 갈팡질팡하고 있는 현상을 가리켜 '경제적 매카시즘Economic MaCarthyism'이란 말도 나왔다.[93] 이 용법은 그럴듯하다. 그런데 매카시즘이란 용어가 그럴듯하지 않게 남용되다 보니 오히려 매카시의 추종자들이 매카시즘 비판에 대한 역공세를 취하는 기현상까지 벌어지고 있는 실정이다.

  적어도 미국에서 매카시즘이란 단어가 남용되고 있는 건 분명하다. 담배 회사는 금연 운동을 매카시즘이라고 비판하질 않나, 『플레이보이』가 포르노에 관한 미즈위원회의 활동을 '섹스 매카시즘sexual McCarthyism'이라고 비판하는 진풍경까지 벌어지고 있다. 그런가 하면 매카시즘이라는 말이 아주 어렵게 사용되는 용법도 늘고 있다. 에이즈AIDS에 관한 어느 책의 저자는 에이즈가 '공중 건강 분야의 매카시즘the public-health version of McCarthyism'을 만들어냈다고 주장하는가 하면, 『미국의학저널 Journal of American Medicine』의 편집자는 소변 검사를 '화학적 매카

시즘chemical McCarthyism'이라고 불렀다.[94]

일부 우파는 그런 실정을 거론하면서 매카시즘은 '좌파의 마지막 피난처the last refuge of the left'라는 주장까지 하고 있으니 재미있는 일이다.[95] 그러나 매카시즘은 반공주의가 아니라는 걸 분명히 해둘 필요가 있겠다. 마찬가지로 매카시즘에 대한 반대가 용공주의일 수는 없는 것이다. 매카시즘은 반공을 빙자한 정적 파괴 공작이요, 인권 탄압이다. 매카시즘을 달리 해석한다 해도 그건 목적이 수단을 정당화할 수 있다는 매카시의 '스컹크 때려잡기론'에 지나지 않는 것이다. 그건 우파의 그 어떤 논리로도 정당화될 수 없다. 매카시즘으로 인해 고통 받고 희생당한 수많은 사람의 인권을 생각해야 한다. 그것이 바로 매카시의 부상과 몰락이 우리에게 던져주는 교훈이다.

처음부터 매카시에 대해 비판적이었던 『롤리뉴스앤드옵저버Raleigh News & Observer』의 편집국장 샘 라건Sam Ragan, 1915~1996은 "언론이 매카시를 만들었다The press made McCarthy"고 주장한다.[96] 그러나 당시 UP통신의 기자였던 조지 리디George E. Reedy, 1917~1999는 언론이 어떻게 대응하고 어떤 방법을 개발해내든 매카시는 언론을 이용할 수 있는 방법을 찾아내고 말았을 것이라고 말한다. 요컨대, 언론이 선동꾼에게 당해낼 길은 없다는 것이다.[97]

그게 사실이라면 우리는 기존 언론의 운영 방식에 대해 다시 생각해봐야 한다. 오늘날의 한국 언론은 매카시 시절의 미국 언론과 얼마나 다른가? 권력자나 유명 인사가 갈등을 부추길 수 있는 자극적인 발언만 했다 하면 그걸 그대로 받아쓰기에 바쁜 이른바 '맹목적 인용 보도 저널리즘he said/she said journalism'은 이대로 괜찮은 건가?[98]

　　매카시의 이름은 잊힌 채 그의 이름에서 유래된 매카시즘만이 미국에서 전 세계로 수출되었으며, 특히 한국에서는 본고장 미국을 능가하는 매카시즘이 여전히 큰 힘을 발휘하고 있다. 이는 곧 언론의 문제이기도 하다. 매카시즘에 놀아나거나 매카시즘과 공생 관계를 맺지 않는 언론이 되어야 한다는 당위야말로 매카시가 언론에 남겨준, 지금도 풀리지 않은 숙제라 하겠다.

마셜 매클루언
Marshall McLuhan

왜
미디어가
메시지인가?

'디지털 혁명의 시조'로 추앙 받는 매클루언

마셜 매클루언Marshall McLuhan, 1911~1980만큼 미디어에 관한 논의를 대중화시킨 사람도 찾아보기 어려울 것이다.[1] 1911년 캐나다에서 태어나 1980년에 사망하기까지 그는 영문학자이자 대중문화 비평가로서 전 세계 매스미디어의 각광을 받았던 인물이다. 오늘날 인터넷 잡지의 대명사인 『와이어드Wired』는 매클루언을 '디지털 혁명의 시조'로 추앙하고 있다.[2]

우리나라에 매클루언이 소개된 건 1960년대 후반이었다. 서강대학교 김용권 교수는 1968년에 쓴 글에서 다음과 같이 말하고 있다. "McLuhan에 관해선 우리나라에서도 작년 말부터 '맥루한 이론'이란 이름으로 몇 군데 일간지와 주간지에서 소개된 일이 있다. 영미뿐만 아니고 일본에서도 매스 커뮤니케이션 분야의 최대의 이론가로 대단한 평판과 주목을 받고 있다는 말도 나왔다."[3]

언론학자로선 한양대학교 이강수 교수가 1969년 관훈클럽에서 발행하는 『관훈저널』에 기고한 「전자 시대에 있어서의 신문: 맥루한의 신문매체론」이 최초의 본격적인 논의가 아닌가 싶다.[4] 1960년대 이후 30여 년간 국내에선 '맥루한'이란 이름으로 불려왔지만, 언제부턴가 본토 발음에 가까운 외국어 표기법이 자리를 잡으면서 이젠 '매클루언'으로 표기하는 게 대세가 된 것 같다. 그래도 여전히 익숙하거니와 친근한 건 '맥루한'이지만, 그런 아쉬움을 접고 대세를 따라 매클루언으로 부르기로 하자(인용문에 등장하는 '맥루한' 표기는 그대로 따르기로 한다).

1960년대 후반 우리나라의 미미한 텔레비전 보급률(1968년에 200명당 1대)로 미루어볼 때에 전자 미디어의 전도사로 나타난 매클루언에 대한 관심은 때 이른 것이었지만, 아마도 당시 미국에서 선풍적 인기를 끌고 있던 매클루언을 외면하긴 어려웠을 것으로 판단된다.

매클루언은 자신의 과거에 대해 정확히 밝히기를 매우 꺼려해 때론 애매한 정보 때론 부정확한 정보를 주곤 했다. 누가 인터뷰를 하면서 그런 걸 묻기라도 하면 그게 무어 그리 중요하냐고 매정하게 대꾸해 묻는 사람을 무안하게 만들기도 했다. 그래서 그의 성장 과정에 대해 알려진 건 거의 없다.

매클루언은 1911년 7월 21일 캐나다 앨버타의 에드먼턴에서 스코틀랜드-아일랜드계 신교도 집안에서 태어났다. 아버지는 감리교를 믿는 보험 세일즈맨이었고, 어머니는 침례교를 믿는 여배우였다. 부부는 맞벌이로 돈을 벌어 제법 부유하게 살았다. 매클루언은 집에서 2킬로미터 떨어진 마니토바대학University of Manitoba에 들어가 엔지니어링을 공부하다가 곧 영문학으로 전공을 바꿔 1933년에 학사, 1934년에 석사 학위를 받았다.

매클루언은 영문학 전공으로 영국 케임브리지대학에 유학해 1936년에 그곳에서 다시 학사 학위를 받고, 1940년에 석사, 1943년에 박사 학위를 받았다. 그의 박사 학위 논문은 엘리자베스 여왕 시대의 작가이자 교육자인 토머스 내시Thomas Nashe, 1567~1601에 관한 것이었다. 그가 유학 기간 내내 영국에만 머물러 있었던 건 아니며, 중간에 미국에서 대학 강사로 활동하기도 했다.

매클루언은 1936~1937년 미국 위스콘신대학에서 영문학 강사 일을 하면서 미디어에 대해 눈을 뜨게 되었다. 그는 젊은 대학생들에게 영시英詩 분석 방법을 가르치는 것에 만족감을 느끼지 못하고, 케임브리지대학에서 배웠던 비판적인 분석 방법들을 신문, 광고, 문화 등에 적용하는 것이 훨씬 더 의미 있다는 결론에 도달했다.[5] 좀 다른 의견도 있다. 이남호는 이렇게 말한다. "그는 젊은 미국 대학생들을 이해할 수 없었다. 그들을 이해하기 위해서 그들이 즐기는 대중문화를 알아야만 했다. 이후 맥루한은 젊은이들의 새로운 문화에 관심을 쏟기 시작했고, 그 관심에는 필연적으로 라디오, 영화, 광고, 텔레비전이 포함되었다."[6]

매클루언은 '지배계급의 앞잡이'였나?

매클루언은 1937년 영국 작가 G. K. 체스터턴G. K. Chesterton, 1874~1936의 영향을 받아 가톨릭으로 개종했다. 그는 1939년 여름 캘리포니아 패서디나 연극 학교에서 교편을 잡고 있던 어머니를 만나러 가서 미국인 여배우 코린 루이스Corinne Lewis, 1912~2008와 만나 속전속결로 결혼을 하고, 그해에 다시 아내와 함께 케임브리지로 돌아가 대학원 과정을 밟았다. 매클루언은 박사 학위 취득 후 미국 미주리주 세인트루이스대학Saint Louis University, 캐나다 온타리오 윈저Windsor의 여자 대학인 어섬프션대학 Assumption University 등을 거쳐 1946년 이후 캐나다 토론토대학 University of Toronto에 교수로 자리를 잡았다.[7]

매클루언은 자신이 토론토대학의 선배 교수인 헤럴드 이니스Harold Innis, 1894~1952의 전통을 이어받았음을 강조했지만, 이니스를 방법론적 관점에서만 이해했을 뿐 그의 커뮤니케이션에 관한 정치적·도덕적 입장과 미국의 미디어에 대한 비판은 무시했다. 좀더 정확히 이야기하면 우리는 매클루언에게서 '초기 매클루언'과 '후기 매클루언'이라는 두 얼굴을 발견하게 된다.

매클루언은 초기에 방법론과 기질에서 케임브리지대학의 은사인 I. A. 리처드I. A. Richards, 1893~1979와 F. R. 리비스F. R. Leavis, 1895~1978 등의 이른바 '신비평New Criticism'의 영향을 많이 받았다. 리처드는 작품의 장점은 작가의 의도와 전기적biographical 영향에서 분리되어야 한다는 것을 강조했으며, 리비스는 작품

자체의 통일성과 공식적 구조에 근거한 비평을 주장하면서 텍스트의 중요성을 유난히 강조한 인물이었다. 이들은 모두 산업 문명 자체에 적대감을 공유하고 있었다.[8]

초기 매클루언은 이니스와 마찬가지로 미국 문화가 캐나다 문화에 미친 악영향에 큰 관심을 보였다. 1951년에 출간한 『기계 신부The Mechanical Bride』만 하더라도 현대 커뮤니케이션, 특히 광고에 의한 '집단적 마취collective trance'를 강하게 비판했다.[9] 그러나 후기 매클루언은 미국 대중문화를 예찬하고 정당화시키는 데에 앞장섰다. 그는 광고 및 미디어 재벌 회사들에게 자문을 해주고 주로 그들과 어울려 지내며 다국적기업을 예찬하는 데에 주저하지 않았다.[10]

왜 매클루언은 변했을까? 4녀 2남을 둔 매클루언이 육아 비용 때문에 돈이 되는 쪽으로 관심을 돌렸다는 주장도 있긴 하지만,[11] 테크놀로지technology에 대한 생각의 변화 때문에 일어난 일이었다고 보는 게 옳을 것 같다(테크놀로지는 흔히 '기술'로 번역해 사용하나, 번역하지 않고 테크놀로지라고 표기하는 경우도 있다. 그 이유는 '기술'이 테크놀로지와는 다른 개념인 테크닉technic의 번역어로도 사용되고 있기 때문에 불필요한 오해를 피하기 위해서다. 이 책에선 두 가지를 혼용混用한다).

매클루언은 초기엔 미디어와 테크놀로지를 경멸했지만 점점 테크놀로지의 잠재력을 찬양하는 쪽으로 나아갔다. 1962년 『구텐베르크 은하계The Gutenberg Galaxy』를 내놓을 무렵 매클루언은 현대를 구텐베르크의 활판인쇄 발명으로 시작된 르네상스의

실현으로 보았다.[12]

　테크놀로지가 모든 걸 결정한다는 '기술결정론technological determinism'에 대한 신념이 강할수록 기존 질서를 불가피한 것으로 간주하게 되고 따라서 그 질서에 타협하고 편입되기 마련이다. 그런 관점에서 미국의 기술사가技術史家인 루이스 멈퍼드Lewis Mumford, 1895~1990는 매클루언의 목표가 전적인 '문화적 용해 cultural dissolution'로 지배계급의 지배를 용인시켜 주는 앞잡이를 자청하고 있다고 비난했다.[13]

　그런가 하면 매클루언의 입장을 '반계몽주의' 또는 '교화 (개화) 반대주의obscurantism'로 매도한 사람들도 있었다. 메시지를 무시하고 인간이 무언가를 아는 건 불가능하다고 주장하는 데엔 그럴 만한 기득권이 있으며, 매클루언이야말로 바로 그런 주장을 하는 사람이라는 것이다.[14] 과연 그런가?

미디어는 '인간의 연장延長'이다

커뮤니케이션 테크놀로지의 변화를 인류 역사의 원동력으로 파악한 매클루언은 인류 역사를 ① 문자가 탄생되기 이전의 구어 문화, ② 고대 그리스의 호머 이후에 발전되어 2000년간 지속된 문자 시대, ③ 1500년에서 1900년까지의 인쇄 시대, ④ 1900년에서 지금까지의 전자 미디어 시대 등의 4단계로 구분했다. 그는 변증법적 구도를 적용해 ①과 ②는 정thesis이요 ③은 반antithesis

이요 ④는 합synthesis이라고 했다.

인쇄술의 발명이 1500년에서 1900년 사이의 서구 문명을 형성했다고 하는 매클루언의 생각은 역사학자 린 화이트Lynn White, Jr., 1907~1987에 크게 의존한 것이었다. 화이트는 그의 저서 『중세기술과 사회적 변화Medieval Technology and Social Change』 (1962)에서 ① 승마용 등자stirrup, ② 말굽, ③ 말의 목줄 등이 군대의 이동과 농사에 결정적인 영향을 미쳤기 때문에 중세를 만든 3대 혁신이라고 주장한 인물이었다.[15]

매클루언은 미디어를 '인간의 연장extension of man'으로 이해했다. 이 아이디어는 "지구상의 모든 도구와 엔진들은 인간의 수족과 감각의 연장일 뿐이다"고 말했던 시인 랠프 월도 에머슨 Ralph Waldo Emerson, 1803~1882에게서 빌려온 것이었다.[16] 이 주장에 따르면 책, 자동차, 전구, 텔레비전, 옷 등 무엇이든 인간의 신체와 밀접한 관련을 맺고 있는 것들은 다 '미디어'라고 할 수 있다. 예컨대, 자동차는 다리의 연장이고 옷은 피부의 연장인 셈이다. 심지어 언어마저 '인간 테크놀로지human technology'로서 인간의 생각을 외면화하여 연장시키는 미디어라고 할 수 있다.

매클루언은 인간의 어느 신체 부위가 연장되는 것은 인간의 삶에 큰 영향을 미친다고 보았다. 인간의 시각의 연장인 프린트 print, 즉 인쇄술은 개인주의와 전문화를 부추겼다. '구어oral 문화'에서는 남과의 접촉을 통해서 지식을 얻지만 프린팅은 홀로 심사숙고하고 골몰할 것을 요구하는바, 고립된 상황에서 생각하는 걸 가능하게 함으로써 개인적 계시를 촉진했기 때문에 프로테스탄티즘이 가능하게 되었다는 것이다.

인쇄술은 또 내셔널리즘nationalism을 부추겼다. 사람들은 프린팅을 통해 모국어를 시각적으로 이해하고 지도를 통해 국가를 시각적으로 이해하게 되었으며 그에 따른 모국어의 표준화 그리고 교육을 통한 모국어의 보편적 대량 보급은 내셔널리즘의 온상이 되었다는 것이다. 특히 20세기 이후 종이가 대량생산됨에 따라 관료주의가 발달했으며, 먼 지역들까지 통제 가능한 중앙집권적 조직이 성장할 수 있었다.[17]

매클루언에 따르면, 인간은 끊임없이 자신의 발명에 의해 생리적으로 변화를 겪게 된다. 뉴미디어는 인간과 자연과의 다리가 아니라 뉴미디어 자체가 자연이 된다. 이와 같은 '기술적 자연주의technological naturalism'에 근거해 매클루언은 1960년대를 새로운 르네상스의 시기로 보았다. 과거 활자 미디어가 인간의 감각에 일대 혁명을 일으켰듯이 전자 미디어는 또 하나의 혁명을 몰고왔다는 것이다.[18]

매클루언은 전자 미디어가 모든 성원이 조화 속에서 존재했던 부족사회로의 복귀를 예고하고 있다고 주장했다. 그의 설명은 이렇다. 사람이 책을 읽을 때엔 한 감각 기관을 사용하지만 영화와 텔레비전은 눈과 귀를 사용한다. 그러한 다감각적 사용은 원시인들이 '터치touch'의 감각을 중시했던 것으로의 복귀를 의미한다. 텔레비전은 전 세계 구석구석까지 즉각적으로 그러한 '터치'를 가능하게 만들어 인간 생활의 '재부족화retribalization'를 낳는 데에 가장 중요한 미디어라는 것이다.[19] 매클루언은 텔레비전에 의해 재부족화된 세계를 '지구촌global village'이라고 했다. 물론 다른 관점에서 보자면 지구촌은 다국적기업의 이익에 봉사하는 전자 식민지 체제를 의미할 뿐이지만 말이다.

미디어는 단순한 전달 도구가 아니다

매클루언의 대표작인 『미디어의 이해Understanding Media』(1964)는 원래 미국 교육청Office of Education에게서 프로젝트를 받아 쓴 보고서였다. 이 보고서는 중등학교에서 미디어 효과에 대해 가르치기 위한 목적으로 계획된 것이었다. 이 책의 집필 배경이 시사하듯이, 매클루언은 미디어 자체를 바꾸려고 하기보다는 수용자가 미디어에 대해 어떻게 대응할 것인가에 대해 깊은 관심을 기울였다.[20]

이 책에서 매클루언은 전신, 라디오, 텔레비전, 영화, 전화, 컴퓨터 등 커뮤니케이션의 전자 테크놀로지가 20세기의 문명과 감수성을 재형성한다고 주장한다. 그의 주장을 쉽게 풀어서 쓰면 이런 이야기다. 활자매체 시대의 인간은 시각적으로 연속적 순서에 의해 한 번에 하나씩 지각하지만, 현대인은 동시에 수많은 것들을 경험한다. 여러 감각기관 가운데 하나 이상을 사용해서 책을 읽는 것과 전신 서비스의 산물인 신문을 읽는 것을 비교해보자. 우리는 신문을 책처럼 순서대로 읽지 않는다. 눈으로 페이지 전체를 본다. 사람들은 신문을 읽는다기보다는 신문 속으

로 뛰어드는 것이다.[21]

　매클루언은 자신의 책도 그런 이치에 따라 썼다. 그가 쓴 책들은 전통 활자매체식이 아니다. 그의 책은 처음부터 읽을 필요가 없으며 다 읽을 필요도 없다. 그의 책은 일종의 모자이크다. 『구텐베르크 갤럭시Gutenberg Galaxy』의 경우 진짜 서론 부분은 마지막 장이다.[22] 『미디어의 이해』에서도 비약과 압축이 난무하고 맥락을 무시하고 몽타주 기법까지 동원하고 형식이 내용을 압도하는 매클루언 특유의 '글쓰기'를 엿볼 수 있다. 그래서 매클루언의 커뮤니케이션 양식을 '마음의 MTVMTV of mind'라고 부르는 비평가도 있다.[23]

　"미디어가 곧 메시지"라고 하는 매클루언의 명제는 미디어의 내용이란 그것을 전달하는 미디어의 테크놀로지와 분리해 생각할 수 없다는 전제에 근거하고 있다. 즉, 미디어는 단순한 전달 도구가 아니라는 이야기다. 이 말은 아주 쉽게 말해서 "옷이 날개"요 "옷이 곧 그 사람의 얼굴"이라는 세속적 상식으로 이해해도 큰 무리는 없다. 사람들은 알맹이보다는 외양에 더 관심이 많다. 메시지의 내용이 무엇인가를 따지기보다는 그 메시지를 담고 있는 그릇, 즉 미디어로부터 더 영향을 받는다는 것이다. 매클루언은 한마디로 "미디어의 '내용'이란 도둑이 마음의 개를 혼란시키기 위해 던져주는 고기 덩어리와 같다"고 단언한다.[24]

　즉, 미디어라고 하는 기술은 그 기술에 담기는 메시지가 무엇이든 일정 부분 그 메시지에 영향을 미친다는 것이다. 라디오에 출연해서 노래를 하든 TV에 출연해서 노래를 하든 그 노래라고 하는 메시지엔 아무런 차이가 없지만, 그 노래를 받아들이는 수용자의 입장에선 라디오에서 듣는 노래와 TV에서 보고 듣는 노래가 같을 수는 없으며 심지어 정반대의 느낌을 가져다줄 수도 있다. 그 차이는 라디오라고 하는 기술과 TV라고 하는 기술의 차이에서 비롯되는 것이다. 라디오 스타가 텔레비전에서도 스타가 되는 경우도 많고 그 반대도 성립되지만, 어떤 라디오 스타는 텔레비전에 전혀 어울리지 않거나 반대로 어떤 텔레비전 스타는 라디오에선 전혀 어울리지 않는 경우도 많다. 이 또한 '미디어=메시지' 이론을 뒷받침해주는 사례로 볼 수 있다.

매클루언이 '미디어=메시지' 이론을 역설하기 위해 이른바 '파킨슨의 법칙Parkinson's Law'까지 동원하는 게 흥미롭다. 파킨슨의 법칙은 공무원의 수와 업무량은 아무 관계가 없으며, 업무의 많고 적음과는 관계없이 공무원의 수는 늘어난다는 법칙으로, 영국의 역사학자이자 경영연구가였던 노스코트 파킨슨C. Northcote Parkinson, 1909~1993이 자신이 직접 겪은 경험을 바탕으로 발표한 이론이다. 1955년『이코노미스트The Economist』에 유머 에세이로 쓴 것을 1958년『파킨슨의 법칙Parkinson's Law: The Pursuit of Progress』이라는 120페이지짜리 책으로 발전시켰다.[25] 매클루언은 다음과 같이 말한다.

"파킨슨은 모든 비즈니스 또는 관료제의 조직은 '이루어져야 하는 일'과 관계없이 그 자체의 원리로 기능한다는 사실을 발견하였다. 직원의 수와 '일의 질과는 서로 전혀 관계가 없다.' 어느 조직에서도 직원 수의 증가율은 이루어진 일의 양과는 관계가 없고, 직원 간의 상호 커뮤니케이션 자체와 관련되고 있다. (다시 말하면, 미디어는 메시지다.)"[26]

왜 미디어는 마사지인가?

매클루언은 '미디어=메시지'에서 한 걸음 더 나아가 "미디어는 마사지massage"라고 주장한다. "모든 미디어는 우리를 압도하고 있다. 미디어의 영향력은 개인적 · 정치적 · 경제적 · 심미적 · 심리적 · 도덕적 · 윤리적 · 사회적으로 워낙 강력해 우리의 어떤 부분도 그 영향력에서 자유롭지 못하다. 미디어는 마사지이다. 사회적 · 문화적 변화에 관한 어떤 이해도 미디어가 환경으로 작동하는 방식에 대한 지식이 없으면 불가능하다."[27]

이 주장을 담은 『미디어는 마사지The Medium Is Massage』(1967)는 100만 부나 팔렸다. 그 이전의 『미디어의 이해』가 10만 부 팔린 것도 놀라운 일이었지만, 이는 더욱 놀라운 기록이다. 매클루언은 연구와 저술 프로젝트를 공동으로 진행하기를 좋아했는데, 『미디어는 마사지』라는 책에서 그가 한 일은 제목을 정하고 내용과 편집에 최종 승인을 한 것이 전부였다. 이 책은 매클루언의 추종자인 제롬 애절Jerome Agel이 글을 쓰고 유명한 타이포그래퍼이자 디자이너인퀸 피오리Quentin Fiore, 1920~가 디자인을 담당해 만들어졌다.

더글러스 코플런드Douglas Coupland, 1961~는 이 책이 수많은 젊은이를 끌어들였다며 이렇게 말한다. "이 책은 히피 시대의 낙관적인 면을 그래픽으로 구현한 듯했고, 빠르고 쉽게 읽을 수 있었기 때문에 마셜의 이론을 처음 접한 사람들에게 완벽한 개론서였다. 『미디어는 마사지』는 마셜을 인기 있는 사람에서 팝 아티스트로 변모시켰다."[28]

『미디어는 마사지』가 발간된 것과 거의 동시에 NBC-TV는 1시간짜리 매클루언 특집을 내보내기도 했다(1967년 3월 19일). 매클루언은 자신의 한 줄짜리 재담 중심으로 만들어진 이 프로그램을 '기괴한 쓰레기'라고까지 폄하했지만, 그의 이름은 퀴즈 문항에 등장할 정도로 유명해졌다.[29]

따지고 보면 매클루언은 텔레비전이 본격적인 매스미디어로 등장한 1960년대 미국의 산물이었다. 많은 사람이 텔레비전이라는 '괴물'에 대해 당혹스럽게 생각하고 있을 때에 그는 명쾌한 설명을 제시했다. 『미디어의 이해』와 『미디어는 마사지』가 출간된 1960년대 중반은 미국에서 텔레비전이 큰 위력을 발휘하던 때였으며, 제도권 문화에 반기를 든 이른바 '대항문화counter-culture'의 전성기였다. 아이러니컬하게도 『미디어의 이해』는 미국에서 똑같은 해에 출간된 좌파적 대중문화 비평서라 할 허버트 마르쿠제Herbert Marcuse, 1898~1979의 『일차원적 인간One-Dimensional Man』과 더불어 '대항문화' 진영의 대학생들에게 필독서로서 동시에 수용되었다.[30]

매클루언은 대항문화 진영과 연대하기도 했는데, 티머시 리어리Timothy Leary, 1920~1996와의 관계가 그걸 잘 보여준다. 하버드대학 심리학자이자 작가인 리어리는 인간의 행동을 실제로 변화시킬 수 있는 심리치료법을 고민하다 환각 약물을 만났다. 그는 LSD가 합법이던 시절 다양한 사람들을 대상으로 실험한 뒤, LSD가 정서와 정신의 치료를 도울 뿐 아니라 인성을 변화시켜 새로운 진화를 가능하게 한다고 주장했다. 환각 약물을 엘리트 층의 전유물로 만들려는 움직임에 맞서 모든 성인은 자신의 두뇌에 접근할 권리가 있다고 주장한 리어리의 평등주의 사고방식은 당시 미국을 휩쓸던 새로운 저항문화운동과 연결되어 있었다.

캠퍼스에서 리어리의 영향력이 커져 말썽이 날까 두려워진 대학 당국이 1963년 리어리를 해고했다. 하버드대학을 나온 리어리는 독자적인 연구를 계속하는 한편, 미국 정치문화계의 중심에서 활동했다. 공개강좌와 인터뷰 등으로 투쟁하면서 미디어의 필요성을 절감해 1966년 여름 매클루언을 만났다. 매클루언은 리어리에게 다음과 같이 조언했다.

"공청회나 법정에서 벌어진 일은 당신의 메시지를 전할 강연으로는 부적절해요, 티머시. 당신을 스스로 철학자, 개혁가로 부르세요. 좋습니다. 당신 작업의 열쇠는 광고입니다. 당신은 상품을 홍보하는 거예요. 새롭고 향상되고 가속화된 두뇌를요. 소비자들의 흥미를 불러일으키려면 최신 전략을 사용해야 해요. 아름다움과 즐거움, 철학의 경이, 종교적 계시, 강화된 지성, 신비란 로맨스 같은, 두뇌가 만들 수 있는 모든 좋은 것들과 LSD를 연결시키세요. 이미 만족한 소비자들의 말이 도움이 될 거예요. 로큰롤을 하는 친구들에게 두뇌에 관한 짧은 노래를 만들라고 하세요.……공포를 없애려면 당신은 대중적 이미지를 만들어야 합니다. 당신이야말로 이 상품의 보증인이잖아요. 사진에 찍힐 때마다 웃으세요. 안심시키듯 손을 흔드세요. 용기를 뿜어내세요. 불평하거나 분노하지 마세요. 화려하고 특이하게 나타나도 좋아요. 결국 당신은 교수에요. 자신 있는 태도가 가장 좋은 광고입니다. 당신의 웃음으로 알려져야 해요."[31]

'핫 미디어'와 '쿨 미디어'

매클루언은 미디어를 '핫 미디어hot media'와 '쿨 미디어cool media'로 분류했다. '핫 미디어'는 '고정밀성high definition'과 '저참여성low participation', 그리고 '쿨 미디어'는 '저정밀성low definition'과 '고참여성high participation'으로 특징지어진다. '정밀성'이란 어떤 메시지의 정보가 분명한 정도 또는 실질적인 밀도를 의미하며, '참여성'은 어떤 메시지를 받아들이는 사람이 그 뜻을 재구성하는 데 필요한 노력 투입의 정도를 의미한다. 수용자는 어떤 메시지의 부족한 '정밀성'을 자신의 '참여성'으로 채우려 들기 때문에 둘 사이의 관계는 반비례한다. 물론 '핫 미디어'와 '쿨 미디어'는 시간에 따라 변할 수밖에 없는 상대적인 개념이다. 즉, 한때는 '핫 미디어'이던 것이 나중에 테크놀로지의 발달로 '쿨 미디어'로 간주될 수 있는 것이다.

영화는 '핫 미디어'인 반면 텔레비전은 '쿨 미디어'다. 영화가 모자이크 형태의 이미지를 갖고 있는 텔레비전에 비해 '정밀성'이 높은 반면 수용자의 '참여성'은 텔레비전 쪽이 높다는 것이다. 영화가 TV에 비해 화질이 훨씬 더 정밀하다는 건 쉽게 이해할 수 있는 것이지만, '참여성'은 다소 헷갈리게 생각되는 점이 없지 않다. 아무래도 수용 상황을 살펴볼 필요가 있을 것 같다. TV는 매우 친근한 거리에서 시청하지만 영화는 넓은 공간에서 먼 거리를 두고 관람하게 된다. 아무래도 참여도는 TV 쪽이 더 높을 수밖에 없지 않을까? 매클루언의 해설이다.

"텔레비전 배우는 말소리를 높이거나 큰 동작을 할 필요가 없다. 마찬가지로 텔레비전 연기는 극도로 친밀감을 갖는다. 왜냐하면 시청자가 독특한 방법으로 참가하여 텔레비전 영상을 완성하거나 혹은 끝내버리기 때문이다. 그 때문에 영화에는 맞지 않으며, 또 무대에서는 잃어버린 고도의 자연적인 일상성을 텔레비전 배우는 갖추어야 한다."[32]

또 '참여성' 문제는 '영화와 TV'라고 하는 두 매체를 고립된 상태에서 비교할 게 아니라 현실 세계에서의 전반적이고 실질적인 영향력 중심으로 생각하면 납득이 될 것이다. 매클루언은 그걸 다음과 같이 설명하고 있다.

"텔레비전에서는 시각뿐만 아니라 모든 감각을 동시에 끌어들이는 능동적, 탐색적 접촉 감각의 확장이 일어난다. 당신은 텔레비전과 '함께' 있어야 한다.……텔레비전의 위력이 가장 분명하게 증명된 것은 케네디 대통령의 장례식 때였다. 텔레비전은 조문객들과 더불어(시청자들로 하여금) 하나의 의식儀式에 참여하게 했다. 텔레비전은 의식의 과정에 전 세계인을 끌어들였다. (거기에 비하면 신문, 영화, 라디오는 소비자들을 위한 들러리 장치에 지나지 않았다.) 텔레비전에서는 이미지가 시청자 쪽으로 투사된다. 당신은 스크린이다. 이미지는 당신을 둘러싼다."[33]

'정밀성'과 '참여성'이라고 하는 기준으로 따져 보건대, 라디오는 '핫 미디어'고 전화는 '쿨 미디어'다. 초상화나 사진은 '핫 미디어'고 만화는 '쿨 미디어'다. 한글은 '핫 미디어'고 상형문자는 '쿨 미디어'다. 왈츠는 '핫 미디어'고 트위스트는 '쿨 미디어'다. 왈츠와 트위스트를 비교한 매클루언의 말을 들어보자.

"핫과 쿨이라는, 미디어 특유의 말로서 표현한다면, 후진국은 쿨이고 선진국은 핫이다. 한편 '도시인'은 핫이고 시골 사람은 쿨이다. 그러나 전기 시대가 되어 행동의 양식과 여러 가지 가치가 역전되었다는 관점에서 말한다면, 과거의 기계 시대는 핫이고, 우리의 텔레비전 시대는 쿨이다. 왈츠는 공업 시대의 화려한 기분과 환경에 어울리는 빠르고 기계적인 무용으로서, 핫이다. 이에 비하여 트위스트는 즉흥적인 몸짓으로 온몸과 마음으로 추는 화려한 형태의 춤으로서 쿨이다."[34]

스포츠는 어떨까? 매클루언의 분류에 따르자면, 야구는 '핫 미디어'고 축구는 '쿨 미디어'다.[35] 아니 축구가 '쿨' 하다고? 그런 뜻이 아니다. 오히려 뒤집어 생각해야 한다. 앞서 말했듯이, '쿨 미디어'의 특성은 '저정밀성low definition'과 '고참여성high participation'이다. 축구는 야구와 비교해볼 때에 정밀한 운동이 아니다. 선수들마다 포지션이 있기는 하지만 넓은 그라운드를 비교적 마음대로 뛰어다닐 수 있는 운동이다. 손만 빼놓곤 온몸을 쓸 수 있으며, 온몸의 기를 통째로 발산해야만 하는 운동이다. 그렇기 때문에 축구는 관중의 적극적 참여를 유도한다. 관중은 단 한시도 눈을 돌릴 수 없다. 축구는 관중의 적극적 참여로 완결될 수 있기에 관중의 피를 끓게 만들 수 있다. 난동을 부리는 홀리건이 축구엔 있어도 야구엔 없는 이유도 바로 여기에 있다.

물론 이런 분류는 상대적인 것이다. 디지털 고화질 텔레비전이 나와 텔레비전의 정밀성이 높아지고 텔레비전이 '가족 매체'가 아닌 '1인 매체'로 변하고 있는바, 50여 년 전에 나온 매클루언 주장을 그대로 다 받아들일 필요는 없다. 그 기본 원리에 주목해 새로운 매체 분류를 시도해보는 건 우리들의 몫일 것이다.

왜 리처드 닉슨은 존 케네디에게 패배했는가?

매클루언은 텔레비전이 속설과는 달리 미국 영화를 성숙하게 만드는 데에 긍정적인 영향을 미쳤다고 주장한다. '쿨'한 텔레비전은 예술과 오락에서 심층 구조를 촉진시키고 심층적인 수용자 참여를 만들어냈다는 것이다. 구텐베르크 이래로 인간의 거의 모든 테크놀로지와 오락은 '쿨'하지 않고 '핫'했고, 깊지 않고 파편적이었으며, 제작자 지향적이 아니라 소비자 지향적이었던 반면, 텔레비전은 그런 관계를 뒤집어버린 채 산물보다는 과정의 제시를 선호하는 미디어라는 것이다.[36] 이와 관련, 매클루언은 텔레비전 비평가들에 대해 다음과 같이 말한다.

"텔레비전 비평가들이 텔레비전에 대해 실망하는 주요 이유는 그들이 텔레비전을 다른 감각적 반응을 요구하는 전혀 새로운 테크놀로지로 이해하지 못하기 때문이다. 이 비평가들은 텔레비전을 단지 인쇄 테크놀로지의 타락된 형태로 볼 것을 주장한다. 텔레비전 비평가들은 그들이 대단한 것으로 여기는 영화들은 만약 수용자들이 텔레비전 광고에 의해 갑작스러운 줌zoom, 생략적 편집, 이야기 줄거리의 부재, 플래시 컷 등에 미리 길들여지지 않았다면 결코 대중 관객용 영화가 될 수 없었을 것이라는 걸 깨닫지 못하고 있다."[37]

매클루언에 따르면, 텔레비전에서의 스피치는 연극 무대에서 필요한 사려 깊은 정밀성을 필요로 하지 않는다. 텔레비전 배우에게 가장 필요한 건 연극배우나 영화배우와는 달리 아주 자연스러운 일상성spontaneous casualness이다. 또 텔레비전은 클로즈업 매체다. 영화에서 클로즈업은 주로 쇼크 효과를 위해 사용되지만 텔레비전에서는 아주 자연스럽게 사용된다. 텔레비전 화면 크기만 한 잡지의 사진은 12명의 사람을 한꺼번에 아주 자세하게 보여줄 수 있지만 텔레비전 화면에 12명의 얼굴이 나타나면 흐릿해서 아무것도 보이지 않게 된다.[38]

매클루언은 영화배우 조앤 우드워드Joanne Woodward, 1930~가 영화 연기와 텔레비전 연기의 차이에 대해 "내가 영화에 출연했을 땐 사람들이 '저기 조앤 우드워드가 간다'고 말한다. 반면 텔레비전에 출연했을 땐 '저기 어디서 본 듯한 사람이 간다'고 말한다"고 이야기한 것을 상기시키고 있다. 미국에서 적어도 1960년 대에 대부분의 텔레비전 스타들은 남자, 즉 '쿨'한 성性이었던 반면, 대부분의 영화 스타들은 여자, 즉 '핫'한 성이었던 것도 바로 그런 관점에서 이해될 수 있다고 매클루언은 말한다. 또 사람들이 점차 텔레비전 이전 시대의 '핫 미디어'의 가치를 의심함에 따라 리타 헤이워스Rita Hayworth, 1918~1987, 리즈 테일러Liz Taylor, 1932~2011, 메릴린 먼로Marilyn Monroe, 1926~1962와 같은 대배우들은 텔레비전 시대에 무척 고전을 했다는 것이다.[39]

텔레비전은 '쿨'한 미디어로서 '정밀성'이 낮기 때문에 수용자의 보다 큰 참여를 필요로 한다. 텔레비전은 '핫'한 이슈를 다루기엔 적합한 미디어가 되지 못한다. 수용자의 참여가 지나치게 높아지기 때문에 역효과가 날 수 있다. 어느 저자가 만약 콩고의 파트리스 루뭄바Patrice Hemery Lumumba, 1925~1961가 텔레비전을 대중 선동에 사용했더라면 콩고엔 더욱 큰 사회적 혼란과 유혈 사태가 벌어졌을 것이라고 말한 것에 대해서 매클루언은 그건 매우 잘못된 생각이라고 반박한다. 텔레비전은 뜨거운 선동엔 전혀 적합지 않다는 것이다.[40] 그는 "텔레비전은 '쿨' 미디어이다. 텔레비전은 매카시 상원의원처럼 '핫'한 인물을 거부한다. 만약 히틀러 치하에서 텔레비전이 광범위하게 이용되었다면 히틀러는 곧 사라지고 말았을 것이다"고 말한다.[41]

매클루언은 라디오는 광란을 위한 미디어로서 아프리카, 인도, 중국 등에서 종족의 피를 끓어오르게 만든 주요 수단으로 활용되었지만, 텔레비전은 미국이나 쿠바의 경우처럼 그 나라를 차분하게 만들었다고 주장한다. 텔레비전 연예인이 자신을 '저 압력의 스타일low-pressure style of presentation'로 제시를 해야 성공할 수 있는 것도 바로 그런 이유 때문이라는 것이다.[42]

매클루언은 텔레비전에서 자기 자신의 역할·지위·생각을 강력하게 선언하는 건 어리석다고 충고한다. 시청자들에게 쉽게 분류될 수 있는 사람으로 인식되면 시청자가 참여자로서 채워야 할 것이 없어지기 때문에 시청자들은 불편한 심정을 느낀다는 것이다.[43]

매클루언은 1960년 미국 대통령 선거 사상 최초로 시도된 텔레비전 토론도 그런 식으로 설명했다. 공화당 후보 리처드 닉슨 Richard M. Nixon, 1913~1994과 민주당 후보 존 케네디John F. Kennedy, 1917~1963가 대결한 이 토론은 사실상 케네디의 승리로 끝나 그의 대통령 당선에 결정적인 기여를 했다. 부통령을 지낸 거물 정치인인 닉슨에 비해 정치 경력도 떨어지는 데다 가톨릭이었던 케네디가 여러모로 불리한 선거였지만 케네디에겐 텔리제닉 telegenic(외모가 텔레비전에 잘 맞는)하다는 강점이 있었다. 매클루언은 바로 이 토론 때문에 닉슨이 선거에서 패배했다고 주장했으며, 케네디도 선거 후 가진 첫 기자회견에서 텔레비전 토론이 없었더라면 자신이 이길 수 없었을 것이라고 말했다. 실제로 텔레비전이 아닌 라디오로 토론을 들은 청취자들 가운데에는 닉슨이 토론에서 이겼다고 생각한 사람들이 더 많았다.[44]

매클루언은 '우스꽝스러운 기술결정론자'인가?

매클루언에 대한 감정적 반감을 자제하면서 비교적 진지하게 그를 대하는 비판자들의 비판은 기술결정론에 대한 비판으로 집약된다. 레이먼드 윌리엄스Raymond Williams, 1921~1988가 잘 지적했듯이, "어떤 새로운 기술을 불가피하다거나 제지할 수 없는 것으로 보는 생각은 관련 이해관계자들의 공공연하거니와 은밀한 마케팅의 산물이다."[45] 따라서 그런 기술결정론에 대한 비판은 타당하지만, 문제는 매클루언의 모든 주장이 과연 기술결정론으로 환원되어도 괜찮은가 하는 것이다.

영국 케임브리지에서 같은 스승 밑에서 배운 윌리엄스는 초기에는 매클루언에 대해 호의적이었으나 『미디어의 이해』 출간 이후 비판적으로 변했다. 그는 매클루언의 주장을 '우스꽝스럽다ludicrous'고 일축하면서 "만약 미디어가─활자매체든 텔레비전이든─원인이라고 한다면, 모든 다른 원인들, 사람들이 통상 역사라고 보는 모든 것들은 곧 효과로 환원되고 말 것이다"고 반박한다. 그는 더 나아가 "만약 누가 미디어를 통제하거나 사용하든, 또 삽입시키고자 하는 내용이 무엇이든 간에 미디어의 효과가 같다면 우리는 평상적인 정치적·문화적 논쟁을 잊을 수 있고 테크놀로지가 모든 걸 알아서 하라고 할 수 있을 것이다"라고 말한다.[46]

미국에선 진보적 언론학자인 제임스 캐리James W. Carey, 1934~2006가 매클루언의 주장을 기술결정론으로 각인시키는 데에 큰 기여를 했다. 그는 1960년대 말부터 매클루언을 대표적인 기술유토피아주의자로 폄하하면서 수긍할 수 있는 매클루언의 이론적 성과마저 매클루언의 선배 교수였던 이니스로부터 전해진 것으로 간주했다.

이와 관련, 김상호는 "이후 미국에서 출판된 대부분의 맥루한 관련 논문은 캐리의 이러한 맥루한 해석으로부터 벗어날 수 없었다"며, 게다가 "맥루한이 신청한 사회과학 프로젝트의 심사자로 캐리가 참여한 적이 많았으며, 그 결과는 물론 연구금 지급 거절이었다"고 말한다. 이어 김상호는 "맥루한을 긍정적으로 바라보고 지지하는 입장에서 보면, 캐리의 평가절하는 과한 듯한 감이 없지 않은데, 왜냐하면 어떤 의미에서는 캐리는 학자로서의 그의 명성을 맥루한에 대한 비판을 통해 형성했다고 해도 그리 지나친 말이 아닐 정도라 할 수 있기 때문이다"고 했다.[47]

진보적 미디어 학자인 토드 기틀린Todd Gitlin, 1943~도 그런 비판에 가담했다. 그는 "미디어 자체는 메시지가 아니다. 즉 세계에 대한 설명이 아니다. 미디어가 메시지라는 마셜 맥루한의 그럴듯한 공식은 아무런 설명력도 가지지 않은 것으로 드러났다. 이는 부분적으로는 맥루한이 미디어라는 개념을 너무 넓게 잡았기 때문이다. 미디어는 텔레비전 수상기인가? 상업방송인가? 시트콤인가? 맥루한은 메시지라는 단어를 사용함에 있어서도 정확하지 않았다"며 다음과 같이 말한다.

"미디어는 단순히 정보를 전달하는 것은 아니다. 하나의 이미지나 사운드 트랙은 단순히 어느 곳엔가 존재하는 현실을 재현하거나 지시하거나 묘사하는 추상적인 기호의 집합은 아니다.
그것들은 지시할 뿐만 아니라 그들 자체가 현실이다. 그것들은
우리 삶의 대부분을 둘러싸고 있는 존재이다. 맥루한이 나중에
그의 책에 '미디어는 마사지다'라고 농담조의 제목을 붙였을 때
그게 진실에 더 가깝다."[48]

기술결정론 논쟁은 수사학적 논쟁

이와 같은 비판들은 좀 답답한 느낌을 준다. 비판을 위해 매클루
언의 주장을 극단으로 끌고 가서 쉽게 격파해버리려는 의도마저
느껴진다. 뭘 그렇게 어렵게 생각할까? 매클루언이 기술은 가치
중립적이지 않다는 말을 드라마틱하게 강조한 것으로 이해하면
안 되는 걸까? 예컨대, 니컬러스 카Nicholas Carr가 『생각하지 않는
사람들: 인터넷이 우리의 뇌 구조를 바꾸고 있다』(2010)에서 지
적한 다음과 같은 착각 또는 오류가 바로 매클루언이 깨고자 했
던 신화였다고 생각하면 안 되겠느냐는 것이다.

    "우리는 콘텐츠에만 집중하도록 만들어진 프로그램에 너무
나 익숙해 정작 우리 머릿속에 일어나는 일들을 인식하지 못하고
있다. 그러다 결국 기술 자체는 중요하지 않다고 판단하기에 이
르렀다. 우리는 오로지 중요한 것은 어떻게 그 기술을 사용하느
냐라고 스스로에게 말한다. 이는 자만심에 빠져 이미 일종의 통
제를 받고 있음을 보여준다. 기술은 단순한 도구로서 우리가 선

택하기 전까지는 아무 활동성을 지니지 못하며, 우리가 버려두면 또다시 활동을 멈춘다고 생각하게 된다."[49]

그런 생각이 잘못되었다는 게 매클루언의 주장이다. 매클루언을 비판하려면 오히려 "이미 그걸 깨달은 사람들이 적지 않았는데 무슨 대단한 발견이라도 되는 양 호들갑을 떠느냐?"라고 꼬집어야 했던 게 아닐까? 카를 마르크스Karl Marx, 1818~1883는 "풍차는 사회에 봉건영주를 안겨주었고 증기 풍차는 자본주의를 안겨주었다"고 했다. 독일 작곡가 하인리히 쾨셀리츠Heinrich Köselitz, 1854~1918와 철학자 프리드리히 빌헬름 니체Friedrich Wilhelm Nietzsche, 1844~1900 사이에 오간 다음과 같은 대화도 매클루언의 주장을 어렴풋하게나마 간파했던 것으로 보아야 하지 않을까?

쾨셀리츠가 가까운 친구인 니체에게 "음악과 언어에 대한 나의 생각들은 펜과 종이의 질에 의해 종종 좌우되지"라고 쓴 편지를 보내자, 당시 글쓰기용 도구로 등장한 타자기에 흠뻑 빠져 그걸로 글을 쓰면서 활력을 찾았던 니체는 이렇게 답했다고 한다. "자네의 말이 옳아. 우리의 글쓰기용 도구는 우리의 사고를 형성하는 데 한몫하지."[50]

사실 기술결정론을 둘러싼 논쟁은 원래 상당 부분 수사학적修辭學的일 수밖에 없는 것이다. 우리가 보통 '결정'이란 말을 쓸 때에 그 누구도 '100퍼센트 결정'을 말하는 건 아니다. '90퍼센트 결정'도 있을 수 있고 '80퍼센트 결정'도 있을 수 있다. 즉, 결정은 이것이냐 저것이냐를 따지는 디지털식 개념이라기보다는 정도를 말하는 아날로그식 개념인지라, 바로 여기서 적잖은 혼란이 발생한다는 것이다.

기술결정론을 거부하면서 매클루언의 주장을 수용하는 건 불가능한 일은 아니다. 매클루언의 수사법을 사회과학적인 방식으로 이해하는 것이 문제일 뿐 그의 말에서 필요한 메시지만 뽑아서 쓰는 지혜가 필요하다. 그런 아량과 타협의 정신을 갖는다면 텔레비전이라고 하는 미디어가 메시지에 미치는 '영향' 또는 '결정'을 '범위의 설정과 압력의 행사'로 이해하면 그만이다.

"인과적 관계를 말하면 무조건 결정론인가?"

매클루언의 제자임을 자처하는 광고 전문가 토니 슈워츠Tony Schwartz, 1923~2008는 "진실은 활자매체의 윤리이지 전자 커뮤니케이션에 있어서 윤리적 행위의 기준은 아니다"고 말한다. 그는 텔레비전이 설득을 위해 공명resonance에 의존한다는 점을 강조하면서 전자 미디어가 사람들의 환경의 일부기 때문에 사람들이 전자 미디어를 정보의 흐름에서 매개 요소로 의식하지 않는 경향이 있다고 말한다.[51]

슈워츠의 관찰엔 일리가 있다. 사람들은 미디어 테크놀로지에 의해 지배를 당하면서도 자신들이 미디어를 지배하고 있다는 환상을 버리지 않는다. 여기서 지배와 종속의 관계는 다시금 지배의 범위를 설정하는 문제다. 예컨대, 텔레비전 시청은 브라운관 그 자체가 '핍 쇼peep show'의 확대된 구멍이며, 그 구멍을 응시하는 텔레비전 시청 행위는 기본적으로 관음증의 느낌을 준다. 관음을 추구코자 하는 사람들에게 도덕적인 설교는 무력하다. '핍 쇼'의 무대 자체를 장악하려는 노력이 필요하다.

어린 아이들이 텔레비전에 대해 느끼는 최초의 매력은 그들의 지배 욕구와 밀접한 관련이 있다. 그들이 손가락 하나로 텔레비전을 마음대로 켰다 끌 수 있고 채널도 바꿀 수 있다는 걸 발견하게 되는 순간 그들은 텔레비전이 자신의 지배하에 놓여 있다고 믿게 된다. 성인들도 크게 다르지 않다. 그들은 그들의 자율적 의지에 따라 미디어를 소비하는 것이지 미디어에 의해 강요당하는 건 아니다. 그러나 미디어가 그들의 일상적 삶에 얼마나 편재해 있으며 또 그들의 완전한 지배하에 놓인 많은 것을 얼마나 많이 대체해버렸는지에 대해서 그들은 생각하지 않는다.

이 문제에 대해 '이것 아니면 저것'이라는 2진법 논리를 거부하면서 퍼지식 사고fuzzy thinking를 하는 학자들은 매클루언의 기술결정론에 대해 열린 자세를 취한다. 예컨대, 김경용은 "매클루언의 주제는 한마디로, 모든 미디어가 인간과 사회에 강력한 영향을 미친다는 것이다. 그의 글에 미디어가 인간과 사회의 형태를 결정한다는 것이 암시되어 있지만, 본인이 결정론자가 아니라고 한 만큼, 기술결정론이라기보다는 기술원인론이 그의 의도라고 보는 것이 좋겠다"고 말한다.[52]

여기서 한 걸음 더 나아가 김균과 정연교는 『맥루언을 읽는다: 마셜 맥루언의 생애와 사상』(2006)에서 "결정론적 경향에 대해 맥루언 비판가들이 보이는 편집증적 거부반응은 크게 세 가지 오해에 근거하고 있다"고 말한다.

"첫째, 맥루언 방법론에 대한 오해이다. 맥루언의 모자이크적 역사 기술 방법은 오히려 단선적이고 기계적인 인과관계를 피하기 위해서 채택된 것이다. 이는 마치 레이먼드 윌리엄스가 기존의 논증 방식을 최대한 피하고 대중적 글쓰기 방식을 채택하려고 한 것과 유사하다는 평가를 받기도 한다.……두 번째는 인과적 관계를 파악하는 방식에 대한 오해이다.……어떤 이론이 인과적 관계를 말한다고 해서 그것을 결정론이라고 부르지는 않는다. 맥루언이 우리에게 하고 싶은 말은 각각의 매체 환경이 특정 경험 양식과 사고 패턴을 '장려'하는 가운데 어떤 것들은 '억제'한다는 것이다.……이렇게 보자면 결정론을 둘러싼 비판은 맥루언이 견지하고 있는 매체생태학적 또는 기술생태학적 입장을 제대로 이해하지 못한 데에서 비롯되는 측면이 많다. 이것이 맥루언을 기술결정론자로 치부하고 그의 주장 모두를 쓸모없는 것이라고 단정하는 이들에게서 발견되는 세 번째 오해이다."[53]

정희진의 경험론적 옹호론이 가슴에 와 닿는다. 그는 "유선전화, 휴대전화, 문자, 전자우편, 손편지 등 매체에 따라 전달 내용이 제한되거나 달라진다. 현대인의 고독을 이야기할 때 미디어를 빠뜨릴 수 없는 이유는 외로움이 몸의 확장과 관련이 있기 때문이다. 미디어가 발달할수록, 즉 몸이 확장될수록 불특정 다수와 '친밀'해지는 대신 나는 누구인지 모르게 된다"며 다음과 같이 말한다.

"트위터는 '유명인사 되기 질병', 일명 셀프 메이드 '셀럽 celebrity'들로 넘쳐났다. 컴맹의 뒤늦은 개탄이겠지만, 특히 두 가지가 놀라웠다. 개인 간에나 오고 갈 내용을 게시, 유명인과 친한 사이임을 선전하거나 경쟁자를 향한 지나친 어휘들. 셀럽이 되기 위해 수단을 가리지 않을 때 공동체는 붕괴한다. 윤리, 아니 체면을 벗은 외설성을 어떻게 표현해야 할까.……공론장? 매체가 많아질수록 간편해질수록 사용자가 많을수록 중독될수록, 소통은 불가능에 가까워진다. 애인에게 보낼 문자를 배우자에게 보내는 실수는 고유한 개인이 얼마든지 대체 가능한 물체가 되고 있음을 보여준다. 이것이 단지 아이티IT 강국의 부작용일까. 몸의 확장으로 지구는 더욱 좁아졌다."[54]

매클루언에게 열광한 광고인과 방송인

매클루언의 '기술결정론'에 대한 비판은 상당 부분 타당하지만 동시에 과도한 면이 없지 않은데, 이는 매클루언의 이데올로기에 대한 진보주의자들의 반감과 관련이 있는 것으로 보인다. 매클루언은 정치에 대해 거의 이야기를 하지 않았지만, 영국 유학 시절에 매료된 영국 작가 G. K. 체스터턴과 비슷한 입장을 취했다.

체스터턴은 경구를 좋아하고 말장난을 즐긴 인물이었다. 둘 다 30대에 가톨릭으로 개종했고, 젊은 시절부터 이미 고루한 사람이라는 느낌을 풍겼다. 매클루언의 정치적 보수주의와 회의

주의를 잘 표현해주는 체스터턴의 경구는 진보주의자들을 화나게 만들 만한 것이었다. "현대 세계는 보수주의자들과 진보주의자들로 나뉜다. 진보주의자들이 하는 일은 계속 실수를 하는 것이고, 보수주의자들이 하는 일은 그 실수를 고치지 못하게 하는 것이다."[55]

매클루언이 자본주의의 꽃이라 할 광고를 "인류 역사상 가장 위대한 예술형식"이라고까지 말한 건 그의 이념을 말해주는 증거로 간주되었다.[56] 매클루언이 당시 지식인들이 경멸하거나 수상쩍게 바라보던 전자 매체를 공공 문제의 중심으로 간주하면서 미디어의 힘이 보다 나은 세계를 가져올 것이라는 믿음을 피력한 것도 마찬가지였다.[57]

매클루언의 '기술결정론'에 대한 비판이 그의 이데올로기에 대한 진보주의자들의 반감과 관련이 있다는 건 멈퍼드의 비판에서 잘 드러난다. 앞서 보았듯이, 멈퍼드는 매클루언을 '지배계급의 지배를 용인시켜 주는 앞잡이'라고 비난했는데, 이런 비난이 과연 '기술결정론'과 관련된 것인지는 의문이다. 멈퍼드는 시계를 인간 자신의 사유방식과 세계에 대한 인식을 변화시키는 힘을 갖는 이른바 '규정 기술defining technology'로 간주하면서 "시계는 우리 문화에서 가장 중요한 기계다. 시계는 인간의 일상적 활동에서 행동과 조정을 빠르게 함으로써 현대적 진보와 효율을 가능하게 만들었다"고 주장한 인물이었으니 말이다.[58]

많은 지식인이 자신의 이념적 색깔에 따라 매클루언에 대한 평가를 내렸듯이, 비슷한 이유로 광고인과 방송인은 매클루

언에게 열광했다. NBC 부사장 폴 클라인Paul L. Klein, 1929~1998은
『미디어의 이해』 20권을 사서 중역들에게 꼭 읽어볼 것을 권유
했으며,[59] 샌프란시스코의 광고맨으로 광고업계의 기린아로 평
가받던 유명한 광고 전문가 하워드 고사지Howard Gossage, 1917~
1969는 『미디어의 이해』에 매료되어 매클루언의 추종자가 되어
자기 돈을 써가면서 미국으로 초청해 미국 언론계와 광고계에 소
개했다.

　"광고의 목표는 결코 소비자나 예비고객과 커뮤니케이션하
는 것이 아니라 경쟁사의 카피라이터가 겁을 먹게 만드는 것이
다"는 냉소적인 주장을 한 고사지는 샌프란시스코 광고계에서
가부장적 권위의 파괴자였다.[60] 고사지의 그런 체질로 미루어볼
때에 그가 이단적인 매클루언을 좋아하게 된 건 당연한 일이었는
지도 모른다.

　고사지는 매클루언을 홍보하기 위해, 뉴욕에 있는 큰 기업
에서 연설할 기회를 갖게 해주거나, 칵테일파티를 여러 차례 마
련해주었고, 여기서 주요 잡지의 저명한 출판인들에게 그를 소
개시켜주었다. 매클루언은 언론에서 '커뮤니케이션의 예언자'
니 '미디어의 대가'니 하는 따위의 극찬을 받았다. 그의 얼굴은
『타임』, 『뉴스위크』, 『라이프』, 『새러데이리뷰』 등과 같은 유명
잡지의 표지로 등장했으며, 그의 책들은 때마침 출판계의 페이
퍼백 붐을 타고 베스트셀러가 되었다.[61]

　광고인과 방송인만 매클루언에 열광한 건 아니었다. 일부
저널리스트들도 열광했는데, 그 대표적 인물은 이른바 '뉴저널

리즘New Journalism'의 기수인 톰 울프Tom Wolfe, 1931~였다. 자신의 이름을 내걸며 매클루언을 홍보한 울프는 매클루언을 다음과 같이 극찬했다.

"나는 마셜 매클루언만큼 20세기 후반에 한 분야의 모든 논의를 지배한 학자를 본 적이 없다. 19세기 후반에서 20세기 전반에 걸쳐 몇 명의 위대한 학자들이 있었다. 생물학의 다윈이나 정치학의 마르크스, 물리학의 아인슈타인, 심리학의 프로이트가 그들이다. 이들 이후에는 커뮤니케이션 분야의 매클루언만이 유일하게 그 맥을 잇고 있다.……1966년 한 해 동안 미국, 캐나다, 영국 등 3개국의 주요 미디어가 매클루언을 다룬 횟수가 무려 120회를 넘어섰는데, 이러한 반응은 다윈이나 프로이트가 다시 돌아온다 해도 넘볼 수 없을 정도로 열광적인 것이었다."[62]

종교적 열광과 혹독한 악평의 공존

매클루언은 『미디어의 이해』 출간 이후 텔레비전과 라디오에 부지런히 출연했을 뿐만 아니라 심지어 『플레이보이』(1969년 3월호)와 같은 잡지와 인터뷰를 하는가 하면 자신의 이야기를 영화와 레코드로 만들었다.[63] 물론 그런 행동은 학자들의 경멸과 분노를 샀지만, 미디어 교육을 '미디어 낙진에 대한 민방위civil defense against fallout'로 간주했던 그의 신념과 일치된 것이었다.[64] 『플레이보이』 인터뷰는 매클루언이 자신의 생각을 비교적 쉽게 설명했다는 점에서 그 가치를 찾아야 할지 모르겠다. 그는 다음과 같이 말했다.

"즉각적 소통이 이루어지는 전자 시대인 오늘날, 우리의 생존 그리고 적어도 우리의 안락과 행복은 우리가 새로운 환경의 본질을 얼마나 잘 이해하느냐에 달려 있다고 나는 믿는다. 과거의 환경 변화와는 달리, 전자 매체는 문화와 가치와 관습을 아주 짧은 기간에 전반적으로 변화시키기 때문이다. 이러한 변화는 커다란 고통과 정체성 상실을 가져올 것이며, 이는 그 변화의 동력을 잘 간파함으로써만 치유될 수 있을 것이다. 만약 우리가 새로운 매체에 의한 혁명적 변화를 이해한다면, 우리는 그 변화를 예측하고 통제할 수 있을 것이다. 그러나 그렇지 못하고 스스로 잠재의식적 최면 상태에 머문다면 우리는 그 변화의 노예가 될 것이다."[65]

매클루언은 1968년 '마셜 매클루언 듀라인 시사 통신'을 발간하기까지 했다. 이는 비평과 아포리즘 등으로 이루어진 시사 통신으로 이윤을 추구하는 사업체였다. 나중에 매클루언은 앨빈 토플러가 듀라인의 내용을 재가공해서 『미래의 충격』(1970) 같은 책들을 발표하며 인기를 얻었다고 불평했다.[66]

매클루언은 당대의 지식인 스타였다. 『타임』 제국의 제왕인 헨리 루스Henry Luce, 1898~1967는 6명의 중역들을 대동하고 토론토에 있는 매클루언의 집까지 찾아가 특강을 들었을 정도였다.[67] 1972년 매클루언이 남캘리포니아대학University of Southern California에서 특강을 끝마치자, 한 여학생이 눈물을 글썽이며 매클루언에게 다가와 다음과 같이 부르짖었다. "맥루한 교수님! 선생님은 신神이라고 생각합니다."[68]

이 모든 미디어 현상으로 인해 매클루언 선풍을 순전히 '저널리즘적인 현상'으로 이해하려는 사람들도 있었고,[69] "매클루언은 돈벌이를 위해 유명해져야만 했고, 유명해지기 위해 '노이즈 마케팅'을 했다"는 식의 악평도 나왔다.[70]

매클루언에 대한 평가는 그의 개인적인 습성에 지나치게 큰 의미를 부여하고 있는 건지도 모른다. 지식인들의 거부감을 낳게 한 그의 글쓰기 스타일만 해도 그렇다. 그는 명쾌한 글을 쓰기를 거부했다. 그는 비서나 부인에게 구술하는 형식으로 책을 썼으며 일단 쓴 것을 다시 고쳐 쓰기를 한사코 거부했다. 다시 쓰거나 덧붙이면 걷잡을 수 없이 엉망이 된다는 이유 때문이었다. 그는 "대부분의 명료한 글은 탐구가 없다는 징후"며 "명료한 산문은 사상의 결여를 의미한다"는 주장을 늘어놓기까지 했다.[71]

이에 더하여 매클루언이 글쓰기에서 속물 세계와의 포옹을 마다하지 않은 것도 학계로부터 외면을 받는 또 하나의 이유가 되었다. 그는 『미디어의 이해』의 서문을 『뉴욕타임스』의 칼럼니스트 제임스 레스턴James Reston, 1909~1995의 말을 인용하는 것으로 시작하고 있으며, 페이퍼백 서문은 한 코미디언의 말을 인용하는 것으로 시작하고 있다. 저널리즘을 경멸할수록 학자로서의 품위가 높아지는 것으로 간주되는 경향이 있는 학계 풍토에서 코미디언까지 동원하는 매클루언의 '경박함'은 용인되기가 어려웠던 것이다.

매클루언의 오만한 태도

설상가상으로 매클루언은 매우 오만했다. 그는 "나는 세상이 어떻게 돌아가는지를 알고 있는 유일한 사람이다"라는 따위의 말을 서슴지 않고 해댔다.[72] 유명해진 후부터 그런 게 아니라 시간강사 시절부터 그랬으니 학계에서 그를 곱게 볼 리는 만무했다.

피터 드러커Peter Drucker, 1909~2005는 자서전인 『방관자의 시대Adventures of a Bystander』(1979)에서 40년 전 매클루언이 세인트루이스대학 재직 시절에 어느 세미나에서 목격한 일을 소개하고 있다. 매클루언은 그 세미나에서 인쇄술이 미친 영향에 관한 논문을 발표했다. 매클루언의 발표가 끝나자 교수 한 사람이 질문했다. "인쇄술이 대학의 교과와 대학의 역할에 영향을 미쳤다, 라는 것이 귀하의 생각이라고 이해해도 좋겠습니까?" 매클루언은 "아니, 그렇지는 않습니다"라면서 이렇게 답했다. "인쇄술은 그 양편에 영향을 미친 것이 아니라 그 양쪽을 규정했던 것입니다. 그뿐 아니라 인쇄술은 그 후에 지식이라고 간주되는 것까지 규정하였던 것입니다."

질문자의 입에선 "그런 엉터리가!"라는 말이 터져나왔다. 질문자의 이 말에 사회자는 당황하여 다음 논문 발표자에게 등단을 권했다. 드러커는 회합이 끝나 밖에 나가니 앞서의 질문자(어떤 유명 대학의 영문학과장)가 동료에게 이렇게 말하는 것이 들렸다고 썼다. "저 키다리가 논문을 읽기 시작했을 때는 우리 대학으로 끌고 갈까 하고 생각했었지. 그러나 그만 두었어. 그에겐 공업학교 편이 알맞아."[73]

매클루언이 1955년 컬럼비아대학에서 세미나 발표를 할 때에 유명한 사회학자 로버트 머튼Robert Merton, 1910~2003이 그의 비과학적인 태도를 공박하자, 그는 "나의 생각들을 좋아하시지 않는군요. 다른 것으로 보여드릴까요You don't like those ideas? I got others"라고 응답했다.[74] 매클루언은 1977년 우디 앨런Woody Allen, 1935~의 영화 〈애니 홀Annie Hall〉에 단역으로 출연했는데, 그의 역할은 바로 이 에피소드와 관련된 것이었다. 백욱인은 다음과 같이 말한다.

"코미디언 앨비 싱어(우디 앨런 분)는 여자 친구 애니 홀과 함께 극장 매표소 줄 앞에 서서 이야기를 나누고 있다. 그들 바로 뒤에서 어떤 남자 한 명이 매클루언의 미디어 이론을 들먹이면서 옆에 선 여자에게 자신의 지식을 과시한다. 싱어는 이 남자의 허풍과 떠벌림에 비위가 상했다. 싱어가 그의 매클루언 이해를 엉터리라고 비판하자 그 남자는 자신이 컬럼비아대학에서 'TV와 문화'를 강의하는 전문가라고 화를 낸다. 이때 싱어는 극장 포스터 뒤에 숨어 있던 매클루언을 실제로 불러낸다. 두 사람 앞에 선 매클루언은 '이 사람은 내 연구에 대해 전혀 모르고 있네요. 당신은 나의 모든 오류fallacy가 틀렸다wrong고 보네요. 이런 사람이 어떻게 대학에서 가르칠 수 있나요'라며 잘난 체하던 컬럼비아대학 교수를 바보로 만들어버린다."[75]

매클루언의 오만한 태도는 다음과 같은 식의 비판을 낳게 했다. "잘못된 사실을 받아들여 자신의 주장을 펴나가는 데 추호도 주저함이 없었다", "어떤 면에서 자신의 지식이나 사상 체계에 잘 들어맞기만 한다면 현실이야 어떻든 전혀 개의치 않았다"[76] 그럼에도 매클루언은 머튼이 요구하는 성격의 학문적 신뢰도를 얻기 위한 일체의 노력을 거부했으며, 자신은 그것보다는 한 차원 높은 데에 존재하는 양 행동했다.[77]

매클루언의 백과사전적인 해박한 지식은 놀랄 만하지만, 그는 자신의 주장을 정당화시키기 위해 그런 지식을 지극히 선별적으로 이용했다. 그리고 표현에서 지나치게 문학적인 수사법을 남용했다. 그는 사회과학을 넘보는 바람에 문학계에서, 그리고 문학에 대한 집착을 버리지 못하는 바람에 사회과학계에서 배척받았다. 그는 학계에서 진지하고 심각한 학자로서 대접을 전혀 받지 못했던 것이다.

디지털 시대에 화려하게 부활한 매클루언

매클루언은 1980년 사망 시 거의 잊힌 듯 보였지만, 1990년대 들어 디지털 혁명이 일어나면서 드라마틱한 반전의 주인공이 되었다. 울프가 잘 지적했듯이, "매클루언은 세기말이 되면 새로운 컴퓨터 기술이 폭발적으로 발전해서 텔레비전과 같은 뉴미디어가 사람들의 사고와 역사까지도 바꿀 것이라는 주장을 폈는데, 1992년 컴퓨터와 전화가 연결돼 인터넷이라는 뉴미디어가 탄생하자 매클루언은 선지자적인 지위를 갖고 극적으로 되살아났다."[78]

한국에서도 매클루언이 학술적 주제로 본격적으로 다루어 지면서 '복권'된 것은 미국에 비해 조금 늦은 1990년대 말부터였다.[79] 그런 반전에 대해 캐이시 맨 콩 럼Casey Man Kong Lum은 『미디어 생태학 사상: 문화, 기술, 그리고 커뮤니케이션』(2006)에서 다음과 같이 말한다.

"1990년 중반 사람들이 인터넷과 월드와이드웹을 좀더 의식하게 되면서, 맥루언의 명성은 크게 높아졌다. 그에 대한 관심이 높아진 것은 CNN과 같은 전 지구적 텔레비전 네트워크가 만들어지고 월드와이드웹이 생겨나면서, 30년 전 맥루언이 이야기했던 현상을 이제 누구나 보고 들을 수 있게 된 것이다. 그가 경고했던 의식의 전 지구화나 그가 말한 문화적 효과가 지금은 일상적인 관심사가 되고 있다. 『와이어드Wired』 잡지가 1991년 맥루언을 '수호 성인patron saint'으로 선택했듯이, 그는 1989년 이후 12개 넘는 저작물의 주제가 되었다."[80]

매클루언에 대한 그런 추앙은 전 IT업계에 공유되고 있다. 그간 비판의 대상이었던 '지구촌'이라는 개념마저 새로운 위상을 되찾은 듯이 보였다. 이와 관련, 데이비드 커크패트릭David Kirkpatrick은 『페이스북 이펙트The Facebook Effect』(2010)에서 "2010년은 인류 역사상 최초로 도시 인구가 농촌 인구를 앞지르는 해로 기록됐다. 페이스북은 작은 마을에서나 느낄 수 있는 친밀감을 새롭게 재창조해나가는 중이다. 동시에, 페이스북의 글로벌한 규모가 회원들이 믿고 맡긴 엄청난 양의 개인정보와 합쳐져서, 지금까지 인류 사회에 전혀 존재하지 않았던 전 세계적인 연결 관계가 생성될 수 있다"며 다음과 같이 말한다.

"페이스북 사람들이 숭배하는 유명한 사회철학자이자 미디어 이론가인 마셜 맥루한은 1964년 자신의 저서 『미디어의 이해』에서 '지구촌'이라는 말을 사용하며 통일된 커뮤니케이션 플랫폼이 지구를 통일시킬 수 있다고 예견했다. '우리는 인류 확장의 마지막 단계로 빠르게 달려가고 있습니다. 바로 의식의 기술적 모사입니다. 인지의 창의적 과정이 집합적, 집단적으로 전체 사회로 확장될 것입니다.' 우리는 아직 그 단계에 도달하지는 않았다. 세계는 여전히 분할된 채로 남아 있다. 맥루한이 묘사한 것이 바로 페이스북은 아닐지라도, 지금까지 그 어떤 것도 '인지의 창의적 과정'을 페이스북처럼 폭넓게 확장시키는 못했다."[81]

페이스북은 이제 아이폰, 노트북, 데스크톱 컴퓨터, 아이패드에서뿐만 아니라 대형 텔레비전에서도 이용할 수 있다. 이와 관련, A. K. 프라딥A. K. Pradeep은 소셜 미디어는 더는 전달 체계를 가지고 정의할 수 없으며, 따라서 미디어는 '맥락'이기 때문에, 미디어는 더 이상 메시지가 아니라고 주장한다.[82] 그러나 매클루언이 살아 있다면, 그런 '맥락'마저 미디어라고 했을 것 같다.

매클루언은 '포스트모더니즘의 선구자'

오늘날에도 매클루언의 주장에 대한 반론은 무수히 많지만, 그것이 50여 년 전에 나온 것임을 감안할 필요가 있다. 그의 주장이 안고 있는 그 어떤 한계에도 불구하고 매클루언이 올바른 문제 제기를 했다는 것만큼은 분명하다. 미디어의 내용이란 그것을 전달하는 미디어 기술과 분리해 생각할 수 없다고 하는 그의 주장은 그 정도가 문제일 뿐 기본적으론 유효하다는 것을 부인하기 어렵다.

매클루언의 "미디어=메시지"는 슬로건으로서의 가치만 있다고 한 케네스 버크Kenneth Burke, 1897~1993의 주장은 타당하다.[83] 그러나 슬로건은 부실할망정 현실적이거니와 강력하다. 매클루언은 정책적 통제를 통한 미디어 산업의 개혁을 비웃고, 그 대신 개인적 감수성을 교육시키고, 미디어가 처해 있는 상황하의 불유쾌한 사실들에 대한 이해와 평가를 통해 미디어의 최면적 유인에서 벗어날 것을 제안했다.[84]

그 제안이 지나치게 현실 순응적이라고 할망정 매클루언이 지식인 사회의 조롱거리가 된 이후의 미국에서도, 그리고 그의 영향력이 미치지 않는 나라에서도, 미디어 산업의 개혁은 찾아보기 어려웠다는 역사적 사실을 인정한다면 그를 현실주의자라고는 부를 수 있을지언정 미디어 산업의 '앞잡이'라고 부르는 건 지나치지 않을까?

매클루언은 말년에도 끊임없이 무언가 새로운 것을 탐구했다. 그는 1975년 『이코노믹 임팩트Economic Impact』에 기고한 글에서는 경제마저 건드렸다. 그는 오늘날의 경제에서는 과거의 전통적인 수요공급의 법칙이나 화폐적 균형론이 갖는 결함이 크게 대두되고 있는데, 그건 오늘날과 같은 정보사회에서 매스미디어에 의해 지배되는 인간의 심리적 요인을 소홀히 했기 때문이라고 주장했다. 그는 현대 전자정보의 불연속성에 바탕을 둔 불균형이론을 주창하면서 매스미디어의 영향과 관련된 현대 경제의 병리 현상에 대해서도 분석했다.[85]

이는 2001년 노벨경제학상 수상자로 버클리대학 경제학 교수인 조지 애컬로프George A. Akerlof, 1940~와 2013년 노벨경제학상 수상자로 예일대학 경제학 교수인 로버트 실러Robert J. Shiller, 1946~가 2009년에 출간한 『야성적 충동: 인간의 비이성적 심리가 경제에 미치는 영향Animal Spirits: How Human Psychology Drives the Economy, and Why It Matters for Global Capitalism』의 주장과 일맥상통하는 게 아니고 무엇이랴.

영국의 좌파적 문화연구의 선두 주자라 할 스튜어트 홀Stuart Hall, 1932~2014은 매클루언에 대해 비판적 입장을 견지했을망정 그를 포스트모더니즘의 선구자 내지 예언자로 평가했는데,[86] 도널드 테올Donald Theall도 『마셜 매클루언의 실제The Virtual Marshall McLuhan』(2001)라는 전기傳記에서 매클루언이 캐나다의 시인 마이클 혼얀스키Michael Hornyansky, 1928~2008에게 보낸 편지를 인용하면서 같은 결론을 내린다.

이 편지에서 매클루언은 "대부분의 나의 저술은 메니피아식 풍자Menippean Satire로 우리가 사는 세계의 실제적인 표면을 익살스런 이미지로 재현한다"고 자기 자신을 묘사한다(메니피아식 풍자란 조롱의 대상을 단편적인 풍자 서사로 표현해내는 것을 말한다). 테올은 "도래하고 있는 테크노문화technoculture에서 커뮤니케이선과 문화, 기술에 대한 이론화보다 탐색하는 것에 관심이 많았던 20세기의 시인이자 풍자가로서 그에 대한 재평가가 요구된다"고 했다.[87] 이와 관련, 아서 아사 버거Arthur Asa Berger, 1933~는 "매클루언이 풍자가였다는 사실은 어떤 측면에서 보면 그가 우리를 '놀리고' 있다는 것을 암시하며, 그 또한 포스트모던한 인물로 간주되어야 함을 의미한다"고 했다.[88]

'지식인은 활자매체의 포로'

매클루언은 현재를 현재의 눈으로 보는 사람은 거의 없으며 모두 과거의 눈으로 본다는 것을 지적했다. 현재는 전자 미디어에 의해 창출된 전자 환경이며 그것은 공기와 같다는 것이다. 그럼에도 불구하고 사람들은 그것을 내용 지향적인 지각으로 받아들여 그 의미를 깨닫지 못한다는 것이다.[89] 그는 "커뮤니케이션의 새로운 과학은 개념이 아니라 지각이다The new science of communication is percept, not concept"고 단언하면서 대부분의 학자들이 '활자매체의 포로들prisoners of print'이라고 주장했다.[90] 이게 매클루언이 비판자들에 대해 한 반론의 핵심인 셈이다.

사실 매클루언은 늘 새로운 것을 이야기하는 개척자였다. 물론 매클루언을 비판하는 사람들은 그가 단지 이것저것을 짜 맞추는 데에 능했을 뿐이라고 말하지만, 그런 '모자이크' 실력이라도 탁월한 독창성을 보여주었다는 건 분명하다. 매클루언은 "나는 늘 다른 사람들이 무시하는 것을 찾는다"고 말한 적이 있다. 그 당시 모든 사람들이 무시하던 전화, 타자기, 의복, 시계, 게임 등에 대해서도 지극한 관심을 보였던 것도 결코 우연이 아니다. 그가 『미디어의 이해』를 책으로 내고자 했을 때에도 출판사의 편집자가 "당신 책의 75퍼센트가 새로운 것이다. 성공적인 책은 10퍼센트 이상 새로우면 안 된다"고 말했다는 일화도 그 점을 잘 말해준다.[91]

모든 논쟁에서 벗어나 아무런 이의 없이 매클루언에게서 배울 수 있는 것을 딱 한 가지만 고른다면, 그건 교육제도와 미디어 제도 간의 힘의 불균형에 관한 그의 생각일 것이다. 그는 사회적 변화에서 교육 시스템이 미디어 시스템에 뒤진다는 것을 매우 심각한 어조로 지적했다.[92] 그는 "우리의 모든 교육 시스템은 반동적이다. 그것은 과거의 가치와 기술에 맞추어져 있다.……그것은 텔레비전 1세대들의 요구에는 전혀 맞지 않는 문자적 가치와 단편적이고 분류된 데이터들에 의해 만들어진, 시대에 뒤떨어진 시스템이다"며 다음과 같이 말했다.

"오늘날의 아이들은 부조리 속에서 자란다. 왜냐하면 어느 쪽도 그들을 성숙시키지 못하는 두 세계, 두 가치 체계 사이에서 흔들리고 있기 때문이다. 그들은 어느 한쪽 세계에 속하는 것이 아니라 끊임없이 갈등하는 가치들의 혼성 공간hybrid limbo에 존재한다.……전자 시대의 아이들을 기성 교육방식으로 교육시키려는 것은 독수리에게 수영을 기대하는 것보다 더 어렵다.……만약 새로운 전자 문화를 인정하는 교육 시스템이 만들어진다면, 그러한 종합(전통적인 문자 시각적 형태와 자기 자신의 전자 문화의 통찰 간의 종합)이 가능하며, 두 문화의 창조적 융합이 가능할 것이다."[93]

현재 우리나라에서도 교육 개혁에 관한 이야기는 무성해도 그런 논의가 미디어 시스템과는 전혀 무관하게 이루어지고 있다는 것은 놀랍게 받아들여야 할 일임이 틀림없다. 미디어는 실질적인 국민 '교육기관'으로 존재하는 반면 초중고교 교육 시스템은 '대학입시 공장'으로 전락해버린 현실에서 미디어의 개혁 없이 교육 개혁이 가능할까? 개혁이 불가능하다고 한 매클루언의 말을 믿을 필요는 없다. 그의 과장법을 이해한다면 그는 그런 개혁이 매우 어렵다는 것을 이야기하고 싶었을 뿐이니까. 미디어의 '정보 폭발' 시대에 매클루언을 다시 읽는 것은 그가 범한 오류를 우리가 반복하지 않기 위해서도 꼭 필요한 일임이 틀림없을 것이다.

자크 엘륄
Jacques Ellul

왜
프로파간다는
일상적 삶의 조건이
되었는가?

엘륄의 다중 정체성과 다작

"매일 불어오는 바람은 우리의 달력의 페이지들을, 우리의 신문들을, 우리의 정권들을 넘긴다. 그래서 우리는 그 어떤 영적인 틀도 없이, 기억도 없이, 판단도 없이, 늘 영구한 과거로 침몰해버리고 역사의 조류에 밀어닥치는 독트린의 모든 바람에 휩쓸려 시간의 흐름을 따라 미끄러져 내려간다. 이제 우리는 이런 느슨함, 표류하는 이런 경향에 대해 완강히 저항해야만 한다. 만약 우리가 이 세상에서 살고자 한다면 우리는 이 세상을 더욱 깊이 알 필요가 있으며 사건들의 의미, 우리 시대 사람들의 빼앗긴 영적의 틀의 의미를 재발견해야 할 것이다."[1]

이와 같은 음울한 이야기들을 즐겨하는 자크 엘륄Jacques Ellul, 1912~1994은 무어라고 불러야 할지 망설여지는 인물이다. 철학자, 사회학자, 법학자, 신학자, 기독교 무정부주의자. 게다가 전 분야에 걸쳐 워낙 다작多作을 해대는지라 도대체 어떤 게 그의 주요 정체성인지 모두지 종잡기 어렵다. 나는 1994년에 출간한 『커뮤니케이션 사상가들』에서 다음과 같이 말했다.

"필자는 불어로 쓰인 엘륄의 58권 저서 가운데 불과 5권, 그 것도 영어 번역판을 읽었을 뿐이며, 엘륄이 갖는 사상사적 의미를 직접 꿰뚫어본 것이 아니라 그를 연구한 다른 학자들의 판단에 더 의존하였다. 그렇다면 이 에세이의 가치는 무엇인가? 그건 순전히 엘륄이 우리 학계에서 거의 무시되고 있다시피 한 현실에서 비롯된다. 이 에세이는 엘륄을 언론학의 입장에서 우리 학계에 소개하는 정도의 지극히 소박한 목적을 갖고 있을 뿐이다. 목적이 그러한 만큼 엘륄에 대해 이미 알고 있는 독자들은 이 에세이에 아무런 기대를 걸지 않는 것이 현명할 것이다. 또 엘륄에 대해 처음 듣는 독자들은 이 에세이가 개략적인 스케치에 불과하다는 것을 염두에 두는 것이 바람직할 것이다."[2]

내가 영향을 미친 건 전혀 아니었지만, 2000년대 들어 도서출판 대장간이 '번역위원회'까지 구성해 엘륄의 저서들을 왕성하게 번역해내는 동시에 국내 학계에서 엘륄에 관한 몇 편의 논문이 발표되었다.[3] 나 역시 이전보다는 엘륄에 대해 더 많이 읽고 더 많이 알게 되었지만, 그렇다고 해서 엘륄에 대한 이해가 크게 달라진 것 같진 않다.

엘륄은 너무도 크고 많은 것을 매우 느슨하게 다루고 있으며, 이론을 앞세우거나 체계적 형태로 생각을 제시하는 걸 거부하고 혐오한 인물이었으니 말이다. 그는 그렇게 하는 건 그것 자체가 자신이 평생을 걸고 비판해 마지않았던 '테크놀로지'며 '테크놀로지의 총체화technological totalization'에 기여할 뿐이라고 단언한다. 물론 이제 우리는 그가 의미하는 테크놀로지는 우리가 생각해오던 것과는 판이하게 다르다는 것을 알게 될 것이다. 엘륄은 자신이 열려 있는 '변증법적 앙상블'을 원한다고 말한다.[4] 그 '변증법적 앙상블'의 정체가 무엇인지 살펴보기로 하자.

마르크스가 20세기에 살았다면 어떤 책을 썼을까?

엘륄은 1912년 5월 19일 프랑스 서남부의 항구 도시 보르도Bordeaux에서 태어났다. 어머니는 보르도 출신이었지만 아버지는 상류 귀족에 속한 세르비아인이었던 어머니와 이탈리아인이었던 아버지 사이에서 태어난 외국인이었다. 엘륄의 집안은 부유한 조선업 명문가였지만, 1929년 세계 대공황 때 폭삭 망하고 말았다. 엘륄은 이미 15세 때부터 스스로 생계를 꾸려나가야 했으며, 때로는 가족의 생활비까지 벌면서 공부를 해야 하는 이른바 '소년 가장' 시절을 보내야 했다. 그는 10대 시절 보르도의 선창을 돌아다니면서, 항구 도시의 항만 노동자와 선원의 죽음 및 착취를 직접적으로 보게 되었고, 이러한 경험은 그에게 큰 영향을 미쳤다.[5] 엘륄은 다음과 같이 말한다.

　"나는 날마다 아버지가 일자리를 구하려고 동분서주하신 것을 기억하고 있다. 나는 아버지와 같이 재능이 있는 사람이 실직한다는 것, 그리고 혹시나 무슨 일자리라도 있을까 해서 이 회사에서 저 회사로 이 공장에서 저 공장으로 왔다 갔다 하지만 어디서나 거절을 당한다는 사실은 확실히 놀랄 만하며 도저히 믿기지 않는 불의라고 생각했다. 그것은 내가 도저히 이해할 수 없는 불의였다. 나는 이런 일이 있고 난 후 1930년에 마르크스를 발견했다."[6]

엘륄은 공산주의자들과도 만났지만 "마르크스는 우리 수준에서 논할 것이 아니다. 중요한 것은 당의 노선이다"고 강변하는 그들에게 실망하고 말았다. 엘륄은 공산당이나 사회당에 가입은 않고 주변에만 머물러 있다가 1930년대 중반 공산주의자들과 완전히 결별하면서 공산주의를 공공연히 부정하게 되었다. "공산주의는 하나의 전체주의적인 체계라는 것을 깨달았다." 그는 공산주의자들의 사상과 삶의 불일치에도 실망했다. "그들은 진정으로 마르크스와는 아무 상관이 없는 사람들이었다."[7]

엘륄은 마르크스의 기본 정신은 여전히 지지했지만 두 가지 점에서 명백한 한계가 있다고 보았다. "첫째, 자본주의의 미래에 대한 마르크스의 많은 예언들은 실현되지 않았다는 점이다. 세계의 변혁은 그가 생각했던 것보다 훨씬 더 복잡했다. 레닌의 설명과는 달리, 자본주의 세계는 소멸되지 않는 지속력을 지니고 있었다. 둘째, 마르크스가 언급했던 굉장히 많은 부르주아들, 특히 비효율적이고 쓸모없는 부르주아들과 개인의 재산이 있어야만 살 수 있는 사람들이 사라졌다는 점이다. 자본주의 역시 상당한 변혁을 겪은 것이다."[8]

그런 판단을 내린 엘륄은 자본주의 구조가 아니라 기술에 의해서 세상을 다시 해석해야 한다는 결론에 도달하게 되었다. "나는 마르크스가 19세기의 환경 대신에 20세기 환경에서 일했다면, 어떤 현상을 우리 사회에서 가장 결정적인 요소라고 느꼈을까에 대해서 묻지 않을 수 없게 되었다. 인간의 상황과 정치 조직을 구성하는 데 있어 어떤 현상이 제일 중요한 요소로 그에게 인식되었을까? 나는 기술technology이 그의 관심을 사로잡았을 요소라고 점점 더 확신하게 되었다. 그러므로 나는 마르크스에게 비교적 충실한 채로, 그의 사상의 관점에서 기술 현상을 점점 더 자세하게 연구하기 시작했다."9

22세에 크리스천으로 개종한 엘륄은 제2차 세계대전 기간 중 레지스탕스 운동에 헌신했으며, 그 후엔 크리스천 조직인 NCCNational Council of Churches와 NSFRCNational Synod of the French Reformed Church에 정신을 쏟았다. 엘륄은 1944년 이래로 법률가이자 사회철학자로서 스트라스부르대학University of Strasbourg을 거쳐 보르도대학University of Bordeaux 교수로 일했다.

미국에서 더 인정받은 프랑스 지식인

엘륄은 1954년 『테크닉La Technique』을 출간했다. 이 책이 처음 나왔을 때엔 그는 아무런 주목을 받지 못했으며, 오히려 레지스탕스 운동과 종교적 활동으로 더 유명한 인물이었다. 엘륄이 학계의 주목을 받기 시작한 건 그의 저서가 영어로 번역되어 미국에 소개된 이후였으며, 오늘날까지도 그는 유럽보다는 미국에서 더 큰 인정을 받고 있다. 그건 아마도 그의 사회학적 저서들이 미국 문명에 대한 비판으로서의 가치가 더 높기 때문이라고 보는 게 옳을 것 같다.

엘륄을 미국에 수출하는 데에 결정적 기여를 한 주인공은 『멋진 신세계Brave New World』(1932)를 쓴 영국 작가 올더스 헉슬리Aldous Huxley, 1894~1963였다. 그는 자신이 『멋진 신세계』에서 하고자 했던 것을 엘륄의 작품에서 발견했다고 말했다. 헉슬리는 1960년 엘륄을 미국 캘리포니아주 샌타바버라Santa Barbara에 소재한 '민주적 제도연구센터Center for the Study of Democratic Institutions'의 소장 로버트 허친스Robert Hutchins, 1899~1977에게 소개했으며, 그 결과 1964년에 『La Technique』의 영문 번역판인 『Technological Society』가 미국 지식 시장에 선을 보이게 되었다. 이 책은 나오자마자 미국의 지식계에 일대 선풍을 불러일으켰다.[10]

엘륄은 『테크닉』을 이런 문장으로 시작하고 있다. "현대 세계에서 그 어떤 사회적, 인간적, 영적 사실도 테크닉이라는 사실보다 중요하지는 않다."[11] 엘륄이 말하는 '테크닉'의 의미는 무엇인가? 이 단어는 불어와 영어에서의 의미 차이가 심해 지금까지도 적잖은 혼란을 야기하고 있다. 엘륄에 따르면, 불어의 'la technique'과 'la technologie'는 모두 'technology'로 영역된다. 그러나 불어에서 이 두 단어의 관계는 '사회와 사회학' 또는

왜 프로파간다는 일상적 삶의 조건이 되었는가?

'지구와 지구학'의 관계와 같다. 즉, 'la technologie'는 'la technique'에 대해 가르치는 담화를 의미한다고 볼 수 있다는 것이다.[12]

엘륄의 책을 영역한 존 윌킨슨John Wilkinson은 엘륄이 말하는 '테크닉'은 영어로 'technological order' 또는 'technological society'와 거의 같은 개념이라고 말한다.[13] 그래서 『테크닉』의 영역판 제목을 『The Technological Society』라고 한 것이다. 엘륄 자신의 정의에 따르면 '테크닉'은 "인간 활동의 모든 영역에서 합리적으로 결정돼 절대적 효율을 갖는 방법들의 총체성"이다.[14] 그는 '테크닉'에 '테크놀로지'와 '과학'까지 포함시킨다. 당연히 기계는 '테크닉'의 일부분에 지나지 않는다. 정보 및 커뮤니케이션 테크놀로지라는 비교적 새로운 테크놀로지를 통해 미루어 짐작할 수 있듯이, 기계는 테크놀로지의 한 현상일 뿐이다.[15]

엘륄은 테크놀로지 시스템이 그 자체의 생명력을 갖는 '자기강화의 시스템self-augmenting system'이라고 말한다. 테크놀로지는 인간의 통제를 벗어나게 되어 있다는 것이다. 그는 테크놀로지가 인간의 통제대로 잘 쓰일 수 있다는 생각을 비웃는다. 핵 에너지가 인간의 의도대로 좋은 목적에만 쓰일 수 있단 말인가? 물론 엘륄의 답은 부정적이다. 그는 뉴미디어가 인간의 목적대로 움직이고 인간에 기여한다는 생각은 어리석은 환상에 지나지 않는다고 경고하면서 "오늘날의 테크놀로지는 도덕적 이성을 위해 멈추는 것을 허용하지 않는다"고 말한다.[16]

엘륄은 기술이란 단지 잘못된 계급이 소유하고 통제할 때에만 인간을 속박하는 힘이라는 정통 마르크스주의적 입장에 대해 비판적이다. 그에게 기술적인 체계는 누가 소유하고 누가 통제하든 그 자체로서 항상 지배의 질서다. 어떤 집단이 국가권력의 기제를 장악하든 그것은 인간화와 자유의 획득에 도움이 되지 않는다는 것이다.[17]

엘륄이 강조하고자 하는 건 테크놀로지의 자율성autonomy이다. 테크놀로지는 문제를 야기하게 되어 있으며, 그 문제를 해결하기 위한 다른 테크놀로지를 불러들인다. 또 어떤 테크놀로지는 충분히 활용되기 위해 또 다른 테크놀로지를 필요로 한다. 예컨대, 대량생산 기술은 대량 수송과 대량 커뮤니케이션 기술을 요구할 것이다. 물론 테크놀로지의 '자기강화'를 위한 '자율성'의 이면엔 사회심리학적인 요인, 즉 인간의 동기가 숨어 있다는 건 분명하다.[18]

테크놀로지와 민주주의의 위기

현대는 분명히 테크놀로지 사회다. 이건 더이상의 설명을 필요로 하지 않는다. 테크놀로지 사회에선 효율의 윤리가 모든 것을 지배한다. 사람들은 비용과 시간의 능률에 집착한다. 사람들은 기계적 생산성이라는 모델에 따라 무의식적으로 모든 사회적 제도를 재구축하고 있다. 엘륄은 "옛날 사람들이 노래를 더 잘 부르게 하기 위해 나이팅게일의 눈을 없애버리듯" 우리는 모든 다

른 것들을 기계적 생산성에 종속시키고 있다고 말한다.[19]

테크놀로지 사회에 대한 비판으로 말하면 허버트 마르쿠제 Herbert Marcuse, 1898~1979를 빼놓을 수 없다. 그러나 마르쿠제의 입장과 엘륄의 입장 사이에는 커다란 차이가 존재한다. 마르쿠제는 사회변화의 측면에서 테크놀로지 진보의 보수적 속성에 대해 비판한 반면 엘륄은 그 점을 완전히 무시한다. 테크놀로지 사회에서의 인간의 경험을 마르쿠제는 '유화적 생존pacified existence'을 내세우며 쾌락적인 것으로 보고 있는 반면 엘륄은 가치중립적이거나 막연하게 불유쾌한 것으로 간주한다.[20]

엘륄은 '테크닉'의 적용을 거의 모든 사회 분야에 다 적용시키고 있다. 물론 정치도 예외는 아니다. 그는 정치가 미래를 창조하는 역할에서 '테크닉'에 의해 창조될 미래를 정당화시키는 역할로 전락하게 되었다고 말한다. 이러한 '정치의 테크닉화technicization of politics'는 국가와 정당의 관료주의제에서 비롯된다. 효율 극대화를 위한 전문화 집단인 관료제는 정치를 점령해 정당의 구조마저 변화시키고 있다.[21]

이는 "지배는 행정으로 전환되었다"고 선언한 마르쿠제의 주장과 일맥상통한다. 다만 엘륄은 그런 문제도 '테크닉'의 관점에서 일관되게 다루고 있다는 차이가 있을 뿐이다. 마르쿠제는 『1차원적 인간One Dimensional Man』(1964)에서 다음과 같이 말했다.

"개인적 영역을 넘어 과학실험실, 조사연구소, 정부 그리고 국가적 목적에까지 침투해 들어간 집행 및 관리위원회의 광대한 위계질서 안에서 착취의 가시적 증거는 객관적 합리성이라는 표면의 뒤로 숨어버렸다. 증오와 좌절은 그들의 특정한 목표를 박탈당했으며 테크놀로지의 베일이 불평등과 노예화의 재생산을 감추고 있다."[22]

관료주의적 권위는 규칙에 따르고 표면적으로는 합리적이기 때문에 권력의 자의적 행사로 여겨지지 않는다. 또 의사 결정의 책임도 불분명해지며 인간적 요소로부터 분리된 논리를 갖게 된다. 관료주의적 조직의 마력은 그것의 구조와 전반적 목적이 실제로는 비합리적이고 비유효적일지라도, 합리성과 유효성이라는 절대 명제에 대한 어필을 통해 권력의 행사를 감출 수 있는 능력을 갖고 있다는 데에 있다.

엘륄은 '테크닉'이 사회적 환경은 물론 자연환경마저 대체한 상황에서 민주주의는 불가능하다고 말한다. '테크닉'과 민주주의는 양립할 수 없다는 것이다. 그는 "테크닉은 민주주의의 경계이다. 테크닉이 이기는 한 민주주의는 지게끔 되어 있다"고 말한다.[23] '테크닉'의 요구 때문에 모든 정치적 결정이 전문가들에 의해 중개되고 실천될 수밖에 없는 상황에서 민주적 커뮤니케이션은 불가능해진다. 민주주의의 필요조건이라 할 커뮤니케이션과 정보의 흐름을 '테크닉'의 수단과 목표가 지배하는 것을 가리켜 엘륄은 '프로파간다'라는 용어를 사용한다.

정보와 프로파간다의 합일화 현상

엘륄이 1962년에 출간한 『프로파간다Propagandes』는 1965년 『Propaganda』로 영역되었고, 이 또한 프랑스보다는 미국에서 더 큰 반향을 불러일으켰다. 엘륄은 1935년 독일 방문 시 호기심으로 나치 집회에 참석한 적이 있었는데, 이때의 경험에 자극받아 『프로파간다』를 썼다.[24]

영미계의 학자들이 엘륄에 대해 쏟은 주요한 관심은 그의 '프로파간다'에 대한 정의의 독특함이었다. 엘륄은 프로파간다를 누군가를 속이거나 설득하기 위한 의도적 노력이 아니라 대중사회의 사회학적 현상으로 이해하고 있다. 프로파간다에 대해 이미 존재하는 보편적 정의를 무시하고 전혀 다른 용도로 프로파간다라는 단어를 사용하는 엘륄의 독선은 비난받을 여지가 없지 않지만 혁명이라 해도 좋을 매체 환경의 변화를 감안한다면 용서는 물론 칭찬받을 여지가 있다는 것도 부인하긴 어렵다.

우리는 흔히 프로파간다라고 하면 음모와 거짓을 연상하지만, 엘륄은 정보와 프로파간다의 합일화 현상을 지적하고 있다. 교육 수준이 높아진 현대인이 사실과의 관련을 요구함에 따라 순전히 감정적인 프로파간다는 설득에서 명백한 한계가 있으며, 프로파간다는 적어도 사실에 관한 한 이제 거짓말을 하지 않는다는 것이다.

프로파간다에서 중요한 고려 사항은 정보가 객관적 상황을 정확하게 묘사하느냐의 여부가 아니라 정보가 진실인 것처럼 들리느냐 하는 것이다. 설사 어떤 정보가 정부의 장점을 밝히는 것일지라도 그 사실이 그럴듯하게 들리지 않는다면 정부는 그 정보를 억누르는 것이 필요할 때가 있다.[25]

엘륄은 1942년 연합군의 버나드 몽고메리Bernard L. Montgomery, 1887~1976 장군이 북아프리카에서 승리를 거두었을 때, '무적의 로멜'로 불린 에르빈 로멜Erwin Rommel, 1891~1944 장군이 그곳에 없었다는 것을 왜 독일이 밝히지 않았는가에 대해 이렇게 설명하고 있다. "모든 사람들은 그걸 밝히는 것이 그 패배를 변명하고 로멜 장군이 실제로는 패전한 것이 아니라는 것을 입증하기 위한 목적의 거짓말이라고 생각할 것이다."[26]

이와 관련, 크리스토퍼 래쉬Christopher Lasch, 1932~1994는 "프로파간다를 잘하는 사람은 광고 전문가처럼 명백한 감정적 어필을 피하며 현대 생활의 특성이라 할 무미건조하고 과장되지 않은 사실 그 자체에 어울리는 방식을 사용하고 있다. 또한 프로파간다를 하는 사람은 의도적으로 왜곡된 정보를 퍼뜨리지도 않는다. 그는 부분적인 진실이 거짓말보다는 더욱 효과적인 기만의 도구로 기능할 수 있다는 것을 알고 있다"며 다음과 같이 말한다.

"그래서 그는 공중에게 경제성장의 통계를 주입시키려 애쓴다. 그 통계는 성장이 계산된 기준 연도를 밝히지 않음으로써 생활수준에 대해 정확하지만 무의미한 사실을 제공할 뿐이다. 가공되지 않고 해석되지 않은 자료들로부터 사람들은 모든 것들이 나날이 좋아지고 있기 때문에 현재의 정권은 국민의 신뢰를 받아 마땅하다거나 또는 그 반대로 모든 것들이 나빠지고 있기 때문에 현 정권에 위기의 조짐을 다룰 수 있는 비상대권이 주어져야 한다는 불가피한 결론에 도달하게 된다. 프로파간다를 하는 사람은 전체의 잘못된 모습을 끌어내기 위해 정확하지만 미세한 사실들을 사용함으로써 진실을 허위의 주요 형태로 만드는 것이다."[27]

"프로파간다는 일상적 삶의 조건이다"

이오시프 스탈린Joseph Stalin, 1879~1953의 프로파간다는 주로 이반 파블로프Ivan Pavlov, 1849~1936의 '조건반사conditioned reflex'라는 개념에 근거한 것이었고, 아돌프 히틀러Adolf Hitler, 1889~1945의 프로파간다는 주로 지그문트 프로이트Sigmund Freud, 1856~1939의 억압과 리비도의 이론에 근거한 것이었고, 미국의 프로파간다는 주로 존 듀이John Dewey, 1859~1952의 교육 이론theory of teaching에 근거한 것이었다.[28]

세계의 주요 프로파간다에 대해 그런 평가를 내린 엘륄은 한 걸음 더 나아가 프로파간다가 현대인의 일상적 '삶의 조건'이라고 말한다. '테크닉'과 프로파간다의 합일화 때문이다. 그는 월터 리프먼Walter Lippmann, 1889~1974의 『여론』(1922)과, 연방 정부의 정보서비스를 조사한 뒤에 정보와 프로파간다를 구별할 수 없다고 결론 내린 1949년 미 의회 보고서를 인용해 프로파간다는 현대인의 삶에 편재해 있다는 자신의 주장에 정당성을 더한다.[29] 엘륄은 프로파간다를 '왜곡된 설득'으로 보는 것이 아니라 '테크닉'의 수단이 정보의 흐름에 군림하는 것으로 이해하는 것이다. 즉, 선진 산업사회에서 모든 개인의 삶에 침투하고 있는 일반적 조건을 곧 프로파간다라고 보는 것이다. 따라서 프로파간다의 주체에 대한 분노는 존재할 수 없다. 모든 건 산업사회의 조건에 귀착되고 만다.

실제로 대중은 미디어가 기억과 진실을 흐리게 하는 혼란 과정이라 할 이른바 '미디어화mediazation'의 와중에서 살고 있다. 대중의 세상에 대한 인식에서 미디어 의존도가 더욱 높아짐에 따라 미디어가 곧 현실을 대체하는 현상은 부인할 수 없는 현실이다. 그런 상황에서 프로파간다의 정의는 전면 재수정되어야 마땅할 것이다.

엘륄은 모든 미디어를 포괄하는 프로파간다 시스템의 3대 특성으로 ① 끊임없는 지속성, ② 개인을 조직의 물리적 영향력 하에 놓이게 만드는 조직화, ③ '교조적 태도나 사고의 일체성 orthodoxy'이 아닌 '행동의 일체성orthopraxy' 추구 등을 들었다. '오써프랙시'는 참여로 구현되는데, 참여에는 행동과 같은 '능동적 참여'와 행동을 지지하는 심리적 변화와 같은 '수동적 참여'가 있다.[30]

엘륄은 프로파간다를 그 의도의 노출 여부를 중심으로 하여 '공개적overt' 프로파간다와 '비공개적covert' 프로파간다로 나눈다. 공개적 프로파간다는 '하얀white' 프로파간다고 비공개적 프로파간다는 '검은black' 프로파간다다. 그는 하얀 프로파간다가 검은 프로파간다의 유효성을 보장하기 위해 사용된다고 말한다. 수용자의 경계심을 하얀 프로파간다로 해제시킨 뒤 검은 프로파간다로 침투해 들어간다는 것이다.[31]

엘륄은 또 프로파간다를 수직적 프로파간다와 수평적 프로파간다로 나눈다. 수직적 프로파간다는 매스미디어라고 하는 통합적 기구에 의해 이루어지는 반면 수평적 프로파간다는 거대한 대중조직에 의해 이루어진다.[32]

엘륄은 개인적 편견보다는 대중에 의해 공유된 집단적 관심에 근거를 둔 프로파간다가 강력하다고 말한다. 예컨대, 모든 사람들이 정치 이상으로 테크놀로지에 많은 관심을 갖고 있기 때문에 테크놀로지와 관련된 프로파간다는 매우 유효할 수 있다는 것이다. 엘륄의 말이 맞다면 최근 '디지털 사회'라고 하는 프로파간다가 가공할 위력을 발휘하고 있는 것도 수긍이 가는 일이다.

"알파벳은 자유민주주의의 기초가 아니다"

엘륄이 매스미디어의 영향력이 강하다고 보는 건 너무도 당연하다. 물론 그의 '미디어 효과론'은 논란에 휘말리지 않을 수 없다. 1938년 10월 30일 오손 웰스Orson Welles, 1915~1985의 라디오 드라마 〈화성으로부터의 침략Invasion from Mars〉이 청취자들을 공포에 떨게 한 이후 미디어의 영향력이 매우 강하다는 '강효과 이론'은 한동안 큰 설득력을 갖게 되었지만, 오늘날 많은 학자들이 '강효과 이론'에 대해선 깊은 회의를 표시하고 있다. 그러나 그런 회의를 뒷받침하는 연구들은 대부분 어떤 이슈를 따로 분리해내 사람들에게 일일이 물어보는 방식의 미시적이고 파편적인 관점에 머무르고 있다는 한계가 있다.

엘륄은 『프로파간다』의 부록에서 경험주의적 효과 연구의 문제를 구체적으로 지적하고 있다. 프로파간다는 그 특성상 계속적이고, 강화적이고, 누적적이고, 침투적이기 때문에 그 효과를 측정할 '제로 포인트zero point'를 찾을 수 없으며, 프로파간다는 사람들에게 심층적인 영향을 미치기 때문에 특정 행위와 관련된 효과를 측정하기 어렵다는 등 여러 이유들을 자세히 제시하고 있다.

또한 엘륄은 매스컴을 분리된 현상이 아니라 교육, 종교, 법, 정치, 경제, 인간관계 등 테크놀로지 사회를 구성하는 모든 것들과 결합되어 있는 것으로 간주한다. 당연히 그는 연구의 총체적 틀을 강조하고 학제적 입장을 고수한다. 기존의 많은 매스컴 연구가 엘륄을 스쳐 지나가면서 언급은 하지만, 본격적으로 거론하지 않는 것도 그런 입장과 무관하지 않을 것이다. 엘륄은 미디어 연구는 미디어만을 연구해선 절대로 안 된다고 주장하며 교육마저 '전 프로파간다pre-propaganda 또는 sub-propaganda'로 간주한다. 따라서 그의 프로파간다 이론을 '효과 연구'의 범주에 넣는 건 격에 어울리지도 않거니와 논점을 벗어난 일이 될 것이다.

미국의 사회과학자들은 대체적으로 프로파간다의 영향력이 약하다는 쪽의 입장을 취해왔다. 엘륄은 그들의 입장이 어리석게도 이방인 또는 적을 대상으로 삼는 국가 간 프로파간다에만 국한되고 있다는 문제점을 지적하고 있다. 그런 종류의 프로파간다는 영향력이 약한 정도가 아니라 아예 존재하지 않는다고 말해도 무방하다는 것이다. 엘륄은 국제적 프로파간다를 문제 삼는 게 아니라 한 국가 내의 프로파간다를 문제 삼는다.

프로파간다의 영향력이 약하다고 주장하는 사람들의 생각을 선의로 해석할 때에 그건 그들의 민주주의에 대한 신념에서 비롯된 것이기도 하다. 만약 개인이 프로파간다에 취약하다면 민주주의의 대전제는 붕괴되고 말 것이기 때문이다. 엘륄은 그런 사정을 십분 이해한다고 말하면서도 개인이 외부의 설득에 매우 취약하다는 것은 부인할 수 없다고 강조한다.

그와 동시에 엘륄은 보통 사람들이 가축처럼 조종될 수 있다고 믿는 시건방진 귀족주의적 지식인들의 입장은 결코 받아들일 수 없다고 말한다. 그건 동기가 다르다는 것이다. 자신이 개인의 취약성을 이야기하는 건 개인을 보호하기 위한 경고라는 것이다.

엘륄에게 대량 교육, 지식인의 지도력은 프로파간다를 막는 게 아니라 오히려 확산시키는 도구에 지나지 않는다. 교육을 받지 않았다면 쉽게, 유효하게 통치당하지도 않았을 것이다. 엘륄은 "알파벳이 자유민주주의의 기초"라는 생각을 거부하면서, 교육은 민주적 이상을 영속화하고 장벽을 제거하고 공적 인식을 확대하는 주요 도구라고 본 존 듀이의 입장을 정면으로 비판했다.[33]

당연히 엘륄에게 정보의 폭발은 우려할 만한 현상이다. 정보의 폭발은 유식한 사람을 만드는 게 아니라 '결정화된crystallized' 사람을 만든다. 개인은 정보의 홍수에 압도되어 관심을 분산시키며, 어떤 정보에 대해 단지 피부 반응 정도의 반작용만을 할 수 있을 뿐이다.

미디어의 풍요로운 정보는 냉철한 고려와 양심의 행사를 차단한다. 사람들은 수천 개의 그림으로 구성되어 그림이 엄청난 속도로 바뀌는 '만화경' 속에 갇혀 있다. 끊임없이 일어나는 사건들의 흐름은 사람들을 압도하여 그들을 깨우치기보다는 취하게 만든다. 그렇다면 지식인은 정보에의 과잉 접근 때문에 가장 프로파간다화된 사람들이라는 결론에 도달하게 된다. 프로파간다화된 사회에서 모든 것은 이미지에 불과하며, 행동보다는 추상과 상징을 선호하는 경향이 강한 지식인들은 프로파간다의 포로가 될 가능성이 더 높다고 말할 수 있다.[34]

프로파간다는 개인에게서 민주적 생활양식, 다른 사람에 대한 이해와 소수에 대한 존중, 자신의 의견에 대한 재평가, 도그마티즘의 결여 등을 박탈한다. 그리하여 개인을 전체주의적 인간으로 만든다. 구체적으로 이야기하진 않았지만, 엘륄이 대중문화를 '죽음에 대한 망각의 기술'로 이해하고 있다는 것도 주목할 만하다. 테크놀로지의 발달에도 불구하고 죽음은 엄존하고 있는 상황에서, 텔레비전이나 영화는 대중을 '인공적 천국'으로 인도하고 그 '천국'에 도피해 있는 동안 개인은 '대중 관객mass spectator'에 통합된다는 것이다.[35]

"대중은 자유로운 개인이라는 환상을 원한다"

사람들이 끊임없이 프로파간다에 접하면 '면독성mithridatization'을 가져 프로파간다에 대해 점차 무관심해진다. 그렇다고 해서 프로파간다에 대해 무감각해지는 건 아니다. 오히려 프로파간다의 메시지에 순응하는 반사적 행동을 체득하게 될 따름이다.[36]

프로파간다의 강력한 '통합성integrationalism'은 '매스화massification'을 낳지 건강한 공중을 낳기는 어렵다. 프로파간다는 개인주의적 사회에서 효과가 있으며 또 역으로 프로파간다는 '자아 매몰'의 촉매가 된다. 국가는 정치권력의 행사 과정이 매우 복잡하다는 것을 강조함으로써 국민이 '자아 매몰'에 탐닉할 것을 요구하면서 권력을 독점한다.

일반 대중들에게 정치적 사건들의 수준과 차원을 분리한다는 건 불가능해진다. 그들은 '스펙터클'에만 빠져들고 보다 의미심장한 문제는 외면한다.[37] 국가는 그와 동시에 프로파간다를 통해 국민에게 '참여의 환상'을 심어줌으로써 체제를 유지시킨다. 물론 국가는 국민의 '참여'를 빙자한 의사 결정의 내용을 알려주지만 그것이 국민의 선택이었다는 것을 은연중 강조한다. 이런 주장을 거침없이 해대는 엘륄은 『정치적 환상Political Illusion』(1965)에서 대중에게 공유되고 있는 환상 중 3가지를 지적한다.

첫 번째 환상은 정치가 도덕적이고 현실적인 기준에 의해 형성된 의식적 선택에 따라 움직인다는 생각이다. 그러나 엘륄에 따르면 정치는 정신적이거나 이데올로기적인 내용도 없이 오로지 '테크닉'의 기준에 따라 움직일 뿐이다.

　두 번째 환상은 민주적 국가는 투표권을 행사하는 국민들에 귀속된다는 생각이다. 그러나 투표가 이미 설정된 조류를 뒤바꾸지는 못한다는 게 엘륄의 견해다. 그는 묻는다. 국민이 정부를 그들의 것이라고 생각하는가? 아니다. 국민은 정부로부터 통제를 받거나 서비스만을 기대할 뿐 주체이기를 포기한 지 오래다. 그럼에도 불구하고 민주적 국가의 주인이 국민이라는 환상이 널리 유포되고 있다는 것이다.

　세 번째 환상은 전체 사회 영역의 정치화politicization 또는 정부화governmentalization에 대한 무감각이다. 전문 관료들이 모든 걸 장악한 상황에서 국민은 무력감을 느끼고 있다. 그들에겐 불평할 권리만이 보장되어 있을 뿐이다. 통제 관료 기구의 운영비용과 다양성 및 신축성의 결여 등 그로 인해 치러야 할 희생은 너무도 크다. 더욱 큰 문제는 국민의 무력감은 곧 무책임으로 진전된다고 하는 점이다.[38]

　그 같은 정치적 환상의 포로가 된 대중은 점점 더 수동적인 인간으로 변해간다. 소비자는 상품을 사는 데 광고의 신호에 의존하고 운전자는 신호등에 따라 움직인다. 사람들은 점점 자신의 뜻에 따라 행동하는 능력을 상실해가고 있다. 또 사람들은 자신이 왜소한 존재라고 느끼게 된다. 그들의 작업환경 그리고 도시 생활은 인간이 홀로 선다는 것을 거의 불가능하게 만든다.

　그러나 인간은 자신이 '영cypher'에 가까운 존재라는 것을 인정하고 싶지 않아 한다. 사람들은 자기 확인과 긍정을 하고 싶어 한다. 프로파간다는 그런 사람들에게 집단적 피동성과 왜소한 무력감을 극복하는 데 도움을 준다. 프로파간다는 그들이 자유로운 개인이라는 환상을 심어주고 그러고 나서 그들을 집단으로 흡수한다. 프로파간다화된 집단에 대한 참여는 개인에게 자긍심을 심어준다. 물론 그건 앞서 말한 '참여의 환상'일 뿐이다.[39]

현대인에게 생각은 점점 현실과 별 관계도 없는 허식적인 일이 되어 간다. 생각은 지극히 내적인 게임의 성격을 가질 뿐이다. 사람은 행동을 하기 위해 생각을 할 필요가 없다. 그의 행동은 그가 사용하고 있는 테크닉 그리고 사회적 조건에 의해 결정될 뿐이다. 사람들은 자신의 행동의 의미조차 깨닫지 못하고 행동하게 된다. 이것이 바로 프로파간다가 만들어내는 인간상이라고 엘륄은 말한다.[40]

'좌파 자유주의'에 대한 강도 높은 비판

엘륄은 신화myth 또는 이데올로기도 프로파간다의 도구로 보고 있다. 그는 "이데올로기란 그 근거나 가치에 대한 관심이 없이 개인 또는 집단에 의해 수용되고 있는 일련의 사상들"이라는 레몽 아롱Raymond Aron, 1905~1983의 이데올로기 정의를 받아들이면서 신화와 이데올로기의 차이 3가지를 다음과 같이 지적했다.

첫째, 사람들의 마음에서 신화는 이데올로기보다 훨씬 더 뿌리 깊은 곳에 있다. 둘째, 이데올로기는 지적인 면이 강한 반면 신화는 감정적인 면이 강하다. 셋째, 신화가 행동화activation에 더욱 강한 힘을 발휘하며 이데올로기는 더욱 수동적이다.

그러나 이데올로기와 신화는 모두 공통적으로 집단적 현상이고 그 설득력이 집단적 참여의 힘에서 출발한다는 점에서 프로파간다의 조건이 된다. 또 엘륄에 따르면 행동이 이데올로기를 낳지 이데올로기가 행동을 낳는 건 아니다. 행동을 통해 그 어떤 '진실'을 믿게 되고 그걸 스스로 이데올로기화시킨다는 것이다. 따라서 원래의 이데올로기는 현대사회에서 점점 그 중요성을 잃게 된다는 것이다.[41]

엘륄은 이데올로기와 독트린은 사람들을 동원하기 위한 목적으로 프로파간다에 의해 사용되는 부속물에 지나지 않는다고 단언한다. 중요한 것은 정치 이데올로기의 정당성 여부가 아니라, 대중 동원의 효용성이라는 것이다. 그런 의미에서 엘륄은 히틀러와 레닌은 이데올로기와 프로파간다 사이의 새로운 관계를 만들어냈다고 말한다. 그들은 프로파간다의 요구에 따라 이데올로기를 부분적으로 수정하기도 했다는 것이다.[42]

엘륄 자신의 이데올로기는 어떠한가? 그는 '기독교 무정부주의자'라는 딱지에도 불구하고 이데올로기적으로 매우 애매한 입장에 놓여 있다. 그는 미디어의 효과 연구와 경험적 실증주의에 대해 매우 적대적이고, 대중사회를 비판하고, 미디어 소유 집중을 비판하고, 광고를 '비자발적 심리적 집단화involuntary psychological collectivization'로 비판하고, 테크놀로지와 프로파간다의 제3세계 공략을 비판하고, 자유민주주의의 쇠락 그리고 교육과 지식인들의 프로파간다 역할을 강조한다는 점에서 비판 이론 가들과 시각을 같이 하고 있다.

그러나 그는 시간이 흐를수록 마르크스주의를 더욱 부정했을 뿐만 아니라 중국에 대해서는 마치 냉전적 매파처럼 매우 비판적인 태도를 견지했다. 중국 혁명이 인민의 삶을 향상시키는 데엔 명백한 기여를 했다는 미 의회의 맨스필드 보고서를 깡그리 무시한 채, 그 어떤 목적이든 미디어 프로파간다를 이용하는 것을 반대하고 비판했다. 그는 제도, 물질주의, 사회 구조에 대해선 적대적인 반면, 개인, 민주주의, 기독교 등에 대해선 호의적인 태도를 취했다.[43]

엘륄은 『서구의 배반The Betrayal of the West』(1975)에서 좌파에 대한 더욱 강도 높은 비판을 퍼부었다. 그는 '좌파 자유주의 left liberalism'를 '서구 자살의 이데올로기the ideology of Western suicide'로 부르면서 좌파는 서구 사회의 나쁜 것을 개선하기보다는 좋은 것을 파괴시키고자 한다고 주장했다.[44]

"스펙터클과 찰나적인 것들이 시민을 지배한다"

엘륄에게 민주주의는 정치 구조일 뿐만 아니라 생활 방식이었다. 그는 그와 같은 민주주의의 이상을 간직하면서도 매스 프로파간다 시대엔 민주주의는 실종되었다고 주장한다. 그에게 미국은 그러한 분석이 적용될 수 있는 대표적인 나라였다.

엘륄은 '테크닉'의 개념을 보다 실감나게 설명하기 위해 스포츠를 거론할 때에도 미국에 대한 한 가지 오해를 지적한다. 스포츠는 당연히 대표적인 '테크닉'이다. 운동선수의 생활은 음식, 수면, 훈련, 근육, 전략, 전술에 이르기까지 모두 철저히 프로그램화된다.[45] 그뿐만 아니라 스포츠는 획일화된 대중으로서의 순응주의자들을 만들어내는 데에 매우 탁월한 기능을 발휘한다. 엘륄은 '테크닉'의 지배를 받는 스포츠가 제일 먼저 미국에서 개발되었음을 상기시킨다. 그건 일반적인 속설과는 달리, 세계 국가들 가운데 미국이 가장 획일성과 순응성이 강한 나라기 때문이라는 것이다. 파시스트, 나치, 공산주의 등 전체주의 국가에서 스포츠가 발전한 것도 그런 맥락에서 이해될 수 있다는 것이다.[46]

영웅 숭배나 스타 숭배도 그런 관점에서 이해할 수 있을는지 모른다. 엘륄은 스타 숭배야말로 사회의 '매스화massification'에 절대적으로 필요한 요소라고 보았다. 개인은 자신의 삶에서의 좌절을 영웅 또는 스타에 투사시킴으로써 그 좌절에서 일시적으로 도피한다는 것이다.[47] 그렇다면 미국이 세계에서 빈부 격차가 가장 심하고 세계에서 가장 발달된 스타 산업을 갖고 있다는 건 결코 우연이 아닐는지도 모르겠다.

프로파간다가 민주주의를 전체적이고 권위주의적이고 배타적으로 만들고 있으며, 이는 미국에서 가장 잘 나타나고 있다는 엘륄의 주장은 많은 사람의 반발에 직면했다. 과거에 대한 향수에서 벗어나지 못한 비관론자라는 비판에 대해 엘륄은 자신은 현실주의자라고 주장한다.

그는 민주주의의 근본 문제가 정보의 유통에 있다고 보았으며, 특히 언론이 '시사current events'에 집착하는 걸 강력히 비판했다. 그는 불가지론不可知論을 현상 유지를 위한 변명으로 거부하면서, 사람들이 사건들의 중요성의 정도를 구별할 수 없는 무능력에 빠지는 걸 우려했다. 순간적이고 스펙터클한 것들의 지배가 너무 강해 사람들은 실질적으로 다른 중요한 것들을 수용할 수 없다는 것이다.

엘륄은 프로파간다로 뒤덮인 사회에선 모든 것이 다 이미지에 불과하며 스펙터클과 찰나적인 것들이 시민을 지배한다고 말한다. 그는 대중의 이미지에 대한 중독은 자유민주사회의 쾌적한 호텔 안에서 불길한 초침 소리를 내는 테러리스트의 시한폭탄과 같다고 경고한다.[48]

이와 관련, 이호규는 "기존의 청각 언어의 중요성이 희석되고 시각 언어가 사람들 간의 커뮤니케이션에 중요한 부분을 차지함을 그는 우려하고 있다"며 이는 "기 드보르Guy Debord가 『스펙터클의 사회The Society of Spectacle』(1967)에서 이미지를 이용하여 현실을 표현하면서 현실의 의미가 점점 사라진다고 한 주장과 맥을 같이 한다"고 말한다. 즉, 현대사회의 특징인 공간 강조로 인해 사람들의 시간 의식이 희석되면서 현재에 너무 집착하다 보면 윤리 의식의 결핍을 초래한다는 것인데,[49] 그런 점에서 보자면 대부분의 프로파간다가 '시사時事'로 시작하는 건 당연한 일이라 하겠다.

엘륄은 역사적 사실로 시작하는 프로파간다는 설득력이 약하다고 말한다. 프랑스에서 비시Vichy 정권의 프로파간다는 영국에게 대항하는 국민감정을 불러일으키기 위해 나폴레옹과 잔 다르크를 들먹였지만 실패로 돌아가고 말았다는 것이다. 1959년 5월 14~15세의 학생들을 대상으로 실시한 여론조사는 70퍼센트가 히틀러나 무솔리니가 누구인지도 모르더라는 결과를 보여주었다. 80퍼센트의 학생들은 러시아가 1945년 전승국들의 일원이라는 것도 모르고 있었다. 엘륄은 이런 예를 들면서 역사는 중립과 무관심의 영역임을 강조한다.[50]

인간은 관심과 의식에서 매우 제한된 능력을 갖고 있다. 한 사건은 그 이전의 사건을 망각 속으로 밀어 넣어버린다. 인간의 기억은 매우 짧기 때문에 다른 것에 의해 대체되어버린 사건은 잊혀버리고 만다. 게다가 사람들은 어떤 것에 깊은 관심을 기울이면 그 밖의 나머지 것들에 대해선 아주 무관심해진다.

1959년 초 소련 지도자 니키타 흐루쇼프Nikita Khrushchev, 1894~1971는 베를린 사태에 대해 3개월간의 최후통첩 기간을 선언해 사람들을 불안하게 만들었다. 2주일간 사람들은 전쟁이 일어날까봐 전전긍긍했다. 그러나 그 이후 사람들은 그걸 잊어버리고 말았다. 최후통첩의 만기일인 5월 27일이 되었을 때 사람들은 오늘이 바로 그날이라는 것을 깨닫고 깜짝 놀랐을 정도다. 흐루쇼프는 아무것도 얻지도 못했고 또 그렇다고 어떤 일을 저지르지도 않았다. 엘륄은 이 일화를 소개하며 흐루쇼프가 프로파간다에 대해 제법 정교한 감각을 가진 인물이라고 평가한다.[51]

'시사적 인간'과 '역사의 가속화'

엘륄은 현대의 인간을 '시사적 인간current-events man'이라고 부른다. 그 인간은 오늘 일어난 일만을 쫓아다니기 때문에 매우 불안정하다. 이러한 인간은 '시사'에 푹 빠져 있기 때문에 프로파간다의 주요 대상이 된다. 시사적인 사건과 진실 사이에는 대결이 존재하지 않는다. 또 시사적인 사건과 그 사람 사이에는 아무런 관계도 존재하지 않는다. 이것이 바로 프로파간다의 효과를 높여주는 조건이라고 엘륄은 말한다.[52]

엘륄에 따르면, 현대사회에서 정보는 순간적으로 존재한다. 뉴스는 지구 곳곳에서 흘러 들어와 금방 증발해버린다. 그걸 다 담아 둔다는 건 인간 능력으로 감당하기 불가능한 기억력을 필요로 한다. 정치에서 기억은 결정적으로 중요하다. 과거에 대한 이해가 없고 연속성이 없고 과오에 대한 분석과 그 분석을 통해 연속선상에서 현재를 이해할 능력이 없는 한 진정한 의미의 정치는 존재할 수 없다.

뉴스는 철저하게 일관성이 결여되어 있다. 한 뉴스가 다른 뉴스를 연속선상에서 밀어내기보다는 디지털 방식으로 갑자기 발작적으로 새로운 뉴스가 분출한다. 엘륄은 다음과 같이 말한다. "오늘 터키에 대해 쏟은 나의 관심은 내일 뉴욕에서의 재정위기에 의해 모레에는 수마트라의 공정대들에 의해 흡수될 것이다.……만약 우리가 정보의 게시판들을 주의 깊게 지켜본다면 우리는 주제들이 매일 80퍼센트가량 변한다는 것을 알게 될 것이다."

엘륄은 그렇게 해서 나타나는 '역사의 가속화acceleration of history'는 기존 체제에 유리하다고 보았다. 집권 정치 세력은 강력한 관료제를 이용해 정보를 독점함으로써 기술적 서베이에 더 능하고 행동을 빨리 취할 수 있기 때문이다.[53]

그런 상황에서 여론이라고 하는 것은 변덕 또는 유행 그 이상의 것은 아니다. 여론을 형성한다는 미디어는 중앙 집권화된 구조 그 자체로서 정보의 채널이 아니라 사회적 순응과 복종을 강요하는 주범에 다름 아니다. 여론의 형성은 복잡한 이슈들을 찬반의 양자택일 구조로 나타낸다. 여론은 테크니컬한 문제에만 몰두함으로써 인간의 자유를 파괴하는 힘을 미화시킨다.[54]

엘륄이 진정한 커뮤니케이션의 회복을 열망하는 건 너무도 당연하다. 그는 신학자로서 현대 기독교 사상의 가장 큰 문제도 커뮤니케이션의 문제라고 했다. 따라서 그는 언어의 오염과 타락에도 관심이 많다. 그는 "오늘날 휴머니티를 구하고자 하는 사람은 먼저 언어를 구해야 한다"고 말한다.[55]

어떻게? 그의 실천적 대안은 무엇인가? 그는 한사코 집단행동엔 반대한다. 그는 개인의식의 혁명만이 '테크닉'의 지배에 맞서 싸울 수 있다고 말한다. 그는 미국이 개인에게 가장 파멸적인 사회임을 상기시키면서 '개인'의 가치를 다시금 강조한다. 개인의 주관성에 근거한 시민의 덕, 자율성, 판단 능력, 비판 능력에 큰 기대를 건다. 그래서 그는 대중을 향해 남는 시간을 오락으로 탕진하거나 교양을 쌓는답시고 정보를 축적하지 말 것을 요구한다. "당신 자신의 인생을 창조하라"는 게 그의 주장이다.[56]

엘륄은 '미래에 대한 증오자'이며 '기술 공포증 환자'인가?

엘륄은 결코 훌륭한 교사는 아니었다. 교사라면 쉽게 이야기하고 자신의 발언에 모순이 없어야 한다. 그러나 그는 결코 그렇지 않았다. 그는 예언자에 가까운 인물이었다.[57] 그의 예언자적 태도는 그에게 '프랑스의 솔제니친'이라는 별명을 안겨주었다. 늘 음울한 예언을 쏟아냈던 러시아 작가 알렉산드르 솔제니친Aleksandr Solzhenitsyn, 1918~2008의 아류에 불과하다는 말이었다. 그러나 그는 그런 비웃음에 아랑곳 하지 않고 선지자의 예언적 전통이 우리의 현재에 대해 가장 현실적인 평가를 내릴 수 있다고 주장했다.[58]

엘륄은 다른 사상가들에 대해서도 결코 관대하지 않았다. 그는 대니얼 벨Daniel Bell, 1919~2011은 "이상하고, 부정확하고, 무의미한" 용어들을 사용한다고 비판했으며, 앙리 르페브르Henri Lefebvre, 1901~1991의 견해는 "피상적"이고 "신비주의적"이라고 꼬집었다.[59] 레몽 아롱Raymond Aron, 존 케네스 갤브레이스John Kenneth Galbraith, 1908~2006, 마셜 매클루언Marshall McLuhan, 1911~1980 등은 아주 지엽적인 것들만을 다루었다고 단정했다.[60] 위르겐 하버마스Jurgen Habermas, 1929~는 너무 추상적이며 "현실 밖의 문제를 제기하는" 인물에 지나지 않았다.[61] 반면 즈비그뉴 브레진스키Zbigniew Brzezinski, 1928~는 너무 구체적인 기술에만 그치고 새로운 것을 전혀 제공치 않는 평범한 인물에 불과했다.[62]

물론 엘륄 자신도 늘 그런 종류의 비판에 직면해왔다. 많은 사람이 테크놀로지의 문명을 적극적으로 즐기면서 테크놀로지와 더 나아가 '테크닉'을 비판하는 엘륄의 이중성에 대해 냉소적인 입장을 취했다. 전자 기타를 즐기고 축제에 참여하기 위해 제트기를 타면서 테크놀로지를 비판하는 1960년대의 히피와 무엇이 다르냐는 것이다.[63]

선전 전문 연구자인 대니얼 러너Daniel Lerner, 1917~1980는 1964년 『프로파간다』 서평에서 엘륄의 연구가 "독창적이지 않고, 과장되며, 논쟁적인 명제를 매우 확신에 찬 목소리로" 이야기하며, "자료 수집과 자료 분석을 회피"한다고 비판했다.[64] 이와 관련, 케이시 맨 콩 럼Casey Man Kong Lum은 "앨륄가 미디어 연구에 미친 영향력이 제한적이었던 이유 중 하나는 러너의 평론이 보여주듯이 사회과학적 경향을 가진 학자들이 앨륄의 인본주의적이고 비판적인 접근에 이의를 제기했기 때문이다"고 말한다.[65]

허버트 갠스Herbert J. Gans, 1927~는 비교적 차분하게 "프로파간다의 범위가 너무 넓어 사실상 모든 대중문화가 다 프로파간다라는 이야긴데, 그렇다면 프로파간다라는 용어 자체가 무의미해지는 게 아니냐, 더 나아가 모든 문화가 반민주적 결과를 초래하고 현대사회는 결코 민주적일 수 없다는 결론에 도달하는 게 아니냐"는 의문을 제기한다. 갠스는 엘륄이 프로파간다의 위험을 말해주는 사례들을 대부분 나치 독일, 소비에트 러시아, 서구 사회에서도 중앙 집권성이 두드러지는 프랑스에서만 찾고 정반대의 흐름을 보여주는 미국과 영국은 제대로 다루지 않고 있다는 것도 문제라고 했다.[66]

엘륄에 대한 가장 혹독한 비판은 그와는 정반대의 입장에서 있다고 할 수 있는 앨빈 토플러Alvin Toffler, 1928~로부터 나왔다. 토플러는 『미래의 충격Future Shock』(1970)에서 엘륄의 책들이 미국 대학에서 '유행'이라고 소개하면서 그를 '프랑스의 종교적 신비주의자a French religious mystic'로 불렀다. 토플러는 인간이 점점 선택의 능력을 상실해가고 있다는 엘륄의 주장을 '사라져가는 선택의 이론Theory of Vanishing Choice'이라고 비웃으면서, 엘륄이 대표적인 '미래에 대한 증오자future-hater'요 '기술 공포증 환자technophobe'라고 주장했다.[67] 이러한 평가는 토플러가 누리는 세속적 인기에 힘입어 엘륄에 대한 세상의 평가를 크게 왜곡시키는 데에 기여했다.[68]

반면 컬럼비아대학의 사회학자 로버트 머튼Robert K. Merton, 1910~2003은 엘륄의 저서 『The Technological Society』의 영문판 서문에서 토플러와는 정반대의 평가를 내렸다. 머튼은 엘륄의 책을 소스타인 베블런Thorstein Veblen, 1858~1929의 『엔지니어와 가격 시스템The Engineers and the Price System』, 오스발트 슈펭글러Oswald Spengler, 1880~1936의 『인간과 테크닉Man and Technics』, 지그프리트 기디온Siegfried Giedion, 1888~1968의 『기계화의 지배Mechanization Takes Command』, 그리고 루이스 멈퍼드Lewis Mumford, 1895~1990의 저서들과 같은 범주에 넣으면서, 엘륄은 '기술 공포증 환자'들의 주장이 갖는 한계와 함정을 잘 알고 있는 인물이라고 평했다.

엘륄의 주장 가운데 머튼이 가장 높게 평가한 부분은 테크놀로지로 인한 목적과 수단의 전도, 즉 본말의 전도였다. 목적보다는 '노하우know-how'가 더욱 중요한 가치를 갖게 되고, 정치는 경쟁적인 테크닉들 사이의 경쟁에 지나지 않게 되고, 국가는 '국민의 뜻'이니 '사회정의'니 하는 고상한 것들엔 아랑곳하지 않고 단지 효율적으로 기능하는 서비스 제공자에 지나지 않게 되며, 정치의 독트린은 무엇이 옳고 좋은가를 따지는 것이 아니라 무엇이 유용한가를 따지는 가운데, 목적은 사라지고 효율성만이 판을 치게 된다는 것이다. 머튼은 그런 상황에서 여론은 실행performance 지향적이고, 테크닉은 실행의 도구에 지나지 않기 때문에 여론은 아무런 의미도 갖지 못한다고 했다.[69]

'긍정적 비관주의' 또는 '능동적 비관주의'가 필요하다

머튼의 엘륄에 대한 평가가 시사하듯이, 엘륄의 사상은 보다 큰 맥락에서 이해하고 생각할 때에 그 참된 가치를 발견할 수 있을 것이다. 엘륄의 사상을 엄격한 사회과학적 잣대와 이론으로 판별하는 건 정당하겠지만, 그로 인해 그가 보여준 독창적인 안목을 과소평가하는 건 결코 현명한 일은 아닐 것이다. 또한 그가 갖고 있는 이념적 편향을 비판하는 건 정당하지만 그로 인해 그가 보여 준 현대 대중사회에 대한 탁월한 분석을 지나쳐버리는 것 또한 결코 현명한 일은 아닐 것이다.

　　디지털 시대에 대해 긍정적인 하워드 라인골드Howard Rheingold, 1947~가 『참여군중: 휴대폰과 인터넷으로 무장한 새로운 군중』(2002)에서 잘 지적했듯이, 엘륄의 주요 주장은 컴퓨터가 10여 대밖에 없었을 때인 1954년에 쓰인 것임을 감안한다면 오히려 그에게 선견지명先見之明이 있었다고 볼 수도 있는 게 아닐까?

라인골드는 "만약 엘륄이 지금 살아 있다면 그는 아마도 마이크로칩을 '정제된 기술distilled technique'이라 불렀을 것이다. 또한 칩이 도처의 모든 사물에 주입되는 것을 보고, 특정되고 정돈되고 기계화될 수 없는 인간적인 가치에 대한 기술의 최종적이고 구체적인 승리라고 선언할지도 모른다"며 다음과 같이 말한다.

"엘륄이 가장 심각하게 염려하는 문제는 기술 자체가 아니라 인간이 언제나 기술의 무자비한 수량화, 기계화 그리고 삶과 생물학적 진화 과정의 규범, 사고와 감정의 생화학, 그리고 육체의 영역과는 전혀 별개의 인공적인 생명체의 창조에만 국한되는 것은 아니지만 이들을 포함하는 모든 것의 디지털화로부터 삶의 소중한 특질을 보호하는 데 무력했다는 점이다. 기술은 몇 세기 전만 해도 오직 신만이 가지고 있을 것이라 여겼던 힘을 인간에게 부여했다. 문제는 우리가 핵심적인 가치를 손상하지 않고도 힘의 도구를 사용할 수 있는 지혜를 가지고 있느냐는 것이다."[70]

그러한 의문은 엘륄의 시대는 말할 것도 없고 '인공지능'이 현실화된 오늘날에 더욱 진지하고 심각하게 제기되어야 하는 게 아닐까? 사실 엘륄은 자신이 비관주의자가 아님을 극구 강조했다. 그는 현대 기술에는 예측하지 못한 결과가 수반되는 것을 기억하는 것이 큰 도움이 된다는 뜻으로 '긍정적 비관주의' 또는

'능동적 비관주의'가 필요하다고 역설했다. 이는 오늘날 대부분의 사람들이 수긍하는, 미국 예일대학 사회학자 찰스 페로Charles Perrow, 1925~가 『정상 사고Normal Accidents: Living with High-Risk Technologies』(1984)에서 밝힌 '정상 사고' 개념과도 통하는 게 아닐까?

사고는 원래 비정상적인 것이기 때문에 '정상 사고'라는 말은 사실 형용 모순이지만, 페로는 사고가 비정상적인 상태의 결과가 아니라 정상적인 상태의 결과로 일어난다는 것을 강조하기 위해 '정상 사고'라는 말을 썼다. 페로가 내세운 3가지 전제는 다음과 같다. 첫째, 우리 인간은 실수하게 되어 있다. 둘째, 그 어떤 대형 사고라도 원인은 늘 매우 작은 것에서 시작된다. 셋째, 실패는 기술보다는 기술을 다루는 인간 조직에서 나타나며, 따라서 완벽한 기술이란 사실상 무의미하다.[71]

"전 지구적으로 생각하고 지역적으로 행동하라!"

엘륄의 '능동적 비관주의'는 그가 보르도대학의 교수였을 뿐만 아니라 세계교회협의회의 일원, 보르도의 시장, 환경 운동가, 청소년 운동가로서 수많은 실천을 해왔다는 점에서도 잘 드러난다. 그는 "전 지구적으로 생각하고 지역적으로 행동하라!Think Globally, Act Locally!"고 외쳤다.[72] 이 말은 일본 소니의 세계 경영 전략의 구호로 활용되면서 초국적기업들의 슬로건이 되고 말았다.

이에 대해 손화철은 이렇게 말한다. "현대 기술을 비판한 대표적 학자가 좌우명으로 삼은 말이 첨단 전자 기술 회사의 모토로 둔갑하게 되는 것, 그것이 바로 엘륄이 경고하는 기술 시스템의 무서운 힘이다."[73]

엘륄의 사상에 학술적, 개인적, 종교적, 정치적 입장이 혼재해 있는 걸 부인하긴 어렵겠지만, 그는 자신의 종교적 사상을 사회학적 작업에 직접 가미시키지는 않았으며, 그의 사회학적 작업은 그 자체로서의 충분한 의미를 갖는 것이었다. 그의 종교적 사상은 좌로 치우친 것으로 보일망정 좌우를 떠나 『성경』의 원칙에 충실하고자 했다. 다음과 같은 발언들이 그걸 잘 말해준다.

"오늘날 우리들은 가난한 자들을 비추는 심오하고 기본적인 복음의 진리를 갖고 있으면서 그것을 왜곡하고 그리스도를 욕되게 하고 있다. 소위 해방됐다고 하는 가난한 자들이 점점 전보다 나쁜 노예상태로 빠지고 있지 않은가!"[74]

"그리스도인의 삶이 혁명적인 이유는 그들이 혁명의 길을 선택했기 때문이 아니라 그들이 믿고 의지하는 예수가 혁명적인 생명의 근원이기 때문에 필연적으로 혁명적일 수밖에 없는 것이다."[75]

"교회의 타락은 언제나 신학자, 성직자 및 교회 지도자들이 하나님의 말씀을 자기들의 입장에서 변형시키고 왜곡시킴으로써 야기된다. 그러므로 교회의 개혁은 소위 유명하다는 종교지도자들에 의해 교회 자체 안에서 스스로 개혁되는 것이 아니라 왜곡된 하나님의 말씀에 억눌린 자들에 의해 폭발물이 터지듯 터질 뿐이다."[76]

엘륄에 대한 과도한 폄하 못지않게 과도한 찬사도 경계의 대상임은 두말할 나위가 없다. 엘륄의 자유분방한 상상력에 매혹된 일단의 학자들에 의해 엘륄이 과대평가되어온 점도 있지 않겠느냐는 것이다. 신앙심이 깊은 엘륄은 그 점을 솔직히 인정했다. 자신은 별 생각 없이 썼는데 자신의 작업에 대한 비평과 평론을 통해 자신이 그런 의미의 주장을 했구나 하는 걸 발견하게 되었다는 것을 실토하고 있다.[77]

엘륄이 커뮤니케이션 연구에 종사하는 사람들에게 던져주는 교훈도 무시할 수 없는 것이다. 엘륄의 '테크닉론'과 '프로파간다론'은 시민이 통치 과정에 충분히 참여할 수 있는 충분한 정보를 가질 수 있다는 민주주의의 기본 전제를 뒤흔들었으며, 매스미디어는 정보의 채널이 아니라 사회적 획일성의 도구로 기능한다는 것을 설득력 있게 제시함으로써 커뮤니케이션 연구에 기여했다고 말할 수 있을 것이다.

엘륄은 사회정의와 진정한 자유는 양립할 수 없다고 믿었는데, 그 믿음의 타당성을 검증해보는 것도 좋겠다. 우리는 그 어떤 양보나 희생 없이 좋은 건 모두 다 갖겠다는 과욕을 부림으로써 사회 개혁에 실패하는 일을 반복하고, 급기야 공공 영역에 대한 냉소와 혐오의 수렁으로 빠져드는 게 아닌지 말이다.

머리 에덜먼
Murray Edelman

왜
정치는
'상징 조작의 예술'인가?

현대의 주술呪術 정치

만약 시베리아의 툰드라 지역에 있는 추케호우Chukehoe족의 한 인류학자가 미국을 살펴본다면, 미국의 샤머니즘이 그들의 것보다 열등하다는 결론을 내릴는지도 모르겠다. 다음과 같이 말이다. "미국인들은 사회적 문제에 직면했을 때, 대통령, 의회, 주지사들, 그리고 시장들은 엄청난 제스처를 보이면서 보통 일련의 약속과 위협으로 이루어진 환상적인 소음을 뿜어낸다. 그러나 그 무엇 하나 달라지는 건 없다. 미국인들의 우두머리들은 비가 오지 않는 건기에 비를 내리게 해달라고 비는 주술사와 같다."

우리 미국인들은 '사회적 문제를 해결합시다 춤Let's-Solve-a-Social Problem dance'에 대해 잘 알고 있다. 대통령은 보통 연설이라는 의식儀式으로 시작한다. 그는 자신이 악령을 죽이면 모든 문제가 사라질 것이라고 선언한다. 그는 약속한다. 가난, 범죄, 또는 공해가 완전히 사라질 것이라고. 엄청난 팡파르가 끝나고 나면 원로들이 의식적인 회동을 갖고, 대통령은 의회에 어떤 프로그램을 실천하겠다고 요청하고, 그러면 새로운 기구가 하나 탄생하게 된다.

1년 남짓 지나면 우리는 그 새로운 기구의 실적에 대해 듣게 된다. 달라진 건 아무것도 없다. 아니 오히려 원래의 사회적 문제는 더욱 악화되어 있다. 그 기구의 치료 또는 사회의 우연적인 변화에 의해 문제의 일부는 다소 치유되었는지도 모른다. 그 어떤 이유에 의해서건 그 공은 주술사들에게 돌아간다. 그러나 대부분의 사회문제들은 전혀 나아지지 않았다. 그래서 주술사들은 추가의 주술 처방을 내린다. 그들은 그 기구를 재편하고 새로운 이름을 붙이고 새로운 우두머리를 임명한다. 아니면 그들은 무엇이 성공인지, 그 성공의 정의 자체를 바꿔버릴 것이다.

우리는 얼마나 많은 사람들이 금연을 했는가를 듣는 대신에 얼마나 많은 금연 학교들이 새로 문을 열었는가에 대해 듣게 된다. 우리는 환경오염이 약화되었다는 것에 관해 읽는 대신에 환경오염을 방지하기 위한 예산의 증액을 놓고 벌어지는 소동에 대해 읽게 된다. 아시아에서 헤로인이 밀수입되는 것을 막는 것이 거의 불가능하다는 말을 듣자 닉슨 대통령은 이슈 자체를 마약사범 단속 건수가 지난해 8,465건에서 올해 1만 6,144건으로 대폭 증가했다는 것으로 돌려버렸다. 주문呪文은 변했지만, 문제는 변하지 않은 것이다.

현대의 주술사들은 아주 다양한 주술로 우리를 어지럽게 만든다. 과거 주술사의 주문에 해당되는 오늘날의 연설은 언어에 행동의 환상을 덮어씌우려고 한다. 민권운동의 절정기에 존슨 대통령은 흑인이 많은 어느 도시의 한 유명 대학에서 연설을 하면서 그의 팔을 휘두르며 "지금 당장 자유를!Freedom now!" 이라고 외쳤다. 그는 청중들의 가슴을 설레게 만들었다. 청중들은 대통령이 민권운동의 핵심 구호를 지지한 것을 정부가 마침내 400년 간 지속되어온 불의에 종지부를 찍겠다는 단호한 결의를 보인 것으로 받아들였다. 그러나 존슨 대통령의 제스처는 이후 계속 나오게 될 그런 연설들의 하나에 불과한 것이었다.

　비극적인 죽음과 지식인들의 호감으로 인해 여전히 빛을 발하고 있는 케네디 시대도 그것을 솔직하게 평가하면, 케네디야말로 대大주술사a grand shaman였다는 것을 보여줄 것이다. 케네디는 멋진 연설들을 많이 했지만, 그 연설들에서 한 약속들을 이행하는 데에는 관심을 거의 기울이지 않았다. "국가가 당신을 위해 무엇을 해줄 수 있는가를 묻지 말고……" 운운하는 그 유명한 취임 연설 이후, 그 연설에 감동되었던 수많은 미국인들에 의해 추진될 수 있는 그 어떤 계획도 마련되지 않았다. 마찬가지로, 케네디가 한 최상의 연설들 중의 하나에서 라틴아메리카의 민주화와 발전을 부르짖었던 것도 미국의 지원하에 구축되고 강화되어온 중남미 군부 엘리트들이 어떻게 해야 청산될 수 있을 것인가 하는 문제를 회피했다. 중남미의 군부 엘리트들은 사라지지 않았다. 권력은 주술에 굴복하지 않는 법이다. 그러나 모든 사람들이 박수를 보냈었으며, 많은 사람들이 큰 변화가 도래할 것이라고 믿었던 것이다.

　위원회를 만드는 것도 옛날 주술의 또 다른 형식이다. 겉으로 보아선 그건 그럴듯하다. 마을에 문제가 생기면 원로들이 모여 전문가들과 연구자들의 도움을 받아 문제를 탐구하고 처방을 내리는 거야 당연한 일 아니겠는가. 그러나 실제로는 대부분의 미국 위원회들이 아무런 조치도 취하지 않는 걸 감추기 위해 급조된 것들이다. 위원회 위원들은 흔히 조사 결과를 무시하며, 또 대통령들은 위원회의 건의 사항들을 무시하는 경향이 있다. 보통 위원회의 보고서가 만들어질 때쯤이면, 정치적 압력은 다른 곳으로 이동해 있으며 그래서 건의 사항들은 그 당장의 현실 정치와 조율이 맞지 않는다. 대통령은 그 보고서를 받는 것이 자신의 지지를 의미하는 것이라도 되는 것처럼 보고서를 받는 것조차 꺼린다.[1]

'정치의 상징적 이용'

앞의 '주술 정치'에 관한 재미있는 글은 미국 사회학자 아미타이 에치오니Amitai Etzioni, 1929~의 것이다. 누가 읽어도 쉽게 공감할 수 있는 '주술 정치'는 결코 남의 나라 이야기가 아니다. 오늘날의 한국 정치도 본질적으로 '주술 정치'다. '주술 정치'는 이제 소개할 미국 정치학자 머리 에덜먼Murray Edelman, 1919~2001의 '상징정치'의 한 부분이다. 에치오니의 글을 먼저 소개한 이유는 에덜먼의 글이 다소 딱딱해 재미가 없지만, 알고 보면 에치오니의 글처럼 아주 재미있는 주제를 다루고 있다는 걸 말해두고 싶어서다.

이야기를 쉽게 풀어 가보자. 미국 시카고의 경찰관 멀러Muller는 고지식하기 이를 데 없는 사람이다. 그는 원리원칙대로 법을 집행해 모든 불법 차량에 대해 티켓을 열심히 발부했다. 얼마 후 그는 변두리 지역으로 좌천되고 말았다. 그는 주차 관련법이 일종의 상징에 지나지 않는다는 것을 이해하지 못했던 것이다.[2]

물론 늘 그런 건 아닐 게다. 그렇지만 이와 같은 에피소드가 시사하는 법의 상징성은 우리의 일상적 삶에서 아주 쉽게 목격할 수 있다. 법은 일종의 상징인 것이다. 법은 때로 단속해야 할 대상을 보호하는 방파제 역할을 한다. 미국의 독점금지법은 독점을 금지하는 법이 아니라 미국의 재벌들에 대한 비난을 도덕적이고 의례적인 것으로 돌려버리는 효과만을 낳고 있을 뿐이다.[3]

요컨대, 법이라든가 정부의 정책은 환경을 실제로 바꾸든 바꾸지 않든 그것이 중요한 것이 아니라, 환경에 대한 심리적 적응의 형식으로 이해되어야 한다는 것이다.[4] 에덜먼의 정의에 따르면, '정책policy'은 "정치적 이해관계의 스펙트럼에 대한 일단의 이동적이고, 다양하고, 모순적인 반응"일 뿐이다.[5] 특정 정책에 관한 대중의 지지를 끌어내기 위해 흔히 사용되는 '여론public opinion'도 주로 권력을 통제하기보다는 권력에 대한 잠재적 반대를 잠재우는 용도로 사용되는 '상징'에 지나지 않는다.[6]

'공공 논쟁public controversy'도 마찬가지의 용도로 사용된다.

논쟁에 참여했던 사람은 그 논쟁의 결론이 원래 자신의 뜻에 반하는 것일지라도 그것을 수용한다. 반면 아예 그 논쟁에 참여하지 않은 사람은 자신의 뜻에 반하는 결과의 수용도가 훨씬 낮다. 그런 점에서 공공 논쟁이나 갈등은 사회를 분열시키는 것이 아니라 사회의 정통성을 더욱 공고하게 만드는 기능을 수행한다.[7]

그렇다면 법과 정책을 만드는 정치는 어떠한가? 에덜먼은 '정치=상징'의 등식을 제시함으로써 전통적인 민주주의 개념에 집착하고 있는 현대 정치학의 패러다임을 바꾸어야 한다고 주장한다. 그게 바로 에덜먼이 1964년에 출간한 대표작 『정치의 상징적 이용The Symbolic Uses of Politics』에서 제시한 주장의 핵심이다. 에덜먼이 '정치의 상징적 이용'을 처음 말한 건 아니지만, 본격적인 분석을 시도했다는 점에서 그는 이 분야의 효시로 여겨진다.[8]

"현대 정치학의 패러다임을 바꿔야 한다"

대중매체가 정치에 미치는 영향이 커짐에 따라 정치에 대한 해럴드 라스웰Harold Lasswell, 1902~1978의 고전적 정의는 이제 폐기처분되어야 한다. "누가 무엇을 왜 어떻게 언제 어디서 얻는가"라는 라스웰의 모델은 현대 정치를 결코 설명할 수 없다. 합리적 존재로서의 인간관과 대중의 참여를 전제로 하여 쓰인 현대의 정치학 교과서도 전면 개정되어야 마땅하다.

물론 에덜먼은 그렇게 말하지는 않았다. 그의 주장의 논리

왜 정치는 '상징 조작의 예술'인가?

적 귀결이 그렇다는 것이다. 에덜먼에 따르면 현대 정치는 이미지 정치다. 이미지 정치는 인간의 생물학적인 지각 능력의 한계, 대중매체를 통한 국민의 정치 이해, 실체보다는 외관을 강조하는 대중매체의 속성이라는 3가지 명제에 근거한다.

에덜먼은 라스웰의 전통적인 정치학 모델로는 텔레비전을 중심으로 한 현대의 이미지 정치를 전혀 설명할 수 없음에도 대부분의 정치학자들이 여전히 상징, 기호, 이미지 조작을 무시한 채 정치 행위의 '하드웨어'에만 집착하고 있다고 비판했다. 라스웰 자신도 에덜먼의 책에 대한 서평을 통해 에덜먼의 주장이 '정치학의 지도를 변화시킨' 점을 인정했다.[9] 그러나 행태주의와 실증주의에 함몰된 미국의 다수 정치학자는 계량화할 수 없고 따라서 증명할 수 없다는 이유만으로 정치가 '상징'으로 전락한 것을 애써 외면해왔다.

'상징정치'의 의미를 제대로 이해하기 위해선, 우리는 다음과 같은 질문들을 스스로 던져볼 필요가 있다. 인간은 늘 현명한가? 인간은 늘 합리적인가? 합리적 세계의 모델은 인간이 그들의 목적을 달성하기 위한 수단을 고를 때 모든 적절한 정보를 취한다는 가정에 근거한 것이다. 그러나 실제로 그러한가?

미국의 사회과학자들은 개인의 정치적 요구나 태도가 비교적 고정되어 있는 걸로 간주해 이를 명확하고, 지속적이며, 조직적인 의미를 갖고 있는 하드 데이터hard data로 사용하는 경향이 있다. 그러나 사람의 생각이나 태도가 안정되어 있으며 일관성이 있다고 믿는 건 옳지 않다.[10]

대부분의 사람이 정치적 신념과 의견에 일관성이 없으며, 이는 상당 기간 누적된 여론조사 결과를 살펴보면 분명히 드러난다. 게다가 일반 대중의 정치에 대한 관심과 지식은 의외로 낮다. 특히 민주주의가 꽤 발달했다는 미국에서 국민의 정치적 무관심과 무식이 우리의 상상을 초월할 정도로 심하다.[11]

요컨대, 정치적 인지는 외부의 상징 조작에 따라 늘 변할 수 있는 취약한 것에 불과한 것이다. 이 점을 인정하는 것은 우리 정치인들이 흔히 상습적으로 내뱉기 좋아하는 '우리 국민의 위대한 민주적 역량'을 부인하거나 무시하는 게 아니냐는 비판을 받을 소지가 있겠다. 아닌 게 아니라 '상징 조작'이니 '여론 조작'이니 하는 단어를 말하면 혼자 잘난 척하고 국민을 깔본다는 말을 듣기 십상인 반면, 국민의 능동성과 주체성을 강조하는 건 겸손하고 긍정적이라는 호의적인 평가를 받게 된다. 그것이 우리의 현실임을 부인하기 어렵다. 그러나 사람들 앞에서 떠들기 위한 말을 할 것이 아니라, 각자 가슴에 손을 얹고 조용히 생각을 해보자. 국민, 아니 대중은 과연 늘 현명하고 합리적인가?

정부의 기만성에 대한 절감이 낳은 '상징정치론'

에델먼은 1919년 11월 5일 미국 펜실베이니아주 난티코크Nanticoke에서 태어나, 1941년 버크넬대학Bucknell University에서 학사, 1942년 시카고대학에서 석사, 1948년 일리노이대학에서 박사 학위를 받았다. 물론 정치학 전공이다. 그는 1948년에서 1966년까지 일리노이대학 정치학과 교수로 재직하다가 1966년부터 1987년 정년퇴직 때까지 위스콘신대학 정치학과 교수로 활동했다. 그는 정년퇴직한 후에도 명예교수로 활동하다가 2001년에 사망했다.

에덜먼의 박사 학위 논문은 미국의 방송규제기관인 연방통신위원회FCC, Federal Communications Commission를 연구 주제로 삼았는데, 그의 결론은 그의 저서 『정치의 상징적 이용』에서 밝힌 그대로, FCC가 실질적인 규제는 전혀 못하면서 단지 규제를 하는 척하는 '상징'으로 기능할 뿐이라는 것이다.[12]

에덜먼은 1950년대엔 주로 정부 조직과 공공 정책 등과 같은 주제를 아주 공식적으로 딱딱하게 다루었다. 물론 1950년대 이후에도 그런 종류의 연구를 계속했지만,[13] 그때부터 그의 주된 관심은 '상징'이 되었다. 그는 정부 조직과 공공 정책을 연구하면서 그것들의 허구성과 기만성을 절감했고, 이런 경험이 '상징 정치론'으로 발전하게 된 것이다.

에덜먼의 저서 가운데 가장 중요한 것은 1964년의 『정치의 상징적 이용』, 1971년의 『상징적 행위로서의 정치Politics as Symbolic Action』, 1977년의 『정치 언어Political Language』, 1988년의 『정치적 스펙터클 만들기Constructing the Political Spectacle』 등 4권이다. 이 저서들은 모두 일관되게 '상징정치론'을 다루고 있다.[14]

에덜먼은 1995년엔 예술과 정치의 관계, 2001년엔 오보誤報 또는 역정보의 정치학을 다룬 책을 출간했는데,[15] 특히 키치kitsch

를 정치와 연계시켜 다룬 게 흥미롭다.[16] 에덜먼은 디지털 시대에 키치가 대중의 현실 인식에 미치는 힘은 더욱 커지고 있으며, 주로 공포, 증오, 열정을 자극하는 데에 활용된다고 말한다. 이상적 가족은 존재하지 않건만 가족의 가치를 외쳐대는 정치 선전이 그 좋은 예라는 것이다.[17]

에덜먼은 증오가 사회 변화의 필요성에 대한 관심을 돌리게 만드는 것도 지적했으며, 사회 변화에 큰 장애가 되는 타성inertia 의 힘에 대해서도 관심을 기울였다. 자신에게 손해임에도 자신의 현 위치를 고수하려고 하는 강한 현상 유지 성향이 사회 변화를 가로막고 있다는 것이다.[18] 이는 행동경제학에서 말하는 '현상 유지 편향status quo bias'과 통하는 것인데,[19] 주로 소비자 심리 분석에 적용되어온 행동경제학이 비판적 사회 분석에도 적용될 수 있으며 적용되어야 한다는 걸 시사해준다 하겠다.

"정치 언어는 정치 현실이다"

정치학자 해나 아렌트Hannah Arendt, 1906~1975는 『혁명론On Revolution』 (1963)에서 "그 어떤 분야보다도 정치에서는 존재being와 외양 appearance을 구별할 길이 없다. 인간사의 영역에 있어서 존재와 외양은 하나이며 같은 것이다"라고 말한 바 있다.[20] 에덜먼은 아렌트의 말을 인용하면서, 자신의 관심은 어떤 입장이 현실 또는 현실적인가 하는 것을 결정하는 데에 있는 것이 아니라, '복수 현

실multiple realities'에 관한 것이라고 말한다.[21]

에덜먼이 정치 언어에 주목하는 건 당연한 일이다. 그에게 정치는 근본적으로 상징적이며 언어적 행위다. 그는 의미는 다른 사람들과의 상호작용에서 나오는 것이지, 고립된 개인의 머리에서 나오는 것이 아니라는 조지 허버트 미드George Herbert Mead, 1863~1931의 '상징적 상호작용론'을 정치 분석에 적용한다. 요컨대, 개인의 정치적 의식과 행동을 형성하는 것은 현실이 아니라, 언어가 불만과 만족의 원인에 관해 불러일으키는 신념이라는 것이다.[22]

그건 어렵게 생각할 필요가 전혀 없다. 생각해보자. 정치적 사건과 발전을 눈으로 직접 목격하는 사람이 얼마나 되겠는가. 사람들이 정치적 사건과 발전을 경험하는 건 매스미디어 또는 대인 커뮤니케이션 채널의 언어를 통해서다. 그런데 그 언어는 결코 중립적이지도 않으며 순수하지도 않다. 언어는 현실의 거울이 아니라 현실의 창조자인 것이다. 그런 의미에서 정치 언어는 정치 현실이며, 의미에 대한 갈등이 없다면 그건 정치적인 이슈가 아니라는 결론에 도달하게 된다.[23]

에덜먼은 정치 언어는 "뭉툭한 것을 날카롭게 하고 아주 날카로운 것을 다소 뭉툭하게 한다"는 케네스 버크Kenneth Burke, 1897~1993의 말을 인용하면서, 정치 언어가 정치적 지지 또는 복종을 끌어내기 위해 조작되는 것에 대해 깊은 관심을 기울인다.[24] 그가 관찰하는 정치 언어엔 '가치 체계의 전도inversions of the value hierarchies'가 무성하게 일어나고 있다.[25]

예컨대, 전쟁은 평화를 위한 것이고, 사형은 폭력을 규제하기 위한 수단이고, 가난한 사람과 젊은이들의 자율성을 억압하는 건 그들을 돕는 것이고, 가난한 사람에게 도움을 주는 걸 거부하는 건 그들의 자립과 독립심을 키워주기 위한 것이 된다. 물론, 늘 꼭 그렇다는 건 아닐 게다. 그렇지만, 매스미디어에서 1년 365일 내내 쏟아져나오는 언어엔 그런 '가치 체계의 전도' 현상이 흘러넘친다.[26]

에덜먼은 정치 언어에 흘러넘치는 왜곡과 모순은 언어 그 자체의 특성에서 비롯되는 게 아니라고 말한다. 바로 이 점에서 그는 언어의 속성에 집착하는 어의론자semanticist들과 구별된다. 에덜먼이 보기에, 정치 언어의 왜곡과 모순은 사람들의 일상적 삶에서 불평등과 긴장에서 비롯된다. 기득권층은 기득권을 정당화하려고 애를 쓰며, 박탈된 삶을 사는 사람들은 그들의 상태를 정당화해 심적 평안을 얻고자 한다. 그런 필요가 더 근본적이라는 것이다.[27]

상징 조작에 불과한 리더십

정치가 상징으로 전락했다는 건 사실 따지고 보면 대단히 과격한 주장임이 틀림없다. 그건 지배계급의 헤게모니hegemony가 정치라는 의식ritual을 통해 정당성을 획득한다는 것을 의미하는 것이기 때문이다. 선거는 그러한 의식의 주기적 '클라이맥스'에 불과

왜 정치는 '상징 조작의 예술'인가?

하다. 근본적인 사회 개혁의 구호들이 선거철에 난무하지만 선거가 끝나고 나면 그 구호들은 까맣게 잊히고 예전의 사회질서는 다시금 반복된다. 투표는 참여의 의식적 표현으로서 개인적인 희망과 불안을 발산하는 동시에 공공 정책과 법규에 순응할 의무의 확인이라는 의미를 가질 뿐이다.[28]

'상징정치론'의 시각에선 민주주의의 기본 전제들은 모두다 의심되고 해체deconstruction되어야 한다. 민주주의의 가장 중요한 성립 조건이라 할 선거가 단지 상징적 의식에 불과하다면, 무엇인들 온전하겠는가. 리더십도 예외일 수는 없다. 에덜먼은 리더십이란 단어는 매우 복잡하고 역사적으로 동적動的인 상황을 개인적인 특성과 행동의 문제로 전환시킨다고 말한다.[29] 지지자의 표피적인 퍼스낼리티에 대한 집착이 사회구조와 문제의 엄밀한 분석을 대체하고 있다는 것이다.[30]

에덜먼은 존 케네디John F. Kennedy, 1917~1963 대통령의 쿠바 피그스만Bay of Pigs 침공이 대실패로 돌아갔지만, 케네디는 단호하고 결단력 있는 지도자로 평가되어 그의 인기는 더욱 치솟은 기이한 현상에 주목한다. 그는 "사람들은 목표 또는 무엇을 하고자 했던가 하는 기준으로 어떤 사람을 평가하지, 꼭 그가 무엇을 성취했고 얼마나 성공했느냐로 평가하지는 않는다"는 조지 갤럽 George Gallup, 1901~1984의 말을 인용하면서, 한 국가의 운명을 좌우할 수 있는 리더십이 그렇게 개인적인 차원에서 평가되어도 괜찮은 것인지, 리더십에 관한 본질적인 의문을 제기한다.[31]

그 누구든 단호하고 용기만 있으면 긍정적인 평가를 받느냐

하면, 그건 또 그렇지 않다. 에덜먼은 실패로 돌아간 지미 카터 Jimmy Carter, 1924~ 대통령의 이란 인질 구출 작전을 예로 든다. 그건 미국으로서는 분명 단호하고 용기가 있는 결정이었을 게다. 그러나 카터는 아주 어리석은 바보가 되고 말았다. 무엇보다도, 카터는 자신의 결정이 대실패였다는 걸 인정하고 고개를 숙이고 말았던 것이다.[32]

리더십이라는 말 자체가 시사하는 바에 따른다면, 리더십엔 혁신innovation의 요소가 있어야 한다. 그러나 유능한 지도자들이 란 대부분 현재의 유행과 정서에 민감하게 반응하고 그것에 추종 하는 사람들이다. 역사적으로 볼 때에 '강력한strong' 지도자란 대부분 큰 위험을 가져오거나, 고통을 겪게 하거나, 사람을 많이 죽게 만드는 일을 통해 명성을 얻었다.[33]

에덜먼은 리더십이 '극작술dramaturgy'이며, 매스미디어의 시대에는 더욱 그렇다고 말한다.[34] 그렇다면 에덜먼은 리더십 자 체를 부인하는 것인가? 그건 그렇지 않다. 분명히 유능한 지도자 와 무능한 지도자의 차이가 있으며, 좋은 지도자와 나쁜 지도자 의 차이가 있을 수 있다. 에덜먼은 "지도자가 그 어떤 차이를 가 져올 수 있는가?"라는 질문은 잘못되었다고 말한다. '아니다'라 고 답하면 그건 틀린 답이고, '그렇다'고 답하면 그건 너무도 사 소한 차이에 의미를 부여하는 것에 지나지 않는다는 것이다.[35]

리더십의 평가는 고장 난 가전제품을 수리한 것에 대한 평 가와는 다르다. 그건 매우 주관적인 과정과 해석을 수반한다. 서 로 나의 리더십을 알아달라고 싸움을 벌이는 선거에서 리더십에 대한 유권자들의 평가가 옳을 것이라고 믿는 건 어리석다. 미국 정치학자 에드워드 터프트Edward R. Tufte, 1942~가 "근시안적 유권자에게는 근시안적 정책이 제격"이라고 한 말은 이미지 정치의 일면을 꿰뚫어본 것이다.[36]

유권자들은 후보의 정책보다는 이미지에 표를 던지는 경향이 있다. 그래서 후보들은 이미지 메이킹에 전력을 기울인다. 그런 이미지 싸움에서 무언가 알맹이로 승부를 걸겠다는 정치인은 대중의 수준을 과대평가하는 것이다. 히틀러는 "선전은 선전 대상자들 중에서 가장 이해력이 낮은 자들로 그 지적 수준을 정하지 않으면 안 된다. 더욱이 그 지적 수준은 설득 대상이 많으면 많을수록 더욱 낮아지게 된다"고 말했는데, 이는 유감스럽게도 거의 사실에 가깝다. 이미지 정치론의 교훈은 간단하다. 대중의 수준을 과대평가하는 정치인은 결코 집권하지 못한다는 것이다.

'정치적 스펙터클'과 '적의 창출'

에덜먼은 권위주의 정부의 상습적인 통제술 가운데 가장 유효한 것이 국민의 정치화politicization라고 말한다. 그가 말하는 '정치화'는 '마음 상태의 창조'를 의미한다. 지배 권력은 '정치화'를 통해 개인의 자율성autonomy을 부인한다. 그렇지만, '정치화'는 민주적으로 받아들여지기 때문에 심리적으로 효과가 크다.[37] 에덜먼은 에리히 프롬Erich Fromm, 1900~1980의 『자유로부터의 도피

Escape from Freedom』(1941)는 바로 지배 권력에 자신을 내맡기고 자신의 자율성을 부인하고자 하는 사람들의 성향을 잘 보여준 책이라고 말한다.[38]

'정치화'는 궁극적으로 국민이 지배적 가치를 수용케 만드는 수단이지만, 지배 권력에 그것 못지않게 중요한 것은 국민이 정치적인 것을 비정치적 이슈로 인식하게 만드는 것이다. 에덜먼은 테크닉에 관한 담화가 가치에 관한 담화를 대체하고 있다는 위르겐 하버마스Jurgen Habermas, 1929~의 견해에 동의한다.[39] 그런 대중의 지지와 복종을 끌어내기 위해 정치적인 문제를 전문적이고 기술적인 문제로 돌리는 걸 가리켜 '반정치antipolitics'라고 말한다.[40]

에덜먼은 "식민 치하 아프리카인들의 유럽 지배자들에 대한 공개적 저항은 더욱 자율적인 퍼스낼리티를 가져오게 만들었다"는 프란츠 파농Franz Fanon, 1925~1961의 결론을 인용하며, 자율성의 정치적 차원에 대해 깊은 관심을 기울인다.[41] 그러나 매스미디어의 시대에 대중의 자율성 회복은 기대하기 어렵다. 매스미디어가 끊임없이 '정치적 스펙터클political spectacle'을 만들어내기 때문이다. 매스미디어는 사회적 문제, 위기, 적敵, 지도자들을 끊임없이 구성하고 재구성한다. 그렇게 해서 대중에게 끊임없는 위협을 가하고, 또 아무 일 없으니 걱정 말라고 안심시키는 재확약reassurance을 반복한다.[42]

에덜먼은 그 과정에서 정치학자 앤서니 다운스Anthony Downs, 1930~가 말하는 이른바 '이슈에 대한 관심의 사이클issue-attention

왜 정치는 '상징 조작의 예술'인가?

cycles'은 조작되기 마련이라고 말한다.[43] 어떤 중요한 사회적 이슈가 해결되지도 않았는데, 다른 이슈가 나타나 그것을 밀어내게 되어 있다는 것이다. 요컨대, 사회적 이슈란 사회의 권력관계에 의해 정의되고 부상되는 것에 불과하다. 예컨대, 빈곤층 문제는 그걸 해결하기 위한 노력이 기존의 권력 불평등 구도의 변화를 요구하기 때문에 무시된다. 사회적 이슈를 목표와 문제로 나눌 수 있다면, 지배 체제의 유지와 강화에서 목표는 '당근'이요 문제는 '채찍'인 셈이다.[44]

대중의 지지와 복종을 얻어내는 데에 '적의 창출enemy-making'은 절대적으로 중요하다. 적이야말로 가장 큰 문제다. 꼭 구체적인 적을 만들어낼 필요는 없다. 적은 오히려 그 실체가 모호할 때에 대중에게 더욱 큰 공포감을 가져다줄 수 있다. 적에 대한 집착은 정치적 사고와 행동을 극도로 제약하기 때문에 지배 집단의 대중 조작은 훨씬 더 쉬워진다.[45] 루마니아 태생의 프랑스 사회심리학자 세르주 모스코비치Serge Moscovici, 1925~는 『군중의 시대』(1981)에서 다음과 같이 말한다.

"공중의 감격, 호의, 관대함을 일으키는 것은 오래가지 않으며 또 그들을 움직이지 못한다. 반대로, 공중의 증오를 불러일으키는 것이야말로 그들을 흥분시키고 봉기하게 하며 그들에게 행동의 기회를 제공한다. 공중에게 먹이로서 그러한 반발과 스캔들의 대상을 보여주고 던져주는 것은 그들에게 잠재적인 파괴성, 즉 터지기 위해서 사인sign만을 기다리고 있다고 말할 수 있는 공격성을 자유롭게 발휘하도록 해주는 것이다. 결국, 공중을 어떤

적敵에 대해서 반대하게 하는 것은 그들의 선두에 서고 그들의 왕이 되는 가장 확실한 방법이다."[46]

미국 역사에서 국가적인 적이 없었던 적은 한 번도 없었다. 적이 없으면 대통령은 수단과 방법을 가리지 않고 적을 만들어내야만 한다. 그래야 통치하기가 쉬워진다. 미국 역사에선 영국-멕시코-스페인-독일-일본-러시아-북한-쿠바-베트남-니카라과-리비아-이라크 등과 같은 적이 계속 존재해왔다.[47]

'정치화된politicized' 대중은 그들이 두려워하고 혐오하는 사람이나 집단에 대한 반대를 통해 자신의 정체성을 규명하려는 경향이 있다. 이른바 '적敵 만들기enemy-making'가 정치 마케팅의 주요 메뉴가 되는 이유다. 그런 의미에서 리더십은 '적을 만들어내는 게임'이기도 하다. 에덜먼은 '적의 창출'로 인한 '증오의 극작술dramaturgy of enmity'은 정권과 불평등에 관한 대중적 지지를 공고하게 만든다고 말한다.[48]

적을 만드는 데에 따라붙는 것은 '위기crisis'니 '국가안보 national security'니 하는 개념들이다. '위기'와 '국가안보'는 매우 중요하고 강력한 정치적 상징이다. 그 상징 앞에선 국민의 절대적인 단결과 희생이 요구되고 정당화된다. 그러나 문제는 희생의 정도가 모든 사람에게 균등하지 않다는 데에 있다.[49]

왜 극우와 극좌는 서로 돕고 사는 관계일까?

흔히 심각한 갈등을 빚는 사안에 대해 강경파를 가리켜 매파the hawks, 온건파를 가리켜 비둘기파the doves라고 부른다. 비둘기는 그리스신화에서 사랑과 미美의 여신인 아프로디테Aphrodite의 팔에 앉아 있던 이래로 평화의 상징으로 여겨졌다. 반면 강경론자의 상징인 매의 역사는 그리 오래되지 않는다. 미국 제3대 대통령 (1801~1809년) 토머스 제퍼슨Thomas Jefferson, 1743~1826이 1798년에 "war hawk"라는 말을 쓴 것이 그 시초로 여겨지고 있다. hawk/dove의 상징적 대립은 1960년대의 쿠바 미사일 사건과 베트남전쟁 기간 중에 많이 사용되었다.[50] 중간파는 dawk dove+hawk라고 하지만, 이 말이 널리 쓰이지 않는 건 중간파가 설 자리는 거의 없다는 걸 말해주는 게 아닐까?

에덜먼은 냉전 시절의 미소美蘇 관계에 대해 미국의 호전적인 매파와 소련의 호전적인 매파는 상호 적대적인 관계라기보다는 서로 돕는 관계라고 지적했다. 소련의 매파가 호전적인 발언을 하면, 그건 미국에서 국방비를 쉽게 증액시킬 수 있는 근거가 되었으며 그래서 매파와 군수업자들은 큰 재미를 보았다. 또 반대로 미국의 매파가 소련에 대해 호전적인 발언을 하면, 그건 소련에서 매파의 입지를 강화시켜주는 효과를 낳았다.[51]

에덜먼 외에도 여러 학자가 적대세력 간의 공생 관계에 대해 말했지만, 이는 이론으로 정식화되진 않았으며 그 어떤 통일된 용어가 있는 것도 아니다. 국내에선 '적대적 공생', '적대적 공존', '적대적 의존', '적대적 상호의존' 등으로 쓰이고 있다.

적대적 공생antagonistic symbiosis은 적대적 관계에 있는 쌍방이 사실상 서로 돕는 관계라는 뜻인데, 이는 의도하지 않은 구조적 결과일 뿐 양쪽 모두 그 어떤 의도를 갖고 그러는 건 아니다. 물론 고도의 정략 차원에서 그런 메커니즘을 이용할 순 있겠지만, 의도가 없더라도 성립되는 개념이라는 걸 분명히 할 필요가 있겠다. 왜냐하면 '의도'를 놓고 많은 오해가 빚어지기 때문이다.

예컨대, 정성일은 "미국과 소련, 미국과 북한, 미국의 네오콘과 아랍 테러 집단, 남한의 보수 정권과 북한, 전경련과 민주노총 등등. 국가보안법 철폐를 요구하는 집단과 수구 보수 진영의 관계에도 적대적 공생 관계라는 말을 들이대는 이들도 있다"며 다음과 같이 말한다.

"'적대적 공생'이라는 '관계'가 성립되기 위해서는 서로 상대의 존재를 강화시키는 것 자체를 목적으로 하는 의식적 행동이 있어야 한다. 그러나 그런 예는 쉽사리 찾을 수 없다.……공생하는 것처럼 보이는 면이 있을 뿐이지 본질이 아니기 때문이다.……이를 인식하지 못하면 적대적 공생 관계란 말은 자칫 현상과 본질을 뒤바꿔 본질을 가려버리는 말로 쓰이게 된다. 적대의 원인과 행위자의 의도를 감춰버려 '얘도 나쁘고 개도 나쁘다'는 식의 양비론만을 유포시키기 때문이다. 특히, 적대적 관계, 적대적 체제가 형성되는데 핵심적인 책임이 있는 '거악巨惡'을 대중들의 눈에서 감추는 데 활용되기 때문에 위험하기도 하다."[52]

일리 있는 우려긴 하지만, '적대적 공생'이라는 개념은 '서로 상대의 존재를 강화시키는 것 자체를 목적으로 하는 의식적 행동'을 전제로 하는 게 아니다. 손호철이 잘 지적했듯이, 적대적 공생은 "음모설이나 그런 것이 아니라 사실상 구조적으로 의존하고 있기 때문에 사실 의도하지 않게 서로 도와주고 있는 관계를 지칭하는 것"이다.[53]

적대적 공생은 이전투구泥田鬪狗 위주와 반감反感의 정치를 심화시킨다. 유권자들은 누가 더 잘하고 낫느냐가 아니라, 누가 더 싫고 미운가 하는 기준에 따라 표를 던진다. 정책이나 이슈 중심의 세력은 물론 온건파와 중간파는 그런 적대적 공생의 와중에서 설 자리를 만들기 어려워지며, 극우와 극좌가 서로 돕고 사는 관계가 형성되는 일마저 벌어진다.

'적대적 공생'을 위한 '증오 마케팅'

그런데 왜 사이가 나쁜 두 세력이 서로 돕고 사는 적대적 공생 관계가 가능한 걸까? 그건 증오가 정치의 원동력이기 때문이다. 미국 역사가 헨리 브룩스 애덤스Henry Brooks Adams, 1838~1918는 "현실 정치는 무엇을 가장하든, 언제나 체계적인 증오를 조직화하는 데 달려 있다"고 했다.[54] 사실 정치는 '공격성 분출의 제도적 승화'로 탄생한 것인바, 정치의 원동력이 증오라는 건 매우 자연스러운 일인지도 모른다.[55]

우리는 편견과 증오를 극복해야 할 악덕으로 여기지만, 편견과 증오는 보편적인 인간 현상이다. 새뮤얼 헌팅턴Samuel P. Huntington, 1927~2008이 잘 지적했듯이, "사람은 이성만으로 살지 않는다. 자아를 규정하기 전까지는 자기 이익을 추구하면서 합리적으로 계산하고 행동할 수 없다. 이익 추구 정치는 정체성을 전제로 한다."[56] 바로 이 정체성 형성의 근간이 되는 것이 편견과 증오다. 로버트 파크Robert E. Park, 1864~1944는 "친구와 적敵은 상호 관련되어 있다"며 다음과 같이 주장한다.

"친구 없는 세상을 생각할 수 없는 바와 마찬가지로 이러한 세상 속에서 적 없이 산다는 것은 불가능한 일인 것 같다. 왜냐하면 이 둘은 어떤 의미에서 또 어느 정도 상호 관련되어 있으며 따라서 우리가 우리 친구의 자질을 평가하는 바로 그 편견 때문에 우리 적의 미덕을 공정히 판단하는 일이 불가능하지는 않더라도 어렵게 되기 때문이다."[57]

카를 슈미트Carl Schmitt, 1888~1985는 정치성을 '친구와 적'을 구분하게 하는 것이라고 했고, 마이클 딥딘Michael Dibdin, 1947~2007의 소설 『죽은 늪Dead Lagoon』에서 베네치아의 민족주의 선동가는 "진정한 적敵이 없다면 진정한 친구도 있을 수 없다. 우리가 아닌 것을 증오하지 않는다면 우리 것도 사랑할 수 없다"고 했다.[58] 정치심리학자 제럴드 포스트Jerold Post는 사람들이 적을 소중히 여기고 그들을 키우는 것은 그들이 없다면 자기규정self-definition을 잃어버릴 위험에 처하기 때문이라고 했다.[59]

미국의 매파와 소련의 매파 사이의 적대적 공생을 지적한 에덜먼은 바로 그런 이유 때문에 저널리즘은 물론 학문의 세계에서 국가를 주된 분석의 단위로 삼는 것에 대해 근본적인 문제를 제기했다. 국가 내부의 주도권 다툼이나 권력투쟁이 국가적 적대 관계를 이용한다고 보았기 때문이다.[60]

과거 미국과 소련처럼 두 나라가 적대 관계에 있을 때 어느 한쪽에서 적대감이 높아지면 다른 한쪽도 적대감이 높아지기 마련이다. 이에 따라 적대감이나 증오를 잘 마케팅하는 세력이 자국에서 더 많은 권력을 갖게 된다. 이런 내부 메커니즘을 외면한 채 두 나라가 각자 단일의 이해관계를 갖고 있는 것처럼 묘사하고 분석하는 건 잘못되었다는 것이다.

정치학에서 실종된 '대중'의 복원을 위하여

에덜먼의 주장은 자본주의 사회의 위선과 기만에 대한 날카로운 공격이지만, 흥미로운 건 그가 마르크스주의의 용어를 거의 쓰지 않은 가운데 그런 결론에 도달했다는 점이다. 그는 미국의 많은 진보적 학자가 그러하듯이, 빈곤층과 사회적 약자들에 대해 애정을 갖고 있는 진보적 학자이면서도 애써 마르크스주의의 사상과 용어의 사용을 기피한다. 그건 일단 '마르크스주의자'라는 낙인이 찍히면 사회적으로 행동반경에 큰 제약을 받는 미국적 상황에서 연유된 것인지도 모른다. 위스콘신대학의 사회주의 학생 그룹의 강의 안내서에 그의 강의가 "싱겁고 약하지만 들을 만하다"고 기록되어 있는 것도 바로 그런 사정을 대변해주고 있다 하겠다.

그래서 그런지 에덜먼의 저서에서 그 어떤 행동 지침을 찾기는 어렵다. 그게 아쉬워서 그런 것인지는 알 수 없으나, 하버드 대학 교수 마이클 립스키Michael Lipsky, 1940~는 에덜먼의『정치 언어』에 바친 서문에서 "에덜먼의 작업은 미국 정치학도들에게 민주주의 신화를 역설하는 주류 정치학 밖의 관점을 개발하는 데에 크게 기여해왔다. 그러나 그는 그의 작업이 안고 있는 함축적 의미를 더욱 상세하게 다루는 건 거부해왔다"고 쓰고 있다.[61]

에덜먼의 책들은 정치학, 사회학, 철학, 심리학, 언어학 등에 이르기까지 매우 다양한 분야를 섭렵하고 있다. 그는 미국의 정치학에서 실종된 '대중'을 복원시키고자 애썼다. 대중이 정치에 접하고 정치를 이해하는 방식이 대중매체의 폭발로 과거와는 판이하게 달라졌는데도 정치학자들이 연구자의 편의에만 집착하여 그런 사정을 무시한 채 정치의 공식적인 측면만 문제 삼는 것은 그 본래의 뜻과는 무관하게 보수적인 속성을 갖게 될 위험이 크다는 것이다.

물론 그의 주장에 비판이 없는 건 아니다. 찰스 안드레인 Charles F. Andrain은 에덜먼의 기본 가정은 "만약 인간이 어떤 상황을 현실이라고 정의를 내리면, 그 상황은 결과적으로 현실이 된다"는 사회학자 윌리엄 I. 토머스William I. Thomas, 1863~1947의 견해에 근거를 둔 것이라고 말한다. 그는 에덜먼을 현상학자phenomenologist라고 부르면서, 정치 현실이 근본적으로 상징적이고 다측면적이고 모호하다면, 우리는 어떻게 어떤 정책이 실패했다는 결론을 내릴 수 있겠느냐고 반문한다.[62]

또 데이비드 레이틴David D. Laitin은 에덜먼의 가장 큰 문제가 상호 상충되는 마르크스주의와 현상학을 접목시킨 데에서 비롯되고 있다고 말한다. 마르크시즘적인 분석은 지배적 이해관계와 불평등이 모두 실재하고 객관적으로 결정된다고 가정하는 반면, 현상학적 분석은 현실은 주관적이며 관찰자의 문화적 또는 사회적 관점에 따라 파악되는데, 에덜먼의 분석은 자기모순을 안고 있는 게 아니냐는 것이다.[63]

에덜먼의 한국적 사용법

둘 다 일리 있는 비판이긴 하지만, 에덜먼의 '상징정치론'은 철학적 논쟁의 문제가 아니다. 그렇게 되어서도 안 된다. 또 마르크시즘적 분석과 현상학적 분석에서 각기 말하는 '현실'은 다소 차원을 달리하는 것이므로 꼭 상호 상충된다고 말하기는 어렵다. 마르크스주의 분석과 현상학적 분석의 경계선에서 방황하는 듯이 보이는 에덜먼의 주장은 오히려 그런 특성으로 인해 사회 현실에 대해 더 자유로운 관찰을 가능케 한다는 장점을 갖고 있다고 볼 수도 있다.

에덜먼은 국내 일부 정치학자들과 언론학자들에 의해 가끔씩 거론되고 있지만, 그의 중요성이 제대로 인식되고 있는 것 같지는 않다. '동의의 공학engineering of consent'보다는 여전히 '혼돈의 공학engineering of chaos'이 발달한 한국 정치에서 '정치=상징'

을 말하는 건 때 이른 것이라고 말할 수도 있겠지만, 이미 정치의 상징적 이용은 홍수 사태를 빚고 있다는 걸 직시하는 게 좋을 것 같다.

방송규제기관은 말할 것도 없고 언론사 조직을 연구하는 학자들도 에덜먼의 관료제 조직의 상징성에 관한 분석에서 많은 것을 얻을 수 있을 것이다. 대중에 대해 끊임없는 '위협'과 '재확약'을 제공함으로써 변화의 환상에 근거한 보수적 입지를 강화하는 관료제 조직이야말로 '정치=상징'을 가능케 하는 안전판이 될 것이다.

정치 언어에 관심이 있는 언론학자들도 에덜먼을 빼놓고 갈 수는 없다. 앞서 지적한 바와 같이, '정치=상징'을 밝히기 위한 그의 분석은 정치 언어의 기만적 사용과 그 가공할 효과에 많은 부분을 할애하고 있다. 정치 언어는 매스미디어라는 확성기를 통해서 그 영향력을 발휘하는 것이기 때문에 정치 언어 연구는 곧 매스미디어 연구이기도 하다. 또 정치 언어는 반드시 정치인들의 언어만을 의미하는 것이 아니라 매스미디어의 언어를 의미하기도 한다.

에덜먼의 정치관은 언론학에 대단히 많은 것을 의미한다. 그건 정치학과 언론학의 합일을 의미한다. 정치와 언론을 분리해 연구하는 접근 방법으로 현대 정치를 제대로 이해하거나 설명할 수 있을까? 결코 그럴 수는 없을 것이다. 그러나 우리 학계에서는 그런 분업을 천연덕스럽게 해내고 있다. "나는 정치는 잘 모르지만 언론에 대해선 이야기할 수 있다"는 말을 아주 자연스럽게 하는 것이다.

정치학자들이 이미지 정치에 무관심하다면 결국 언론학자
들이 그 분야를 맡을 수밖에 없을 것이다. 그러기 위해서는 언론
학자들이 연구 영역의 지평을 넓히는 것이 시대적 상황에 의해
절실히 요청되고 있다는 걸 인정하는 자세가 필요하다. 아직도
우리 학계에서는 연구 주제를 좁고 깊게 파고들어가는 것만이 학
자의 옳은 태도라는 발상이 위세를 떨치고 있는 만큼 그건 결코
쉬운 일은 아니겠지만 말이다.

다소 딱딱하긴 하지만, 알아듣기 쉬운 말로, 다양한 사례를
열거해가며 논지를 전개하는 에덜먼의 책들은 읽는 재미가 제법
있다. 그의 책을 읽고 학문의 현실 적합성을 경멸한 채 학문의 상
징적 사용에만 집착하는 '상아탑'의 신화를 극복할 수 있다면, 그
또한 에덜먼이 바라는 바일 것이다.

● 나의 개인적인 '에덜먼 사용법'을 말하자면, 그건 교수의 스타일 또는 자세와
관련이 있다. 나는 위스콘신대학에서 1985년과 1986년 에덜먼의 강좌를 3과목
수강했는데, 그의 강의 못지않게 내가 인상적으로 본 것은 교수로서 스타일 또는
자세였다. 그는 당시 60대 후반의 나이였음에도 늘 학생들과 비슷한 차림새로
백팩을 메고 걸어다녔으며, 여름엔 반바지를 입고 나타나기도 했다. 그게 어찌나
마음에 들었던지 나는 내심 나 역시 그렇게 하겠노라고 결심했고, 실제로 전북대
학교에 오자마자 감히 반바지는 시도하지 못했지만 늘 백팩을 메고 걸어다니거
나 자전거를 이용하면서 학생 차림새를 유지했고 지금도 그런다. 아파트 엘리베
이터에서 자주 "산에 가느냐?"는 인사를 받는 게 좀 불편하긴 하지만 그런 스타
일이 공부 외에 다른 곳에 신경 쓰지 않는 자세를 유지하는 데엔 큰 도움이 된다
는 게 나의 지론이다.

조지 거브너
George Gerbner

왜
폭력의 공포에 떠는
사람들은 정치적으로
보수화되는가?

우리는 옛날 로마인처럼 피를 뽑는 싸움을 원하는가?

1987년에 나온 미국 영화 〈로보캅〉에서는 등장인물 32명이 살해되지만, 1990년의 속편은 81명을 죽인다. 1990년에 개봉한 영화 〈다이하드〉의 제작자는 1편에선 18명을 죽이지만, 2편에서는 264명을 죽인다. 미국 영화에서는 정신병자가 여자들을 수없이 살해하고 그들의 가죽을 벗긴다. 영화에서 실감나게 정신병자 역을 한 배우를 TV 토크쇼 사회자가 소개하면 방청객의 대부분인 여성들이 비명을 지르고 발을 구르며 좋아한다. 감독 마틴 스코세이지Martin Scorsese, 1942~는 "우리는 옛날 로마인들이 그랬던 것처럼 피를 뽑는 싸움이나 참수형 등을 지켜보는 카타르시스를 해야 할 필요를 느낀다"고 말했다.

　TV 광고 제작자들의 영화계 진출은 폭력 묘사를 더욱 정교하게 만들었다. 그들은 사람의 관심을 끄는 데에는 최고의 전문가들이다. 그들은 마치 혀끝에 사이다가 닿는 듯이 느낄 수 있을 정도로 사이다 광고를 만들어낼 수 있다. 그들에게 30초의 시간만 할애해 준다면 화면에서 자동차가 코너를 돌 때 마치 보는 사람 자신의 머리칼이 바람에 날리는 듯한 착각을 불러일으키게 할 수도 있을 정도다. 이 새로운 부류의 감독들은 광고의 테크닉을 영화 스크린에 도입했다. 광고에서 사이다 방울 소리를 만들어 냈던 그들은 이제 영화에서 검은 탄창이 쩔꺽거리는 소리, 혹은 뼈가 부서지는 소리를 만들어내고 있다.[1]

『뉴스위크』(1991년 4월 1일)에 소개된 이 이야기가 시사하듯이, 영화를 비롯한 모든 미디어는 폭력을 사랑한다. 그래서 미디어와 폭력의 관계는 미디어가 생겨난 이래로 끊임없는 논란의 대상이었다. 그간 심리학자를 포함한 많은 사회과학자가 이 주제를 끈질기게 물고 늘어졌지만, 아직 시원한 답은 나오지 않고 있다. 미디어의 폭력 묘사가 사람에 미치는 영향에 관해 발표된 그간의 이론 내지 가설들은 ① 모방 효과, ② 보강 작용reenforcement, ③ 민감화 작용sensitization, ④ 둔감화 작용desensitization, ⑤ 배양효과 이론cultivation effect theory, ⑥ 감정 정화 작용catharsis 등을 들 수 있지만, 이들은 상호 상충되는 것이어서 일반적으로 적용할 수 있는 정답은 존재하지 않는 셈이다.[2]

그러나 한 가지 분명한 건 있다. 매스미디어의 폭력 묘사의 부정적인 영향력이 아무리 미미하다 해도 그 영향력을 행사하는 주체가 매스미디어라고 하는 점을 잊어서는 안 된다는 점이다. 예컨대, 폭력적인 영화가 0.001퍼센트의 관객들을 보다 폭력적으로 행동할 수 있게끔 영향을 미칠 수 있다고 가정한다면, 비록 그 퍼센트는 아주 미미한 것이지만, 2,000만 관객의 0.001퍼센트는 200명이나 되는 것이다.[3]

바로 그런 이유 때문에 폭력 묘사를 하는 미디어 가운데 가장 큰 문제가 되는 것이 바로 TV다. 폭력 묘사는 TV보다는 영화가 훨씬 더 하지만, 우리나라 국민들의 TV 소비 시간은 극장에서의 영화 소비 시간의 수백 배나 된다. 우리의 일상적 삶에서 차지하는 TV의 가공할 위상을 감안한다면, 앞서 제시한 이론 및 가설들 가운데서 우리의 가장 큰 관심을 끄는 건 아무래도 '배양효과 이론'이다. 1956년에서 2004년까지 미국의 3대 매스 커뮤니케이션 학술지에 실린 2,000편의 논문에서 활용된 이론의 순위에서 배양효과 이론은 3위를 차지했을 정도로 인기가 높다.[4] 국내 학자들의 배양효과 관련 연구도 꽤 활발한 편이다.[5]

폭력으로 인해 가족을 잃은 거브너의 청년 시절

'배양효과 이론cultivation effect theory'은 국내 언론학 관련 서적에선 '계발효과 이론'으로 불리기도 한다. 그런데 이 이론에서 TV가 cultivation을 하는 것을 긍정적인 것으로 보기는 어려우므로 '계발'이라는 단어보다는 '배양'이라는 단어가 cultivation에 대한 더욱 정확한 번역이 아닌가 싶다(그러나 여기서 국내 문헌을 인용할 때에는 때로 '계발'이라는 표현을 원문 그대로 사용하겠다).

배양효과 이론은 엄청난 연구 자금과 인내심이 없었다면 결코 생겨날 수 없는 것이었다. 그 연구 자금을 끌어들이는 데에 탁월한 리더십을 발휘했으며 휴일도 없이 미친 듯이 일했던 조지 거브너George Gerbner, 1919~2005라는 인물을 빼놓고 배양효과 이론에 대해 말할 수는 없다. 폭력으로 인해 가족을 잃은 그의 개인사가 배양효과 이론에 대한 집착을 키웠을 가능성도 있다.

거브너는 1919년 8월 8일 헝가리의 수도 부다페스트에서 태어났다. 아버지는 교사였고 어머니는 사진작가였다. 그는 중고교 시절 보이스카우트와 드라마·문학 클럽에 가입해 활동하면서 글쓰기에 몰두했는데, 국가 글쓰기 경시대회에서 1등을 차지한 적도 있었다. 그는 1938년 부다페스트대학에 입학했지만, 제2차 세계대전으로 인해 도중에 학업을 중단해야 했다.

거브너는 나치를 지지하는 군에 입대하기 싫어 미국 이민을 결심했다. 그는 1939년 홀로 파리에 있는 친척의 도움을 받아 멕시코행 배를 타는 데에 성공했다(다른 가족들은 헝가리에 남았는데, 어머니만 빼고 모두 전투와 홀로코스트로 인해서 사망했다). 그는 멕시코에서 6개월간 미국 관광객 가이드로 일하다가, 1940년에 미국에 입국해 캘리포니아주 로스앤젤레스에 정착해 한 캘리포니아대학 분교의 심리학과에 등록했다. 1년 후 그는 버클리 분교로 전학하면서 전공을 신문방송학으로 바꿔 1942년에 학사 학위를 취득했다.

거브너는 졸업 직후 몇 개월간 『샌프란시스코크로니클』의 기자로 일했으며, 1943년 시민권을 획득하자 군에 입대했다. 그는 처음엔 공수단에 배속되었다가 나중에 CIA의 전신인 '전략정보국OSS: Office of Strategic Services'에서 일했다. 그는 OSS에서 2년간 북아프리카와 유럽의 전방에서 다양한 업무를 수행했다. 전쟁이 끝난 후엔 나치 전범을 체포하는 일을 했는데, 그는 헝가리의 첫 번째 나치 수상을 포함해 200명의 고위 나치 관리들을 체포하는 성과를 올렸다.

1946년 중위로 제대한 거브너는 오스트리아 빈에 있는 미공보원United States Information Services에서 근무하다가 1947년 미국으로 돌아와 자유기고가로 활동하면서 할리우드의 한 PR회사에서 일했다. 그는 곧 남가주대학University of Southern California 신문방송학과 대학원에 등록했으며, 1951년에 석사, 1955년에 박사 학위를 취득했다. 그의 박사 학위 논문은 「커뮤니케이션의 일반 이론에 관한 고찰Toward a General Theory of Communication」이었으며, 이 논문은 그해 남가주대학의 최우수 논문상을 받았다.

거브너는 대학원 재학 시인 1948년에서 1951년까지 캘리포니아 패서디나Pasadena에 있는 존뮤어대학John Muir College에서 저널리즘과 영어를 가르쳤다. 1952년엔 토런스Torrance에 있는 엘카미노대학El Camino College의 교수가 되었으며, 그는 이 대학에서 1956년까지 근무했다. 그는 1954~1956년간 동시에 남가주대학에서 커뮤니케이션 강의를 맡기도 했다.

'TV에서 묘사되는 폭력'에 대한 관심

1956년 일리노이대학University of Illinois-Urbana의 연구 조교수로 채용된 거브너는 이 대학에서 본격적으로 TV의 영향력에 관한 연구를 하기 시작했다. 그는 1958년에 발표한 「매스커뮤니케이션의 내용 분석과 비판적 연구에 대해On Content Analysis and Critical Research in Mass Communication」라는 논문에서 미국의 매스 커뮤니케이션 연구가 상품을 팔기 위한 광고나 후보자를 팔기 위한 선거 캠페인 연구처럼 수용자에 대한 설득·예측·통제·변화에 치중하고 있다면서 '문화적 탐구cultural inquiry'로 전환해야 할 필요성을 역설했다. 'cultivation effect'라는 딱지가 붙긴 했지만, 그가 굳이 'cultivation'이란 은유적 표현을 쓴 것도 '효과effect' 대신 '영향influence'에 대해 말하기 위한 것이었다.[6]

거브너는 인간 활동에 지침과 의미를 부여하는 상징적 환경에 깊은 관심을 기울였다. 그는 국립정신건강연구소National Institute of Mental Health의 의뢰를 받아 매스미디어에서 정신병이 어떻게 묘사되는가에 관한 연구를 했으며, 그 밖에도 미 교육청U.S. Office of Education의 의뢰를 받아 10개 서구 및 동구 국가들의 매스미디어에서 교사와 학교가 어떻게 묘사되고 있는가에 관한 광범위한 연구를 하기도 했다. 그런 연구들을 몇 년간 계속한 덕분에 거브너는 커뮤니케이션 연구자로서 제법 명성을 얻게 되었다.

그런 명성 덕분에 거브너는 1964년 4월 펜실베이니아대학의 아넨버그 커뮤니케이션 스쿨Annenberg School of Communication at the University of Pennsylvania의 학장으로 스카우트되었다. 거브너는 1959년에 창설된 이 아넨버그 스쿨의 커뮤니케이션 연구 프로그램을 활성화시키는 데에 탁월한 리더십을 발휘했으며, 이후 1989년까지 25년간 학장으로 장기 집권하게 된다. 그는 1973년부터는 이 대학에서 나오는 학술지인 『커뮤니케이션회보Journal of Communication』의 편집자로 일하면서 커뮤니케이션학의 발전에도 큰 기여를 했다

거브너는 1964년에서 1968년까지 5년간에 걸쳐 UNESCO의 후원을 받아 미국, 프랑스, 이탈리아, 유고슬라비아, 체코슬로바키아, 폴란드 등 각국의 영화에서 주인공의 개인적 특성이 어떻게 다른가를 탐구하는 연구 프로젝트를 지휘했다. 이 연구 결과에 따르면, 각국의 주인공들은 불법적 또는 부도덕한 목적에 비해 법적 또는 사회적으로 용인된 목적을 수행하는 데에 2배에서 4배 정도 폭력에 의존하지만, 서구 국가의 주인공들은 동구 국가 주인공들에 비해 이렇다 할 이유 없이 폭력을 2배나 더 사용하는 것으로 밝혀졌다.

거브너는 '폭력의 원인과 방지를 위한 국가위원회National Commission on the Causes and Prevention of Violence'의 요청에 따라 'TV에서 묘사되는 폭력'(이하 'TV폭력')에 관한 연구를 많은 대학원생을 거느리고 대대적으로 실시했다. 1967년과 1968년에 걸쳐 3대 TV 네트워크 프로그램(드라마, 영화, 만화영화 등)의 2주간 샘플을 조사한 결과는 1969년 「TV드라마에서 폭력의 차원들Dimensions of Violence in Television Drama」이라는 보고서로 출간되어

많은 사람의 관심의 대상이 되었다. 그해에 평소 TV폭력에 큰 관심을 기울여온 상원의원 존 패스토어John O. Pastore, 1907~2000는 아넨버그 스쿨에 매년 연구 자금을 지원할 것을 '국가정신건강 연구소'에 요청했다. 그 결과 거브너는 매년 '폭력 프로필violence profiles'이라는 것을 발표할 수 있게 되었다.[7]

그런 연구 결과들이 총체적으로 집약된 배양효과 이론은 한 마디로 이야기해서 TV 속의 상징적 세계가 시청자들의 실제 세계에 대한 생각을 배양한다는 것이다. 거브너는 기존의 대중매체 효과론이 '메시지에 접한 수용자가 보이는 단기적이며 즉각적인 태도 및 행동의 변화'에 초점을 맞춘 것을 비판하면서 현대 대중매체의 효과를 제대로 이해하기 위해서는 한 번의 메시지 전달로 이루어지는 태도 및 행동의 변화만을 봐서는 안 되고, 장기적이며 누적적인 노출에 따른 '상징적 현실 구성의 효과'를 봐야 한다고 주장한다.[8]

TV가 시청자의 '세상을 보는 눈'을 배양한다

TV폭력에 관한 연구는 일련의 집중적인 사례 연구일 뿐, 배양효과 이론의 범위는 매우 넓은 것이다. 거브너에 따르면, 문화 배양은 "메시지와 상황 사이의 연속적이고 역동적이며 진행 중인 상호작용 과정의 일부"다.[9] 그렇기 때문에, cultivation을 '계발'로 번역해도 무리는 없을 것이라고 볼 수 있지만, 연구 주제를 무엇으로 삼든 TV가 시청자에 미치는 영향이 긍정적인 것이라고 보기는 어려울 것이다.

어찌 되었거나 문화 배양은 기본적으로 시청자들이 미디어에 의해 수동적으로 조종되어지는 것이 아니라, 미디어와의 계속적인 상호작용을 상정한다. 그럼에도 불구하고 시청자와 미디어는 닮아 가는 점이 있으며, 그 과정에서 개인의 지각된 현실은 점차 TV 세계에 근접해 간다는 것이 배양효과 이론의 핵심이다.[10]

거브너의 배양효과 이론은 TV에 묘사된 폭력에 관한 연구에 집중되었다. 거브너는 폭력이 TV 드라마의 갈등과 그에 따른 흥미성을 제공하는 데 가장 싸고 쉬운 방법이라는 점에 주목한다. 즉, "폭력물은 저렴한 상품"이라는 것이다. "폭력물은 대사를 번역할 필요가 없으며, 신디케이트를 통해 드라마 프로그램의 형태로 전 세계에 배급된다. 따라서 국내 배급을 위해서 만드는 어떤 프로그램보다도 수익성이 높다."[11]

물론 미국의 TV엔 폭력이 철철 흘러넘친다. 거브너가 조사한 1967~1968년 2주간의 샘플에선 사상자가 790명이 나오고 한 프로그램당 평균 5번의 폭력이 묘사된다. 거브너의 1976년 조사 결과는 더욱 놀랍다. 3대 TV 네트워크의 주시청 및 밤 시간대와 주말 낮 시간대의 드라마에서 모든 등장인물들의 74.9퍼센트가 폭력에 연루되어 있고, 10개 프로그램 중 9개가 폭력을 묘사하고 있으며, 1시간당 9.5번의 폭력이 나온다는 것이다.[12]

거브너는 시청자를 '중시청자heavy users'와 '경시청자light users'로 구분해 이 두 종류의 시청자들이 세상을 보는 눈에 큰 차이가 있다는 것을 지적한다. 거브너의 연구는 경시청의 상한선을 매일 2시간으로 규정했으며, 중시청자는 4시간 이상을 시청하는 사람들로 보았다. 중시청자가 경시청자보다는 많지만 두 집단은 각각 전체 인구의 4분의 1씩을 차지하고 있다.

경시청자는 그들의 속성과 환경에 따라 다양한 견해를 갖지만, 중시청자의 그런 차이는 감소되거나 아예 없어져 TV가 배양하는 경향이 있는 '세상을 보는 눈'이 같아지게 된다. 거브너는 이 과정을 '주류화mainstreaming'라고 불렀다. 사람들이 TV에서 본 것이 그들의 일상적 현실(또는 지각된 현실)과 일치할 때 이른바 '공명resonance'이 일어나 배양효과가 증폭된다는 것이 거브너의 주장이다.[13]

미국의 라디오방송국은 금요일 밤에 볼링을 하는 왼손잡이 운전사들에게는 언제 어떤 프로그램을 편성할 것인가 하는 정도로까지 미세하게 청취자를 분류하고 있지만, TV 프로듀서들은 적당히 주류를 반영함으로써 가능한 최대의 수용자를 끌어모으려고 한다. TV는 중시청자가 다른 사람과 같은 지향성, 관점, 그리고 의미를 가지도록 수용자들을 동질화시키는 것이다.

폭력에 대한 공포가 만들어내는 '사악한 세계 신드롬'

중시청자들은 스스로를 중도주의자라고 부르지만, 거브너는 사회문제에 대한 중시청자들의 입장은 보수적이라고 말한다. 중시청자들은 낮은 세금, 더 많은 정치적 보호, 그리고 강력한 국방을 찬성하며, 자유언론, 낙태, 국제결혼, 흑인과 백인의 동시 버스 통학 등에 대해서는 반대한다는 것이다.

거브너는 중시청자들이 세상에 대해 한층 더 두려움을 갖게 되는 걸 '공명'의 과정으로 설명했다. 누구나 적어도 한 번쯤은 직접적인 물리적 폭력의 경험을 갖고 있지만, 실제 경험한 폭력은 그렇게 나쁜 것이 아닐 수도 있다. 그러나 TV 화면에서 반복되는 상징적인 묘사가 시청자들의 마음에서 실제 경험을 되풀이하도록 할 수 있을 것이다. 그럴 경우, 물리적 폭력을 경험한 중시청자는 TV를 시청함으로써 그것을 두 번 경험하게 되는 셈이 된다. 그래서 거브너는 상징적인 폭력의 일상적인 섭취가 사람들로 하여금 자기가 겪었던 경험을 확대하도록 함으로써 생활을 보다 무섭게 만들었을는지도 모른다고 설명한다.[14]

거브너의 연구 결과에 따르면, '중시청자'는 '경시청자'에 비해 개인적 위험에 대한 의식이 강하고 세상에 대한 의심의 정도가 크다. 특히 TV폭력의 주요 희생자로 묘사되는 노인, 여성, 유색인종, 빈민들에게서 범죄에 대한 공포가 더욱 심하다는 것이 발견되었다. 이들은 세상을 실제보다 더 위험하고 사악한 곳으로 인식하게 되는 이른바 '사악한 세계 신드롬mean world syndrome'의 포로가 될 가능성이 높으며, 이는 정치적으로 중요한 의미를 갖는다.

거브너는 공포가 역사적으로 사회통제의 도구였다는 점에 주목한다. 공포감을 느끼는 사람들은 권위에 더욱 의존적이고 더욱 쉽게 조작당하고 통제당한다. 사람들 간의 관계도 멀어진다. 그들은 그들의 불안한 심리를 완화시켜줄 수 있는 방안이 제시되면 설사 그 방안이 매우 억압적인 것이라도 그것을 기꺼이 수용하고자 한다. 결국 사회가 보수화된다는 뜻이다.[15] 거브너는 다음과 같이 말한다.

"우리의 연구는 TV를 많이 시청하는 것이 실제 생활에서 위험을 느끼는 의식을 배양한다는 것을 보여주고 있다. 공포는 더 많은 공포와 억압을 불러일으키는 공격성을 초래한다. 그래서 TV에 묘사되는 폭력의 유형은 그것이 사회통제 구조를 위협하는 것처럼 보일지라도 실제로는 사회통제 구조를 강화할 수 있다.……TV는 노소를 막론한 모든 사람들의 보편적인 교육과정이며, 우리를 둘러싼 공동의 상징적 환경이다."[16]

공포는 인간의 생각을 편협하게 만든다. 인간의 의식을 가장 본질적인 사실, 곧 가장 기본적인 본능에 묶어 두기 때문이다. 예컨대, 사나운 불길이 뒤쫓아올 때 인간은 오로지 불길을 피해 도망쳐야 한다는 생각밖에 하지 못한다. 이런 현상을 가리켜 '지각 협착perceptual narrowing'이라고 하는데,[17] 공포에 의한 보수성은 바로 그런 '지각 협착'의 산물이라고 할 수 있겠다.

'점화 효과priming effect' 연구자들은 인간에게 죽음을 상기시킬 경우 권위주의적인 생각에 대한 관심이 높아진다는 것을 발견했는데,[18] 여기서 한 걸음 더 나아간 것이 배양효과라고 볼 수 있겠다. 배양효과는 특히 노인층에서 많이 나타나고 있는데, 사회학자 배리 글래스너Barry Glassner는 "미국의 많은 노인들은 텔레비전에서 본 살인과 폭력에 너무나 겁을 먹은 나머지 집 밖으로 좀처럼 나가려 하지 않는다"고 말한다.[19]

배양효과 이론에 대한 반론과 비판

물론 거브너의 연구 결과와 그것이 시사하는 바에 동의하지 않는 사람은 많다. 특히 TV 네트워크들은 전혀 동의하지 않았다. TV 네트워크들은 거브너의 연구 결과에 몹시 곤혹스러워 했다. 그들은 1975년부터 방송계 자율 규제의 형식으로 이른바 '가족시청시간제family viewing time'를 실시하면서, 그걸 떠들썩하게 홍보해왔는데, 거브너의 연구 결과는 TV 네트워크들의 위선과 기만을 폭로하는 것에 다름 아니었기 때문이었다.[20]

사실 '가족시청시간제'는 거브너의 연구가 열띤 사회적 논쟁거리가 되어 거브너의 명성이 널리 알려지게 되는 결정적인 계기로 작용했다. 1970년대 말 거브너와 CBS-TV가 벌인 논쟁은 의회로까지 비화되었다. CBS는 무엇보다도 거브너 연구의 샘플의 타당성과 폭력의 정의에 의문을 제기했다. CBS는 거브너의 연구가 자연재해와 코미디에서의 폭력까지 폭력으로 간주했다고 불평했다.[21] 그러나 거브너는 코미디나 만화영화는 폭력을 익살스러운 동시에 심각한 결과를 유발하지 않는 행위로 묘사하기 때문에 위험하다고 반박했다.[22]

'사악한 세계 신드롬mean world syndrome'과 관련, 텔레비전

시청과 현실에 대한 인식과의 관계는 전자가 후자에 영향을 미치는 인과관계가 아닐 뿐만 아니라 둘 사이의 상관관계는 시청자 거주 지역의 범죄율과 같은 제3의 요인을 통제하면 사라진다는 반론도 제기되었다.[23]

그 밖에도 많은 연구자가 거브너의 연구에 이의를 제기했으며, 이는 한때 열띤 지상 논쟁으로까지 발전되었다.[24] 캔자스주립대학 심리학과 교수 리처드 해리스Richard J. Harris는 그간 제기된 비판에 근거해 거브너 연구의 문제점을 다음과 같이 요약했다.

"첫째로, 일부 연구들에 의하면 사회인구학적 변인과 성격 변인들을 통제하게 되면 문화계발 효과가 미약하다는 것을 밝혔다. 둘째로, 문화계발 연구는 응답의 편파성과 측정 도구상의 문제를 포함하여 방법론상에서 비판을 받아왔다. 또한 이론의 일부 전제 조건에 대한 비판도 있다. 예를 들어 이 이론은 텔레비전의 메시지가 본질적으로 독립적이라고 가정하고 있으며(그것을 증명하지 않은 채), 시청자들이 본 것을 그대로 그들의 지각된 현실로 수용한다고 가정한다.……이런 문제점이 부각되자, 최근에는 문화계발 이론을 시청자들의 능동적인 정신 활동을 강조하여, 이용과 충족의 접근 방법과 같은 선상에서 재해석하려는 경향이 있다."[25]

그런가 하면 이데올로기적인 성격이 강한 비판도 있다. 예컨대, 로널드 버먼Ronald Berman은 거브너 연구의 가정 또는 결론들이 다음과 같은 것들이라고 지적하면서 거브너와 그의 동료들은 철학자들이 발을 들여놓기를 두려워하는 곳에 거침없이 뛰어들고 있다고 비판했다.

첫째, TV는 지배계급의 견해를 확산시키는 사회적 프로파간다의 형식이다. 둘째, TV는 특별히 폭력의 장면들을 묘사하는데 이는 그런 장면들이 수용자들을 위협하고 그들이 우리의 사회질서의 책임을 맡고 있는 권력 구조에 속해 있는 사람들에게 복종하는 것을 보장하기 때문이다. 셋째, TV의 단기적 목표는 상품을 유통시키는 것이고 장기적 목표는 인구를 자발적인 근로자이자 수동적인 시민으로 묶어두기 위한 것이다.[26]

"미국에서는 총이 영광의 상징이었다"

물론 버먼은 거브너의 연구에서 너무 많은 의미를 끌어내려는 과욕을 범하고 있는 것 같다. 거브너의 대안은 의외로 온건하다. 거브너는 TV에 의해 대량생산되는 문화적 환경에 대한 의존을 탈피하기 위해서는 ① 학교에서의 비판적 시청 교육, ② TV에 관한 사회적 토론 활성화, ③ 광고에서 해방된 공공 TV의 보강 등이 필요하다고 말할 뿐이다. 그는 그런 사업을 위한 재원을 마련하기 위해 방송사들에서 전파세를 징수해야 한다고 말한다.[27]

그렇지만 거브너의 제안은 전적으로 무시되어왔다. 미국에선 TV의 등장 이래로 TV의 개혁을 위한 수많은 제안이 쏟아져나왔지만, 그 어느 것 하나 채택된 것이 없다. 그 정도로 방송계의 힘은 막강하다. 그러나 날로 미국 사회의 폭력이 심해짐에 따라, TV의 폭력 묘사가 폭력에 미치는 영향에 대한 사회적 관심은 커지고 있다.

사실 미국은 폭력의 천국이다. 유엔개발계획UNDP이 발표한 '1994년도 인간개발보고서'에 따르면, 미국은 세계에서 군비 지출 규모가 가장 큰 반면, 살인·폭력·강간이 가장 많이 일어난 나라다. 미국은 해마다 국방비로 2,900억 달러를 지출했으나, 1992년의 경우 범죄로 인한 피해액은 4,250억 달러에 이르렀다. 미국에서는 매일 어린이 20명이 총격으로 인해 숨졌으며, 1993년에는 15만 건의 강간 사건이 일어났다. 미국에서 5세에서 19세 이하의 청소년들 중에서 총기 사고로 숨진 사람은 1985년에는 3,088명이었으나 1990년에는 4,854명으로 급증했다.[28] 미국에서 전체 살인 발생률은 지난 40여 년간 2배로 증가했다. 미국의 살인 발생률은 단연 세계 제1위며, 그것도 아주 독보적인 1위다. 세계에서 살인율 2위를 기록하고 있는 스코틀랜드도 미국 살인율의 4분의 1이 안 된다.[29]

미국이 그처럼 높은 살인율을 기록하고 있는 이유로는 자유로운 총기 소지, 극심한 빈부격차, 그리고 폭력적 문화를 들 수 있다. 미국 인구는 세계 인구의 5퍼센트지만, 민간인 소유 총기는 3억 1,000만 정(2009년 기준)으로 전 세계 민간인 소유 총기의 42퍼센트를 차지하고 있다. 2011년 기준으로 미국 성인의 34퍼센트(남자 46퍼센트, 여자 23퍼센트), 미국 가정의 43퍼센트가 집에 1정 이상의 총기를 소유하고 있으며, 매일 10만 명의 학생이 총기를 휴대하고 등교하고 있는 실정이다.

인구의 15퍼센트 이상이 빈곤선 이하에서 생활하고 있다는 점도 간과할 수 없다. 폭력적 문화에 대해선, 미국의 건국 과정과 무관하지 않겠지만, 많은 사람이 그 주된 책임을 TV에 돌리고 있다. 미국의 아동보호기금Children's Defense Fund 이사장인 메리언 에덜먼Marian Eelman은 "미국에서는 총이 영광의 상징이었다. 우리는 총에 많은 투자를 했고 영화나 TV를 통해 폭력을 팔았다"고 했다.[30]

폭력방지정책센터Violence Policy Center의 선임 연구원 톰 디아즈Tom Diaz는 "미국의 총기 문화는 과거 건국·서부 개척 시대에 자기 보호를 위해 출발했지만 그동안 스포츠화를 거쳐 지금은 현실도피·과시욕, 반反사회를 표현하는 하위문화 수준으로 왜곡·타락했다"고 비판한다. 그는 "1990년대 초를 고비로 호신용 권총 시장이 포화 상태에 이르자 총기 생산업자들이 라이플 소총 시장에 눈을 돌렸다. 이들은 전국총기협회NRA를 중심으로 뭉쳐 92년부터 〈스나이퍼〉 같은 할리우드 영화 제작을 지원하고 '레밍턴 톱샷'이나 '스와트' 등 관련 비디오게임을 공동 개발하는 식으로 문화적 미끼를 먼저 뿌렸다"고 말한다.[31]

'TV 폭력 규제법'의 제정

미디어의 폭력 묘사가 실제 폭력에 미치는 영향은 지금까지도 정확히 규명되지 않은 주제다. 미디어 산업은 그 영향이 거의 없거나 미미하다는 쪽의 결론을 도출하기 위한 연구에 많은 돈을 쓰고 있기 때문에 지금까지도 논란이 끊이질 않는다. 그러나 미국 심리학회, 미국 의사회, 소아과학회, 아동정신의학회 등은 매스미디어가 많은 어린이의 공격적인 행동과 태도를 유발하는 중요한 요인이 되고 있다는 데 견해를 같이했다. 1992년 미국 심리학회는 매스미디어의 영향에 대해 6년간에 걸친 연구 결과를 다음과 같이 발표했다.

"매스미디어의 '폭력'은 ① 타인에 대한 폭력, 공격을 증대시킨다. ② 자신이 피해자가 되는 건 아닌가 하는 공포심을 조장한다. ③ 폭력에 대한 감각을 마비시킨다. ④ 보는 것에 의해 공격적인 행동이 유발되고 또 다시 보게 되는 패턴이 반복된다. 시청자는 폭력으로 문제가 해결되는 것을 보고 상상의 세계에서 폭력을 그리게 되며 이것이 공격적인 행동과 사회 적응 문제, 폭력 현시 욕구를 초래한다."[32]

미국에선 TV의 폭력 묘사의 주요 고객이 청소년과 어린이라는 점에서 문제의 심각성이 더하다. '전미TV폭력퇴치연합National Coalition on Television Violence'은 18세가 되면 보통의 미국 청소년은 TV에서 20만 건의 폭력 장면을 시청하며, 이 가운데 4만 건이 살인 장면인 것으로 추정했다.[33]

어린이 프로그램의 폭력 묘사는 날이 갈수록 더 심해지는 경향을 보여왔다. 거브너가 1991~1992년 TV 시즌에 방송된 프로그램을 분석한 바에 따르면, 실제로 어린이 프로그램이 프라임타임대 프로그램보다 더 많은 폭력을 담고 있음을 보여주었다.

왜 폭력의 공포에 떠는 사람들은 정치적으로 보수화되는가?

어린이물에서는 1시간당 폭력 행위 빈도가 32건이었음에 반해 프라임타임대에서는 4건에 불과했다는 것이다. 이런 식이라면, 평균적인 미국의 어린이는 초등학교를 졸업하기 전에 TV를 통해 8,000건의 살인과 10만 건의 폭력 행위를 보게 된다는 계산이 나온다.[34]

거브너의 1992~1993년 시즌의 조사에서는 어린이물의 시간당 폭력 행위 빈도는 18건으로 크게 감소했다. 그러나 이는 폭력 장면이 가장 많은 만화영화 일색의 어린이 시간대에 드라마 등 다른 장르의 프로그램이 편성되었기 때문인 것으로 분석되었다. 거브너는 그와 동시에 1990년 12월에 제정된 'TV폭력 규제법'의 영향도 어느 정도 작용했을 것으로 보았다.[35]

'TV폭력 규제법'은 케이블 TV를 포함한 모든 TV업계가 1993년 내에 스스로 폭력 프로그램을 방송에서 배제하기 위한 가이드라인을 만들 것을 요구했다. 이에 따라 3대 TV 네트워크는 1992년 12월에 다음과 같은 자체 가이드라인을 발표했다.

① 수량을 제한하는 것이 아니라 어디까지나 자주적인 것으로 한다. ② 폭력 묘사는 내용에 비추어 필요한 경우에 한한다. 당치도 않은 내용, 미화한 내용, 고의로 자극하는 내용, 쇼크를 주는 내용이 아닐 것. ③ 어린이들이 흉내 낼 우려가 있는 행동 묘사는 신중을 기할 것. ④ 성적 폭력의 묘사에는 특히 신중을 요함. ⑤ 작품의 주제가 명백하게 반폭력의 입장이라고 한다면 이 기준에서 예외로 인정한다.[36]

프로그램 경고문과 '브이칩V-chip'

그러나 그런 가이드라인은 TV 네트워크들이 TV폭력 문제의 심
각성을 제대로 인식하지 못하고 있다는 걸 말해주는 증거에 다름
아니었다. 1993년 들어 상원과 하원에서의 TV폭력에 관한 논의
는 더욱 활발해졌다. 또 전국 학부모-교사협의회PTA와 미국의료
협회AMA 등 19개 단체는 '반TV폭력'을 위해 활동할 연합 조직을
결성하는 움직임을 보였다. 상황이 그렇게 돌아가자 ABC · CBS
· NBC · Fox 등 4개 네트워크는 1993년 가을 개편부터 폭력적
인 내용을 담고 있는 프로그램에 경고문(2년간 실험적으로 실시)을
싣겠다고 발표했다.

　"프로그램의 일부에 폭력적인 내용이 포함돼 있습니다. 부
모님들은 주의해 주십시오"라는 메시지를 해당 프로그램이 시작
되기 전과 프로그램 예고 방송, CM이 나갈 때에 고지하고 잡지
와 신문의 안내란에도 표시하겠다는 것이었다. 그러나 그렇게
할 대상은 프라임타임의 프로그램에 한정되었고 어린이 대상 만
화 프로그램은 제외되었다. 또 폭력적인가 아닌가 하는 내용의
판단에 대해서는 영화와 같은 기준을 작성할 계획은 없고 각 사
의 프로그램 심의의 판단에 맡기기로 했다. 케이블 TV 중 15개
사가 네트워크의 그런 조치에 준해 따르겠다는 뜻을 표명했다.

　그러나 의회는 그 정도로는 불충분하다고 보고, 1993년 8월
2일 로스앤젤레스에서 열린 폭력 프로그램 대책위원회에서 상
원 헌법소위원회 위원장 폴 사이먼Paul Simon, 1928~2003은 보다 강

화된 규제를 준비하도록 요구했다. 그리하여 8월 상하원에 8개에 이르는 TV 프로그램 폭력 장면 규제 법안이 제출되었는데, 이 법안들 가운데 영향력과 실현 가능성 등에서 주목받은 건 다음의 3개 법안이었다.

첫 번째는 특정 시간대(어린이가 시청하고 있는 시간대)에 있어서 폭력 프로그램의 방영 금지를 요구하는 안이다. 두 번째는 면허를 갱신할 때, FCC가 각 방송사에 폭력 장면이 많은 프로그램을 줄이는 노력을 강화할 것을 요구하는 한편, 폭력 기준을 설정해 위반 방송사에 대해 벌금을 매기자는 안이다. 그리고 세 번째 안은 이른바 '브이칩' 안인데, 이에 대해서는 좀더 자세한 설명이 필요하다.[37]

이는 매사추세츠주의 민주당 하원의원 에드워드 마키Edward J. Markey, 1946~가 제안한 것으로, TV 수상기 제조 회사들이 '브이칩V-chip'이라고 하는 것을 모든 수상기에 의무적으로 설치케 하는 것이었다. 브이칩은 폭력적이라고 판단되는 모든 프로그램의 전파에 특수 신호를 담아 송출하게 하고, 이 신호를 TV 수상기가 자동적으로 찾아내도록 하는 컴퓨터 칩이다. 브이칩이 설치되면 부모들은 특수 신호를 담고 있는 모든 프로그램들을 자동적으로 차단할 수 있게 된다. 단, 이 법안에 따르면 폭력적인 V 등급 프로그램은 방송사가 자율적으로 결정하도록 했다.[38]

또 그 밖의 법안들이 내세운 조치들을 종합, 정리해보면 ① 부모의 불만을 접수할 800번 전화 설치, ② 폭력 건수의 수량화, ③ 폭력물 경고, ④ 프로그램 홍보 시간대 모니터링, ⑤ 해결책을 모색하기 위한 대통령 직속위원회 구성, ⑥ 폭력 프로그램의 광고비에 대한 세금 감면 불허 등이었다.[39]

끝이 없는 'TV 폭력 묘사' 논쟁

TV폭력을 규제하고자 하는 클린턴 행정부의 의지도 제법 단호했다. 1993년 9월 신임 FCC 위원장 리드 헌트Reed Hundt, 1948~는 TV폭력 문제를 가장 중요한 건의 사항으로 거론하겠다는 걸 분명히 했다. 또 1993년 10월 20일 미 법무장관 재닛 리노Janet Reno, 1938~는 TV 폭력물을 주제로 한 상원의 한 청문회에서 TV 방송사들을 향해, 매일같이 전 국민의 안방을 파고드는 총질과 칼싸움 및 기타 폭력의 홍수를 막기 위해 자율 조치를 즉각 취하지 않을 경우, 백악관과 의회가 적절한 법적 조치를 강구하게 될 것이라고 강력히 경고했다.[40]

상황이 그 지경에 이르자, 1994년 1월 미국의 케이블TV 회사들은 방송 프로그램의 폭력성에 분노한 상하 의원들의 노여움을 가라앉히기 위해 독립적인 외부 모니터들이 프로그램에 등급을 매겨 정기 보고서를 작성토록 하는 프로그램 등급제를 도입키로 하고, 이를 위한 실행 계획을 수립했다. 이 계획안에는 케이블 가입자들이 '폭력적'이라고 등급이 매겨진 프로그램을 자동적으로 차단할 수 있는 장치의 도입도 포함되었다.[41]

공중파 네트워크 방송사들은 1993년 7월, 폭력적인 내용을

왜 폭력의 공포에 떠는 사람들은 정치적으로 보수화되는가?

담고 있는 일부 프로그램의 앞에 경고문을 방송키로 합의한 바 있지만, 본격적인 등급 제도는 단호히 반대한다는 입장을 견지했다. 광고주가 겁을 내 이탈할 수 있으며, 또 실질적인 사전 검열 제도가 될 우려가 있다는 이유에서였다.[42] 그러나 그들도 이젠 막다른 골목에 이르렀다고 판단한 것인지 서서히 변화의 조짐을 보이기 시작했으며, 그 결과 미국에서는 폭력물 모니터가 신종 사업으로 부상하기 시작했다. 이에 대해『뉴욕타임스』1994년 5월 9일자는 다음과 같이 보도했다.

"프로그램의 폭력성 모니터 사업이 각광받고 있는 것은 지난여름부터 강화되기 시작한 의회 압력의 결과다. 폭력 프로그램이 날로 증가하고 있는 청소년 범죄의 원인으로 규정되어 법적 규제의 위협을 받게 되자 비디오·방송·케이블 단체들은 예상했던 조치를 취했다. 즉 이 문제를 희석시키는 방법을 생각해낸 것이다. 폭력물을 줄이겠다는 약속 대신 폭력성과 관련된 정보를 보다 많이 제공하는 데 의견 일치를 본 것이다. 비디오 게임 제조업자들은 제품에 등급을 지정하여 부모가 특별히 폭력적인 게임을 식별하도록 하겠다고 약속했다. 방송사와 케이블업계 또한 별도의 위원회를 구성하여 TV폭력에 관해 조사·보고하겠다고 밝혔다.……지난 몇 개월 동안 케이블과 방송업계는 폭력물을 모니터한 제안서를 접수했다. 두 업계 모두 폭력에 대한 양적 측정뿐만 아니라 질적 측정 방법도 요구했다. 양측 모두 얼마나 많은 제안서를 접수했는지 밝히진 않았지만 주로 학계 또는 비영리 연구단체들로부터 제안이 들어왔다고 전했다."[43]

거브너 역시 케이블업계와 방송사에 심의를 책임지겠다는 제안서를 제출한 사람들 중의 하나였다. 그는 "외부인이 프로그램을 심의하도록 방송업계가 동의한 경우는 이번이 처음이다. 바람직한 결과가 나올 것 같다"고 말했다.[44] 물론 그 결과는 그렇게 만족할 만한 수준의 것은 되지 못했으며, 2000년대 들어 시행된 프로그램 등급제와 브이칩 제도 역시 이렇다 할 성과를 거두지 못한 채 미디어의 폭력 묘사를 둘러싼 논쟁은 오늘날까지도 계속되고 있다.[45]

2007년 9월 워싱턴 D.C. 소재 방송 모니터 단체인 부모TV 위원회PTC: Parents Television Council가 발표한 연구 보고서에 따르면, 오후 8시부터 9시까지의 가족시청시간대에 방영된 지상파 TV 프로그램에서 폭력과 섹스 장면이 6년 전에 비해 20~50퍼센트 정도 늘어났다. 미국의 프라임타임은 오후 8시부터 11시인데, 미국의 연방 외설 규제법은 오후 10시까지 방영되는 프로그램들만 대상으로 하기 때문에 보통 오후 10시 이후 프로그램에는 섹스와 폭력 장면이 많이 방영되지만, PTC가 6개 지상파 TV에서 2006~2007년 사이 가족시간대에 방영된 180시간의 프로그램들을 분석한 결과 2000~2001년에 비해 폭력 장면은 52.4퍼센트, 섹스 장면은 22.1퍼센트 늘어난 것으로 드러났다는 것이다.

이런 분석 결과에 대해 방송사들은 과거와 달리 케이블과 위성방송 채널들이 많아졌고 DVD나 디지털 비디오 녹화기에 프로그램들을 녹화할 수 있기 때문에 예전처럼 온 가족이 모여 앉아 TV를 시청하지 않는다고 반박했다. 그러나 PTC의 이런 연구 결과는 미 의회로 하여금 미 연방통신위원회FCC가 폭력과 섹스 관련 장면들을 규제할 수 있도록 하는 법안을 통과하도록 자극할 수도 있다는 분석이 나왔다.[46]

그럼에도 이젠 '다매체 다채널'이라고 하는 기술상의 변화가 TV폭력 묘사에 대한 강력한 규제를 어렵게 만드는 요인으로 부상했다는 걸 부인하기 어렵게 되었다. 앞으로도 미디어의 폭력 묘사를 둘러 싼 갈등은 계속될 것이며, 그 양상도 더욱 복잡해질 것이다. 미디어의 폭력 묘사에 관한 의견은 이념적인 분류가 불가능하다. 각기 다른 이유로 진보와 보수 세력이 미디어의 폭력 묘사를 반대하는가 하면, 또 각기 다른 이유로 진보와 보수 세력이 미디어의 폭력 묘사에 대한 지나친 규제를 반대하고 있기 때문이다. 여기엔 표현의 자유를 존중하는 자유주의적 입장과, 미디어의 폭력 묘사를 어떤 중요한 메시지를 전달하기 위한 수단으로 이용하느냐 아니면 그 자체를 상업적 목적으로 보느냐 하는 차이가 혼재되어 있기 때문에 그러하다. 특히 폭력을 예술적으로 표현하는 '폭력의 심미화aestheticization of violence'는 그런 어려움을 가중시키고 있다.[47]

"기업이 아이들에게 문화의 스토리텔러가 되고 있다"

거브너가 TV폭력에 대해서만 이야기한 건 아니다. 그의 페미니즘도 알아줄 만하다. 그는 TV에 묘사되는 여성이 약하고 수동적이고 우유부단하고 빨리 늙는 존재로 묘사되고 있으며, 이로 인해 여성은 인류 역사상 최대의 문화적 공격의 희생자가 되고 있다고 말한다. 그는 또 65세 이상의 노인 인구는 전 인구의 11퍼센트나 되지만 TV 속의 노인 인구는 2퍼센트에 불과하며 그것도 부정적으로 묘사되고 있다는 것을 지적한다. 또 거브너는 TV 속의 세계는 단순명료한 세계로 그 세계에 접하면서 성장한 이른바 'TV 세대'는 현실 세계의 복잡성에 대해 제대로 대처하지 못하고 있다는 것을 우려한다.[48]

물론 소수민족과 빈곤층도 마찬가지 대접을 받고 있다. 이에 대해 거브너는 이렇게 말한다. "미국 텔레비전 방송에선 가난한 사람들을 보기 어렵다. 광고주들은 이런 사람들이 나오는 작품을 싫어한다. 주로 마약 상인, 폭력적인 요소가 등장한다. 시청률이 높은 시간대의 TV 드라마에 등장하는 인물 가운데 가난한 사람은 1.3퍼센트에 불과하다. 그들이 등장할 경우에도 주로 다른 사람들을 위협하는 역할을 맡는다."[49]

부자는 어떤가? 줄리엣 쇼어Juliet B. Schor는 『쇼핑하기 위해 태어났다Bron to Buy』(2004)에서 거브너의 연구 결과를 소개하면서 이렇게 말한다. "텔레비전을 장시간 시청하는 사람들은 풍요로운 생활을 일반적인 것으로 생각한다. 그들은 수영장, 가정부, 여타 사치품들을 소유하고 있는 부자들이 실제보다 훨씬 많다고 생각한다. 내가 실시한 통계 분석에 따르면 텔레비전을 장시간 시청한 사람들일수록 지출이 높고 저축이 낮았다. 텔레비전 시청으로 소비욕이 증가했기 때문일 것이다."[50]

문화의 형성과 관련해 '스토리텔링story-telling'의 중요성을 강조해온 거브너는 기업들이 아이들에게 문화를 전수하는 스토리텔러가 되고 있다고 경고한다.[51] "인류 역사상 처음으로 우리에게 이야기를 들려주는 주체가 부모와 교회와 지역사회와 모국에서, 몇 개 안 되는 거대한 미디어 복합기업으로 바뀌었다. 사실상 이들은 우리에게 들려줄 이야기는 전혀 없고, 판매할 것만 잔뜩 지니고 있다."[52]

특히 광고가 아이들의 심리적 취약점을 이용하는 것도 문제다. 광고대행사 샬렉 에이전시Shalek Agency의 대표 낸시 샬렉Nancy Shalek은 이렇게 말한다. "최고의 광고는 (광고하고 있는) 제품을 갖고 있지 않으면 패배자라는 생각이 들도록 하는 광고이다. 아이들은 특히 이 사실에 민감하다. 만약 무엇인가를 구매하라고 말하면 아이들은 그에 반항하지만 특정 제품이 없으면 바보가 된다고 말하면 관심을 집중한다. 아이들은 감정적으로 매우 취약한 존재이기 때문에 이 점을 이용하면 아이들을 쉽게 다룰 수 있다."[53]

TV 드라마는 '세상이 공정하다는 믿음belief in a just-world'을 강화시키기도 한다. 미국 심리학자 마커스 아펠Markus Appel의 2008년 연구에선 드라마와 코미디를 즐겨 보는 사람들은 뉴스와 다큐멘터리를 즐겨 보는 사람에 비해 '세상은 정의롭다'고 믿는 비율이 높은 것으로 나타났다. 아펠은 픽션이 '시적 정의poetic justice'라는 주제를 끊임없이 우리 뇌에 주입함으로써 세상이 전반적으로 정의롭다는 과도한 낙관을 심는 데 일말의 책임이 있을

지도 모른다고 결론 내렸다.[54]

마르크스가 오늘날 살아있다면 어떤 책을 썼을까?

거브너는 TV가 이전의 국가·종교·교육을 제치고 가장 강력한 사회제도로 부상했으며 현대사회를 형성하는 지배적인 힘이라는 걸 강조한다. 그는 TV는 세속적인 종교와도 같은 것임에도 그것이 사적 이윤 추구의 논리에 의해 움직이는 걸 개탄한다.[55] 거브너는 1977년 「TV는 새로운 국가 종교인가?Television: The New State Religion?」라는 글을 발표하기도 했으며, 1982년 4월 '미디어 생태학 학술회의' 연설에선 다음과 같이 말했다.

"텔레비전은 사설 문화부장관이 운영하는 새로운 국가 종교인데, 모든 사람들에게 보편적인 커리큘럼을 제공하고 있으며 재정은 세목이 명시되지 않은 숨은 징세 형식으로 충당한다. 사람들은 TV를 보지 않아도 (광고에서 본 세제로) 씻을 때, 그리고 TV를 보건 말건 상관없이 돈을 지불하는 셈이다."[56]

거브너는 1995년 "미디어가 다양해지면 사회도 다양해진다"는 슬로건을 내걸고 '문화환경운동Cultural Environment Movement'을 출범시켰다. 그는 "고민만 하지 말고 조직하라Don't agonize, organize"고 외치면서 이전보다 다 강한 대안을 제시했다.[57] 그는 미디어 독점을 분쇄하고 소유권과 고용 형태와 표현을 다양화하기 위해서 독점금지법을 제정할 것을 주장하면서 다음과 같이 말했다.

"그동안 각성이라는 측면에선 진전이 있었지만, 실천 측면에선 거의 진전이 없었다. 미디어업계 종사자를 포함한 대부분의 사람이 스스로 어떤 일을 하고 있는지에 대한 인식을 갖고 있지만, 밥줄 때문에 옴짝달싹할 수 없는 상황으로 여겨진다. 풀뿌리 시민운동은 프로듀서와 작가와 연출가와 저널리스트의 목을 죄는 글로벌 시장의 올가미를 늦출 수 있다."[58]

거브너의 관심은 TV를 넘어서 우리 시대의 공중 커뮤니케이션public communications의 근본적인 위상으로까지 이어진다. 그는 만약 카를 마르크스Karl Marx, 1818~1883가 오늘날 살아 있다면, 그의 주요 저서는 『자본론Capital』이 아니라 『커뮤니케이션 Communications』이 되어야 할 것이라는 견해에 일리가 있음을 인정한다. 산업사회가 생존과 복지의 물질적 요건을 충족시킴에 따라, 사회 시스템의 긴장과 갈등이 대중문화 영역으로 이전되어 가고 있으며, 그에 따라 공중 커뮤니케이션의 가치와 위상에 대한 재평가가 필요하다는 그의 주장은 공중 커뮤니케이션을 여전히 과거의 기준으로 보는 경향에 비추어 타당하다 아니할 수 없다.[59]

물론 거브너와 그의 동료들의 주장을 다 그대로 믿을 필요는 없다. 그러나 그가 TV에 관한 올바른 문제 제기를 한 것만큼은 분명하다. TV가 단지 상업적 고려에 의해서만 형성되고 논의되는 건 매우 불길한 일이 아닐 수 없다. TV폭력으로 인해 시청자들의 위험과 불안정에 대해 고양된 느낌, 즉 '도덕적 공황moral panic'이 제도권 권위에 대한 맹종과 의존을 증대시킨다는 건 많은 이데올로기 연구에서도 잘 나타나고 있다.[60]

강력한 '사회 통제 메커니즘'으로 부상한 '도덕적 공황'

특히 미국의 9·11 테러 사건 이후 나타난 사회적 여파는 미디어의 과도한 폭력 묘사 또는 보도로 인한 '도덕적 공황'이 제도적 권위에 대한 의존과 맹종을 증대시킬 가능성이 높으며 그 가능성이 사회적 약자에 대한 부당한 억압으로 귀결될 수 있다는 우려를 현실화시켜 준 대표적 사례로 볼 수 있다.

오늘날 사회학자들은 '사회 통제 메커니즘'으로서의 도덕적 공황과 미디어가 그런 메커니즘의 중심에 놓여 있다는 점에 주목한다. 앤서니 기든스Anthony Giddens와 필립 서튼Philip W. Sutton은 "도덕적 공황은 전형적 패턴을 따른다"며 다음과 같이 말한다.

"이는 무언가 또는 어떤 집단이 공통의 도덕적 가치에 대한 위협으로 여겨지면서부터 시작된다. 이러한 위협은 매스미디어를 통해 과장되고 단순화되어, 대중으로 하여금 그러한 이슈에 대해 예민하게 반응하고 우려하도록 만든다. 결국 이는 '모종의 조치'에 대한 요구로 이어지고, 정부 당국이 이를 행동에 옮기도록 하는 (통상적으로 새로운 입법을 통해) 압력 또한 증대한다. 경우에 따라서는 공황 상태가 미디어의 관심 주기가 끝날 때까지 지속되기도 한다."[61]

왜 폭력의 공포에 떠는 사람들은 정치적으로 보수화되는가?

이런 관점에서 이루어진 최초 연구는 영국에서 사회학자 스탠리 코언Stanley Cohen, 1942~2013이 1972년에 출간한 『악마와 도덕적 공황Folk Devils and Moral Panic』이다. 미디어가 하위문화 집단들이 벌인 '작은' 사건들을 보도하면서 공포감을 조성해 그들에게 일탈의 낙인을 찍는 과정을 분석한 작품이다. 1978년 스튜어트 홀Stuart Hall, 1932~2014과 그의 동료들은 『위기 관리하기Policing the Crisis: Mugging, the State and Law and Order』를 통해 지배 권력이 범죄를 사회적 통제를 위한 도구로 이용하고, 그 와중에서 미디어의 증폭 과정을 거치면서 생성된 도덕적 공황이 이데올로기 기능을 수행하는 것을 분석했다.[62]

도덕적 공황은 사회 특정 집단을 희생양 삼아 발생하는 경우가 많은데, 그 대상은 매우 다양하다. 예컨대, 텍사스A&M대학 심리학과 교수 크리스토퍼 퍼거슨Christopher J. Ferguson은 게임과 폭력 사건을 연관 짓는 움직임을 도덕적 공황으로 설명한다. 그는 "총기 난사 사건 후 게임에 대한 부정적 여론이 확산되며 이를 바탕으로 게임과 폭력성을 연결 짓는 이후 연구가 늘어나고 이러한 연구가 부정적 여론을 더욱 확대하며 정책에도 영향을 미치는 과정은 도덕적 공황의 예"라고 주장했다.[63]

만성적 현상이 된 한국의 '도덕적 공황'

한국에선 2011년 12월 이후 중·고생들의 연이은 자살과 함께 학교폭력이 언론에서 집중 조명을 받았는데, 그 과정에서 각종 학생폭력조직의 현황과 활동부터 학교폭력이 조직폭력배와 연결되어 있다는 등 놀라운 사실들이 보도되었다. 교육 전문가들은 다양한 해결책을 쏟아냈고, 정부도 이에 호응해 2012년 2월 초 '학교폭력근절 종합대책'을 내놓는 등 강력한 대응 의지를 표명했다.

이런 일련의 움직임과 관련, 숙명여대 미디어학부 교수 심재웅은 "학교폭력을 다루는 언론 보도에서 '도덕적 공황moral panic'으로 흐르는 경향"이 나타났다고 지적했다. 그는 "언론 보도에 나타난 도덕적 공황은 전형적인 특성을 보인다. 먼저 언론은 선정적이며 자극적인 방식으로 이슈를 부각하며, 문제의 심각성을 알린다. 정부 관료나 오피니언 리더들은 정보원으로 등장해 보도된 내용이 사실임을 강조한다. 보도를 접한 기성세대들은 상황이 매우 심각하며, 이를 위해 특단의 조치가 필요하다는 공감대를 형성한다"며 다음과 같이 말했다.

"지금까지 언론 보도는 학교폭력을 우리 사회에서 가장 반사회적인 행위 중 하나로 규정했다. 폭력을 저지르는 청소년은 사회적 격리와 처벌의 대상임을 분명히 했다. 문제는 언론을 통한 도덕적 공황이 학교폭력을 극적으로 묘사함으로써 오히려 합리적 판단이나 해결책을 모색하기 어렵게 만든다는 것이다. 아이러니가 아닐 수 없다. 최근 청소년폭력예방재단의 조사에 따르면, 학교폭력에 대한 언론의 무수한 보도와 폭력을 막겠다며 내놓은 정부의 대책에도 불구하고 학교폭력은 오히려 증가하고

왜 폭력의 공포에 떠는 사람들은 정치적으로 보수화되는가?

있다. 학교폭력에 대한 언론의 진단과 정부의 정책이 실질적인 효과가 없다는 뜻이다. 학교폭력 이슈에 대한 언론의 침착한 접근을 주문하고 싶다."[64]

일부 서양 학자들은 도덕적 공황이 더 이상 단발적 현상이 아니라 근대사회 일상생활의 만성적 특성이 되었다고 주장하지만,[65] 한국에선 도덕적 공황이 오래전부터 만성적 현상이었다. 한국 특유의 '미디어 1극 구조' 때문이다. 도시국가를 제외하고, 이 지구상에 한국처럼 미디어가 한 거대 도시에 집중되어 있는 나라는 찾아보기 어렵다. 다양성은 실종된 가운데 모든 미디어가 특정 이슈에 경쟁적으로 '올인'하는 경향이 일상화되어 있다. 그 어떤 주제건 사람들을 놀라게 만들 만한 이슈라면 도덕적 공황을 만들어내고야 만다.

한 도시에 집중적으로 몰려 있는 미디어는 어떤 이슈가 떠오르면 살인적인 경쟁을 벌이면서 무작정 쓰고 보자는 식으로 최소한의 사실관계조차 확인하지 않은 채 선정적으로 치닫는 경우가 많다. 그래서 '하이에나 저널리즘'이란 말까지 나왔다.[66] 하지만 그걸 언론 윤리의 문제만으론 보기 어렵다. '미디어 1극 구조'라는 환경과 조건이 훨씬 더 큰 이유다. 그 구조를 그대로 두는 한 자주 발생하는 도덕적 공황은 우리의 숙명이다.

이젠 '친근한 세상 신드롬'이 문제인가?

인터넷과 SNS의 시대엔 '사악한 세계 신드롬'보다는 '친근한 세상 신드롬friendly world syndrome'이 더 큰 문제라는 지적도 있다. 이와 관련, 미국의 온라인 정치 시민단체 '무브온'의 이사장인 엘리 패리저Eli Pariser는 2011년에 출간한 『생각 조종자들The Filter Bubble』에서 "페이스북이 '중요해요' 대신에 '좋아요'를 선택한 것은 의미심장한 결정이다. 페이스북에서 가장 관심을 끄는 이야기는 가장 많은 '좋아요'를 얻은 이야기이다. 그리고 그 이야기는 가장 좋아할 만한 것이기도 하다. 페이스북은 멸균된 친근한 세상을 지향하는 유일한 필터링 서비스는 아니다"며 다음과 같이 말한다.

"친근한 세상 신드롬의 효과 중 아주 곤란한 것 중의 하나는 중요한 공공적 문제가 사라져버린다는 것이다. 일반적으로 무미건조하고 복잡하고 천천히 진행되는 문제들은 아주 중요한 안건들인데도 별로 눈길을 끌지 못한다. 홈리스에 대한 정보를 찾는 사람은 거의 없고, 공유하지도 않는다. 지금까지는 뉴스를 편집하는 사람들의 손에 의해 이런 문제들이 조명되었지만, 이제 편집인들의 영향력은 줄어들고 있다."[67]

사람과디지털연구소장 구본권은 「'좋아요'만 허용한 페이스북의 잔인함」이란 글에서 모든 감정적 표현과 반응을 '좋아요' 단추로만 표현하도록 하는 페이스북의 기본 구조는 잔인하다고 말한다. "'싫어요'나 '슬퍼요' 단추가 없어, 사용자들은 친구가 부모상을 당하거나 비탄에 빠졌다는 글을 올려도 '좋아요'를 눌러대고, 알고리즘은 가장 많이 '좋아요'를 받고 공유된 콘텐츠를 골라내 '가장 행복한 모습'으로 발행한다"며 다음과 같이 말한다.

"구글과 페이스북 등 거대 인터넷 기업들은 정교한 알고리즘 기술을 통해 디지털 세상을 운영하고 있으며, 스마트폰과 일체화된 우리들의 삶은 갈수록 이러한 알고리즘의 지배와 영향 아래 놓이게 된다. 로봇과 알고리즘의 커져가는 힘을 사용자가 인식하고 좀더 인간적 기준을 제시해나가지 않으면, 기계에 우리를 맞추는 위험한 경우가 점점 늘어날 수밖에 없다."[68]

사악하건 친근하건 우리의 현실 인식을 방해하는 건 피하는 게 좋겠지만, 문제는 우리가 미디어의 세계에 갇혀 옴짝달싹할 수가 없게 되어 있다는 점이다. '미디어 독재 체제' 하에 살고 있다고 해도 과언이 아니다. 매스미디어의 시대엔 자신의 의식이 그 무엇에 의해 지배당하거나 조종당할 수도 있다는 걸 어렴풋하게나마 의식할 수도 있었지만, 인터넷과 SNS의 시대엔 개인의 자율성과 자기주도성에 대한 착각이 극대화되면서 그마저 쉽지 않은 일이 되어버리고 말았다.

제 7 장

레이먼드 윌리엄스
Raymond Williams

왜
미디어의 해방적
가능성을 포기하면
안 되는가?

한 영국 좌파의 죽음에 대한 두 가지 시선

"런던. 1월 28일(AP)—레이먼드 윌리엄스. 영국 좌파주의자. 66세. 사망. 노동계급을 위해 헌신했고 케임브리지 및 옥스퍼드대학에서 교편을 잡았던 문화역사가가 화요일 자택에서 사망했다. 그는 66세였다. 60년대에 윌리엄스는 영국 신좌파의 주요 멤버였다. 그는 대학이 더욱 민주적으로 운영되어야 한다고 요구한 학생들을 지지했다. 윌리엄스는 북웨일스에서 철도 신호수의 아들로 태어났다. 그의 저서들에서 그는 영국의 문학적 전통을 재평가했으며 노동자들은 늘 예술 활동에서 배제되어왔다고 주장했다. 그의 저서 25권 속에는 소설, 희곡과 조지 오웰의 전기가 포함되어 있다. 마르크스주의자인 윌리엄스는 케임브리지대학에서 문학을 전공했다. 제2차 세계대전 시 군복무 후 그는 옥스퍼드대학에서 가르쳤으며 1973년부터 1984년 사이에 케임브리지

대학의 드라마 교수였다."[1]

레이먼드 윌리엄스Raymond Williams, 1921~1988의 사망을 보도한 『뉴욕타임스』 기사에만 의존한다면 윌리엄스는 그저 문학을 연구했던 학자일 뿐이다. 그러나 그의 업적은 문학 이외의 다른 분야에서도 빛나고 있다. 어느 역사학자는 윌리엄스가 "파업이나 가족관계보다는 소설과 드라마에 대해 썼고" 문학비평가로 널리 알려졌기 때문에 역사가들에 의해 무시되는 경향이 있음을 지적하고 그런 오류를 바로잡을 것을 제안하기도 했다.[2]

"레이먼드 윌리엄스의 갑작스럽고 때 아닌 사망은 커뮤니케이션을 공부하는 모든 사람들에게서 탁월한 지적·정치적 모범과 최후의 순간까지 강력하고 끊임없이 발전하며 적합했던 지성을 빼앗아갔다. 특히 영국의 문화사회적 환경 속에서 일하지 않았던 사람들에게 윌리엄스가 기여한 것의 중요성을 간단히 말하긴 쉽지 않다. 그건 윌리엄스의 작업에서 일관된 이론 또는 문화적 분석의 방법을 추출해내는 것이 어렵기 때문이다. 오히려 그의 작업은 문학 텍스트를 꼼꼼히 읽는 전통에서 파생되어 더욱 폭넓은 문화·사회적 영역에 적용된 귀납적인 문화적 분석과정의 본보기이다.……내 생각으로는 윌리엄스의 작업은 미디어 연구에서 '영국학파'의 발전에 중심적인 것이었다. 여기서 '영국'은 국가적 쇼비니즘의 어떤 의미도 내포하고 있지 않다. 국가적 쇼비니즘은 윌리엄스가 가장 혐오했을 것임이 틀림없다. 윌리엄스는 국제적 학술·탐구·투쟁에 의존하고 기여하면서 그의 작업을 언제나 국제 사회주의 전통이라고 하는 틀 안에서 수행했을 뿐만 아니라 그의 작업을 통해, '영국'이라고 불리우는 문화와 정치적 조직체를 형성했고 지금도 형성하는 데에 따라붙는 사회적 갈등과 억압의 과정을 끊임없이 증언했기 때문이다. 실제로 윌리엄스는 그의 말년에 더욱 자신을 웨일스 사람으로 간주하였고 또 지적으로나 정치적으로 그렇게 행동했다."[3]

영국의 언론학자 니컬러스 간햄Nicholas Garnham, 1937~이 쓴 이 글이 시사하듯이, 커뮤니케이션 학자들은 윌리엄스가 보여준 대중문화와 텔레비전에 관한 탁월한 안목에 대해 깊은 관심을 기울였을 뿐만 아니라, 특히 범좌파 진영의 '정치경제학파'와 '구조주의 및 문화연구학파' 사이의 해묵은 논쟁에선 서로 윌리엄스를 자기편으로 끌어들이려는 시도를 하기도 했다. 이념의 좌우를 떠나 지식인으로서 사회를 제대로 이해하고자 하는 모든 사회과학자들 역시 윌리엄스를 비켜가기는 어려운 일임이 틀림없다.

속세를 무시하고 독선과
신비주의에 빠져드는 문학에 대한 비판

국내에선 문학평론가 백낙청이 1960년대 중반에 윌리엄스의 글을 『창작과 비평』에 번역, 소개한 이후로 문학자들이 윌리엄스에 대해 관심을 기울였고,[4] 1980년대에 미국에서 일어난 영국산 '문화연구Cultural Studies' 붐 이후엔 커뮤니케이션 학자들도 윌리엄스 연구에 뛰어들었다. 국내외를 막론하고 문학자들과 커뮤니케이션 학자들 사이에서 윌리엄스를 둘러싸고 벌어진 신경전이 흥미롭다. 예컨대, 스튜어트 랭Stuart Laing은 윌리엄스와 『신좌파평론New Left Review』의 편집자들과의 인터뷰를 수록한 책인 『정치와 문학Politics and Letters』(1979)의 437페이지 가운데 윌리엄스의 커뮤니케이션 분야 저서인 『텔레비전Television: Technology and Cultural Form』(1974)은 그저 한 번 스치고 지나간 정도의 대접밖엔 받지 못하고 있다는 점을 개탄했다.[5]

그건 윌리엄스 역시 개탄할 일임이 틀림없다. 윌리엄스는 매스미디어에 비상한 관심을 기울인 인물이었기 때문이다. 대부분의 지식인들이 텔레비전에 대해 경멸할 때에도 그는 부지런히 텔레비전 시청을 즐겼으며 텔레비전 비평을 쓰기까지 했다. 그는 속세를 무시하고 독선과 신비주의에 빠져드는 문학 연구자들을 다음과 같이 비판했다.

"옥스퍼드대학의 문학 연구에서는 오랜 동안 1830년 이전의 것만 다루어왔다. 그때 이후의 시절은 동요와 불확실성에 가득 차 있다는 이유로. 또 케임브리지대학의 영어사 연구에서는 중세 말기 이전의 것만 다루고 있다. 그때의 언어가 바로 지금 우리가 쓰고 말하고 변화시키는 언어가 되었다는 이유로. 실천은 인공물artifact이 되어버리고 말았다. 더욱이 그 인공물이라는 것도 보통 도서관과 박물관에서 발견될 수 있는 것들이 훨씬 더 큰 관심의 대상이 되고 있다. 17세기의 정치 팸플릿은 학술적 관심의 가치가 있지만 지금의 정당 정치 방송은 그런 가치가 없다는 것이다."[6]

윌리엄스는 문화연구자들이 탁월함과 과거의 성취라는 미명하에 현실 상황의 실천에서 유리되어도 괜찮다는 환상의 그림자에서 벗어날 것을 촉구했다. 그는 문학이 오랜 기간 동안 전문화의 과정을 거치면서 문학 연구자들의 관심의 폭이 좁아진 것에 대해 다음과 같이 개탄했다.

"문학에 관심을 갖는 사람의 영역도 전문화되었으며 일정 수준 이상의 활자화된 상상적 작문에만 국한되었다. 물론 이러한 작문들의 대부분은 과거에 쓰여진 것이다. 오늘날엔 오직 텔레비전과 온갖 '쓰레기'만이 존재할 뿐이라고 말하는 사람들도 있다. 그래서 어떤 곳에서는 문학이 마침내 영원히 사라질 때까지 멈추지 않는 원을 그리며 날았던 전설 속의 새를 닮게 되었다. 문학을 그렇게 이해하는 것은 그 연구자들 중 일부를 이상하게 만들었다. 나는 문화 분석을 시도했다는 이유만으로 비난을 받은 친구 한 명을 알고 있다. 그 친구가 시도한 문화 분석이 사회학으로서의 방종스럽고 무식한 침입이라는 것이다. 그런데 그런 비판자들은 그 당시 영국에서 단 한 건의 문화 분석도 하지 않았고 그걸 시도할 기미도 전혀 보이지 않았던 사람들이었다."[7]

마르크스주의자들도 그런 비판에서 면제될 수는 없다. 윌리엄스의 '글쓰기'는 난해하다는 평도 없진 않지만 그래도 많은 경우 보통 사람들을 대상으로 삼았다. 그가 텔레비전에 지극한 관심을 보인 것도 그런 '글쓰기'와 무관하지 않았다. 그의 책은 1980년대 중반에 이미 100만 권 이상이 판매될 정도로 폭넓은 독자층을 갖고 있었다. 그가 그의 동료들이 즐겨 쓰는 전문용어를 피해 보통 사람들로 하여금 그의 글에 접근할 수 있도록 한 것은 이상한 결과를 낳았다. 그의 글은 큰 논쟁을 불러일으키지 못했으며, 그는 마르크스주의 논쟁의 한구석에 머물렀다.[8]

사실 '전문가'들은 그들만이 알아들을 수 있는 용어로 이야기해야 이해가 빠르고 마음이 편안하다. 그런데 '전문가'이면서도 보통 사람들을 대상으로 해서 글을 쓰는 윌리엄스가 그들의 논쟁에서 큰 위치를 차지하기는 어려웠을 것이다. 윌리엄스가 오늘날에야 어떤 평가를 받든, 윌리엄스를 분석하고 해설하는 글이 윌리엄스의 글보다 더 어렵다면 그건 윌리엄스가 원하는 바가 아닐 것이며, 텔레비전을 비롯한 매스미디어를 무시하고 추상적인 이야기에만 집착한다면 그 또한 윌리엄스가 원하는 바가 아닐 것이다. 다음과 같은 그의 주장을 감안해보더라도 말이다.

"영국에서 산업혁명 초기에 교육이 재조직되었을 때 지배계급은 노동자들에게 '읽기'만 가르치고 '쓰기'는 가르치지 않기로 결정했다. '읽기'는 새로운 지시사항을 이해하는 데에, 그리고 더 나아가 도덕적 개선을 위해 『성경』을 읽는 데에 필요했기 때문이다. 그러나 노동자들은 명령이나 지시나 교훈을 내릴 일이 없으므로 '쓰기'는 필요 없다는 것이었다."[9]

700년간 저항과 투쟁으로 점철된 웨일스의 역사

윌리엄스는 1921년 8월 31일 북웨일스Wales의 국경 지역인 팬디

Pandy라고 하는 마을에서 태어났다. 그의 아버지 헨리 조지프 윌리엄스Henry Joseph Williams는 농업노동자 집안 출신의 철도 신호수였고, 그의 어머니 에스터 그웬돌렌 버드Esther Gwendolene Bird는 농장 관리인의 딸이었다. 그의 아버지는 1926년 총파업에 참여하고 노동당 지부 비서직을 맡는 등 현실 참여에 적극적인 인물이었다. 윌리엄스가 평생 사회주의자로서의 신념을 버리지 않은 건 그런 가정환경과 무관치 않았다.

웨일스의 역사는 윌리엄스를 이해하는 데에 매우 중요한 의미를 갖는다. 간햄의 말처럼, 윌리엄스는 자신을 웨일스 사람으로 간주했고 또 지적으로나 정치적으로 그렇게 행동했기 때문이다. 웨일스는 영국, 즉 그레이트브리튼Great Britain 섬 중에서 스코틀랜드와 잉글랜드를 제외한 부분으로, 인구는 1986년에 282만 명, 2011년 기준으론 300만 명이다. 면적은 2만 779제곱킬로미터로 한국의 전라남북도 면적과 비슷하다.

웨일스에는 일찍부터 북해 방면에서 온 켈트인이 정착해 있었다. 1세기부터 5세기 전반에 이르는 동안에는 로마인의 지배를 받았으며, 그 후에는 작은 왕국들이 분립해 서로 다투는 한편 잉글랜드의 앵글로색슨인에 대한 항쟁도 계속되었다. 8세기 후반에 잉글랜드 머시아Mercia 왕국의 오파Offa, 757~796 왕이 둑을 쌓아 웨일스인의 침입을 막았기 때문에 지금도 웨일스인은 잉글랜드를 '오파둑 건너편'이라고 부르기도 한다.

13세기 후반 르웰린Llywelyn ap Gruffudd, 1223~1282은 웨일스의 반 이상을 지배해 '프린스 오브 웨일스Prince of Wales'라 불렸으나, 1282년에 에드워드 1세Edward I of England, 1239~1307와의 싸움에서 패배함으로써 웨일스의 왕국은 사라지고 말았다. 르웰린의 목은 창끝에 매달린 채 런던까지 이송되었다. 이후 웨일스는 본토와 변토로 나누어졌으며, 에드워드 1세는 장남을 '프린스 오브 웨일스'에 봉하고 본토를 그 영지로 삼았다. 영국 왕의 장남에게 주어지는 '프린스 오브 웨일스'라는 칭호는 그때부터의 관행에서 연유한다. 웨일스 고유의 언어·관습·문화는 그 후에도 잉글랜드와의 합병 때까지 유지되었으며, 변토에서는 그 동안에도 웨일스인의 반항이 계속되었다.

1536년, 잉글랜드와의 합병으로 전全 웨일스는 영국의 일부가 되었으며, 잉글랜드어(영어)가 공용어로 정해지고, 많은 웨일스 관습법이 폐지되었다. 웨일스어는 잉글랜드와의 합병 이후로 쇠퇴하기 시작했으며, 웨일스의 국민적 독자성 유지를 목적으로 1925년에 설립된 웨일스 국민주의당의 노력에도 불구하고 웨일스어의 사용 인구는 계속 줄어들었다. 영어와 웨일스어를 함께 사용하는 인구는 1921년에 전체의 약 37퍼센트였으나, 20년 후에는 약 28퍼센트로 감소했고, 웨일스어만을 사용하는 인구는 1980년대에 3퍼센트 이하로 줄어들었다.[10]

1960년대부터 영국 정부는 웨일스어가 공용어가 될 수 있도록 허락했고, 웨일스어 TV 방송국까지 만드는 등 지원을 했지만, 이는 웨일스인이 오랜 세월에 걸쳐 벌인 투쟁 덕분에 성취된 것이었다. 빌 브라이슨Bill Bryson은 『빌 브라이슨의 유쾌한 영어 수다Mother Tongue: The English Language』(1990)에서 "이 언어가 살아남았다는 사실 자체는 웨일스인의 성격에 대한 찬사와 같다. 20세기에 들어서고 한참 후까지도 웨일스어를 쓰는 것은 사실상 불법이나 다름없었기 때문이다. 학교와 법원에서는 물론이고 수많은 사업장에서도 웨일스어 사용을 금지했다. 그 사실을 깜박 잊고 운동장에서라도 무심코 그 말을 한 아이들은 굴욕적인 처벌을 감수해야만 했다"며 다음과 같이 말한다.

"이들은 도로 표지판에 페인트를 덧칠하고, TV 송신탑을 부러뜨렸으며, 영어 사용자들이 소유하고 있는 주말 별장에 불을 질렀다. 이 투쟁 중에 100여 명이 투옥되었다. 오늘날은 보잘것없는 소수 언어일 뿐이지만, 웨일스어는 유럽 내 다른 어떤 소수 언어보다도 더 강인한 체질을 자랑한다.……물론 그 사용자의 수는 줄어들고 있지만, 아직 50만 명이 웨일스어를 쓴다."[11]

귀족주의적 교육 시스템에 편입된 노동계급 출신의 젊은이들

윌리엄스가 강력한 저항의 전통이 살아 있는 북웨일스 출신이라는 건 그를 이해하는 데에 큰 도움이 된다. 초등학교 시절부터 웨일스 말을 쓰면 처벌받는 현실을 겪은 그는 평생 사회주의 웨일스의 탄생을 위해, 그리고 웨일스 민족주의와 언어의 정치를 위해 일했으며, 그걸 '문화연구'에 연결시켰다. 물론 윌리엄스는 보통 민족주의 하면 흔히 연상되는 편협한 지방주의나 고립주의와는 거리가 멀었다.[12]

게다가 윌리엄스는 가난했다. 그는 국가에서 주는 장학금을 받고 1938년 케임브리지대학에 영문학 전공으로 진학했다. 케임브리지는 윌리엄스에게 아주 낯설고 이질적인 곳이었다. 이와 관련, 이현석은 "대학에서 전수되는 학문의 내용이나 방법론은 물론이고 학생들의 일상적 취향이나 말투, 제스처에서도 그는 잉글랜드 중상류 계급 중심의 '주류'와 자신 사이에 가로놓인 심연을 확인할 수밖에 없었다"며 다음과 같이 말한다.

"우리는 프랑스 남서부 시골 출신인 피에르 부르디외나 아일랜드 출신 가톨릭교도인 테리 이글턴 등의 후배 문화연구자들에게서 비슷한 경험이 반복됨을 본다. 요컨대 이들은 자신들이 경험했던 이질감과 간극의 의미를 성찰하면서 '대도시적metropolitan' 연구자들이 내세우는 학문 연구나 문학 전통의 '보편성'이란 것이 사실은 대단히 편파적인 것일 뿐이라는 인식을 심화시켜 나갔던 것이다."[13]

윌리엄스와 마찬가지로 노동자계급 출신이었던 테리 이글턴Terry Eagleton, 1943~은 사돈 남 말하듯이 윌리엄스에 대해 이렇게 말한다. "웨일스의 노동계급에 속하는 부모의 아들로 태어나 아주 친밀하고 든든하게 뒤를 받쳐주던 농촌을 떠나 케임브리지대학에 들어온 그에게는 계급, 문화, 정치, 교육의 문제들이 자연스럽게 개인 '정체성'의 문제 자체와 분리될 수 없는 개인적인 문제로 제기되었다."[14]

이 점 또한 윌리엄스뿐만 아니라 영국의 문화연구를 이해하는 데에 매우 중요한 의미를 갖는다. 영국의 문화연구는 노동계급 출신의 젊은이들이 장학금을 받고 공부해 그들의 문화적 근원을 캐는 '장학금 젊은이들scholarship boys'의 특성이 강하다는 평가는 충분히 고려할 만한 가치가 있다.[15]

그들은 노동계급 출신이면서도 귀족주의적 교육 시스템에 동화되어야 하는 압력에 시달린 사람들이다. 그들이 당위적인 차원에서나마 자신들의 문화적 정체성을 규명하고 싶은 욕구가 충만하리라는 것은 얼마든지 이해할 수 있는 일이다. 물론 그렇다고 해서 그것이 문화연구의 가치를 훼손하는 건 결코 아니다. 다만 일부 문화연구자들이 '수용자 저항'을 지나칠 정도로 강조하는 경향의 근원엔 그런 면도 있지 않았겠느냐는 것이다.

윌리엄스와 홉스봄이 케임브리지에서 느낀 위화감

윌리엄스는 고향인 팬디에 있을 때 '좌파독서클럽Left Book Club'에 가입했다. 당시 이 클럽은 중국과 스페인에 대해 연대감을 갖고 있었는데, 윌리엄스는 이 클럽에서 에드거 스노Edgar Snow, 1905~1972의 『중국의 붉은 별Red Star Over China』(1937)을 읽고 깊은 감명을 받았다. 그 영향을 받아 그는 케임브리지대학에 다니던 1939년 11월 비슷한 처지의 학우로 훗날 마르크스주의 역사가로 우뚝 서는 에릭 홉스봄Eric Hobsbawm, 1917~2012과 함께 공산당 학생지부에 입당했다.

윌리엄스는 1941년 7월에 징집되어 4년 반 동안 포병부대에서 군 복무를 했는데, 1942년 군 복무 중 조이스 메리 달링Joyce Mary Dalling과 결혼해 2남 1녀를 두게 된다. 1944년 여름 작은 탱크 부대를 이끌고 노르망디Normandy 상륙 작전에 참가하기도 했던 윌리엄스는 군에 복무하면서 공산당에 대한 신념이 점차 약화되었고, 전쟁 후 케임브리지대학에 돌아온 1945년 말 공산당과 결별했다.[16]

윌리엄스는 병역을 마친 후 돌아온 케임브리지에서 갓 입학했을 때 느꼈던 위화감을 다시 강하게 느꼈다. 비슷한 처지의 다른 복학생 에릭 홉스봄도 마찬가지였다. 두 사람은 각자 독백하듯이 "기실 저들은 우리와 다른 언어로 이야기하고 있다"고 탄식했다. 이에 대해 김성기와 유리는 다음과 같이 말한다.

"낯선 분위기에 다소 위축된 이들이 공히 내뱉은 이 말은 무엇을 뜻하는가. 단적으로, 문화충격 그 자체였다. 같은 영어로 말하고 있음에도 교양 있는 상류층이나 중산층 출신의 '저들'과 노동자계급 출신인 '우리' 사이에는 발음이나 억양 이상의 뭔가가 달랐다. 이 '뭔가'는 도대체 무엇이며 왜 그런 것인가 하고 윌리엄스는 줄곧 의문을 제기해갔다. 이 과정에서 그가 먼저 주목한 용어가 '문화'였던 것이다. '내 머릿속에는 온통 한 단어 '문화' 생각뿐이었다.' 그는 이 '문화'에 강한 위화감을 느꼈는데 특히 대학가 주변의 티숍teashop에서 그러했다. 이럼 경험에 힘입어 후일 성인교육 수업에서 이 단어의 성질을 본격 탐구하기 시작했던 것이다."[17]

1946년 9월에 케임브리지대학을 졸업한 윌리엄스는 그때부터 1960년까지 옥스퍼드대학 부설 이스트 서섹스 평생교육원에서 노동자 중심의 성인들을 대상으로 한 야간 강의를 했다. 이 성인교육adult education에서 노동자들은 이미 짜인 커리큘럼에 의문을 제기하면서 자신들이 알고 싶어 하는 것 중심으로 이야기해 달라고 요구했는데, 이는 성인교육이 미디어 중심으로 이루어지고 그리고 나중에 문화연구가 학제적일 수밖에 없는 배경이 되었다. 이처럼 성인교육은 대학과는 달리 노동자 계층의 사람들을 직접 만나는 경험이었기에 윌리엄스의 사상 형성에 큰 영향을 미쳤다. 그의 노동자계급과의 유대는 더욱 강화되었으며, 문화적 실천에 관한 총체적인 사고를 갖게 되었다.

공식적이고 체계적인 최초의 성인교육은 1873년 케임브리지대학의 '교외 강좌extramural classes'에서 비롯되었다. 1940년대 후반부터 1960년대 중반 사이에 윌리엄스뿐만 아니라 리처드 호가트Richard Hoggart, 1918~2014, 에드워드 톰슨Edward P. Thompson, 1924~1993 역시 각기 다른 지역에서 성인교육에 종사했다. 이에 비추어 영국 문화연구의 출발점은 성인교육의 현장에서 찾아야 한다는 주장이 있다. 윌리엄스가 문화연구의 기원이 흔히 알려진 것처럼 1950년대 말이나 1960년대 초가 아니라 1940년대 말로 거슬러 올라가야 한다고 말하는 것도 바로 그런 배경에서 비롯된 것이다.[18]

"대중은 없다. 대중으로 보는 방법만이 있을 뿐이다"

윌리엄스는 1952년 6·25전쟁에 징집되었지만 그걸 거부하고 병역면제심사국의 청문회를 거쳐 징집 거부 양심병으로 등록되었다. 1950년대는 영국 좌파에게 매우 곤혹스러운 시절이었다. 그는 1950년, 1955년 총선에서 노동당 선거 운동원으로 일했으며, 1959년엔 『신좌파평론New Left Review』의 편집진에 참여하는 등 활발한 활동을 전개했다. 윌리엄스는 공동 창간자 중의 한 명으로서 이후 『신좌파평론』과는 각별한 관계를 유지하면서 총 18편의 글을 기고한다.

윌리엄스는 1961년 봄 케임브리지대학 영문학과 교수진에 참여하게 되었는데, 이 대학 재학 시절부터 F. R. 리비스F. R. Leavis, 1895~1978의 영향을 많이 받았다. 비슷한 시기에 케임브리지 유학생이었던 10년 연상의 마셜 매클루언Marshall McLuhan, 1911~1980이 리비스의 영향을 많이 받았던 것처럼 말이다. 리비스는 문화를 일상세계의 경험으로 이론화하기는 했지만 엘리트주의적이었던 반면, 윌리엄스는 반反엘리트주의를 견지해 '좌파적 리비스'로 불리기도 했다. '좌파적 리비스'라는 딱지가 시사하듯이, 둘 사이에 갈등이 없을 리 없었다. 간햄은 리비스를 주요 주창자로 삼는 문학 연구와 윌리엄스 사이에 흐를 수밖에 없는 긴장에 대해 다음과 같이 말한다.

"이 문학 연구는 영문학을 고급 가치의 보고로 간주하였으며 영어 교육을 그러한 가치를 보호하고 무엇보다도 그러한 가치가 내재되어 있는 언어를 보호하는 것으로 생각했다. 이러한 입장이 자본주의와 그 문화적 효과에 대해 퍼붓는 비판은 윌리엄스로서는 받아들이기 어려운 문화적 엘리트주의에 근거한 것이었다. 또 이 입장이 추구하는 가치는 향수적이고 반동적인 것이었다.……윌리엄스가 보기엔, 그러한 입장이 고급 예술의 도덕적 위력을 강조하는 건 고급예술과 그 가치들이 근거하고 있는 경제적 특권과 착취, 그리고 보통 사람들의 일상적 문화 활동들을 무시한 것이었다. 보통 사람들의 세계는 상스럽고, 사소하고, 값싼 것으로 매도되었다."[19]

그래서 윌리엄스는 리비스가 갖고 있던 매스미디어의 부패적 영향력에 대한 증오를 그대로 따르지는 않았다. 그는 리비스의 '대중문명mass civilization'이라는 개념은 물론 '대중masses'이라는 개념 자체를 거부했다. 그는 "사실 대중은 존재하지 않는다. 사람들people을 대중으로 보는 방법만이 있을 뿐이다There are no masses; there are only ways of seeing people as masses"라고 단언했다.[20]

앞질러 미리 이야기를 하자면, 오늘날 IT업계는 이념과는 무관하게 다른 이유 때문에 윌리엄스의 이 발언에 환호한다. 예컨대, 크리스 앤더슨Chris Anderson은『롱테일 경제학』(2006)에서 "윌리엄스의 이 말은 그가 생각했던 것보다 더 맞는 말이었다"며 다음과 같이 말한다.

"틈새문화niche culture의 부상으로 인해 사회의 모습은 많이 달라질 것이다. 사람들은 기존에 지역적 인접성 혹은 직장에서의 잡담을 통해서만 형성하던 문화적인 소집단을 이제 공통의 관심사에 기초해 재형성해가고 있다. 다시 말해 과거에는 대부분의 사람들이 히트상품 중심의 작은 틀 안에서 같은 것을 듣고 보고 읽던 소위 직장 내 정수기 문화 시대watercooler era를 살고 있었다고 한다면, 지금은 우리 모두가 서로 다른 것을 즐기는 마이크로 문화의 시대를 살고 있다."[21]

"문화는 전체적인 삶의 방식이다"

윌리엄스는 1950년대 말에서 1960년대 초에 이르는 기간 동안 3권의 책을 발표했다. 문학사의 형식으로 산업자본주의에 대한 비판을 담은 『문화와 사회Culture and Society 1780-1950』(1958), 한 웨일스 철도 노동자의 가족에 관한 자전적 소설로서 제목 자체가 상징적 의미를 강하게 담고 있는 『접경지대Border Country』(1960), 그리고 이제 본격적으로 다룰 『장구한 혁명The Long Revolution』(1961)이다.[22]

　『장구한 혁명』은 '자유주의적 다원주의'와 마르크스주의 사이에서 방황하는 윌리엄스의 이념적 위상을 잘 보여준 작품이었다. 윌리엄스는 근대 이후 영국에는 민주주의와 산업자본주의의 발전이라는 정치경제적 혁명뿐 아니라 '문화혁명'이 진행되어왔다고 주장했다. 이와 관련, 이현석은 다음과 같이 말한다.

　"글을 읽거나 쓰고, 자신의 견해를 거리낌 없이 말하고, 내면의 욕구를 창조적으로 표현하는 능력은 오랫동안 소수 특권층의 전유물이었다. 그러나 장구한 세월에 걸쳐 점점 더 많은 수의 민중이 그러한 능력을 터득하고 또 그 능력을 발휘하게 하는 물질적·제도적 장치가 형성되어왔는데, 이것이 바로 '기나긴 문화혁명'이라는 것이다. 사실이 그러하다면 특정 분야의 특정 작가들을 중심으로 계보를 만들고 그것을 국가적 전통으로 내세우는 영국의 '공식 문화'는 역사 발전의 실상을 오인하고 있을 뿐 아니라 앞으로의 발전 방향을 오도하고 있는 것이기도 하다. '문화는 평범한 것'이라든가 '전체적인 삶의 방식이 문화'라는 명제는 바로 이러한 작업의 성과를 요약한 것이다."[23]

『장구한 혁명』에 대해 스튜어트 홀Stuart Hall, 1932~2014은 "영국의 전후 지적 생활에 있어서의 초유의 사건"이라며 이렇게 평가했다. "『장구한 혁명』은 문화에 대한 논쟁의 지평을 문학적이고 도덕적인 것에서 인류학적인 것으로 전이시켰다. 그러나 이 책은 이제 인류학적인 것을, 문학과 예술을 단지 특별하게 특권을 부여받은 일종의 사회적 커뮤니케이션으로 보면서, 의미와 정의가 사회적으로 구성되고 역사적으로 변형되게끔 하는 '정체적 과정'으로 정의하였다."[24]

윌리엄스는 『장구한 혁명』에서 리처드 호가트의 대중문화에 대한 비관주의는 수용하면서도 호가트의 미학적 근거는 받아들이지 않았다. 호가트는 윌리엄스와 더불어 문화비평과 사회과학과의 결합을 강조함으로써 문화연구의 방법론적 토대를 굳건히 세우는 데 기여함으로써 영국 문화연구의 양대 태두라 할 수 있는 인물이기에 좀 살펴볼 필요가 있겠다.

윌리엄스보다 3세 연상인 호가트는 어린 시절을 윌리엄스보다 더 가난하게 살았다. 페인트공이었던 그의 아버지는 그가 3세 때에, 그리고 과부가 된 그의 어머니는 그가 9세 때에 사망해, 그는 두 동생과 같이 할머니 밑에서 자랐다. 앞서 지적했듯이, 호가트는 순전히 장학금으로 공부했으며, 그의 대표작인『교양의 효용The Uses of Literacy: Aspects of Working-Class Life, with Special Reference to Publications and Entertainments』(1957)은 그가 리즈Leeds의 빈민가에서 보낸 어린 시절의 경험에 근거한 것이었다.

『교양의 효용』은 부제가 말해주듯이, 노동계급에 대한 매스 미디어의 부정적 영향에 관한 것으로, 호가트가 5년에 걸쳐 집필한 것이었다. 그는 탁월한 연설가로서 국내외를 막론하고 맹활약을 했는데, 전성기엔 1년에 평균 300회의 연설을 했다. 그는 많은 국가 위원회에도 참여했다. 대표적인 것은 1960년에 구성되어 1962년에 영국 방송에 관한 보고서를 내놓은 필킹턴위원회Pilkington Committee를 들 수 있다. 물론 이 위원회는 공영제를 강력히 지지했다.

호가트는 1960년 10월에 있었던 그 유명한, D. H. 로런스David Herbert Lawrence, 1885~1930의『채털리 부인의 사랑Lady Chatterley's Lover』에 관한 음란 재판에서 그 작품을 변호하는 증언을 함으로써 그것이 책으로 출간되게끔 하는 데에 결정적인 영향을 미쳤으며 그 결과 전국적인 명성을 얻게 되었다. 1962년 10월부터 버밍엄대학University of Birmingham의 영문학 교수가 된 호가트는 1964년 현대문화연구소Centre for Contemporary Cultural Studies

를 세워 1969년까지 연구소장을 지내는 등 버밍엄대학이 문화연구의 산실로 자리 잡게끔 만드는 데에 큰 기여를 했다.[25]

'공통 문화'와 '감정의 구조'

윌리엄스는 대중문화mass culture의 조작성과 천박성을 제거시킨 '공통 문화common culture'의 필요성을 제기했다. 사회적 성장을 위해 필요한 커뮤니케이션의 창의성을 유지하기 위해선 의미와 가치를 창출하는 데 참여의 공통 과정, 즉, '공통 문화'가 필요하다는 것이었다. 윌리엄스가 "문화는 평범한 것이다culture is ordinary"는 구호를 끊임없이 외쳐댄 것도 바로 그런 맥락에서였다.

윌리엄스는 모든 계급의 사람들이 다 창의적으로 참여할 수 있는 '공통 문화'의 가능성에 대해 적어도 1960년대 초까지는 매우 낙관적이었다. 물론 나중엔 자본주의가 과연 그런 문화를 가능케 할 것인가 하는 회의를 갖게 되었지만 말이다. 윌리엄스가 모든 인간 활동에 대한 포괄적 관심을 유의미하다고 보는 입장을 설득력 있게 개진한 것만으로도 의미가 있었다고 볼 수 있겠다.

한 사회 내에서 사상들은 늘 상호 모순되고 전혀 완결되지 않으며 늘 경험에 의해 압도된다. 그래서 그 사상들이 실천되는 방식은 원래 구상되었던 사상들과 들어맞지 않는다. 이걸 말하기 위해 윌리엄스는 『장구한 혁명』에서 '감정의 구조structure of feeling'라는 개념을 제시했다. 이는 경험을 불신하는 구조주의적 마르크스주의자들과는 달리, 경험을 지식의 한 형식으로 신뢰한 윌리엄스의 일면을 보여주는 것으로서 구조주의와 현상학 사이의 협상을 시사하는 것이다.[26]

윌리엄스는 '감정의 구조'를 "모든 실체 공동체들 속에서 공동체를 사로잡고 있는 매우 심원하고 광범위한 감정"으로 정의하면서 모든 문화들이 삶에 대한 개별적인 감각, '개별적이고 특징적인 색깔'을 소유하고 있다고 말한다. '감정의 구조'는 작가들의 한 세대에 존재하는 공통된 테마를 표현하기 위해 사용되는 '시대정신zeitgeist'이라는 말보다 더 구체적이고 덜 포괄적이다. 그 핵심은 느낌으로서의 생각, 생각으로서의 느낌을 강조하는 데에 있다. 그러나 이 개념은 대단히 불투명하다.

그레임 터너Graeme Turner는 "윌리엄스의 문화 이론 내에서 '감정의 구조'의 기능은 아마도 그 명료성의 결여에도 불구하고 그것이 왜 그렇게 오래 사용되어 왔는가를 설명해준다. 한 시대의 '감정의 구조'는 지배적인 문화적 정의와 상충될 수 있다는 걸 인식하는 건 중요하다. 영국 노동계급의 문화가 문화의 계속적인 지배적 구축 속에서 그 평가절하에도 불구하고 살아남았다는 것은 바로 그러한 이치 때문일 것이다"며 다음과 같이 말한다.

"윌리엄스는 '감정의 구조'를 생활 조건과 가치와 긴밀히 연결되어 있으면서도 문화의 다른 수준에서는 반영되거나 반영되지 않을지도 모를(논박되거나 저항에 직면할지도 모를) 유기체적인 대중의 정신의 존재를 강조하고자 하는 수단으로 사용한다. 앤서니 바넷Anthony Barnett이 말하듯이, '감정의 구조'는 '경험의 가변적이고 다양한 사회사의 일부로서 경험이라고 하는 범주를 세상에 복원시키기 위해 고안된 것'이다. 이것은 궁극적으로 윌리엄스를 유럽의 구조주의 그리고 개인적 경험을 종속시키는 경향이 있는 이데올로기의 유형화로부터 멀어지게 하고 대신 영국의 문화주의자들에게 연계시키는 전략적인 조치이다. '감정의 구조'라고 하는 범주, 그리고 그것을 적합하게 정의하는 문제는 윌리엄스의 휴머니즘(개인의 자유 능력에 대한 강조)과 사회주의(개인의 경험이 문화적으로 정치적으로 압박받는 방식에 대한 이해) 사이의 갈등에서부터 비롯된다." 27

문화적 변화를 통한 '장구한 혁명'

윌리엄스가 말하는 '장구한 혁명'의 전제는 영국 사회가 산업화·민주화 그리고 문화적 변화 등을 통해 점진적 혁명을 겪고 있다는 것이다. 산업화나 민주화에 대해선 많이 알려져 있는바, '장기적 혁명'은 문화적 변화에 주목한다. 윌리엄스는 문화적 교환의 '자발적 강화spontaneous intensification'에 의해 혁명적 변화가 가능하다고 주장하면서 자유 커뮤니케이션의 심화와 창조적 표현의 해방을 강조했다. 이는 자본의 전복을 위해 산업 투쟁의 '자발적 모멘텀spontaneous momentum'에 의존하는 '경제주의자economist'의 입장과 닮은꼴이며, '문화주의culturalism'는 '경제주의economism'와 같은 논리 구조를 갖고 있다는 비판의 근거를 제

공했다.[28]

문화주의는 리처드 존슨Richard Johnson이 호가트, 윌리엄스, 톰슨 등이 공유한 비평적 전제들을 기술하기 위해 1979년에 만든 신조어로, 인간의 경험을 창조적이고 역사적인 과정의 핵심 동인으로 간주한다는 점에서 '인간주의적' 태도라고 할 수 있다. 문화주의는 역사와 이데올로기에 저항하는 인간의 능력을 신뢰한다. 즉, 문화주의자들은 결정론이 거부될 수 있으며 진보적인 인간의 노력으로 역사의 진로에 영향을 미칠 수 있다고 주장한다.[29]

그래서 윌리엄스는 늘 문화, 경제, 권력, 이데올로기의 상호 연관성에 주목했다. 그는 사적 유물론적 관행과 문화 및 이데올로기 투쟁의 결합을 시도했다. 그는 "문화적 생산 그 자체가 물질적이고 문화적 실천이 물질적 생산의 형식이라는 것에 대해 관심을 기울이기까지는 내게도 오랜 시간이 걸렸다"고 고백한 바 있다. 윌리엄스가 문화적 형식의 물질적 역사와 더불어 의식과 물질적 현실과의 분리할 수 없는 통일을 강조한 건 당연한 일이다.

윌리엄스는 사회 내에서의 문화에 대해선 관념론자였으며 문화 내에서의 실천에 대해선 유물론자였다. 그는 구조주의적 마르크스주의자와 경험주의자들과는 대조적으로 역사적 탐구와 이론적 분석은 분리될 수 없다고 보았다. 그에게 이론은 곧 역사였다. 역사를 쓰는 과정을 건너뛰어 구조주의자들이 주장하는 것처럼 '이론적 실천'이라는 지름길은 없다는 것이 윌리엄스의 믿음이었다.[30]

윌리엄스가 『장구한 혁명』에서 제기한 문화 변화의 프로그램은 그의 1962년 저서 『커뮤니케이션스Communications』에서도 다시 나타난다. 다시금 윌리엄스는 문화혁명이 "그 중요성에 있어서 산업혁명과 민주주의를 위한 투쟁에 비견될 수 있을 만큼 인간 해방을 위한 위대한 과정의 부분"임을 강조한다.

"내 생각엔 우리는 커뮤니케이션을 부차적인 것으로 간주하는 어리석음을 범해왔다. 많은 사람들이 우선적으로 현실이 있고 그다음으로 현실에 관한 커뮤니케이션이 있다고 당연스럽게 여기는 것 같다. 우리는 예술과 공부를 늘 2차적인 활동으로 간주함으로써 얕잡아 본다. 우선 인생이 있고 그다음에 인생에 관한 이야기가 있을 수 있다는 식이다.……공부하고 묘사하고 이해하고 교육시키기 위한 노력은 우리의 인간성에 중심적이고 필요한 부분이다. 이러한 노력은 현실이 일어난 후에 2차적인 것으로 시작된 게 아니다. 그것은 그 자체로서 현실이 계속 형성되고 변화될 수 있게 하는 중요한 방법이다. 우리가 사회라고 부르는 것은 정치적이고 경제적인 배열들의 네트워크일 뿐만 아니라 배움과 커뮤니케이션의 과정인 것이다."[31]

윌리엄스는 마르크스주의의 계급 문화에 대한 비판으로 문화는 '전체적인 삶의 방식a whole way of life'이라는 정의를 내렸다. 그는 1960년대 말 심화된 평화공존 공세와 갈등 모델 사이에서 고뇌하며 이런 질문을 던졌다. "그렇다면 나는 결국 내가 내린 '전체적인 삶의 방식'이라는 문화의 정의가 '투쟁의 방식'으로 대체되어야 한다고 말해야 한단 말인가? 결코 아니다. 투쟁은 여전히 과정의 일부에 지나지 않기 때문에 우리는 사랑과 동지애와 그 어떤 가능한 의견의 일치를 배제시키게 될 것이다. 투쟁의 고립은 공허하며 어떤 상황에서는 심지어 유해하다."[32]

테리 이글턴의 윌리엄스 비판

윌리엄스의 이런 입장에 대해 구조주의자들이 가만있을 리 없었고, 그 반격의 선봉엔 테리 이글턴이 있었다. 이글턴은 "'장구한 혁명'이라는 계산된 모순어법 속에 요약되는 고전적인 '중도파적' 입장, 즉 '참여'를 확산시키는 점진주의적이고 유토피아적인 관점"으로 평가했다. 윌리엄스가 '문화 투쟁'을 강조하는 것과 관련, 이글턴은 윌리엄스의 입장이 진정한 마르크스주의 입장과는 거리가 먼 '포퓰리스트 휴머니즘populist humanism' 또는 '로맨틱 포퓰리즘romantic populism'이라고 주장했다.[33]

이글턴은 윌리엄스의 '인간 능력에 대한 후한 존경심'을 이렇게 비꼬았다. "자신의 웨일스에서 케임브리지로의 사회적 변화를 얘기하면서 그는 이러한 변화가 정상적이라는 것, 즉 각 개인들이 시인·학자·학교 선생이 되어 지역공동체로부터 이동해 나가는 것이 흔한 일이라는 것을 재빨리 강조한다."[34]

이글턴은 "대중은 없다"는 윌리엄스의 주장에 대해서도 비판을 퍼부었다. 윌리엄스가 케임브리지대학 시절 사실상 자신의 은사임에도 윌리엄스를 맹공격하는 이글턴의 비판 정신은 평가할 만하지만 그의 비판은 너무 거칠었다. 그는 윌리엄스가

왜 미디어의 해방적 가능성을 포기하면 안 되는가?

people을 변호하는 가운데 "혁명적 투쟁의 이론적 도구를 자유주의적 인도주의라는 보잘것없는 것과 바꾸었다"고 날을 세웠다.

"윌리엄스가 '대중'의 부르주아적 정의를 거부하는 가운데 그것과 함께 혁명적인 정의도 단호히 거부했다는 것은 확실하다. 사람들이 진정 나름대로 고유한 특성을 지닌 개인들이라는 것이 윌리엄스의 (흠잡을 데 없는) 주장이다. 그러나 이것은 사람들이 그들의 최대한의 개인적 휴머니티를 성취하기 위해서는 뭉쳐서 싸워야 한다는 정치적 사실의 인식을 희생하고 이루어지는 주장이다. 이 주장의 이론적 빈약성을 알기 위해서는 윌리엄스의 발언을 '계급은 실제로 존재하지 않는다. 사람들을 계급으로 보는 시각만이 존재할 뿐이다'라고 고쳐보기만 하면 된다. 그리고 실상 윌리엄스 자신도 『장구한 혁명』에서 '우리는 개인들을 개별적인 인식하기를 거부하는 한 방식으로서 개인들을 특수한 계급이나 민족 혹은 인종으로 묶는 것이다'라고 주장했을 때 이런 식으로 문장을 고치고 있는 셈이다. 계급도 대중처럼, 보는 시각이 꾸며낸 것으로 보였던 것이다."[35]

우리 식으로 거칠게 말하자면 '싸가지 없는 논객'이라 할 수 있겠지만, 세월이 많이 흐른 2006년 이글턴은 63세라는 나이 때문인지 자신의 거친 비판이 마음에 걸렸던 모양이다. 그는 『비평과 이데올로기: 마르크스 문학 이론의 한 연구』(2006)에서 "에드워드 사이드는 그의 초기 저작인 『시작들Beginnings』에서 작가가 진정한 작가로서 출발하기 위해서는 전통을 추방하거나 전복시킬 필요가 있다고 하였다"며 다음과 같이 말한다.

"이런 측면에서 보면 내가 나의 스승이자 친구이며 동료인 레이먼드 윌리엄스뿐 아니라 영국 내의 선임자들에게 진 빚을 청산하는 일로 시작해서 이 책을 써내려간 것도 우연은 아닌 것 같다. 당시에는 윌리엄스의 작업에 대한 다소 날선 나의 비판을 꽤 씁쓸하게 바라보는 사람들도 있었고, 그래서 나도 이따금씩 내보인 나의 신랄한 어조에 대해 지면상으로 사과한 바가 있다. 그러나 나는 윌리엄스의 작업에 대해 찬사를 보낼 부분에 대해서는 아낌없는 찬사를 보냈었다. 그런데 이 사실을 일부 비평가들이 잊었거나(부정적 비평이 긍정적인 것보다 더 오래 기억된다) 아니면 의도적으로 무시했을 수 있다. 또 한 가지는 정확히 어떤 것인지 기억나지는 않지만 윌리엄스 자신도 그의 글에 대한 나의 비판 가운데 일부는 인정했다는 사실이다."[36]

문제의 핵심은 윌리엄스의 낙관주의와 이글턴의 비관주의에 있는 것 같다. 이글턴 스스로 고백했듯이, 그는 심리상담용 유리잔에 담긴 맹물을 보면서 "저 유리잔은 이미 절반이나 비워졌을 뿐더러 저것에 담긴 액체는 꽤나 맛없고 어쩌면 치명적일 독물이 거의 확실하다"고 생각하는 사람이라는 점을 감안할 필요가 있겠다. 그 역시 인간인지라 희망을 포기할 순 없어서 72세가 된 2015년 '낙관하지 않는 희망Hope without Optimism'을 말했지만,[37] 낙관과 희망의 차이가 그런 모순어법으로 설명될 수 있을 것 같진 않다.

'참여 민주주의'는 가능한가?

『비평과 이데올로기: 마르크스 문학 이론의 한 연구』에서 정작 흥미로운 건 이글턴이 자신의 구조주의적 기질을 가톨릭에 돌렸다는 점이다. 알튀세르주의자라는 말을 듣기도 했던 이글턴은 자신과 프랑스의 마르크스주의 철학자 루이 알튀세르Louis Althusser, 1918~1990 사이에는 '묘하게 닮은 구석'이 있다며 둘 다 '가톨릭 신자'라는 점에 주목했다.

이글턴은 "가톨릭교도나 알튀세르 같은 이론가들은 개인을 크게 존중하지 않는다. 알튀세르의 입장에서 보면 인간 주체가 지니고 있다는 통일성이나 일관성은 허구에 지나지 않는다. 인간 주체가 아무리 자신의 중요성을 당당하게 인식하고 있다 하더라도 그 인간 주체는 일련의 사회관계의 재생산에 기여하기 위해 존재할 뿐이다. 이것은 가톨릭에서 개인이 하나님의 더 큰 영광을 위해 존재한다고 보는 것과 마찬가지라는 것이다"며 다음과 같이 말한다.

"알튀세르의 이데올로기 이론은 실천이 의식에 선행한다는 가톨릭의 전제에서 비롯된 것이 분명하다. 이 전제란 당신이 만일 어떤 물질적 실천 행위를 하고 있다면 당신은 그 일을 믿게 된다는 뜻이다. 이것은 이데올로기를 내면화의 개념으로 보는, 그래서 각 개인의 마음과 정신을 아주 중요하게 여기는 프로테스탄트에 대한 강력한 반발이다.……가톨릭교도들은 또한 자유주의적 개인주의 정신이라는 입장에서 제도나 관습을 무기력하고 억압적인 것으로 보기보다는 인간 삶에 어떤 제도적 본성이 내재되어 있다고 보는 경향이 있다.……알튀세르가 알제리인으로서 전통 프랑스 문화와 갈등을 빚었다면 가톨릭 신자로서도 역시 프랑스 문화와 갈등을 빚었다고 할 수 있다. 나에 관해서도 이와 비슷하게 말할 수 있을 것 같다. 아일랜드 시골의 가톨릭 환경에서 자란 나는 영국의 관습적인 전통적 관행과 삐딱한 관계를 유지하고 있기 때문이다."[38]

관습적인 전통적 관행과 삐딱한 관계를 유지하는 건 비판적인 지식인으로서 갖춰야 할 덕목인지도 모른다. 이글턴의 윌리엄스 비판 역시 타당한 면이 있다는 걸 부인할 수 없다. 정작 문제는 그런 이론적 옳고 그름이 아니라 실천과 성공의 가능성이 아닐까? 어떤 이론이나 주장에 대한 비판이 옳다고 해서 그 비판이 곧장 대안이 되는 건 아니잖은가 말이다.

이념적인 색깔을 좀 걷어내고 말하자면, 윌리엄스가 역설한 '장구한 혁명'의 핵심은 사실상 '참여 민주주의participating democracy'를 주장한 것이다. "인간이 본질적으로 학습하고 창조하며 소통하는 존재라면, 인간의 본성에 가장 적합한 유일한 사회조직은 참여 민주주의이다. 참여 민주주의를 통해 우리 모두는 독특한 개인으로서 학습하고 소통하며 통제한다. 이보다 덜한, 제한적인 체제는 단지 진정한 원천들을 낭비할 뿐이며, 개인을 고갈시켜 그들을 효율적인 참여에서 배제함으로써 진정한 공동 과정에 해를 입힌다."[39]

윌리엄스는 장구한 혁명의 일환으로 모든 부문에서 민주적인 공동체와 조직을 만들어나가자고 했다. 그는 생산수단의 국가 소유를 내세우는 사회주의에 대해서도 비판적 태도를 보이면서 국가가 아닌 생산자 집단이 생산수단을 공유하자고 했다. 그러면서도 사회주의에 대한 끈은 놓기 싫었는지 '탈중앙집권적 사회주의', '녹색 사회주의', '다양한 사회주의', '새로운 사회주의' 등을 외쳤다.[40]

그 어떤 사회주의건 사회주의가 어려운 것처럼 참여 민주주의 역시 어려운 것이다. 아니 이상적인 그림처럼 실천되기는 거의 불가능하다고 봐도 무방할 것이다. 그러나, 그렇다고 해서 손놓고 그저 세상 흐르는 대로 표류해야만 하는가? 그게 아니라고 한다면, 우리는 소통의 방법에 좀더 관심을 기울여야 하는 게 아닐까? 이글턴의 이 주장이 타당한 것이라면, 각자 살아온 과거의 경험에서 자유롭지 못할 것일진대, 세상을 바꾸는 이론과 비전에 대한 신념과 그 신념의 표현에서 거칠거나 과격해야 할 이유가 없잖은가 말이다.

윌리엄스의 문화유물론과 문화사회학

알튀세르에 대한 격렬한 비판자 중의 한 명이었던 톰슨은 알튀세르가 사회적 존재와 사회적 의식 사이의 소통을 간과함으로써 '구조'라는 괴물이 과거의 '신神'을 대체하게끔 했다고 꼬집었다. 그는 알튀세르의 구조주의적 마르크스주의는 '구조기능주의 사

회학의 변종'이자 '스탈리니즘의 이론적 표현'으로 '동서 냉전 체제의 산물'이라고 조롱했다.[41]

윌리엄스도 알튀세르의 이데올로기 이론에 반대하면서 좌파 문화주의와 마르크스주의 사이의 융합을 설명하기 위해 '문화유물론cultural materialism'을 제시했다. 그는 문화유물론을 "문화를 사회적/물질적 생산 과정으로 보는 이론이며 아울러 예술을 물질적 생산 수단으로 사회적 활용으로 보는 이론이다"고 정의했다. 그가 보기에 마르크스주의 맹점은 상부구조 자체가 물질성을 지니고 있다는 점을 간파하지 못한 것이다. 이와 관련, 앤드루 밀너Andrew Milner는 "윌리엄스의 수사학이 알튀세르보다 훨씬 덜 혁명적이었다면, 실질적인 쟁점에서는 윌리엄스 쪽이 훨씬 더 혁명적이었다"고 평가했다.[42]

윌리엄스는 그의 1981년 저서 『문화Culture』에서 '문화사회학cultural sociology'을 주창하면서 피에르 부르디외Pierre Bourdieu, 1930~2002에 대해서도 부분적으로 비판적인 입장을 취했다. 그는 문화적 유산을 선택하고 수정하고 전파하는 역동성은 계급과 지위 차이를 재생산하는 데에 기여한다는 부르디외의 기본 명제엔 동의했지만, 토대-상부구조의 건축학적 비유에 정태적이고 고착적인 면을 비판했듯이 '재생산reproduction'의 생물학적 은유를 그대로 받아들이는 것에 대해 경고하면서 문화의 역동적 과정의 복잡성을 강조했다.[43]

당연히 윌리엄스는 '매스미디어는 자본주의의 조직'이라는 단순한 명제가 다소 수정될 필요가 있다는 점을 강조했다. 우리는 후기 자본주의 사회의 매우 특별한 현상에 직면하고 있으면서도 여전히 초기 자본주의 사회에서의 사고를 하고 있다는 것이다. 그는 매스미디어의 이데올로기적 효과와 관련해서도 교화indoctrination와 편입incorporation에 대해 좀더 정교한 감각과 생각을 가질 필요가 있다는 것을 강조했다.[44]

윌리엄스는 일단 새로운 조류에 개방적일 필요가 있으며 그렇지 않을 경우 자칫하면 진정 '탁월한' 것이 아니라 '익숙한' 것을 옹호하는 결과를 낳기 쉽다고 보았다. 그런 생각의 연장선상에서 대중문화에 대해 수용적인 자세를 보인 윌리엄스에겐 새로운 텔레비전 기술도 '교양 있는 참여 민주주의an educated participating democracy를 향한 장구한 혁명의 도구'였다.[45]

그런 관점에서 보자면 윌리엄스가 방송에 자주 출연한 건 당연한 일이었다. 공영방송 BBC는 몇 년간이나 윌리엄스를 출연자로 모시기 위해 케임브리지대학으로 차를 보내는 수고를 아끼지 않았다. 윌리엄스는 1968년부터 BBC가 발행하는 잡지인 『청취자Listener』에 텔레비전 비평을 매월 한 편씩 기고했다. 『청취자』의 편집자인 카를 밀러Karl Miller, 1931~2014의 요청으로 이루어진 이 기고는 특정 프로그램에 대해서가 아니라 텔레비전 전반에 대해 자유롭게 비평하는 형식으로 이루어졌다. 이 기고는 윌리엄스가 1972년 말 미국 스탠퍼드대학 정치학과의 객원교수로 떠날 때까지 계속되었다. 4년여에 걸친 그의 텔레비전 비평은 그의 사후인 1989년 앨런 오코너Alan O'Connor에 의해 편집되어 『Raymond Williams on Television』이라는 책으로 출간되었다.

스탠퍼드 시절의 미국 텔레비전 연구

윌리엄스는 1973년 스탠퍼드대학 방문 교수 시절 미국 텔레비전과 본격적으로 접하게 되었다. 텔레비전에 관한 그의 명저인 『텔레비전: 기술과 문화적 형식Television: Technology and Cultural Form』(1974)은 주로 스탠퍼드에서 쓴 것이었다. 그는 스탠퍼드대학의 커뮤니케이션학과와 접촉하면서 당시 새롭게 대두된 위성 및 케이블 방송 등에 큰 관심을 보였으며, 샌프란시스코에서 열린 리처드 닉슨Richard M. Nixon, 1913~1994의 대통령 취임 반대 시위에도 참가하는 등 그곳에서도 매우 활동적인 면을 보였다.[46]

윌리엄스는 『텔레비전』에서 기술을 우연한 발견의 산물로 보는 기술결정론technological determinism의 허구를 지적했다. 테크놀로지는 매스미디어에 대해 제기되는 비판에서 너무도 쉽게 모든 책임을 지는 '희생양'으로 다루어지고 있는데, 그는 텔레비전 테크놀로지의 발전은 지배적 문화 내부에 존재하는 특정 이해세력들이 그들의 특별한 요구를 해결하고자 하는 동기에 의해 이루어진 것이라고 주장했다. 그 결과가 무엇이어야 하며 무엇이 될 것인지에 관한 느낌이 있었으며, 기술적 발견들 가운데 많은 것이 그런 테크놀로지에 장애가 되는 것을 해결하기 위한 시도 속에서 이루어졌다는 것이다. 즉, 텔레비전은 그것이 추구되었기 때문에 발견되었으며, 산업적·정치적·사회적 필요와 관련된 복잡한 역사적 과정의 결과로서 추구되었다는 이야기다.

여기서 윌리엄스가 제기하는 가장 중요한 논점은 테크놀로지가 발명되게 된 필요에 초점을 맞춤으로써 우리는 방송을 많은 사람에게 송신을 하는 커뮤니케이션의 구조로서 이해하게 되었다는 것이다. 윌리엄스에게 텔레비전이 배급의 양식으로 간주되었다는 건 매우 중요한 사실이다.

이와 관련, 로런스 그로스버그Lawrence Grossberg는 "송출과 생산은 배급을 가능하게 만드는 수단으로서만 중요했다. 개별적인 텔레비전 수신기는 시청할 만한 그 무엇이 없이는 판매될 수 없었다. 그래서 수용의 과정은 전적으로 무시되었다. 물론 테크놀로지가 사용될 수 있었던 대안적 방법들은 인식하기는 어려웠을지라도 존재했었다. 그 결정은 물론 우연히 이루어진 건 아니었다. 그것은 '산업자본주의 사회의 한계와 압력 내에서 이루어진' 완벽히 합리적인 선택이었다"며 다음과 같이 말한다.

"자본주의 헤게모니의 이익을 위해 내려진 이 처음의 결정은 방송 제도의 구조와 문제를 특징지었다. 프로그램의 생산을 위한 주요한 자극은 텔레비전 수신기 제조업자들로부터 나온 것이 분명했으니까. 그래서, '중앙집권적 송출과 자아매몰적 수용'의 유형이 결정되었으며, 이는 바로 우리 사회에서 매스커뮤니케이션의 의미가 되었다. 현대 세계에 존재하는 제도적 선택의 다양성은 그 선택의 여지가 아무리 좁을지라도 테크놀로지 그 자체는 '결정적 요소determining factor'가 아니라는 것을 보여준다. 오히려 테크놀로지의 사용, 즉 실제적 이해관계를 가진 실제적 사람들에 의해 내려진 결정이 결정적 요소인 것이다."[47]

윌리엄스는 텔레비전을 '흐름flow'의 미디어로 인식했다.

텔레비전이 개별 프로그램들이나 텍스트들의 연속이 아니라 프로그램, 광고, 뉴스, 홍보물 등 이 모든 것들이 하나의 지속적인 문화 경험을 이루게 만드는 '흐름'이라는 것이다. 이에 대해 원용진은 다음과 같이 말한다.

"텔레비전은 영화와 달라서 시작과 끝을 명확하게 지니고 있지 않고 그를 시청하는 사람들의 일상과 함께 엮인다는 의미에서 그 용어를 사용했다. 아울러 프로그램 간의 경계도 뚜렷하지 않아 몰두해서 한 프로그램에 주목하는 일도 자주 발생하지 않는다고 말했다. 그 같은 성격 탓에 텔레비전은 더더욱 자신의 애용이 주목받도록 내용과 시청자 습관을 코드화시킨다. 화면의 속도가 빨라지고 특이한 음향이나 영상으로 주목을 끌려는 시도도 많아진다."[48]

윌리엄스와 매클루언의 '아비투스' 차이

윌리엄스는 그런 분석에 근거해 집요할 정도로 일관되게 텔레비전의 제작과 배급을 분리할 것을 역설했다. 이는 1962년의 저서 『커뮤니케이션스』에서부터 1983년의 저서 『2,000년을 향하여 The Year 2000』에 이르기까지, 그리고 수많은 강연과 원고에 잘 나타나 있다. 그는 배급을 담당하는 방송사는 독립적이고 비영리적으로 운영하면서, 제작은 다양한 독립 프로덕션 회사들에 맡겨야 한다고 주장했다.

바로 여기서 기술에 관한 윌리엄스와 매클루언의 차이가 두드러지게 나타난다. 앞서 매클루언에 관한 글에서 보았듯이, 윌리엄스는 '미디어=메시지'라는 매클루언의 주장을 '우스꽝스럽다ludicrous'고 일축하면서 "만약 미디어가–활자매체든 텔레비전이든–원인이라고 한다면, 모든 다른 원인들, 사람들이 통상 역사라고 보는 모든 것들은 곧 효과로 환원되고 말 것이다"며 "만약 누가 미디어를 통제하거나 사용하든, 또 삽입시키고자 하는 내용이 무엇이든간에 미디어의 효과가 같다면 우리는 평상적인 정치적·문화적 논쟁을 잊을 수 있고 테크놀로지가 모든 걸 알아서 하라고 할 수 있을 것이다"라고 말했다.[49]

윌리엄스는 『문화와 사회』(1958)에선 "기술은 아무리 나쁘게 봐줘도 중립적이다"고 했지만,[50] 『텔레비전』(1974)에선 특정 기술 개발 이면의 자본과 이해관계를 강조함으로써 기술이 중립적일 수 없다는 쪽으로 선회한 느낌을 준다. 그는 『2천년을 향하여』(1983)에서 다시금 "어떤 새로운 기술을 불가피하다거나 제지할 수 없는 것으로 보는 생각은 관련 이해관계자들의 공공연하거니와 은밀한 마케팅의 산물이다"고 주장한다.[51]

그럼에도 윌리엄스는 여전히 누가 미디어 기술을 통제하고 사용하느냐에 따라 미디어의 가능성은 달라질 수 있다는 희망을 피력하고 있다. 만약 그런 희망을 말하지 않는다면 그가 그간 말해온 모든 것이 무너지는 셈이니, 그는 결코 그 희망의 끈을 놓을 수는 없다고 말할 수도 있겠다.

그러나 그렇다고 해서 매클루언의 주장을 '우스꽝스럽다'

고 부정할 필요가 있을까? 이거야말로 앞서 지적했던 '수사학적 논쟁'이 아닐까? 그런 식으로 말하자면, 윌리엄스의 주장은 '천진난만하다'고 부정당할 수 있지 않을까? 이와 관련, 이승렬은 "윌리엄스가 기술에 대해 언급하는 태도를 보면 매체의 속성에 따라 그 수용자들에게 부정적인 영향을 끼칠 수 있다는 가능성에 대해서 별다른 경각심을 갖고 있지 않은 것이 분명하다"며 다음과 같이 말한다.

"윌리엄스는 '기술의 한계'를 언급하고 있지만 어디까지가 한계인지 가늠할 수 없을 만큼 기술의 진보가 빠른 것이 윌리엄스 시대나 우리 시대의 모습이라는 점을 감안하면 우리는 기술의 한계가 문화 생산자와 소비자 사이의 공통의 언어, 즉 느낌, 의견, 정보의 소통을 담보해줄 거라는 낙관론에 안주하기보다는 기술의 무한 진보가 사람들 사이의 소통을 교란할 것이며, 따라서 어떻게 하면 기술의 진보에 대한 민주적 통제가 가능할 것인지를 고민해야 한다."[52]

물론 윌리엄스는 1970~1980년대에 미디어 기술이 하루가 다르게 변화하는 현실을 지켜보면서 생각을 조금씩 바꿔나갔다. 그는 뉴커뮤니케이션 테크놀로지가 사회주의를 위협할 수 있다는 점에도 주목하긴 했지만, 그에게 중요한 것은 진보 좌파 진영의 자세였다. 그는 수세적 방어로는 그런 위협을 감당해낼 수 없으며, 오히려 역으로 어떻게 그것을 이용할 것인가를 연구하는 적극적 자세가 필요하다는 점을 강조했다.[53]

그렇다면 윌리엄스와 매클루언의 차이는 무엇일까? 나는

핵심적인 것은 '아비투스'의 차이라고 생각한다. 윌리엄스는 세상을 바꿔야 한다는 집념 또는 강박을 갖고 있는 진보적 아비투스의 소유자기 때문에 순진하거나 비현실적이라는 지적에도 불구하고 미디어의 해방 가능성에 대해 말해야만 한다. 반면 그럴 뜻이 전혀 없는 매클루언은 미디어 기술이 메시지를 지배하는 독재를 강조하기 위해 그 주장을 극단으로 밀어붙인다. 그 차이일 뿐 두 사람의 주장이 무슨 대단한 논쟁을 벌일 만한 알맹이는 별로 없다는 것이 나의 생각이다. 앞서 지적한 퍼지식 사고로 중간 그 어느 지점에서 타협해도 좋을 만한 사안이라는 것이다.

'지구촌' 시대의 대중문화에 대한 저항

윌리엄스는 커뮤니케이션의 국제적 맥락에도 큰 관심을 기울였다. 그는 국제 커뮤니케이션과 문화가 세계 경제, 정치, 군사적 문제와 분리될 수 없다는 것을 강조했다. 그는 포스트모더니즘적 조류에 대해 비판적인 입장을 견지하면서 모든 사회주의자들이 제3세계가 추구하는 신국제정보질서New International Information Order를 지지해야 한다고 역설했다.[54]

많은 대중문화 연구자가 편협한 자국 중심주의에 함몰되어 있었던 반면, 윌리엄스는 늘 국제적 맥락에서 대중문화popular culture를 고찰했다. 윌리엄스의 '웨일스 민족주의' 역시 마찬가지였다. 1930년대까지만 하더라도 웨일스 민족주의는 우익 문화 인사들의 전유물이었으나, 그는 민주적이고 해방적인 의미를 가진 다른 종류의 웨일스를 제시하면서 국제주의를 모색하고자 했다. 그는 문화의 국제화로 말미암아 여러 지역 문화의 자치성을 해칠 것을 우려하기보다는 문화의 국제화가 기존의 민족국가의 거짓된 통일성을 파괴하는 데에 기여한다고 보았다.[55]

윌리엄스는 국내적인 차원은 물론 국제적인 차원에서도 억압받고 소외되고 무시된 문화들을 복원시키는 것이 중요하며, 그러한 작업이 골동품 수집벽antiquarianism이나 민속 집착증folklorism으로 전락하지 않기 위해 현대의 문화적 변화와 밀접한 관계를 가져야 한다는 것을 강조했다. 인문학 학자들의 집요한 과거 지향성과 하위문화적 표현에 대한 적대적인 편견에도 불구하고 대중문화 연구를 게을리 해서는 안 된다는 것이다. 그는 "만약 우리가, 예컨대, 언론·영화·방송·스포츠 등을 연구하지 않는다면 우리는 그 어떤 대중문화도 이해할 수 없을 것이다"며 다음과 같이 말했다.

"실제로 세계성을 지향하는 움직임은 전통적인 철학과 예술에서보다는 바로 그런 분야들에서 훨씬 더 분명하다. 그러나 그 움직임은 그것이 근본적으로 불평등한 교환관계 속에서 몇몇 강력한 중심부에서 대량 수출되고 있다는 의미에서만 '세계적'이 되고 있을 뿐이다. 방송과 관련하여 흔히 '지구촌global village'이라고 불리는 것은 그 상정되는 거주자들에 의해 세워지거나 통치되지는 않을 것이다. 오히려 강력한 뉴미디어의 사용은 여태까지는 상상할 수 없을 정도의 규모로 소수가 다수에게 말하는 것을 가능케 할 것이며, 만약 강력한 보호 장치가 세워지지 않는다면, 한 사회의 그리고 더 나아가 전 인류의 진정한 담화인 더욱 다양하고 참된 목소리들을 몰아내게 될 것이다."[56]

윌리엄스는 지구촌 개념을 대기업과 그들에 우호적인 지식 엘리트들의 생각만이 주입되는, 따라서 다양하고 참된 커뮤니케이션은 존재하지 않는 허구로 간주했다.[57] 그는 베트남전쟁 반대 시위에도 여러 번 참가했다. 그는 1968년 4월에 발표한 「나는 왜 시위를 하는가?」라는 글에서 미디어가 지배계급에 장악된 이상 커뮤니케이션 수단으로서의 시위를 활용해야 할 필요성에 대해 역설했다.[58]

윌리엄스의 베트남전쟁에 대한 반대는 확고했다. 미국의 좌파들은 윌리엄스를 미국에 초청하려고 무진 애를 썼지만 윌리엄스는 베트남전쟁 기간 중 미국을 방문하지 않았다. 그는 전쟁 후에야 비로소 미국을 방문했다. 엄격한 실천을 선호한 윌리엄스는 이른바 '학계의 스타덤academic stardom'에 오르거나 전문 직업인으로서의 권위주의를 발휘하는 데엔 전혀 관심이 없었다.[59]

윌리엄스는 저술 및 강연 활동 외에도 성인교육, 반핵운동, 신좌파운동, 평화운동 등 다양한 형태의 활동에 적극 개입한 면모 때문에 20세기 영국의 '마지막 공공 참여 지식인the last public intellectual'이라는 평가를 받기에 이르렀다.[60] 그는 그런 타이틀에 어울리게끔 좌파의 고질적 병폐라 할 분열주의를 극복하고자 끊임없는 노력을 기울였다. 그는 1960년대 말 분열된 영국 좌파를 결합시키는 데에 정신적 지도력을 발휘했으며, 그런 역할에 어울

리게끔 그는 성격적으로 대단히 겸손했으며 어느 정파에도 가담치 않았다.[61]

윌리엄스는 영국 노동당의 진로를 놓고 오랜 친구인 홉스봄과 논쟁을 벌이기도 하는 등, 관념론적 토론보다는 현실적인 정치 참여와 관련된 논의를 선호했으며, 지식인과 현실 정치 조직과의 연계가 필요하다는 걸 강조했다.[62] 그가 자서전을 쓰는 것에 대해 반대했던 이유도 흥미롭다. 사회·정치적인 삶은 다차원적인 것인데, 어느 하나의 관점을 통해 초점이 맞춰져서는 안 되기 때문에 자서전은 바람직하지 않다는 것이다.[63]

"자본주의 체제하에서도 문화적 진전은 가능하다"

윌리엄스는 보수적인 대처Thatcher 행정부가 승리를 구가하던 시점에 죽었다. 탐욕적인 경쟁과 단기적인 소비 욕구가 팽배해 있던 사회적 상황에서 그의 목소리는 너무도 진지했고 너무도 유행과 거리가 멀어 매스미디어에 탐닉해 있던 사람들의 귀를 붙들수는 없었다.[64] 그러나 그는 결코 현실과는 유리된 채 '독야청청'하는 진보적 지식인으로 지내는 데에 만족할 수 있는 인물은 아니었다. 바로 그런 성향으로 인해 윌리엄스는 노동계급과 학구적 문화 사이의 경계를 넘나들었고 마르크시즘의 경계를 넘나들었던 건지도 모른다.

윌리엄스가 토대를 세운 문화연구에 문제가 없는 건 아니다. 미국 사회학자 토드 기틀린Todd Gitlin이 지적했듯이, 문화연구의 대중문화에 대한 집착은 민주적 정치의 파산, 공중의 소멸, 비우호적 정치적 상황 등을 잴 수 있는 척도며, 그런 집착이 급진적인 열망을 학문적 생활 구조에 적응시키는 방법인지도 모른다.[65] 또 이론이 풍성한 건 좋으나 실천을 지도할 수 없는 이론은 학술적 숙고로 전락할 위험이 있으며 순발력을 자랑하는 실천은 저항코자 하는 이데올로기의 포로가 될 수 있다는 경고도 귀담아 들을 만하다.[66]

그런 한계에도 불구하고 커뮤니케이션 학도는 윌리엄스로부터 배울 게 많다. 무엇을 배울 수 있을 것인가? 문화연구와는 긴장 관계를 유지해온 니컬러스 간햄은 윌리엄스의 커뮤니케이션 연구가 갖는 중요성을 다음과 같은 5가지로 요약했다.

첫째, 윌리엄스는 커뮤니케이션을 "끊임없는 사회-물질적 과정의 분해할 수 없는 한 가지 요소"로 간주하면서, 늘 "과정 속에 놓여 있는 사회적 총체성"이라고 하는 개념에 골몰했다.

둘째, "사회적 총체성"이라고 하는 개념은 독특한 것으로서, 자본주의를 특별한 사회적 구성으로 분석하는 것이었다. 바로 이러한 접근 방법이 윌리엄스를 서구 사회학의 주류에 놓이게 한다.

셋째, 윌리엄스가 선택한 특정 접근 방법은 '사적 유물론'이었다. 그는 자본주의 발전의 과정을 권력의 불평등 관계를 포함하는 구체적인 역사적 과정으로 보았으며, 커뮤니케이션 과정·형태·제도 등에 관한 연구에서 몰역사적이고 기능적이고 몰사회적인 접근 방법의 유혹에 결코 굴하지 않았다.

넷째, 당연한 결과로 윌리엄스는 커뮤니케이션을 늘 물질적으로 형성되고 사회적으로 결정되는 생산 시스템으로 이해했다. 그래서 그는 특히 오늘날 정보 테크놀로지라고 하는 마법의 주문에 홀려 커뮤니케이션 연구 분야에 창궐하고 있는 테크놀로지 결정론에 함락당하지 않고서도 테크놀로지의 발전이 갖는 의미에 민감했다.

다섯째, 텍스트를 꼼꼼히 읽는 것이 매우 중요한 문학 연구의 전통을 이어 받은 윌리엄스는 자율적 기호 시스템 이론의 유행에 굴복하지 않은 채 늘 텍스트의 특수성에 민감했다.[67]

좀더 구체적으로 이야기하자면, 윌리엄스가 상업적인 대중문화의 형식과 실천을 경멸하는 좌파 문화비평가들의 견해에 전혀 동의하지 않았다고 하는 건 오늘날의 커뮤니케이션 학도들에게도 많은 것을 시사해준다. 오히려 윌리엄스는 현대 미디어가 가져다주는 해방적 문화의 가능성에 주목했다. 물론 그 가능성은 다른 사회적 조건을 전제로 한 것이었지만, 윌리엄스는 기본적으로 자본주의 체제하에서도 문화적 진전이 가능하다는 점에 주목했다. 이 점에 대해 간햄은 다음과 같이 말한다.

"드라마 역사에 대한 저명한 학술적 전문가로서 윌리엄스는 때때로 텔레비전 드라마의 시대에는 인구의 다수가 전에는 불가능했던 기회를 풍부하게 갖게 되었다고 말하였다. 그건 사람들이 그들의 삶에 적합성을 갖는 수많은 드라마적 표현을 경험할 수 있는 기회를 의미했다. 자본주의 발전의 문화적 복합성에 대한 윌리엄스의 생각은 자본주의가 결함이 있을망정 인류 문명의 일반적 수준에 있어서의 진전이며 더욱 좋고 더욱 복잡하기조차 한 세계로 나아가기 위한 도약판이라고 하는 마르크스의 생각과 맥을 같이 하는 것이었다. 그러한 생각은 윌리엄스의 작업에 특별한 풍요로움과 아울러 일반적으로 문화 · 사회비평의 전통에선 찾아보기 어려운 낙관주의를 부여했다."[68]

윌리엄스는 인간의 능력에 대한 확신을 버리지 않으면서 그 자신 스스로 연구 행위에서조차 그 확신을 실천한 인물이었다. 그의 개인적 실천은 커뮤니케이션 학도의 연구 자세와 관련해서도 우리에게 귀중한 교훈을 하나 던져주고 있다. 간햄은 "그는 단지 아내의 도움만을 받은 채 커뮤니케이션 연구의 제도적 아성을 벗어나 홀로 연구를 한 인물이었다"며 다음과 같이 말한다.

"그는 외부 기관으로부터 커뮤니케이션 연구를 위한 자금을 전혀 받지 않았으며 자금에 의존하는 경험주의적 연구에 전혀 손을 대지 않았다. 미디어 효과, 정치적 의제설정, 내용 연구 등과 같은 커뮤니케이션 연구를 하는 학자들이 관심을 갖고 있는 이슈들은 그의 방대하고 지적으로 광범위한 저서들 가운데 비교적 작은 위치를 점하고 있다.……윌리엄스는 거의 홀로 영국의 미디어 및 문화연구의 독특한 전통의 기초를 세웠으며 그의 죽음 직전까지 가장 탁월하고 영향력 있는 해석자로서 머물렀다. 그는 앞으로 두고두고 미디어 및 문화연구를 하는 사람들의 지적인 좌표가 될 것이 틀림없다."[69]

'매스 커뮤니케이션 연구'를 넘어서 '문화연구'로

간햄의 평가는 윌리엄스가 죽었기 때문에 나온 찬사일까? 설사 그렇다 하더라도 윌리엄스의 '고독'과, '정설orthodoxy'에 대한 왕성한 회의는 지식인의 모범으로서의 가치를 보여주었다는 데엔 이론의 여지가 없을 것이다. 다만 실천을 중요시하는 지식인이 홀로 '고독한 작업'을 했다는 것이 과연 꼭 바람직한 것이었겠는가 하는 의문은 남는다. 이는 평소 윌리엄스가 학제적 연구를 강조했기에 더욱 그러하다. 그가 1970년대 중반 '문화과학으로서의 커뮤니케이션'을 역설하면서 한 말을 직접 들어보자.

윌리엄스는 "당신이 과거에 이루어진 것을 연구의 대상으로 삼고자 한다면 그건 아무런 도전 없이 잘해 나갈 수 있다. 그러나 만약 당신이 무언가 새로운 것을 제안할 경우엔 당신의 순수성만 의심받지 않는다면 그건 행운이다. 당신의 지성과 감수성은 아예 존재하지 않는 것으로 간주되고 말 것이다"며 다음과 같이 말했다.

"만약 당신이 '다양한 종류의 커뮤니케이션 연구들이 있습니다. 이것들을 그대로 두면 앞으로 적어도 5년간 상호 접촉이 전혀 없을 텐데, 학과 차원에서, 컬로퀴엄colloquium을 통해, 또는 학제적 프로그램 등 그 어떤 행태로든 종합해 우리가 무엇을 배울 수 있는지 알아보지 않겠습니까?'라고 말했다면, 당신은 취향과 판단의 실수를 범한 것일 뿐만 아니라 당신은 길들여진tame 문학자들이 무장한 사람 또는 유령처럼 들고 일어나 사회학을 배

제시키는 것이 엄청나게 중요하다고 역설하는 것을 보게 될 것이다. 마찬가지로 길들여진 사회학자들은 정반대의 주장을 늘어놓을 것이다. 사회학적인 것과 문학적인 것의 결합에 대해 소용돌이처럼 밀고 들어오는 경멸의 소리를 듣는 것은 우리 시대의 커뮤니케이션 경험의 하나인 것이다.”[70]

윌리엄스는 그런 풍토에 혀를 끌끌 차면서 문화과학cultural science의 영국판이라 할 문화연구cultural studies를 해야 할 당위성을 강조했다. 문화연구에서 커뮤니케이션은 실천이며, 커뮤니케이션 연구는 그러한 실천에 근거해 배울 수 있는 그 어떤 것에게나 개방되어 있다는 것이다. 언어, 제스처, 표현, 상호작용의 세부적인 과정과 심층적인 인간 구조 및 관행의 일반적 특성, 그리고 그런 과정들에 미치는 효과와 특정 테크놀로지의 특성, 또 그리고 책과 사진에서부터 방송과 영화 그리고 이것들을 넘어 특화된 전자 미디어에 이르기까지 광범위한 것들을 다루는 게 바로 문화연구라는 것이다.

모든 커뮤니케이션 연구자, 특히 언론학자들은 그들의 연구 주제와 관련해 이념의 좌우를 막론하고 윌리엄스의 말에 귀를 기울일 필요가 있겠다. 그는 커뮤니케이션 연구가 ‘매스 커뮤니케이션 연구’로 불림에 따라 깊이 그리고 비참하게 일그러지고 말았다고 말한다. ‘매스 커뮤니케이션’이란 용어는 모든 언어 그리고 학과, 연구 프로그램, 컨퍼런스 등의 이름 속에 박혀 들어갔는데, 이젠 그런 짓을 그만 둘 때가 되었다고 말한다. 무엇이 문제인지, 윌리엄스의 말을 직접 들어보자.

"'매스 커뮤니케이션'이란 용어는, 늘 연구의 대상으로 삼아야 할 말과 글들의 담화라고 하는 전체 공동 영역이 엄연히 존재하고 있음에도 불구하고, 커뮤니케이션 연구의 범위를 방송, 영화 등의 특정 영역에만 국한시키고 있다는 점에서 큰 문제를 낳고 있다. 뿐만 아니라 '매스 커뮤니케이션'이란 용어가 그 당연한 귀결로 '매스미디어'라는 용어를 낳게 되는 것도 재앙이다. '매스'라고 하는 은유법은 수용자 개념을 희석화시켜 대부분의 특정한 현대 커뮤니케이션 상황과 대부분의 특정한 현대적 커뮤니케이션 관행 및 형태 등에 관한 분석을 불가능하게 만든다."[71]

윌리엄스는 동시에 '매스'라고 하는 은유법이 갖는 한 가지 잔여적 효과에 주목한다. 만약 대부분의 사람이 '매스'라면, 그들은 본래 미련하고, 불안정하고, 쉽게 영향 받는다는 것을 의미할진대, 또 성과 폭력은 그들의 추악한 두뇌를 양육할 뿐만 아니라 세뇌시킨다는 것을 의미할진대, 그 의미가 무엇이겠느냐고 다음과 같이 반문한다.

"그렇다면 재즈, 텔레비전, 영화, 또는 축구에 대해 던질 만한 가치가 있는 유일한 질문은 처음에 어떻게 그것들이 사람을 타락시켰으며 그리고 그다음엔 사람들이 타락됐는가를 묻는 것일 게다. 그 잔여적 결과는 텔레비전과 그 밖의 미디어에서 그 어떤 다른 종류의 단일 연구보다도 '타락연구'corruption-studies라고 불러야 할지도 모를 '효과연구'impact-studies를 위한 자원을 얻는 것이 여전히 더 쉽다고 하는 것이다. '커뮤니케이션의 사회학'이라고 불려지는 것의 많은 것이 바로 이런 종류의 '효과연구'이다."[72]

    윌리엄스는 그런 문제를 제기한 다음에, "정말이지 나는 텔레비전 또는 그 밖의 미디어의 소비에 관한 탐구와 그 생산에 관한 탐구 사이에 동등한 재원이 존재하는 그런 시스템을 보고 싶다"고 말한다. 커뮤니케이션에 관한 가장 광범위하고 지속적인 연구는 돈이 많은 광고계에서 이루어지고 있고, 학자들은 늘 돈이 없어 연구를 하지 못한다는 돈 타령이나 하기에 바쁘니, 그건 이만저만 심각한 문제가 아닐 수 없을 터다.

미디어를 너무 쉽게 포기하고 기존 질서에 안주하지 않았는가?

이제 이야기를 끝맺도록 하자. 그레임 터너가 지적했듯이, "윌리엄스의 작업을 비판하는 사람들은 윌리엄스가 자신의 입장에 대해 철저하게 밝힌 적이 없었다고 주장한다. 또 윌리엄스는 적용을 위한 방법을 전혀 개발하지 않았다고 비판한다. 공개적으로 자신의 입장을 바꾸는 그의 작업의 정직성마저도 결함으로 비판받았다."[73] 이글턴 역시 "윌리엄스는 이상하리만치 '이론'에 대해 늘 모호한 태도를 견지해왔으며, 내가 알기로는 실제로도 그 '이론'이란 단어를 사용하지 않았다"고 했다.[74]

    모두 다 타당한 비판으로 여겨진다. 그런데 중요한 것은 "왜?"라는 질문이다. 왜 윌리엄스는 이상하리만치 '이론'에 대해 늘 모호한 태도를 견지했으며, 적용을 위한 방법을 전혀 개발하지 않은 걸까? 그 이유는 알 수 없지만, 나는 세상을 바꾸려는 낙관적 실천에서 이론은 오히려 위험할 수 있다는 점에서 이론의 부재가 꼭 나쁜 것만은 아니라고 생각한다. 이 점에 관한 한 오늘날 행동과학에서 말하는 '이론 때문에 생긴 맹목theory-induced blindness'에 주목할 필요가 있을 것 같다.

대니얼 카너먼Daniel Kahneman은 분명하게 반박 가능한 사례들을 만들 수 있는 이론이 오랫동안 버틸 수 있는 건 학자들의 사고방식이 가진 취약성 때문이라며, 그런 취약성을 가리켜 '이론 때문에 생긴 맹목'이라고 불렀다. "일단 어떤 이론을 받아들여서 사고 도구로 사용했다면 그것의 문제를 파악하기란 매우 어려워진다. 모델에 부합하지 않아 보이는 관찰 결과를 발견했다면, 당신이 뭔가 놓치고 있는 완벽하게 좋은 설명이 분명 존재한다고 가정한다. 당신은 그 이론을 수용한 전문가 집단을 신뢰하면서 의심스럽더라도 일단은 믿고 본다."[75]

혹 주변에서 특정 이론을 사랑하는 지식인이나 연구자를 본 적이 있는가? 그 이론이 세상을 바꾸려는 것임에도 불구하고 그런 사람들은 다른 이론과의 소통이나 타협은 사실상 포기한 채로 자신의 이론을 사수하는 데에 모든 것을 걸려는 경향이 있다. 윌리엄스는 1979년 사회주의자의 정치 전략을 묻는 질문을 받고 "문화적 문제를 고려하지 않는 정치 전략은 과거에 얽매여 있는 것이다"고 답한 바 있다.[76] 나는 "그 어떤 정치 전략이건 그것은 실천에 앞서 우선적으로 개인의 이해관계와 인정 투쟁에 발목이 잡히기 마련이다"고 말하고 싶다.

왜 미디어의 해방적 가능성을 포기하면 안 되는가?

윌리엄스는 겸손했고 솔직했다. 그는 자신이 과거에 어떤 점에 대해 몰랐던 점을 인정했는가 하면 생각을 점차 바꿔나가는 등 불멸의 이론을 세우려는 이론가로서의 면모론 낙제점이었다. 그에게 불멸의 이론이 있었다면 그건 세상을 바꿔나가야 한다는 것이었고, 그 일을 위해선 다른 방법이 없는 만큼 미디어의 해방적 가능성을 포기하면 안 된다는 것이었다.

미디어의 해방적 가능성을 말하는 건 천진난만한 탁상공론이 아니냐는 의심은 정당하지만, 그에 앞서 "미디어를 너무 쉽게 포기하고 기존 질서에 안주하지 않았는가?"라는 질문이 선행되어야 할 것이다. 미디어의 해방 가능성을 포기하지 않는 것은 일견 '시시포스의 노동labor of Sisyphus'과 다를 바 없을망정, 그건 변화를 바라는 자들의 숙명이다. 우리가 그 반대의 노동을 해야 하는 게 아니라면 말이다.

앨빈 토플러
Alvin Toffler

왜
미래학자는 대중을
열광시키는 선지자가
되는가?

"우리 모두는 시간적으로 변화한다"

문 토플러는 누구인가? 귀하는 전 세계에 사상적으로 영향을 미친 몇 안 되는 현대의 저술가들 중의 한 사람이다. 그런데도 인간으로서의 귀하에 관해서는 별로 알려진 것이 없다.……귀하는 스스로를 본질적으로 작가라고 생각하는가, 아니면 사회비평가나 미래주의자라고 생각하는가?

답 그건 좀 거북한 질문이다. 내가 '저자', '사회비평가', 또는 '미래주의자'라는 생각은 1차원적인 것이기 때문이다. 나는 그 밖에도 행복한 남편, 자랑스러운 아버지, 6척 장신, 비행기 조종사, 아들, 형제, 영화 애호가, 납세자, 지식인, 미국인 등으로 불릴 수 있을 것이다. '누구'냐를 묻는 당신의 질문은 나의 어느 측면에 적용되는 것인가?

그리고 어느 시점의 나를 말하는 것인가?

문 귀하는 그처럼 시점에 따라 달라지는가?

답 나는 전에 '연속적 자아serial selves'라는 개념에 관해 쓴
적이 있는데, 우리 모두는 물론 시간적으로 변화한다. 당
신이 내가 30년 전에 '누구'였느냐고 묻는다면 나는 용
접공, 주물공장 기계공, 천공 프레스 운전공, 대장장이
조수였다고 대답할 것이다. 그러나 당신은 내가 그 밑바
탕은 대학 졸업자, 야심 많은 시인 겸 소설가, 정치적 과
격파, 낭만주의자였음을 발견했을 것이다.[1]

이 인터뷰에서 엿보이듯 매우 다양한 삶을 살아온 앨빈 토
플러Alvin Toffler, 1928~2016는 1928년 10월 4일생으로 미국 뉴욕에
서 폴란드계 유대인 이민자 가정에서 태어났다. 모피 가공업에
종사한 그의 아버지는 토플러가 대법관이 되기를 열망한 나머지,
매일 『뉴욕타임스』에 보도된 시사 사건들을 어린 토플러에게 설
명하고 묻는 교육을 실시했다.[2]

그렇지만 토플러는 7세 때부터 작가가 되겠다는 꿈을 키워
나갔다. 그는 고교 시절 학교 신문에서 일했으며, 졸업 후 뉴욕대
학 영어과에 진학했다. 그는 대학 시절, 학내 문학잡지인 『컴퍼
스Compass』를 창간해 운영했으며, 전국학생연합의 뉴욕대학 대
표로 참가하기도 했다. 그는 재학 중 같은 대학 내 미술학과, 그리
고 뉴욕의 여러 서점에서 아르바이트를 하면서 학비를 조달했다.

토플러는 대학을 졸업한 후 5년간 제너럴모터스GM 공장에

서 조립공, 용접공, 프레스공 등 기능공으로 일했다. 왜? 많은 사람이 이 점에 대해 궁금해한다. 우리 식으로 말하면 운동권 학생의 '위장취업'과 비슷한 것이었을까? 토플러는 "여러 가지 동기가 섞여 있었다. 그 당시 나의 여자 친구였던 하이디도 나와 함께 가서 경험을 나누었다. 내 동기의 일부는 심리적인 것이었다"며 다음과 같이 말한다.

"집을 떠나 다른 세상을 경험하고자 하는 젊은이의 정상적인 욕구였다고 할 수 있다.……나에게는 문학적인 동기도 있었다. 존 스타인백John Ernst Steinbeck은 포도를 땄고 잭 런던Jack London은 배를 타고 바다로 나갔었다.……나는 그것을 낭만적이라고 생각했고 또 노동계급의 생활에 관해 위대한 소설을 쓰기를 꿈꾸었다. 마지막으로 나는 정치 운동가였다. 1940년대 말에 나는 남부지방을 돌아다니며 인권운동을 했었다. 나는 데모에 참가했으며 공장이야말로 우주의 중심부라고 보는 마르크스주의를 접하게 되었다. '산업계'로 뛰어든다는 것은 또한 노동자들을 조직하는데 도울 기회가 있음을 의미했다."[3]

그러나 이제 토플러는 "이 모두가 무모한 짓이었다"고 말한다. 그는 경영자들의 어리석음과 무정함, 육체노동자를 다루는 사무직원들의 사악함과 건방진 태도를 목격했지만, 다른 한편으로 미국 노동자들의 '계급 의식 고양'을 표방하는 좌파 지식인들의 어리석음과 교만함을 깨닫게 되었다고 말한다.[4]

'위장취업'을 통해 터득한 새로운 글쓰기 철학

그런 깨달음도 있었겠지만, 사실 토플러의 노동 경험이 그에게 가져다 준 최대의 축복은 '글쓰기'에 대한 철학의 정립이었다. 물론 그 철학은 오늘날 그가 이룩한 성공의 밑거름이 되었다. 이에 대해 토플러는 다음과 같이 말한다.

"나는 조립라인이나 천공 프레스 앞에서 단 하루도 일해보지 않았으면서도 유식한 글을 쓰면서 노동자들은 결국 더 좋은 것을 알지 못하기 때문에 따분한 일도 '마다하지 않는다'라고 말하는 그러한 지식인들에 대한 증오심을 평생 동안 키워왔다.……나는 또한 영어에 관하여 많은 것을 배웠다. 즉 박사 학위를 받지 않은 사람들도 이해할 수 있도록 글을 쓰는 방법을 배웠다. 나는 다른 학자들만 읽을 수 있도록 학술 용어를 사용하여 글을 쓰는 것보다 평범한 문장으로 글을 쓰는 일이 훨씬 더 힘들다는 것을 깨달았다."[5]

토플러는 자신의 기능공 경력을 근거로 하여 용접 산업의 전문지 기자로 일하다가, 1957년 한 작은 펜실베이니아 신문의 워싱턴 특파원으로 직장을 옮기면서 본격적인 자유기고 활동을 시작했다. 토플러는 자유기고 활동을 하다가 『포천Fortune』에 들어가 노동 칼럼을 쓰게 되었으며, 때론 문화 관련 기사도 다루었다.

토플러가 『포천』 1961년 11월호에 쓴 한 문화 관련 기사는 그가 1964년에 출간한 책 『문화 소비자The Culture Consumers: Art and Affluence in America』의 근거가 되었다. 토플러는 미국 예술의 경제 문제를 분석한 이 책에서 일반 공중의 고급 예술 접근을 중심으로 한 '문화 폭발culture explosion'의 실상을 기록했는데, 그 과정에서 문화적 엘리트주의를 비판했다.

토플러는 문화가 엘리트의 전유물에서 대중적 소비의 대상으로 변하는 것에 대해 기존 엘리트들이 퍼부어댄 비난을 반박하면서 이렇게 말했다. "관료제를 매도해봐야 소용없다. 관료제는 우리가 더불어 같이 사는 법을 배워야 하고, 더 나아가 우리의 목적을 위해 이용해야 할 현대사회의 한 특징이다It does no good to rail against bureaucracy. It is a feature of contemporary society that we must learn to live with and, more important, to exploit for our own ends."[6]

사실 젊은 토플러는 여러 면에서 진보주의자였다. 대부분의 미래학자들이 그러하듯이 그도 20대에는 마르크스주의에 심취했던 인물이다. 그러나 상당수 젊은 마르크스주의자들은 커뮤니케이션 테크놀로지를 한껏 이용해 남들보다 지식을 빨리 그리고 많이 섭취하면 할수록 마르크스주의를 부정하는 미래주의로 빠져들게 되었으며, 토플러도 예외는 아니었다. 빨리 그리고 많이 섭취하게 되는 정보가 '이데올로기 편향적'이라는 것을 그 정보의 홍수 속에서 헤엄치는 한 개인이 깨닫기엔 역부족이었는지도 모르겠다.

30대 후반의 토플러는 이미 20대의 토플러가 아니었다. 그는 1965년 『호라이즌Horizon』 여름호에 기고한 「생활양식으로서 미래The Future as a Way of Life」라는 글에서 '미래의 충격future shock'이라는 말을 최초로 사용했는데, 사실 그건 '토플러의 충격'이기도 했다. 이 개념의 핵심은 한 개인이 너무 짧은 기간에 너무 많은 변화를 겪는다는 것이다. 사실 토플러의 믿기지 않을 정도로 왕성한 지적 탐구력은 독학으로 지식을 쌓은 그에게 엄청난 변화를 가져왔다. 토플러는 그 변화의 의미를 깨닫기 위해 이후 5년간 '미래의 충격'이라는 개념에 매달렸다.

『미래의 충격』을 통해 탄생한 '하이테크 시대의 선지자'

토플러는 그 기간 중 대학, 연구소, 실험실, 정부 기구 등을 방문하며 공부를 했다. 엄청난 양의 책도 읽었고 수백 명의 전문가와 인터뷰도 했다. 그는 그 기간 중 코넬대학 등의 객원교수로 일하면서 미래의 가치 시스템에 대한 연구에 집중했다.[7]

그렇게 해서 1970년에 출간된 책이 바로 『미래의 충격Future Shock』이다. 세계 50개국에서 700만 부 이상 판매된 이 책은 토플러를 하루아침에 세계적인 명사로 만들어주었다. 토플러는 자신의 갑작스런 성공에 큰 충격을 받았다고 당시를 회상했다. 토플러에 따르면, 그 책이 가져다 준 가장 중요한 충격은 그가 처음으로 일반 독자와 서신을 주고받는 저술가가 되었다는 사실이었다. 토플러는 10여 년 후 당시의 충격에 대해 다음과 같이 말했다.

"나는 그 전에도 미국에서 발행부수가 가장 많은 잡지들에 글을 실은 적이 있다. 그러나 잡지에 실린 글에 대한 독자의 반응은 대체로 하찮은 것이어서 운이 좋아야 편지 몇 통이 고작이었다.……그러나 『미래 쇼크』의 경우에는 독자에게서 홍수처럼 편지가 쏟아져 들어왔다. 새벽 2시에 전화를 걸어와 방금 그 책을 다 읽었다면서 여러 가지 문제를 토론하고 싶다고 말하는 독자들도 있었다. 전국 각지의 사람들이, 그리고 종국에는 세계 각지의 사람들이 예를 들어 '『미래 쇼크』를 읽다 보니 마치 당신이 최근 몇 년 동안 내 생활을 어깨 너머로 지켜보고 있었던 것처럼 느껴진다'는 식의 논평을 해오곤 했다."[8]

토플러가 말하는 『미래의 충격』에 대한 독자들의 반응은 그 책이, 토플러의 의도와는 무관하게, 그 어떤 종교적인 성격을 갖고 있는 건 아닌가 하는 의아심을 갖게 하기에 충분하다. 자살을 결심한 사람이 그 책을 보고 생각을 바꾸었다든가 하는 사례는 물론 예외적인 것이겠지만, 그 책이 사람들을 흥분시킬 수 있는 선지자적 예언의 냄새를 물씬 풍겼다는 건 분명한 것 같다. 당연히 그의 강연에 대한 반응도 대단히 뜨거웠다. 토플러는 다음과 같이 말한다.

"『미래 쇼크』 이후에 일어난 사태는 내 강연회가-뭐랄까, 말하자면 정치 집회와 같은 성격을 띠게 되었다. 이제는 보통의 청중이 아니라 입추의 여지없이 들어선 군중들을 상대로 하게 되었으며-뭐랄까, 일종의 유권자들을 상대로 한다는 느낌이 들 때가 많았다. 분위기는 감전된 것 같았다.……『미래 쇼크』는 또한 프랑스 · 서독 · 일본 등 수십 개 국가들에서도 공전의 히트를 쳐서 베스트셀러에 올랐다. 그 후 이런 나라들에서 와달라는 초청장이 잇달았고 이렇게 해서 나의 국제화가 달성되었다."[9]

토플러는 해외에서도 자신이 이해하기 어려운 이상한 경험을 수없이 했다. 콜롬비아의 보고타에 도착해보니 그곳 밀림에 있는 13개 라디오 방송국에서 농민들에게 『미래의 충격』의 내용을 방송하고 있었다든가, 일본의 삿포로에서 히피 차림의 서방 젊은이들이 거리에서 일렬종대로 걸어오면서 자신을 향해 『미래의 충격』을 손에 들고 흔들고 있었다든가 하는 경험은 토플러에게 이만저만한 충격이 아니었다. 그는 그 충격에 대해 다음과 같이 말한다.

　　"이처럼 우리는 온갖 종류의 믿기 어려운 경험을 했는데 그것은 그 책이 매우 개인적이고 또 정치적인 관심을 불러일으켰기 때문이었다. 말할 필요도 없이 이 같은 모든 변화는 한 작가의 미래를 뒤바꿔놓게 마련이다. 여러 사람 앞에 일종의 권위자로서 등장한다는 것은 어딘지 쑥스럽고 불안한 노릇이다. 나는 그 같은 위치에 서기를 바라지 않는다."[10]

　　그러나 토플러가 많은 사람에게 '구세주'처럼 보인 건 이미 토플러 자신이 선택할 수 있는 문제가 아니었다. 그는 세계 각국을 다니면서 도저히 자신이 감당할 수 없는 질문들을 받고 그에 답을 해야만 하는 처지에 놓이게 되었다. 그는 '하이테크 시대의 선지자'가 된 셈이다.

토플러의 신조어 생산과 대중화 능력

토플러가 말하는 '미래의 충격'은 테크놀로지 등의 발전으로 인한 급격한 변화에 따른 개인의 부적응 현상을 가리킨다. 이 책에서 '변화의 방향'보다는 '변화의 속도'를 강조하는 토플러는 미래의 딜레마가 '선택의 과잉overchoice'이라고 했다.[11] '선택의 과잉'이란 개념은 매우 중요한 통찰이었다. 사실 설명은 때로 치료적 기능을 갖는다. 자신도 이해할 수 없는 상황에 빠져 고통 받는 사람에겐 아무런 해결책을 제시해주지 않으면서도 단지 그 상황을 설명해주는 것만으로 큰 위안을 줄 수 있다. 토플러는 바로 그런 역할을 맡게 된 것이다.

그렇다고 토플러가 단지 해설자의 역할에만 머무른 건 아니다. 그는 매우 중요하고도 실천적인 제안들을 많이 했다. 특히 미디어에 관한 제안이 돋보였다. 『미래의 충격』의 성공 이후, 순회 경연회를 다니던 토플러는 1973년 워싱턴에서 열린 교육행정가 총회에서 행한 연설에서, 우리는 산업사회를 졸업했는데도 학교는 산업사회에 적합한 사람들을 양산해내고 있으며, 이는 미래에 대한 위협이라고 단언했다. 그는 학생들을 교실에 가둬 놓고 있다 보면 그들이 영리해질 것이라는 가설을 버리고 TV도 훌륭한 교육 매체가 될 수 있다는 것을 인정하라고 촉구했다.[12]

따지고 보자면, 이 주장은 마셜 매클루언이 이미 했던 것이지만, 다양한 신조어新造語를 만들어내고 그걸 대중화하는 데엔 토플러가 한 수 위였다. 오늘날 널리 쓰이는 프로슈머prosumer는 토플러가 세계 30개국에서 1,000만 부 이상이 팔린 『제3의 물결』에서 처음 소개한 개념으로,[13] 생산과 소비가 완벽하게 분리되는 것이 아니라 소비자가 제품 개발과 관련된 제안을 적극적으로 하는 등 둘 사이의 부분적인 결합이 나타나는 현상을 가리킨다. 특히 인터넷이 기폭제가 되었다.

오늘날 널리 쓰이는 '대량 맞춤Mass Customization'이라는 용어와 기술적 가능성은 스탠 데이비스Stan Davis의 『완벽한 미래 Future Perfect』(1987)에서 제시되었지만, 이 개념은 토플러의 『미래의 충격』에서 다루어진 것이었다.[14]

토플러가 『미래의 충격』에서 '정보 과부하Information overload' 개념을 정치에 접목시킨 것도 평가할 만하다. 그는 세상은 점점 더 다양해지고 복잡해질 터인데, 인간의 방어 체계는 사람들이 갖는 편견들을 확인하고 굳히는 여러 방식으로 세상을 단순화해서 바라볼 것이라고 주장했다.[15] 이와 관련, 네이트 실버Nate Silver 는 『신호와 소음: 미래는 어떻게 당신 손에 잡히는가The Signal and the Noise: Why So Many Predictions Fail-but Some Don't』(2012)에서 "인쇄술이 탄생한 뒤에 정보 과부하는 과거보다 더 큰 분파주의를 낳았다"며 다음과 같이 말한다.

"정치적 당파성은 토플러가 『미래의 충격』을 썼던 바로 그 무렵부터 빠르게 확대되기 시작했으며, 인터넷이 출현한 뒤로는 속도가 한층 빨라진 듯하다. 당파적 신념은 더 많은 정보가 우리를 진리에 더 가까이 데려다주리라는 믿음을 배신할 수 있다. 최근 『네이처Nature』에 실린 한 논문은, 정치 신념이 강한 사람들이 지구온난화 정보를 더 많이 접할수록 같은 생각으로 뭉치는 경향성은 오히려 줄어든다는 사실을 발견하기도 했다."[16]

　오늘날 널리 쓰이는 '애드호크러시adhocracy'도 토플러가 『미래의 충격』에서 관료제bureaucracy를 대체할 미래의 조직으로 예언하면서 널리 알려진 개념이다. 토플러는 "애드호크러시란 구조화된 혼란"이라고 했다.[17] 관료제의 문제를 극복할 수 있는 조직 유형에 깊은 관심을 보인 토플러는 나중엔 '탄력회사flex-firm'라는 개념을 제시한다.[18]

토플러는 '영리한 미래학자'

토플러는 1975년에 '에코스패즘eco-spasm'이 과거의 경제 위기를 대체하게 되었다는 주장을 담은 『에코스패즘 리포트The Eco-Spasm Report』를 출간했다. 그는 이 책에서 오늘날의 경제 문제는 전통적인 경제학으로는 설명할 수 없다고 단언했다. 그렇다고 해서 그가 오늘날의 경제를 설명할 수 있는 어떤 획기적인 주장을 내놓은 건 아니다.

　그럼에도 불구하고 경제적 어려움을 겪고 있는 나라에선 토플러의 주장에 귀가 솔깃할 수밖에 없었다. 『신동아』가 7년 후인 1982년 8월호에서 『에코스패즘 리포트』를 절반 정도로 줄여 번역해 실으면서 붙인 다음과 같은 편집자 서문은 토플러가 누리는 세계적 인기의 비결을 일부나마 시사해주고 있다.

"세계 경제는 70년대 중반에 이르면서 위기가 격화됐다. 가장 풍요로운 공업 사회 경제에도 금가는 소리가 들리고 있다. 이 같은 세계적 위기를 경제적 측면에서 조명해본 것이 바로 이 에코스패즘 보고서이다.……우리의 경제 상황에도 토플러가 예언한 에코스패즘(발작적 경제 위기) 현상이 현실로 나타나고 있다. 파행적이고 역행적이며 매우 빠른 움직임이 서로 맞부딪치며 경제의 방향을 뒤틀어놓기 시작했다. 정부의 시책은 조령모개를 되풀이하게 되고, 불황을 겪는 산업, 호황을 겪는 산업 등 한꺼번에 기업 간의 격차가 두드러지고 있다."[19]

미래학의 매력은 구체적인 대안을 제시하지 않은 채 단지 현재의 문제를 거시적으로 거론하는 것만으로 대안을 제시하는 듯한 효과를 내는 데에 있다. 물론 토플러는 오늘 당장 일어나고 있고, 일어나야 할 변화와 이행을 이야기하고 있으므로, 그가 하고 있는 것은 미래학이 아니라 현재학이라는 주장에도 일리는 있다.[20]

사실 토플러는 예언을 절제하면서 주로 현재를 이야기하는 '영리한 미래학자'다. 그는 "예언이란 우리의 용어 가운데서는 제외된 단어이다. 영리한 미래학자들은 어떤 예언도 하지 않는다. 예언은 돌팔이들이나 하는 짓이다"라고 말한다.[21]

그렇다고 토플러가 예언을 전혀 하지 않는 건 아니다. 토플러는 아마도 '예언'이라는 말 대신에 '전망'이라는 말을 원하는 건지도 모른다. 그가 내놓은 '전망'의 가장 큰 장점은, 그것이 맞든 틀리든, 그가 제도권 교육의 틀에 사로잡히지 않고 매우 다양한 요소들을 총체적으로 살핀다고 하는 점이다. 예컨대, 미국의 헤게모니(세계적 패권)에 관한 그의 견해는 폴 케네디Paul Kennedy 의 '미국 쇠망론'이나 레스터 서로Lester Thurow의 '유럽 부상론' 보다 더 설득력 있게 들린다.

"서로 교수는 경제학자이다. 그는 경제적인 판단의 틀로 세계를 전망하고 있다. 폴 케네디의 준거 역시 군사력과 경제이다. 그리고 그는 역사를 수직적인 흐름으로만 보고 있다. 그러나 이들은 사회정치적, 과학-정보적 요소를 간과하고 있다. 미래의 사회가 정보에 의해 좌우된다고 할 때 가장 앞서갈 나라는 최고의 컴퓨터와 소프트웨어, 통신수단 등을 보유한 나라가 될 것이다. 유럽은 이 같은 중추 기술에서 상당히 뒤져 있다.[22]

토플러는 오로지 '경제'만을 다루는 경제학자들에게 '경제'는 그렇게 공부하는 게 아니라고 꾸짖길 좋아한다. 그는 미국 대학에서 사용되는 가장 영향력 있는 교과서 중의 하나인 폴 새뮤얼슨Paul A. Samuelson, 1915~2009과 윌리엄 노드하우스William D. Nordhaus, 1941~가 쓴 『경제학Economics』이란 책에는 눈을 피로하게 하는 작은 활자로 28페이지나 되는 색인이 실려 있지만, 이 색인을 아무리 찾아보아도 '권력'이라는 단어가 없다는 걸 개탄한다.[23] 도대체 권력을 언급조차 하지 않으면서 무슨 경제학을 논하느냐는 것이다.

토플러는 자신의 현장 경험도 내세운다. "경제학은 다른 어떤 학문보다 훨씬 더 많이 현실 세계에 기반을 두어야 한다. 나는 젊은 날 현실을 경험하며 잊을 수 없는 5년의 세월을 보낸 적이 있다. 공장의 판금 조립라인에서 작업을 하고, 자동차와 비행기 엔진, 백열전구, 엔진 모듈 생산 작업을 했다. 주물공장의 송수관 속을 기어 다니기도 했고, 바위에 구멍을 끓는 착암기를 다루는 격렬한 육체노동도 했다. 생산 현장을 밑바닥부터 체험한 것이다. 나는 실직자의 설움도 알고 있다."[24]

토플러의 경제학은 경제학자들의 경제학이 안고 있는, 과학성과 전문성에 매몰된 편협성을 극복했다고 하는 점에서 인정할 부분이 있다. 그런 의미에서도 토플러는 넓은 안목을 가진 '영리한 미래학자'라고 볼 수 있겠다. 『왜곡되는 미래Futurehype: The Tyranny of Prophesy』(1991)라는 저서를 통해 미래학의 사기성을 폭로한 막스 더블린Max Dublin이 토플러를 전혀 지목하지 않은 것도 결코 우연이 아닐 것이다.[25]

하지만 토플러는 유명세로 인해 미래학이 비판받을 땐 어김없이 그 주요 표적이 되곤 한다. 미래학적 예측의 오류들을 지적한 댄 가드너Dan Gardner의 『미래에 대한 횡설수설Future Babble: Why Expert Predictions Fail and Why We Believe Them Anyway』이라는 책의 국내 번역판이 『앨빈 토플러와 작별하라』는 제목을 붙인 것도 그런 관점에서 이해할 수 있겠다. 이 책엔 토플러가 몇 줄밖에 등장하지 않으며, 그것도 "1970년에 미래학자 앨빈 토플러는 『미래의 충격』에서 인간의 뇌는 가속화되는 변화의 속도를 따라잡지 못할 것이며, 결국 인간은 모두 미쳐버릴지도 모른다고 경고했다"고 비꼬는 수준에만 머물러 있는데도 말이다.[26]

"나는 기술결정론자가 아니다"

정보기술에 대해 매우 비판적인 프랭크 웹스터Frank Webster는 토
플러를 '조야한 기술결정론'에 사로잡힌 '기술과대론자techono-
booster'로 본다.[27] 이렇듯 토플러는 기술결정론자로 간주되는데,
이는 1980년에 출간된 『제3의 물결The Third Wave』에서 두드러진
다. 이 책은 약 1만 년 전부터 시작된 농업문명을 '제1의 물결',
약 300년 전의 산업혁명에서 시작되어 규격화, 동시화, 중앙집권
화로 특징지어지는 산업적 대량생산 문명을 '제2의 물결'로 규정
지은 다음, 오늘날엔 정보사회의 지적 물결로 대표되는 '제3의
물결'이 도래했음을 선언했다.

　　토플러는 "왜 이와 같은 현상이 일어나고 있는 것일까. 왜
낡은 제2의 물결이 갑자기 제 기능을 다하지 못하게 된 것일까.
왜 이 새로운 문명의 조류가 낡은 문명의 파도와 충돌하게 된 것
일까"라고 물으면서 다음과 같이 답한다.

　　"아무도 그 이유를 알지 못한다. 산업혁명으로부터 3백년
이 지난 지금에도 역사학자는 산업혁명을 일으킨 '원인'을 분명
히 파악하지 못하고 있다.……분명한 것은 수십, 수백의 변화의
흐름이 하나로 합류되고 그것들이 상호 간에 관계를 유지하면서
제3의 물결의 원인을 형성하고 있다고 하는 것이다.……또한 이
격심한 변동의 시대에는 일리야 프리고진Ilya Prigogine 등의 과학
자가 말하는 '도약현상'과 흡사한 현상도 보게 된다.……사실상
특정의 원인을 알아내고자 하는 것은 다분히 그릇된 발상인지도

모른다. 결국, 이러한 질문 그 자체가 빗나간 것인지도 모른다. 제3의 물결의 원인은 무엇인가 라고 묻는 것 자체가 모두 제2물결적 발상에 사로잡혀 있다고 말해도 좋을 것이다."[28]

토플러의 설명은 게임의 법칙을 스스로 정해 놓고 그 법칙에 따라 이야기하자는 걸 의미하는 것으로 해석될 수도 있다. 그의 주장에 대한 모든 반박은 '제2물결적 발상'이 될 터이니 말이다. 토플러도 그 점을 느낀 것인지 한 발 뒤로 물러서 다음과 같이 말한다. "그러나 이렇게 말했다고 하여 특별히 인과관계를 무시한다는 말은 아니고 그 복잡성을 인식할 필요가 있다고 하는 것이다."[29]

자신은 어떠한 결정론자도 아니라고 단호히 말하는 토플러는 그 혐의를 벗기 위해 애를 쓴다. 그는 "나는 반드시 어떤 특정한 미래가 예정되어 있다고는 생각하지 않는다. 또한 결코 '제3의 물결'이 필연이라고 생각하지도 않는다"며 다음과 같이 말한다.

"나는 여기서 다시 한 번 프리고진의 견해에 동조하게 된다. 내가 이해하기로는 그는 우연과 결정론이 모두 작용한다고 말하고 있다—이 말 자체는 새로운 발상이 아니다. 그러나 프리고진은 이 두 가지를 새로운 방법으로 상호 연관시키고 있다고 생각된다. 그의 말을 대충 부연해 보면 그는 낡은 구조가 어떠한 변동에 의해서건 압력에 의해서건 혁명적 변혁의 시점에 도달하는 순간이 온다고 말하고 있다. 바로 그 순간에 우연이 작용한다. 체제는 그때 어떠한 방향으로건 나아갈 수 있다. 그러다가 일단은 중요한 다음번 조치가 취해지면 우연은 그 임무를 마치고 체제는 이 방향 또는 저 방향으로 방향을 잡게 되며 다시 변동이 또 다른 구조적 위기를 조성할 때까지 결정론이 사태를 장악하게 된다."[30]

토플러는 1983년 제법 비판적인 시각을 가진 사우스 엔드 프레스South End Press의 멤버들과 가진 인터뷰에서 자신의 결정론을 추궁하는 질문에 쫓겨 정치의 중요성을 인정하는 발언을 했다. 그렇지만 그의 저서들은 정치를 거의 다루지 않고 있다는 건 무얼 의미하는가? 다음과 같은 인터뷰 내용을 음미해보자.

> **문** 우리에게 권력을 가져다주는 것―그것이 정치의 모든 것이다. 귀하는 현재 등장하고 있는 '제3물결' 사회가 산업사회 질서보다 민주적인 것이 될 것이라고 시사했는데.
>
> **답** '될 것이다'가 아니라 될 수 있다고 말해야 할 것이다.
>
> **문** 그러나 다른 방향으로, 심지어 '1984'년 식의 기술파시즘(역주: techno-fascism, 오웰의 소설 『1984년』에 나오는 독재 체제) 같은 것을 향해 나아갈 수도 있지 않겠는가? 아니면 보다 그럴듯한 가능성으로 '제3물결', 특히 그 일부를 이루는 정보혁명으로의 이행은 우리 사회의 계급구조를 보다 평등하게 만드는 것이 아니라 지식의 사제가 윗자리에 앉아 있고 나머지 사람들은 피라미드를 떠받치고 있는 새로운 위계 체제로 변화시키지는 않겠는가?
>
> **답** 새로운 기술들 중의 일부는 확실히 위협적이다. 그러나

나머지 기술들은 그 반대로 국가에 대한 개인의 힘을 키워 준다. 기술이라고 모두 같은 것은 아니다. 중앙집권적인 것도 있고 탈중앙집권적인 것도 있다. 그것들을 한데 묶어 다루는 것은 잘못이다. 현명한 정치는 어느 한 가지 형태의 기술은 억제하고 다른 기술의 보급을 장려함으로써 '기술파시즘'의 가능성을 배제할 뿐만 아니라 새로운 차원의 민주주의를 촉진시킬 것이다.[31]

"좌우는 산업화 시대의 유물이다"

토플러는 1983년엔 『예견과 전제Previews & Premises』, 1985년엔 『적응력 있는 기업The Adaptive Corporation』을 출간하고, 1990년에 그 스스로 『미래의 충격』과 『제3의 물결』과 더불어 '3부작'으로 부르는 『권력이동Power Shift』을 출간했다. 그는 1993년엔 『탈근대 시대의 전쟁과 평화War & Peace in the Post-Modern Age』, 1994년엔 『정치는 어떻게 이동하는가Creating a New Civilization: The Politics of the Third Wave』, 1995년엔 『전쟁과 반전쟁War and Anti-War』, 2006년엔 『부의 미래Revolutionary Wealth』를 출간했다.

아내 하이디 패럴Heide Farrell과 한 팀이 되어 광범위한 조사와 효율적인 자료 가공으로 세계적인 베스트셀러를 연이어 내놓는 토플러의 탁월한 능력만큼은 알아줄 만하다. 1985년, 1992년, 2001년, 2005년, 2007년 등 여러 차례에 걸쳐 내한 강연을 가진 바 있는 토플러가 국내에서도 미래학의 '우상' 정도로 숭배되고 있는 것도 무리는 아닐 것이다.

사실 문제는 우리가 토플러를 받아들이는 자세에 있다. 토플러는 문명의 차원에서 전 인류를 대상으로 하여 이야기하고 있다. 그의 주장이 옳든 그르든 그건 분명 가치 있는 일이다. 그런데 한국에서는 토플러의 주장을 심지어 방송의 탈규제 정책에까지 무분별하게 이용하려는 시도가 노골적으로 또는 암묵적으로 이루어져왔으니, 이야말로 우도할계牛刀割鷄라 할 만하다.

토플러의 이데올로기를 문제 삼을 필요는 없다. 그가 자신의 탁월한 안목을 오직 다국적기업들의 경영 자문에만 비싼 값으로 팔고 있다는 걸 탓할 필요도 없다. 그건 자신의 주장과 일관된 것이기 때문이다. 그는 "'우익'과 '좌익'이라는 용어는 현재 역사 속으로 사라져가고 있는 산업화 시대의 유물"이며, "이 양자 간의 투쟁은 침몰하는 여객선 위에서 갑판 의자를 놓고 싸우는 꼴이 되고 말았다"고 말한다.[32] 그렇지만 그는 '역사의 종언'을 이야기 한 프랜시스 후쿠야마Francis Fukuyama, 1952~에 대해선 전혀 동의하지 않는다.

"나는 역사의 종언이 아니라 후쿠야마 씨의 종말이라고 말하겠다. 역사에 대한 그의 정의는 자유민주주의와 마르크시즘 사이의 대립이라는 매우 좁은 개념이다. 그러나 역사의 요소가 이 두 가지만도 아니며, 이념의 종류도 이 두 가지만은 아니다. 나는 우리가 여러 가지의 이념이 혼재하는 세상을 살게 될 것으로 본다. 이슬람도 하나의 이념, 종교 이념이다. 마르크시즘도 종교적 이념이다. 가톨릭도 정치적으로 그 중요성이 커지고 있다. 그래서 나는, 우리가 여러 가지 종교적 세속적 이념들이 상충하는 세상을 보게 될 것이며, 더욱 혼란이 커지는 시대로 나아가게 될 것이고, 지난 30여 년간 세계 대부분이 겪었던 기술적 경제적 사회적 혁명의 결과로 이제 권력 구조에도 일대 변동이 나타나기 시작할 것으로 전망한다."[33]

이와 같이 주장한 지 25년이 지난 오늘의 시점에서 보자면, 후쿠야마보다는 토플러의 예견이 더 옳았다는 데에 동의하긴 어렵지 않다. 다만 우리가 주목해야 할 점은 토플러가 미국 중심적인 시각에서 인류의 미래를 말하고 있다는 것이다. 그는 "귀하는 지금까지 아프리카에 관해서는 단 한마디도 하지 않았다. 그 이유는 무엇인가?"라는 질문을 받고 솔직하게 "아프리카에 관해서는 아는 것이 별로 없기 때문이다"라고 말한다.[34]

토플러의 글쓰기 방법

이 발언은 토플러의 글쓰기 방법에 대해 의외로 많은 것을 시사해준다. 토플러는 작가로서 엄청난 양의 자료를 모으고 있다. 그렇다면 그는 어떠한 기준과 근거에서 어떤 자료는 부적당하다고 버리고 또 어떤 자료는 매우 중요하다고 강조하는 것일까? 그는 뒤죽박죽 상태로 널려 있는 사실들에서 선명한 사진을 현상해내는 데 어떠한 방법을 사용하는 것일까? 이러한 질문에 대해 토플러는 다음과 같이 답한다.

"진정한 답변에는—나만이 아니라 모든 사람의 경우에도—'육감'이라는 단어 또는 보다 고상한 용어를 쓰자면 '직관'이라는 단어가 포함되어야 한다. 제 아무리 대형 컴퓨터로 꾸미더라도 이러한 연구 작업에서는 육감이나 직관이 불가피한 요소이다. 우리 모두는 직감에 의존하여 살고 있다. 그러나 직감에만 의존하는 것은 아니다. 우리 모두, 비단 작가나 미래주의자만이 아닌 모든 인간은 또한 현실에 관한 모델들을 창조해내고 있다. 다량의 자료에 직면하게 되면 인간 정신은 자료에 질서를 부여하고 조작하고 의미를 부여하는 데 도움이 될 한 가지 모델─사실은 여러 가지 모델─을 만들어낸다. 대부분의 작가들은 이러한 모델을 명시하지 못하며 심지어 자신이 어떠한 모델을 적용하고 있는지조차 의식하지도 못한다. 그러나 현실을 모델화할 필요성을 모면할 수는 없다."[35]

그렇다면 중요한 건 토플러의 모델이다. 그는 과연 모델을 어떻게 구하는가? 그는 모델 설정에는 표면에 나타나지 않은 여러 가지 불가피한 가정들은 말할 것도 없고 무의식적인 요소가 개입되는 경우가 많기 때문에, 그러한 질문에 완전히 대답을 할 수 있는 사람은 없다고 말한다. 그렇다면 그런 점을 논외로 할 경우, 그의 모델화 작업은 어떻게 이루어지는지 그의 말을 직접 들어보자.

토플러는 "나는 대개 내가 작성한 연구노트와 자료를 가지고 시작한다. 염두에 둘 것은 이런 것들이 아주 방대할 때가 많다는 점이다. 이런 노트와 자료는 5년 이상의 탐욕적인 독서의 결과인 경우도 있다. 그중에는 전문지, 외국 신문, 학술 보고서, 편지, 통계 요약과 여러 나라의 보고서는 물론이고 소설, 영화, 시에서 얻은 예지가 포함된다. 또한 경제학, 군사전략, 로봇, 음악, 육아법 등 온갖 분야의 전문가들을 대상으로 한 인터뷰 내용을 그대로 타이핑해 놓은 자료도 포함된다"며 다음과 같이 말한다.

"나는 우선 이 모든 자료를 이리저리 뒤섞어 여러 가지 범주로 재배열한 다음 그 속에서 상호관계와 여러 가지 패턴을 찾아낸다. 대개는 이 과정에서 모델이 도출되도록 한다. 모델은 자료에서 나온다. 일단 모델이 도출되면 연구 자료를 추가하게 되는데 이 경우 추가 자료가 모델과 맞지 않으면 모델을 조정, 확대, 제한하거나 버려야만 한다. 이와 다른 방법으로 작업할 때도 있다. 즉 우선 잠정적 모델을 설정해 놓고 연구를 진행시켜 그 결과에 따라 모델을 변경해 간다."[36]

토플러의 말에 따른다면, 토플러의 손에 어떤 자료들이 쥐어지는가 하는 것이 절대적으로 중요하다는 결론에 도달하게 된다. 문제는 바로 여기에 있다. 우리는 토플러의 자료들이 갖고 있을 수밖에 없는 '편견'에 주목해야 한다. 타인에게 넘겨질 수 있을 정도로 자료화된 자료란 대개 기존 체제에 대한 순응과 낙관에 근거하고 있다. 자료화의 비용을 누가 부담할 수 있고 누가 더 적극적으로 부담하고자 하는가 하는 점을 생각한다면 그건 의심할 필요조차 없는 분명한 사실이다.

"좌절은 죄악이다"는 선지자적 낙관주의

토플러가 그간 한국에 대해 이야기한 발언들은 모두 한결같이 미국의 관점에서 본 '한국론'임을 상기할 필요가 있다. 그가 미국에서 손쉽게 구할 수 있는 영문화된 한국에 관한 자료야 뻔한 것 아니겠는가. 그것 이외에, 그가 한국에 대해 무엇을 아는가? 아는 게 거의 없다. 토플러는 1985년 국내에서 가진 한 대담에서 다음과 같이 솔직히 말한 바 있다. "우선 제가 한국에 관해 별로 아는 것이 없다는 점을 말씀드리고 싶습니다. 이 점에서 볼 때 제가 한국에 대해 이렇다 저렇다 말씀드리는 것이 다소 위험하고 무모하다는 생각이 듭니다."[37]

그런 솔직함이 마음에 든다. 그럼에도 불구하고 한국의 언론은 토플러에게 한국에 대해 집요하게 묻곤 했다. "우리 어떡해야지?" 답답한 노릇이 아닐 수 없다. 한 가지 분명히 알아두자. 토플러는 국가 간 갈등이나 억압의 문제에 대해선 별 관심이 없다. 아니 그 자신의 표현을 빌면 중요한 건 그게 아니고 그런 구조 자체가 변하고 있다는 것이다.

그러나 그 변화의 기간은 문명사적 관점에선 짧은 것일지 몰라도 적어도 현 세대 사람들에겐 충분한 피해를 가져다줄 수 있을 정도로 긴 것이다. "좌절은 죄악이다Despair is a sin"라는 그의 좌우명 그대로 토플러는 지극히 논리적이고 과학적인 태도를 갖고 있는 지식인이면서도 자신의 지적 한계에 대해선 선지자적인 입장을 취하고 있음을 간과해서는 안 된다.[38] 이와 관련, 서울

대학교 교수 권태준의 다음과 같은 지적도 귀담아 들을 만하다.

"토플러의 미래 접근 방법은 전체적으로 시나리오 구성적이다. 일견 단편적인 많은 사건과 일화들을 짜 맞추어 하나의 정연한 새로운 사회상을 그려 놓은 것이다. 그 자신은 이 같은 구성을 종합synthesis이라고 하지만, 어떤 일관된 분석 방법에 따른 엄밀한 의미의 종합이라고 하기에는 무리가 있다고 하지 않을 수 없다. 토플러 미래학의 또 한 가지 특징은 아주 낙관주의적 유물론이란 점이다. 기본적으로 생산기술과 경제체제의 획기적 변화에 따라 사회의 다른 모든 제도와 개인들의 행동양식과 의식까지 정연하게 그리고 순기능적으로 변화해 가리라고 기대한다. 바로 이 같은 낙관적인 논리 전개와 흥미로운 시나리오 구성 때문에 그의 저술들이 하나같이 대중적 인기를 누리고 있는 게 아닌가 싶다."[39]

토플러의 미래학이 단지 즐기는 것으로 족한 지적 게임이라면 문제될 게 전혀 없을는지도 모른다. 그러나 모든 예측은 정치적 효과를 갖기 마련이다. 토플러 역시 이 점을 인정하고 있다. 그는 미래에 대해 비관적 자세를 취한 올더스 헉슬리Aldous Leonard Huxley, 1894~1963와 조지 오웰George Orwell, 1903~1950에 대해 다음과 같이 말한다.

"이 두 사람은 산업사회의 미래를 황량한 조직 통제 사회로 예측했기 때문에 그러한 사회에 반대하는 압력을 가중시키는데 기여했다. 그들의 미래상은 본질적으로 고전적 산업사회, 즉 '제2물결' 문명의 직선적 예측이었다. 그들은 '제3물결'이 함축하는 변증법적 전환을 내다보지 못했다. 그럼에도 불구하고 두 사람은 위대한 천재였으며 그들의 경고는 우리에게 매우 큰 도움을 주었다."[40]

　　토플러의 예측과 경고도 우리에게 도움을 줄 수 있을까? 그 '우리'가 미국이라면, 그럴 수도 있겠지만, 그 '우리'가 한국이라면, 이야기는 달라질 수 있다. 바로 여기에 문제가 있다. 토플러의 주장 자체는 보편적으로 옳을 수도 있지만, 그간 국내에서 사용된 토플러의 주요 용도는 '탈내부적'이며 그래서 '탈정치적'인 미래주의였음을 상기할 필요가 있겠다. 물론 그가 국내에서도 베스트셀러가 된 저서들과 더불어 정부 자문 등의 형식으로 한국의 정보화에 기여한 공로는 인정하는 걸 전제로 해서 말이다.

미디어의 '탈표준화'와 '탈대중화'

상황 또는 맥락의 차이에서 비롯되는 토플러 미래주의의 한계를 인정할 때에, 그의 미디어관에도 동의하기 어려운 부분이 있다는 것을 더욱 절감하게 될 것이다. 그는 『미래의 충격』에서 특정 세력에 의한 미디어 지배를 강조한 C. 라이트 밀스C. Wright Mills, 1916~1962 등의 견해를 반박하면서, 미디어의 탈표준화destandardization와 탈대중화de-massification가 일고 있으며 그 생산물도 동질성homogeneity에서 이질성heterogeneity으로 나아가고 있다고 역설한다.[41]

요컨대, 커뮤니케이션 테크놀로지의 발달이 무한대의 다양성을 보장해주고 있다는 것이다. 물론 토플러가 그런 다양성에 대해 무조건적인 예찬만을 하고 있는 건 아니다. 사실 그의 주장이 시사하는 바는 매우 심오한 면이 없지 않다. 그가 『제3의 물결』에서 제시한 미디어 관련 주장을 5개만 감상해보자.

① 매스미디어는 지금 대공세를 받고 있다. 새롭고 세분화된 미디어가 세포분열처럼 증식하여 제2물결의 사회 전체를 완전히 지배하던 매스미디어에 도전하여 그 권좌를 빼앗으려 하고 있는 것이다.[42]

② 매스미디어가 탈획일화함과 동시에 우리의 정신은 세분화된다. 제2물결 시대에는 매스미디어가 규격화된 이미지를 쉬지 않고 우리에게 쏟아 넣어 비평가가 말하는 '대중심리'라는 것을 만들어냈다. 오늘날에는 대중이 모두 같은 메시지를 받는 일이 없어지고 대신에 더 소규모의 그룹으로 세분화된 사람들이 자기들이 만들어 낸 엄청난 양의 이미지를 서로 교환하고 있다.[43]

③ 여론의 일치를 얻을 수 있는 상황은 없어지게 되었다. 우리 한 사람 한 사람이 서로 모순되고 서로 관련이 없는 단편적인 이미지군群에 의해서 포위되고 전격적인 공격을 받아 이제까지 품어 오던 낡은 사고방식이 뒤흔들리고 있다. 이미지의 단편은 레이더의 스크린 위에 물체의 위치를 나타내는 발광점과 같이 명멸하는 그림자의 모양으로 우리에게 방사된다. 사실 우리는 '순간정보문화' blip culture에서 생활하고 있는 것이다.[44]

④ 이미지가 무너지고 순식간에 나타났다가는 사라져가는

왜 미래학자는 대중을 열광시키는 선지자가 되는가?

새로운 형태의 문화 속에서 제2물결의 미디어를 사용하는 사람들과 제3물결의 미디어를 이용하는 사람들 사이에 균열이 확대되고 있는 것을 우리는 명확히 인식하기 시작하고 있다.[45]

⑤ 사회의 시스템이 시종일관 기능하기 위해 필요한 대량의 정보와 정보 교환의 신속화에 제2물결의 정보 체계는 이에 대처하지 못하고 그 중압에 짓눌릴 처지에 있다. 제3의 물결은 이 시대에 낙후된 구조를 타파하고 이에 대신할 새로운 체제를 구축하려 하고 있는 것이다.[46]

일부 탁월한 안목에도 토플러의 미디어관은 현재의 미디어에 대한 정치적 개혁의 명분을 우습게 만들어버리는 효과를 낳고 있다. 그의 미디어론에선 사람이 실종된 가운데 오로지 테크놀로지가 모든 걸 좌우하고 있는 것이다.

토플러는 다시금 『권력이동』에서 미디어의 탈대중화를 강조한다. 그는 자신이 『미래의 충격』에서 예견하고 『제3의 물결』에서 상세히 설명한바 있는 탈대중화가 이제는 새로운 미디어시스템의 핵심적인 특징으로 되었으며, 미디어 간 상호 침투가 개별 미디어들을 하나의 시스템으로 변형시키고 있다고 말한다.[47]

왜 CNN의 테드 터너를 '제3의 물결'이라고 했나?

물론 토플러가 말하는 '미디어 융합media-fusion'은 틀림없는 사실이다. 문제는 '미디어 융합'이 일어나고 있다 해서 대재벌이 신문에서 방송에 이르기까지 복합 미디어 시스템을 소유하는 것을 금지시키는 것은 시대착오적이라는 등의 주장이 정당화될 수는 없다고 하는 것이다. 또 미디어의 '탈대중화'를 이유로 방송에 대한 모든 '탈규제'가 정당화될 수는 없다고 하는 것이다.

그러나 토플러식의 논법에 따른다면, 그런 것들은 정당화되어야 하고 더 나아가 예찬되어야 한다. 바로 여기에 문제가 있는 것이다. 한국은 토플러의 생각에 무조건 동의할 수는 없다. 그건 '제3의 물결'이 불가피 수반할 수밖에 없는 부분적인 시공간적 격차 때문이기도 하다. 미국의 '제3의 물결'과 아프리카의 '제3의 물결'이 시공간적 도래에서 같을 수 없다는 뜻이다.

토플러는 TV에 대한 '과잉 통제'를 프랑스의 약점으로 지적하고 있지만 그건 어디까지나 미국의 관점에서만 그러할 뿐이다.[48] 토플러는 CNN-TV를 만든 테드 터너Ted Turner에게 "당신이 바로 '제3의 물결'이다"는 찬사를 보냈다.[49] 그러나 아프리카나 프랑스나 한국이 CNN-TV를 그렇게 볼 수는 없는 일 아니겠는가.

토플러의 터너 예찬은 보기에 민망할 정도다. 그는 『권력이동』에서도 터너에 대한 지극히 호의적인 소개를 위해 2페이지에 이르는 지면을 할애하고 있다.[50] 하기야 '미디어 제국주의'의 종언을 이야기하는 토플러에게 CNN은 모든 인류의 축복이 될 터다. 그는 다국적기업마저 이상한 논리로 예찬하고 있다.

"금융 자유화는 약 600개 사의 거대 회사들을 키워 놓았다. 흔히 '다국적기업'이라고 불리는 이 회사들은 현재 세계 농업 및 공업 생산의 부가가치 중 약 5분의 1을 차지하고 있다. 그러나 '다국적'이라는 용어는 시대에 뒤떨어진 것이다. 이 거대 회사들은 '무국적nonnational' 회사들이다.……이 같은 변화는 경제적 민족주의, 신식민주의, 제국주의와 같은 감정이 담긴 개념들을 재고하지 않을 수 없도록 만든다."[51]

그러나 과연 그럴까? 잘사는 몇 개 나라의 기업들이 소유한 다국적기업을 무국적기업이라니 너무 심하지 않은가? 제3세계에 진출해 그 나라 정부의 통제 또는 현지 적응을 위한 계산으로 현지 자본을 참여시킨 기업을 다국적기업이라고 부르는 것도 마땅치 않은 터에 그걸 가리켜 무국적기업이라니 해도 너무하지 않은가? 또 그걸로도 모자라 그런 엉성한 논거를 대면서 경제적 민족주의, 신식민주의, 제국주의와 같은 개념들을 재고해야 한다니 너무 심하지 않은가?

토플러가 말하는 '다양성'이라는 것도 지극히 표피적인 것에 지나지 않는다는 걸 분명히 해둘 필요가 있겠다. 케이블 TV의 채널이 500개가 된다 해도 그 500개가 누수 없는 자본 논리의 지배를 받는 한 그건 결코 다양하다고 말할 수 없다. 미디어의 탈획일화로 '여론의 일치'를 얻을 수 없다고 하는 것도 괜한 말이다. 무슨 '여론'인가가 중요하다. 분명 소비적 가치는 다양화될 것이다. 그러나 사회 시스템을 보는 시각도 그렇게 다양화될 수 있을까?

토플러의 주장에는 '역사'와 '사회학'이 결여된 가운데 '낙관주의'만이 판을 치고 있다는 비판이 있다.[52] 이런 비판엔 동의

하지 않는다 해도 그의 미래학이 사회 변화 과정 자체를 탈정치화하고 있다는 비판은 면키 어려울 것이다. 모든 변화의 원동력을 테크놀로지와 그 실체를 알기 어려운 추세에서 찾고자 하는 시도는 아무리 현재를 다룬다 해도 현재를 '박제화'한다는 문제를 안고 있다.

왜 토플러는 뉴트 깅리치의 영웅이 되었나?

'철학의 빈곤'이 토플러 미래학의 결정적인 약점이라고 하는 비판은 토플러의 패러다임 안에선 무용지물임에 분명하다. 그건 분명히 '제2물결적 사고'에 지나지 않을 테니 말이다. 그럼에도 토플러의 책에서 배울 게 많다는 건 분명하다. 토플러가 『정치는 어떻게 이동하는가Creating a New Civilization: The Politics of the Third Wave』(1994)에서 역설한 '의사결정의 부하decision load'는 오늘날의 민주주의를 이해하는 데 큰 도움이 된다.

　"모든 사회는 정상적으로 작동하기 위해 질적·양적으로 일정 수준 이상의 정치적 의사결정을 필요로 하며, 각각의 사회는 해당 사회만의 독특한 의사결정 구조를 가지고 있다. 그런데 어떤 사회가 필요로 하는 의사결정이 더 많고, 더 다양하고, 더 빈번하고, 더 복잡할수록, 해당 사회의 정치적 '의사결정의 부하'는 더 커진다. 그리고 의사결정의 부하가 분배되는 방식은 한 사회의 민주주의 수준에 영향을 미치게 된다."[53]

　왜 미래학자는 대중을 열광시키는 선지자가 되는가?

문제는 결정의 집중, 즉 특정인에게만 몰리는 결정의 과부하다. "오늘날 정치 시스템의 상층부에서는 의사결정의 과부하가 발생하고 있는데, 이로 인한 문제를 해결하기 위해서는 의사결정의 부하를 분산할 필요가 있다. 문제의 본질에 따라 의사결정이 이루어지는 장소를 다양하게 가져가고 의사결정의 권한을 더 많은 사람들에게 나눠주는 것이다."[54]

　　토플러가 『부의 미래』(2006)에서 세계가 직면하고 있는 위기 상황이 속도의 충돌 때문임을 밝힌 것도 탁견이다. 물론 새로운 이야기는 아니지만, 그는 실감나게 이야기하는 재주를 갖고 있다. 기업은 시속 100마일의 속도로 혁신에 혁신을 거듭하고 있지만 다른 부문의 속도는 매우 느리다는 것이다. 그의 주장에 따르면, 시민단체는 90마일, 가족은 60마일, 노동조합은 30마일, 정부 관료 조직과 규제 기관 25마일, 학교는 10마일, 세계적인 관리 기구는 5마일, 정치 조직은 3마일, 법은 1마일의 속도로 움직인다.[55]

　　이런 속도의 차이는 결국 상호 충돌을 야기하고 변화, 발전의 흐름을 저해하는 요소로 작용한다는 이야기다. 이걸 이해한다면, 정치에 대해 냉소와 혐오는 물론 저주까지 퍼붓는 유권자들은 과연 그게 현명한 자세인지 다시 생각해볼 일이다. 토플러가 이 책에서 새삼 자신의 예측에 대해 스스로 제한을 두는 것도 보기에 좋다.

　　"물론 미래를 확실히 아는 사람은 없다. 하물며 어떤 일이 '언제 일어날 것인지will happen'를 미리 예측할 수 있는 사람은 더 더욱 없다. 앞서 '일어날 것인지'라고 말했듯이 이 책 전반에 등장하는 '될 것이다will'라는 식의 미래적인 표현에는 '아마도 probably will'나 '우리가 생각하기에는in our opinion, will'이라는 말이 생략되어 있다고 이해해 주기 바란다."[56]

물론 그의 낙관론은 여전히 건재하다. 우리가 일찍이 경험 해본 적 없는 거대한 부의 혁명 안에서 우리는 살아남기 위해서 무엇을 해야 하는가? 그는 "우리 모두는 미래 속으로 뛰어드는 가 장 격렬하고 급격한 변화에 직면하고 있다"면서도 이런 희망의 메시지를 던지는 걸 잊지 않는다. "모든 사항을 고려했을 때, 이 것도 한 번 살아볼 가치가 있는 환상적인 순간이다. 미지의 21세 기에 들어온 것을 뜨거운 가슴으로 환영한다!"[57]

토플러는 애국적인 미국 시민이다. 그는 "미국은 미래가 가 장 먼저 찾아오는 나라"라고 주장한다.[58] 강정인은 토플러를 정 보사회의 '전도사'로 지칭하면서 그가 '미국인들의 막연한 민중 주의적populist 정서에 호소'한다고 말한다. 그는『제3의 물결』출 간 당시 미국의 불안한 사회적 상황을 언급한 후 다음과 같이 말 한다.

"2000년이 되기 전에 미국인들은 새로운 제3의 물결 사회 의 보다 많은 자유와 풍요를 누릴 수 있는 최초의 세대가 될 것이 라고 주장하면서 미국인들의 사회적 불안과 정신적 공포를 진정 시키고 있다. 더욱이 그러한 밝은 미래 사회가 근본적으로 고통스 러운 정치·사회개혁 등의 조치에 의해서가 아니라 새로운 정보 기술의 도입과 보급에 따라 거의 '자연스럽게' 실현될 것이라고 주장함으로써 기득권자들의 두려움 역시 누그러뜨리고 있다."[59]

그런 이유 때문인지는 알 수 없지만, 토플러는 '보수주의자들의 쿠데타'로 불린 이른바 '깅리치 혁명'의 주역인 뉴트 깅리치 Newt Gingrich, 1943~의 영웅이었다.[60] 평소 토플러의 저서를 열광적으로 애독하면서 토플러의 팬이 된 깅리치는 토플러도 참여한 '진보와 자유 재단'을 이끌면서 정보혁명의 가장 열렬한 주창자들 중 한 사람으로 변신했다.[61]

토플러가 누린 인기는 그의 탁월한 안목과 더불어 그의 메시지가 갖고 있는 정치성 또는 종교성과 무관치 않다고 보는 게 공정할 것이다. 프랜시스 베이컨Francis Bacon, 1561~1626은 "모든 미신의 뿌리는 사람들이 미래를 예측했을 때에 초점을 맞추지 빗나갔을 때에 초점을 맞추지 않는다는데 있다"고 했다. 캐나다의 저널리스트 폴 웰스Paul Wells는 "우리는 미래에 무슨 일이 일어날 것인지를 두고 이런 굉장한 이론들을 만들어내는데 무척 솜씨가 좋다. 그런 일이 실제로 일어나지 않으면, 예전에 그렇게 확신했던 것들을 잊어버리는 데도 무척 솜씨가 좋다"고 했다.[62]

적중한 예측은 눈여겨 살피고 실패한 예측은 잊어버리는 현상은 심리학에서 '포러 효과Forer effect' 또는 '바넘 효과Barnum effect'라고 한다.[63] 물론 미래학의 인기를 그런 심리적 현상으로 보는 건 매우 부당한 일이겠지만, 토플러와 같은 일부 슈퍼스타 미래학자들이 누리는 인기의 비결은 그런 심리적·종교적 현상이기도 하다는 걸 어찌 부정할 수 있으랴. 미래에 대한 불안의 공포에 시달리는 현대인들이 토플러와 같은 '디지털 선지자'들의 복음을 통해 일부나마 그런 불안을 해소할 수 있다면 그 또한 좋은 일이 아니랴. 모두가 다 이 세상의 구조를 바꾸기 위한 투쟁에 나설 수는 없으니 말이다.

백남준
Nam June Paik

왜
조지 오웰과
러디어드 키플링을
넘어서야 하는가?

백남준의 '비디오아트'란 무엇인가?

"현대미술관 하면 빼놓을 수 없는 것이 하나 있다. 미술관 정문에 들어서면 큰 로비가 있는데 이 로비를 제대로 살펴볼 겨를도 없이 우리의 눈은 강렬한 빛이 춤추며 쏟아지는 곳으로 향하게 된다. 그곳에는 무려 1,003개의 텔레비전이 거대한 탑을 이루고 있다(1986년 현대미술관이 10월 03일에 개관됨을 기념해서 1,003개라고 한다). 백남준의 〈다다익선〉이라는 작품인데, 크고 작은 텔레비전에서 각기 다른 영상이 춤을 춘다. 마치 전 세계에서 벌어지고 있는 인간사를 동시다발적으로 보여주고 있는 것 같다. 1,003개의 화면을 하나씩 찬찬히 살펴보는 것은 무의미하다. 인간의 지각 능력에는 한계가 있고, 더구나 각 화면의 영상이 무슨 줄거리나 메시지를 가지고 있지 않고 또 아무런 소리도 없이 그저 눈앞에서 번쩍거릴 뿐이기 때문이다. 차라리 눈을 가늘게 뜨고 거대한 탑이 주는 색깔의 변화와 운동감을 즐기는 것이 올바른 감상법이 될 법하다."[1]

보통 사람이 백남준Nam June Paik, 1932~2006의 예술 세계에 접근하기는 매우 어렵다. 우리 언론은 '세계적'이라는 단어를 남발하며 백남준에 대해 떠들썩하게 보도했지만, 그건 백남준의 말마따나, 언론이 뺑튀기를 하는 것일 뿐 보통 사람들은 여전히 헷갈린다. 백남준의 무엇이 그렇게 위대하다는 것인지 도무지 알 길이 없다. 앞에 인용한 명지대학교 최재필 교수의 '백남준 감상법'이야말로 아마도 보통 사람이 백남준을 만날 수 있는 가장 무난한 방법이 될 것이다.

그러나 백남준을 '미술'이 아닌 '문명'의 차원에서 이해하고자 한다면, 그의 '비디오아트video art'가 난해하거나 황당무계한 것만은 아니다.[2] 비디오아트는 그 자체의 가치를 떠나서도, 그것이 텔레비전, 아니 영상 매체에 대한 우리의 근본적 인식 전환을 촉구하고 있다는 점에서 주목할 만하다. 백남준의 커뮤니케이션 사상을 거론할 수 있는 근거도 바로 여기에 있다.

우리는 이미 모바일의 시대에 살고 있지만, 스마트폰은 '이동하는 작은 텔레비전'일 수 있다는 점에서 텔레비전은 우리 생활의 일부다. 아니 생활 그 자체다. 비디오는 텔레비전이 움직일 수 없는 '자연의 질서'가 아니라는 것을 '폭로'해주는 매체다. 같은 맥락에서 미술평론가 김홍희는 백남준의 '장치된 TV'는 모두 TV를 탈신비화하는 TV의 해체 작업이라면서, 비디오라고 하는 매체의 특성을 TV와 비교해 다음과 같이 말한다.

"데이비드 앤틴David Antin이 '비디오는 TV를 규정하는 모든 속성들의 거부로 정의될 수 있다'고 지적했듯이, 비디오는 TV의 취약성을 보완하는 '대용 TV'로 등장한 셈이다. 텔레비전이 갖는 취약성이란 첫째는 사회적 차원에서 송신의 일방성으로 수신자와 상호 소통을 하지 못한다는 점이고, 둘째는 문화적 차원에서 대중문화와 고급문화를 통합할 TV 미학을 정립하지 못하고 있다는 점이다. 비디오는 소통적인 창조 매체로 기능함으로써 텔레비전의 소통상의 약점과 미학적 약점을 동시에 보완하려는 것이다. 대용 TV로서 이러한 역할을 담당하려는 비디오는 속성상으로 상호적인 매체일 뿐 아니라 창조 매체로서도 무한한 예술적 가능성을 갖는다. 비디오는 우선 그 간편한 사이즈와 손쉬운 작동법으로 매체와의 친밀감을 조장하여 예술가들로 하여금 끊임없는 매체적 실험을 통한 새로운 비디오 언어를 가능케 하였다."[3]

백남준은 세계를 떠돌아다니며 산 세계인

백남준은 어떤 인물인가? 그는 한마디로 이야기해서 '세계인'이다. 74세에 사망한 그는 18세에 한국을 떠나 일본에서 7년, 독일에서 7년, 미국에서 여생의 대부분을 살았으며, 같은 비디오아티스트로 일한 그의 아내는 구보다 시게코Shigeko Kubota, 1937~2015라는 일본인이다. 미국 거주 시 1년의 반 이상을 뉴욕에서 지내긴 했지만, 그는 늘 세계를 떠돌아다녔다. 그러나 단지 이런 이유 때문에 백남준이 '세계인'이라는 건 아니다. 그의 사상이 더욱 중요한 의미를 갖는다.

백남준은 1932년 7월 20일 당시 굴지의 제조업체였던 태창방직의 소유주 백낙승(1886~1956)과 조종희의 3남 2녀 가운데 막내로 태어났다. 그는 미국의 인공위성 아폴로호가 최초로 달에 착륙한 날이 7월 20일(1969년)이라고 자랑하면서 1985년 자신의 생일을 맞아 아버지와 찍은 어릴 적 사진과 달 착륙 사진, 그리고 마침 생일이 같은 재클린 케네디Jacqueline Kennedy, 1929~1994의 사진을 함께 넣어 '7월 20일'이라는 우편엽서를 만들어 그날을 기념하기도 했다.[4]

백남준이 태어난 곳은 서울 종로구 서린동 45번지로 지금은 사라진 서린호텔 자리다. 그는 "나의 조부는 국상이 났을 때 만조백관의 상복을 마련하던 섬유회사 경영자였으며 선친은 태창방직 설립자였으니 나는 꽤 넉넉한 집안에서 태어나 별로 돈 걱정을 안 하던 사람이다"고 했는데,[5] 실제로 그의 부친인 백낙승은 우리나라 최초의 재벌로 불릴 정도로 돈이 많은 사람이었다. 일제강점기 시절 다른 거부인 박흥식(1903~1994) 등과 함께 비행기 제조회사를 만들고 일제에 비행기 1대와 거액의 국방비를 헌납하기도 했다.[6]

백남준은 부유한 가정환경 덕분에 일찍부터 음악을 접할 수 있었다. "내가 어릴 때 제일 재미있게 갖고 놀던 장난감은 피아노였다. 큰누이 희덕이 일본 유학 가겠다는 걸 반대하면서 어른들이 사다준 것이 이 피아노다."[7] 그는 유년 시절에 피아노를 배우고 14세 때 작곡을 했으며, 중학교 시절에 1940년대 전후 조선과 일본에서 촉망 받는 혁명적인 음악가로 활동했던 이건우에게 사사하며 벨러 바르토크Béla Bartók, 드미트리 쇼스타코비치Dmitrii Shostakovich, 세르게이 프로코피에프Sergei Prokofiev와 같은 작곡가들을 접하고 무조주의Atonalism의 현대음악과 접촉을 하는 등 탄탄한 음악 교육을 17세 때까지 국내에서 받았다.[8]

백남준의 가족은 1950년 6·25전쟁이 일어나자 홍콩을 거쳐 일본으로 피난했다. 그 이후에 대해선 백남준이 1994년 철학자 황필호와 나눈 대담을 통해 알아보자.

> **황** 선생님은……17살인 1949년에 통역관의 자격으로 홍콩에 갈 정도로 집안이 굉장히 부유했습니다. 그리고 한국전쟁에도 참여하지 않았지요?
>
> **백** 네.
>
> **황** 전쟁을 회피한 비겁자라는 시각도 있지 않습니까?
>
> **백** 물론이지요.
>
> **황** 그 점에 대해서는 어떻게 생각하십니까?
>
> **백** 그땐 미안하게 됐지요. 그러나 이제 한국은 수출국이 되었고, 문화도 수출하게 되니까 이젠 나를 조금 필요로 하게 됐지요. 그러니까 정치가 중에도 50년대에 필요한 사람이 있고 60년대에 필요한 사람도 있지요. 50년대의 민족반역자가 70년대에는 애국자가 될 수도 있고요. 내 아버지는 그때 친일파였어요. 일본으로부터 3천만 원을 끌

어와서 북한에 제철공장을 세웠으니까요. 그러나 지금 와서 보면 당당한 외화 획득이지요.……그러니까 이젠 민주주의의 상징인 관용성이 필요합니다.[9]

우상 타파주의 작곡가 존 케이지와의 만남

홍콩을 거쳐 일본 도쿄에 정착한 백남준은 1952년 도쿄대학에 등록하고 1956년 미학으로 학사 학위를 받았다. 그는 미학을 전공하면서도 나름대로 서양 음악에 대해서도 깊이 공부했다. 학사 학위 논문도 작곡가 아널드 쇤베르크Arnold Schöenberg, 1874~1951에 관한 것이었다. 철학을 공부한다는 명분으로 독일로 유학을 떠난 그는 1956~1962년 사이에 뮌헨대학 등 여러 대학을 옮겨다니면서 음악사, 음악 이론, 피아노 테크닉 등에 대해 정통하게 되었다. 그는 당시 작곡을 하면서 과감하게 어린 아이의 재잘거림, 물 흐르는 소리, 혼자 중얼거리거나 외치는 소리 등을 담은 테이프를 삽입했다.[10]

백남준은 전자음악에 심취되어 있을 때인 1958년 쇤베르크의 제자인 미국 작곡가 존 케이지John Cage, 1912~1992를 만나게 되었으며 이 만남이 그의 인생을 바꾸어놓았다. 당시 케이지는 전자음악의 한계를 절감하고 음악 연주의 영상적 · 연극적 요소에 큰 관심을 갖고 있었다. 케이지는 관객 참여를 유도하기 위해 무대에서 호루라기를 불기도 했으며 자유로운 표현을 위해서라면 그 어떤 모험도 마다하지 않았다.

케이지는 불교의 영향을 받아 모든 사물은 자유롭게 전개될 수 있어야 한다고 확신한 무정부주의적인 사고의 소유자였다. 그는 "모두가 삶에 필요한 것을 갖고 있는 경우에는 혼돈이 정부보다 더 좋다"고 말했다.[11] 케이지는 1952년 미국 우드스톡 음악회에서 무대에 올라가 4분 33초 동안 아무 연주도 하지 않고 피아노 앞에 앉아 있다가 내려온 '기행'을 연출했는데, 이는 음악은 소리가 꼭 나야 하는 것이 아니라 아무 소리도 안 들리는 것도 음악이라는 주장을 하기 위해서였다.[12] 케이지는 1974년에 쓴 글에서 "사람들은 음악적 소리와 소음을 엄격히 구분했는데, 나는 소음을 위해 투쟁했다"고 말했다.[13]

케이지는 백남준에게 깊은 감명을 주었다. 후일 케이지는 백남준에 대해 "그는 나의 아이디어를 내가 감히 생각도 할 수 없었던 분야에까지 적용시켰다"고 말했다. 백남준은 1992년 8월 12일 케이지가 80세의 나이로 뉴욕에서 타계하자 그를 추모하는 글을 『조선일보』에 기고하기도 했으며,[14] 2004년 10월 6일엔 '존 케이지에게 바침'이란 퍼포먼스를 약 20분간 한 후에 "존 케이지는 대체 무엇인가"라는 질문에 그는 "내 아버지야"라고 답했다.[15]

케이지가 백남준에 미친 영향은 무엇일까? 강태희는 "케이지는 현대음악사에 근본적인 혁명을 이룩한 사람이다. 그는 처음부터 인생과 예술 사이의 이분법을 인정하지 않았고, 음악이란 아름다운 음만의 구성이 아니라 소음이나 불협화음 등이 모두 포함되는 단순한 소리의 구성이라고 믿었다. 결국 우리 인생의 어느 단면에도 소리가 개입되므로 (침묵까지도 소리를 가려내는 중요한 음악적 요소이다) 인생이 곧 훌륭한 음악이요, 예술이 되는 것이다"며 다음과 같이 말한다.

"그의 이러한 획기적인 생각과 작품은 초창기에 많은 저항과 비판을 받았으나 백남준이 만났을 때에는 전위 음악가들 사이에서 상당한 인정을 받고 있었다. 케이지의 우상 타파적인 사상과 작품은 백남준에게 커다란 영향을 주어 음악가 수업을 쌓고 있던 그를 음악과 행위를 결합하는 퍼포먼스 방면으로 나아가게 했고 결국 미술로 방향을 전환하게 했다. 케이지는 일찍이 음악 공연이란 듣는 것일 뿐만 아니라 보는 것이기도 하다는 사실을 깨닫고 공연에 많은 극적인 동작을 가미했는데, 1959년도에 백남준이 보여준 음악 공연들은 케이지의 영향을 바로 반영하는 것들이었다."[16]

독일이라는 사회의 경직된 분위기에서 케이지가 보여준 미국적 자유로움도 백남준에게 적잖은 영향을 미친 것 같고, 이게 그가 거주지를 독일에서 미국으로 옮긴 가장 큰 이유가 아닌가 싶다. 백남준은 1992년 김용옥과의 인터뷰에서 다음과 같이 말했다.

'나의 인생에 영향을 준 사람은 네 명 정도 꼽을 수 있는데 그중 케이지의 분량이 95퍼센트다. 쇤베르크의 발견이 나에게 있어선 제1의 혁명이었다. 존 케이지의 발견이 제2의 혁명이었다. 나는 독일의 숨 막히는 분위기에서 케이지를 만나 경쾌한 해방감을 느꼈다. 나는 케이지를 통해 비로소 숨을 쉴 수 있었다.

왜 조지 오웰과 러디어드 키플링을 넘어서야 하는가?

그리고 나는 미국에도 미술이 있다는 것을 알았다."[17]

"팝아트를 죽여라!"고 외친 '문화적 테러리스트'

1959년 백남준은 독일에서 자신이 비명을 지르는 모습을 테이프에 담고 깡통, 유리, 달걀, 장난감, 차, 피아노 등을 등장시킨 작품을 선보였다. 피아노로 상징되는 클래식 음악계의 허상을 깨부수겠다며 도끼로 피아노를 쪼개어 부수기도 했다.

1960년엔 〈피아노 포르테를 위한 습작Etude for Pianoforte〉에서 쇼팽을 연주하다가 피아노 안으로 들어가고 관중석으로 돌진해 관람객의 한 사람이었던 자신의 스승 케이지의 넥타이를 가위로 자르고, 그 옆에 앉아 있던 피아니스트 데이비드 튜더David Tudor, 1926~1996의 머리 위에 샴푸를 퍼부었으며, 연주장을 뛰어나가 전화를 통해 연주회가 끝났음을 알리는 퍼포먼스를 연출했다.

1962년엔 〈머리를 위한 선Zen for head〉에서 잉크 또는 토마토 주스가 들어 있는 통에 머리를 담갔다가 이를 붓처럼 사용해 긴 종이 위에 선을 긋는 퍼포먼스를 보여주었다. 백남준은 이에 대해 한 인터뷰에서 전통과 습관의 틀에 갇힌 현대인들에게 무엇이 본질인지를 되묻고 자신의 삶을 잇는 화두를 던진 것이라고 답했다. 이에 대해 홍미희는 "백남준은 자신의 신체를 미디어 삼아 매체를 확장한 것이다"고 평가했다.[18]

한 독일 평론가에게서 "세계에서 가장 유명한 최악의 피아니스트"라는 평가를 받은 백남준은 1960년대 초 여러 유럽 도시를 돌면서 네오다다이스트neo-Dadaist 그룹인 플럭서스Fluxus와 같이 해프닝을 벌이는 '행위 음악' 또는 '행위 연주'에 몰두했다. 그는 당시 일부 평론가들에 의해 '문화적 테러리스트cultural terrorist'로 불렸다.[19]

해프닝의 핵심은 상호 소통이다. 프랑스 비평가 피에르 레스타니Pierre Restany, 1930~2003에 따르면, "해프닝은 기본적으로 소통의 장치, 즉 특별히 그러한 목적에 맞게 고안된 언어(또는 방법들의 시리즈), 혹은 명분 그 자체가 목적이 되는 집단적 참여의 테크닉이다. 그 테크닉은 참여자들을 활성화시켜 수용에서 행위로 이전시키며, 그들 가운데 또는 그들 주위로부터 참여할 수 있는 가능한 조건들을 창출한다."[20]

김홍희는 "백남준의 비디오아트는 해프닝의 연장으로 볼수 있다. 백남준의 비디오아트는 관객의 참여를 유도함으로써 상호 소통적 예술이 되는 과정, 즉 참여 예술의 연장선상에 놓여있는 '참여 TV 과정'인 것이다"며 이렇게 말한다. "해프닝은 기존의 예술 개념을 부정하는 두 개의 새로운 개념, 즉 '복합 매체intermedia'와 '비결정성indeterminacy'에 입각한 참여 예술이다. 복합 매체란 미술과 연극 또는 음악과 연극의 복합적 형태를 취한다는 의미로 해프닝 형식에 관계된 개념이고, 비결정성은 '지금 여기here and now'에서 행해진다는 현장성의 의미로, 해프닝의 내용에 관계된 개념이다."[21]

그런 해프닝을 주업으로 삼는 플럭서스Fluxus를 명명하고 조직한 조지 머추너스George Maciunas, 1931~1978에 의하면, 플럭서스는 사회적 집단주의, 반개인주의, 반상업주의, 반예술주의, 반유럽주의, 반직업주의를 지향하는 사회주의적 예술운동이다.[22] 플럭서스는 백남준의 예술 세계에서 매우 중요한 의미를 갖는데, 이에 대해 김용옥은 "플럭서스란 그 말 자체는 '흐름', '끊임없는 변화', '운동'을 의미하는 중세 라틴어며, 이 명칭은 불발로 끝나버린 아방가르드 계열의 잡지 이름에서 유래한다.……플럭서스는 무정부주의자들의 모임이었다"며 다음과 같이 말한다.

"그러나 이 무정부주의라는 말은 우리 한국 지성인들에게는 매우 부정적으로만 들린다. 마치 그것이 '혼란'이나 '파괴', '무질서'만을 의미하는 것처럼 들리지만, 서양의 '아나키즘'이란 말은 단지 '정부가 없는 혼란된 사회'를 말하는 것이 아니라 모든 체제를 거부하는 사유나 행위의 일체를 추상적으로 일컫는 말이다.……플럭서스는 아나키즘이다. 백남준은 아나키스트다. 그런데 이 아나키즘을 가장 잘 설명하는 단어가 우리에게 있으니 그것이 바로 '무위無爲'라는 말인 것이다. 다시 말해서 노자철학老子哲學이야말로 인류가 창조한 가장 순수하고 가장 완벽하고 가장 포괄적인 형태의 아나키즘인 것이다."[23]

이용우는 "플럭서스 작가들 가운데는 1960년대 소비사회의 전형적인 소비 패턴이나 주변 소재들을 다루는 팝아트를 퇴폐적인 예술로 보는 시각을 갖고 있었다"며 이렇게 말한다. "이념도 없고 재주도 미약한 팝아트가 단지 미국의 본격적인 국제적 상품이라는 이유로 각광을 받는 것은 문제가 있다고 본 것이다.

그 가운데 한 사람이 백남준이었다. 백남준은 1960년대 중반 팝아트의 기승을 보고 '팝아트를 죽여라!Kill Pop Art!'라는 거창한 구호까지 써놓은 작품을 제작하기도 하였다."[24]

"브라운관이 캔버스를 대체할 것이다"

백남준은 자신의 아나키스트적 충동의 발산 대상을 텔레비전으로 삼았다. 그런 의미에서 그의 비디오아트는 '테크놀로지 아나키즘'의 표현인 셈이다. 백남준이 텔레비전을 소재로 한 최초의 작품을 선보인 건 1963년 3월 독일 서부의 소도시 부퍼탈Wuppertal에 있는 파르나스 갤러리Galerie Parnass에서 가진 '음악의 전시: 전자 텔레비전EXPosition of music: ELectronic television'이라는 제목의 전시에서였다.

　이 전시에서 백남준은 13대의 흑백텔레비전 수상기를 가지고 '장난'을 쳤다. 한 엔지니어 친구와 더불어 텔레비전을 마이크와 연결해놓고 음파로 이미지를 조작해내는 '장난'이었다. 백남준은 텔레비전을 갤러리의 바닥에 설치하고, 텔레비전에 순응적인 관람자를 교란하려는 의도로 왜곡된 이미지를 방영하면서 이렇게 말했다. "TV는 우리 삶의 전면을 공격해왔다. 이제 우리가 반격할 차례다!"[25] 이때의 '장난'에 대해 백남준은 다음과 같이 회고했다.

　"1963년 독일 부퍼탈의 파르나스 화랑에서 비디오예술의 첫 탄생을 알리는 전시회를 가질 때 나는 가진 돈 모두를 TV 13대를 사는 데 탕진했다. 집에서 마지막 송금해온 돈을 다 써버린 셈이었다. 존 케이지는 50년대 말 독일 다름슈타트의 국제 하계 음악회에서 처음 만났지만 독일의 영웅 요제프 보이스Joseph Beuys, 1921~1986는 비디오예술 첫 탄생일에 직접 내방하여 예기치 않았던 퍼포먼스까지 해주었다. 그 친구는 내가 애지중지하던 이바흐IBACH 피아노를 때려 부숴버리는 퍼포먼스를 해줌으로 해서 내 인생에 끼어들었다."[26]

백남준은 전시 전단지를 통해 1959년에 일어난 한국의 『경향신문』 폐간 사건과 1962년에 일어난 독일의 '『슈피겔』 탄압 사건'을 논하면서 현실 정치판의 모순과 부조리를 직접적인 공격의 대상으로 삼기도 했다.[27] 심오한 의미를 가진 전시였지만, 당시 백남준의 '장난'은 큰 관심을 끌지는 못했다. 그는 도쿄로 돌아와 컬러텔레비전 수상기를 사용한 '장난'에 몰두했다(당시 유럽엔 컬러텔레비전이 없었다).

'장난'에서 출발한 백남준의 비디오예술에 가장 큰 힘이 된 건 그의 탁월한 음악적 배경이었다. 음악적 배경과 더불어 전자 테크놀로지에 대한 그의 관심도 그의 비디오아트를 형성한 결정적인 요소였다. 사실 어떤 의미에서 백남준의 비디오아트는 일본 전자산업의 승리를 의미하는 것이기도 하다. 백남준은 곧이어 도쿄로 가서, 트랜지스터를 발명한 히데오 우치타Hideo Uchida와 전위 기술자인 슈야 아베Shuya Abe, 1932~를 만나는데, 이에 대해 채장석은 다음과 같이 말한다.

"그들은 백남준에게 TV 세트 내의 전자흐름을 방해하여 새로운 형태의 스크린을 만들 수 있도록 도와주었다. 그들은 TV 스크린 위의 움직임을 조절하기 위해 녹음기를 추가하는 한편, TV 브라운관 내부에 있는 3개의 전자총에 카메라를 부착함으로써 빨강, 초록, 파란 색으로 된 세 가지 다른 이미지를 얻는 법을 발견하였다. 또한 그는 TV 화면의 그림을 줄이는 방법, 그 그림의 좌우를 수축시키는 방법, 정상적 이미지를 나선형 또는 부채꼴로 흩어지게 하는 방법 등을 실험하였다."[28]

백남준은 아베의 도움을 받아 K456이라는 전자 로봇을 만들었는데, 이 로봇을 데리고 1964년에 미국 공연을 하게 되었다. 그는 로봇으로 하여금 뉴욕 맨해튼의 거리를 걷게 했는가 하면, 로봇에게 존 F. 케네디John F. Kennedy, 1917~1963의 1961년 대통령 취임 연설을 암송하도록 하기도 했다.

백남준은 1965년 1월 뉴욕의 뉴스쿨에서 열린 미국 내 첫 개인전에서 '자석 TV'를 선보였다. 이는 텔레비전 영사막 앞에 자석을 가져다댈 때 나타나는 영상의 뒤틀림이나 이미지 변화를 이용한 작품을 말한다. "그의 의도는 전시장에 텔레비전을 켜놓고 그 앞에 커다란 말굽자석을 매달아놓은 뒤 관객 스스로 자석을 브라운관 앞에 가져다댐으로써 엄청난 이미지 변화를 체감케 하는 것이었다. 대중의 우상 텔레비전은 순식간에 대중이 조작하는 자석의 움직임에 따라 갖가지 문양으로 바뀌게 되며 정보 독점의 상징이자 상업자본주의 시대 전자매체의 총아 텔레비전은 그 기능을 순식간에 잃고 만다."[29]

백남준은 록펠러재단에서 지원 받은 6,000달러로 일본 소니가 제작한 휴대용 비디오카메라를 처음으로 구입, 1965년 10월 4일 뉴욕을 방문해 성 패트릭 성당으로 들어가는 교황을 비디오테이프에 담았다. 그는 이 테이프를 가난한 예술가들이 많이 모이는 맨해튼 소호 주변의 '아우 고고'라는 카페에서 보여주었다.[30] 이때 백남준은 "콜라주 기법이 유화를 대체했듯, 브라운관 cathode-ray tube이 캔버스를 대체할 것이다"라는 명언을 남겼다. 마이클 러시Michael Rush는 『뉴미디어 아트New Media in Late 20th-Century Art』(1999)에서 "바로 이날이 비디오아트가 태어난 날이었다"고 평가하면서 다음과 같은 이유를 제시했다.

"교황의 취재를 담당한 기자와는 대조적으로, 백남준은 거칠고 비상적인 작품을 창조했다. 이는 개인적인 표현이었다. 백남준이 교황의 방문 뉴스를 '취재한' 것이 아니라, 자신이 보기에 문화적이며 예술적 설득력이 있는 이미지를 포착한 것이다. 나중에 백남준이 가장 다작多作한 데다가 영향력 있는 비디오아티스트로 드러났기 때문에 교황을 찍은 것이 '최초의' 비디오아트라 칭해지는 것이다."[31]

"'음악의 D. H. 로런스'가 필요하다"

백남준은 미국에서 여성 첼리스트 샬럿 무어맨Charlotte Moorman, 1933~1991을 만나 같이 활동을 하게 되었다. 그는 그녀와의 협연에서 머리를 물속에 처박고 비명을 지르며 피아노를 연주하는 등 해프닝을 선보였으며, 나중엔 음악과 비디오와 섹스의 결합을 시도했다. 1965년 그들의 유럽 공연은 체포 일보 직전까지 갔을 정도로 큰 센세이션을 불러일으켰다.

백남준의 1967년 뉴욕 공연 〈오페라 섹스트로니크Opera Sextronique〉에선 무어맨이 유방을 완전히 노출한 채 등이 다 드러난 옷을 입은 백남준의 등판을 저음부 현絃으로 사용하여 첼로를 연주했는데, 그는 공연 도중 무어맨과 함께 경찰에 체포당해 '공공장소에서의 과대노출죄'로 재판에 넘겨졌다. 백남준은 이에 대해 다음과 같은 의문을 제기했다.

"문학과 예술에서 중요한 주제인 섹스가 어찌하여 음악에서만 금지되는가?……심각해지고자 한다는 구실 아래 섹스를 정화한다고 해서 문학과 미술과 마찬가지로 고전적 예술에 위치한 음악의, 소위 말하는 '심각함'에 무슨 흠이 생기겠는가? 음악의 역사에도 음악의 D. H. 로런스, 음악의 지그문트 프로이트가 필요하다."[32]

백남준이 음악의 D. H. 로런스David Herbert Lawrence, 1885~1930라면, 무어맨은 로런스의 대표작인 『채털리 부인의 사랑Lady Chatterley's Lover』(1927)에 등장하는 채털리 부인이었을까? 그런 확고한 신념에 따라 백남준의 '무어맨 벗기기'는 그 이후에도 계속되었다. 1969년의 〈살아 있는 조각을 위한 TV 브라〉에서는 상체를 벗은 채 앞가슴을 가린 브래지어 위에 소형 TV 모니터를 부착한 무어맨이 첼로를 연주했다. 1971년의 〈TV 첼로와 비디오

테이프를 위한 협주곡〉, 1973년의 〈기차 브라〉, 1976년의 〈과달 카날 진혼곡〉 등도 모두 무어맨과 그녀의 브래지어를 이용한 백남준의 작품들이다.

이런 일련의 작품들로 인해 백남준은 여성을 벗기고 여성의 몸을 악기로 전환시키는 남근적 발상의 소유자로 찍혀 페미니스트들의 따가운 시선을 받기도 했지만,[33] 그에게 나름의 변명이 없는 건 아니었다. 이에 대해 채장석은 다음과 같이 말한다.

"백남준은 문학과 미술에서와는 달리 유독 음악에서만 미발달 상태로 남아 있는 섹스라는 매개 변수를 음악에 처음 도입한 예술가로 인정받기도 한다. 그는 여성의 브래지어를 사용한 일련의 작품에 대해, 전자와 기술을 인간화하고자 했던 시도로서 TV를 인간에게 가장 친밀한 소유물인 여성용 브래지어로 사용함으로써 기술의 인간적 사용을 묘사하고자 했다는 설명을 덧붙이고 있다."[34]

1991년 11월 8일 무어맨이 58세를 일기로 세상을 떠나자 백남준은 1992년 환갑을 맞아 고국에서 개최한 자신의 회고전에 무어맨의 혼을 초대하는 퍼포먼스를 벌이기도 했다.

'비디오아트의 조지 워싱턴'

백남준의 비디오예술은 1969년 보스턴의 WGBH-TV를 통해 7분간 방영되었다. 〈전자 오페라 1번〉이라는 그 작품은 베토벤의 월광 소나타를 연주하는 피아니스트, 나체 댄서의 겹치는 이미지, 리처드 닉슨 대통령의 연설 장면, 히피들의 몸짓 등을 합성한 것이었는데, 이는 제법 큰 성공을 거두었다. 백남준은 그 성공에 고무되어 WGBH-TV를 설득해 1만 달러를 투자하게 만들어 이른바 '비디오합성기video-synthesizer'를 만들었다. 이는 다양한 소스에서 비디오와 오디오 인풋input을 받아들여 무한대의 컬러 이미지를 만들어내는 기능을 갖추고 있었다.

백남준은 그렇게 해서 만든 작품을 1970년에 4시간짜리 시청자 참여 쇼로 선을 보였다. 이 작품에 대해선『뉴스위크』등 언론이 격찬해 다음 해 연초에 재방영될 만큼 대성공을 거두었다. 바로 그해에 뉴욕의 WNET-TV는 매주 백남준의 작품을 방송했는데, 이를 두고『뉴욕타임스』는 그 방송국이 내보낸 프로그램 가운데 가장 뛰어난 것이라고 극찬했다. 그가 미국에선 '비디오아트의 조지 워싱턴'이라고 불리게 된 것도 바로 이런 공중파 방송을 통한 활약에 힘입은 것이었다.[35]

1982년 봄 세계적으로 권위 있는 뉴욕 휘트니미술관이 백남준의 작품을 최초의 비디오아트 영구 소장품으로 지정함으로써 '비디오아트의 창시자'라는 그의 명성은 더욱 확고해졌다. 휘트니미술관의 비디오와 영화 큐레이터로서 1982년 백남준의 회고전을 조직했던 존 핸하르트John Hanhardt는 다음과 같이 말했다.

"백남준은 총체적인 비디오예술 운동을 시작했고, 우리 모두에게 어떻게 해서 텔레비전이 예술가의 매체로 사용될 수 있는가를 보여주었다. 지금은 대학들에서 비디오 분야에 대한 학위를 수여하고 있다는 점을 여러분이 인식한다면, 지극히 독창적이고 꽤 지각력이 있는 이 사람의 거대한 영향력을 이해하게 될 것이다. 미술관들도 백남준을 위한 것이 아니었다면 비디오 파트를 갖고 있지 않았을 것이다."[36]

결국 비디오아트가 제도권 언론 매체에 의해 인정을 받기까지 20년이 걸린 셈이었다. 오늘날 비디오아트는 확실한 족보를 가진 예술 장르로 간주되고 있다. 그렇다면 비디오를 가지고 장난치는 건 다 비디오아트인가? 백남준 식으로 말하자면 '그렇다'라고 대답해야겠지만, 그건 비디오아티스트들에 대한 모독이 될 것이다. 비디오아트는 ① 비디오테이프, ② 설치 비디오 및 비디오 조각, ③ 비디오 행위 예술 등을 총칭하는 것인데, 채장석은 비디오아트의 미학적 특징으로 ① 나르시시즘, ② 동시적 피드백, ③ 관람객의 참여 등을 제시했다.

이 3가지 특징과 관련, 채장석은 "비디오아트에 있어서 카메라의 위치는 정적靜的이다. 그 이유는 예술가가 행위자 역할을 동시에 해야 하기 때문에 설치물에 카메라를 고정시켜놓는 것이 일반적이다. 이때 카메라에 포착된 관람객이나 예술가 자신은 거의 동시에 TV 모니터에 나타나게 된다. 비디오 모니터를 '전자적 거울'이라고 부르는 것도 바로 이런 이유 때문이다. 이때 관람객 혹은 예술가 자신은 감상의 주체이자 객체라는 독특한 위치에 놓이게 된다. 마치 미소년 나르시스가 물위에 비친 자신의 모습을 신기한 듯이 넋 놓고 감상했던 것처럼 말이다"라면서 다음과 같이 말한다.

"(동시적 피드백)은 카메라를 통해 포착된 이미지가 마치 거울에 반사되듯이 동시에 TV 모니터 위에 이미지가 나타나는 것을 말한다. '비디오아트는 나르시시즘의 예술'이라고 했을 때 나르시시즘이 '동시적 피드백'이 갖는 심리적 상황을 지적한 것이라면, 두 번째 특징인 '동시적 피드백'은 비디오아트의 물리적 상황을 지칭하고 있는 것이다.……(그러나) '동시적 피드백'을 단지 물리적 특성만으로 이해해서는 안 된다.……비디오 매체는 인간이라는 주체와 모니터에 투사된 객체 사이의 간격을 환영幻影을 통해 메우려는 형식인 것이다.……(비디오아트)는 관람객의 적극적인 참여를 유도하거나 관람객조차도 자신의 작품의 구성 요소로 포함시킨다는 점에서 관람객이 단지 수동적 위치에 안주하는 다른 예술 장르와는 다른 특징을 보여주고 있다. 아울러 '비디오 테이프' 장르의 경우에도 비디오 장비의 보급이 확대되면서 일반 시민들도 자신들이 속해 있는 공동사회의 권익과 입장을 적극 표명하는 방법으로 그리고 사적인 기록을 위해서도 비디오를 사용한다는 사실에서도 다른 예술 장르와는 다른 일반 대중 혹은 관람객의 폭넓고 적극적인 참여를 볼 수 있다."[37]

'즉각적인 지구 대학'과 '전자 초고속도로' 구상

백남준이 계속 잘나가기만 했다면, 이론적 고민을 해볼 시간은 갖지 못했을 것이다. 미국에서 '비디오아트의 조지 워싱턴'으로 불리기 직전 백남준은 몹시 가난했고 지쳐 있었다. 백남준은 1967년 '공공장소에서의 과대노출죄'로 재판까지 받은 데다, 그 밖에 비용 문제와 비자 문제가 겹쳐 크게 낙담하지만, 다행히 뉴욕주립대학(스토니 부룩)의 객원 예술가로 초빙되어 힘을 얻게 되었다. 그는 이 대학에 있으면서 마셜 매클루언Marshall McLuhan, 1911~1980의 영향을 받아 '즉각적인 지구 대학instant global university'이라는 긴 논문을 쓰게 되는데, 이는 매클루언의 '지구촌' 개념과 맥을 같이하는 것이었다.

백남준은 1973년에 제작한 비디오테이프 '글로벌 그루브'에선 전자 문화에 의한 지구촌 정보 교환과 소통 장치의 시대를 예고했다. 소통 장치는 바로 지구촌 전역을 광케이블로 연결하는 전자정보 장치, 정보 교환은 텔레비전이나 인공위성을 통한 인류의 하나됨을 예고한 것이었다.

백남준은 1974년 뉴욕의 록펠러재단 프로젝트에 비디오에 의한 '전자 초고속도로Electronic Superhighway' 프로젝트로 응모해 1만 2,000달러의 제작비를 후원받았다. 당시 그가 쓴 글의 제목은 「후기 산업사회를 위한 매체 계획Media Planning for the Post-industrial Society」이었다. 이 글에서 그는 다음과 같이 말했다.

"만약 뉴욕과 로스앤젤레스를 국내용 인공위성으로, 광케이블로 연결할 수 있다면 그 경비는 달 착륙에 들었던 것만큼이나 들 것이다. 그러나 그때쯤 되면 장거리 전화는 거의 공짜나 다름없을 것이고 다중 텔레비전에 의한 케이블 회의도 가능할 것이다. 또 그렇게 되면 장거리 출장에 의한 항공료 절약은 물론 리무진을 타고 번화가를 누비는 폼 잡는 문화도 다르게 변할 것이다."[38]

1992년 미국 대선에서 빌 클린턴과 앨 고어는 미국 경제를 회생시킬 수 있는 대안의 하나로 '정보 초고속도로Data Superhighway'의 설립을 주장했으며, 클린턴은 대통령 취임사에서 "미국 전역을 광케이블에 의한 정보 초고속도로의 국가로 만들겠다"고 했다. 이에 백남준은 '빌 클린턴은 내 아이디어를 훔쳤다'는 제목의 작품을 구상했다.

이와 관련, 이용우는 "그런데 사람 일이라는 것은 참으로 묘한 것이어서 클린턴이 아이디어를 훔쳐갔다고 동네방네 떠들던 백남준이 바로 클린턴과 연관된 일에서 낭패를 당한 사건이 발생하였다. 1998년 한국의 김대중 대통령이 미국을 방문했을 때 백악관이 각계 인사를 초청한 파티석상에서 하나의 해프닝이 일어났다. 클린턴이 백남준 앞을 지나면서 악수를 하려는 순간 느닷없이 백남준의 하의가 벗겨진 것이다"며 다음과 같이 말한다.

"그러한 일이 고의로 일어난 일은 아니겠지만, 어찌 되었건 결과는 백남준의 주장과는 정반대로 되어버렸다. 즉 클린턴이 백남준의 아이디어를 훔친 것이 아니라 모니카 르윈스키와의 섹스 스캔들에 시달리던 클린턴의 아이디어를 백남준이 훔친 것과 마찬가지가 되었다. 아니면 피차 비긴 것일까. 이 사건을 놓고 국내 일각에서는 말도 많았다. 백남준이 일부러 연출한 또 다른 퍼포먼스였다는 설로부터 휠체어에 앉아 있던 그가 일어서는 순간 느슨하게 입었던 바지가 벗겨지게 되었다는 이야기 등 추측이 무성하였다. 그가 플럭서스 출신의 예술가라는 점에다가 워낙 예측불허의 일을 서슴없이 잘하는 예술가적 기질을 두고서 나온 추측들이었다."[39]

조지 오웰의 『1984』를 반박한 〈굿모닝 미스터 오웰〉

백남준의 '비디오아트 발전사'는 '테크놀로지 발전사' 그 자체라고 해도 과언이 아니다. 인공위성의 사용이 보편화되자, 백남준은 위성중계를 이용한 공연 작업을 시도했다. 이에 대해 김홍희는 1980년대 비디오아트가 '우주 예술'이라는 새로운 국면으로 접어들었다며, 백남준의 우주 오페라 3부작으로 1984년의 〈굿모닝 미스터 오웰〉, 1986년의 〈바이 바이 키플링〉, 1988년의 〈손에 손잡고〉를 꼽았다.

　김홍희는 "'오웰'은 뉴욕과 파리에서 동시에 진행되고 있는 공연 실황이 구미 대륙의 대도시들과 서울에 동시 중계되는 지구적 사건이었으며, '키플링'은 서울과 도쿄 그리고 뉴욕이 서로 TV 화면을 통해 교류하는, 태평양 횡단의 동서양의 만남이었다. '손에 손잡고'는 서방의 자유국가뿐 아니라, 중국, 붕괴 이전의 소련 등 전 세계 10여 개국이 참가하여 이념과 장벽을 초월한 전 지구적 축제를 만들었다"며 다음과 같이 말한다.

　"TV 매체에 대한 오웰의 부정적 시각을 부정하고, 동양과 서양은 결코 만날 수 없다는 키플링의 주장을 반박하듯이, 백남준은 전 지구를 보자기로 감싸듯 하나로 뭉쳐놓아 맥루한적 '지구촌'을 이룩한 것이다.……백남준은 3편의 우주 작업에서 음악·미술·시·코미디·패션 등 각기 다른 분야의 예술가들을 한자리에 모음으로써 장르 간의 구분뿐 아니라 고급문화와 대중문화, 또는 예술과 오락의 경계를 흐리고 있다.……백남준은 이러한 멀티미디어 공연에 스포츠까지 합류시킨다. '키플링'은 1986년 아시안게임을 계기로, '손에 손잡고'는 88 서울올림픽을 기념하여 이루어진 예술과 운동의 종합적 축제였다."[40]

〈굿모닝 미스터 오웰〉과 〈바이 바이 키플링〉은 백남준의 기본적인 사상을 대변해준 작품이기도 했다. 〈굿모닝 미스터 오웰〉이 선보인 1984년은 조지 오웰George Orwell, 1903~1950이 1949년에 출간한 『1984Nineteen Eighty-Four』에서 인류의 위기를 예언한 중요한 해였기에 백남준은 이 작품을 통해 전혀 다른 메시지를 던지고자 했다.

"매스미디어가 인류를 그들의 종속적 지배하에 둘 것이라는 오웰의 주장과는 달리, 또 인류가 1984년을 기점으로 매체에 의하여 정복당할 것이라던 오웰주의자들의 주장을 뒤집고 오히려 텔레비전을 통하여 세상이 지구촌으로 바뀐 생생한 모습을 보여줌으로써 텔레비전의 기막힌 정보 중개자로서의 모습을 보여주고 싶었다."[41]

〈굿모닝 미스터 오웰〉은 한 시간에 걸친 생방송 공연을 3대륙 8개 대도시들을 연결하는 동시 중계로 확산시켰다. 40만 달러 예산 가운데 17만 달러는 미국의 록펠러재단과 국립예술진흥기금 등에서, 그리고 7만 달러는 백남준을 비롯해 케이지 등 플럭서스 멤버들이 합동으로 제작한 판화 판매 대금으로 충당했다. 백남준은 이때 진 빚으로 몇 년간 죽을 고생을 했지만,[42] 그 고생을 감수하고서라도 그가 던지고자 했던 메시지는 확고했다.

"TV는 대중매체이다. (과거에) 아내가 단지 남편의 섹스 도구였듯이, (현재) 대중은 파블로프의 실험용 개 같이 네트워크의 일방적 대상이다. 상호 소통, 관객 참여, '순간적 국민 투표를 향한 전자 민주주의'(존 케이지) 같은 TV의 무궁한 잠재력은 지금까지 무시되고 교묘하게 억압되고 있다."[43]

키플링의 인종차별주의를 반박한 〈바이 바이 키플링〉

서울에서 개최된 1986년의 아시안게임에 때를 맞춘 〈바이 바이 키플링〉은 "동양과 서양은 결코 만날 수 없다"고 했던 영국 시인 러디어드 키플링Rudyard Kipling, 1865~1936의 주장을 반박하기 위한 것이었다. 호전주의자이자 팽창주의자인 키플링이 생각하기에 상호 만남이 있다면 그건 일방적인 정복을 통해서만 가능할 뿐이었다. 키플링은 미국의 필리핀 정복에 때맞춰 1899년 2월 4일 『런던타임스』에 「백인의 의무The White Man's Burden」을 역설하며 백인 국가들의 제국주의에 심리적 정당성을 부여했다.[44]

'백인의 의무'라는 생각에 적잖이 오염되었을 서양인들 틈바구니에서 활동하면서 백남준이 그런 분위기를 느끼지 못했을

리 없다. 그는 "황색재앙! 그것이 바로 나다"라고 하면서 "어쩌면 내가 한국인 혹은 동양인으로서 느끼는 '소수민족의 콤플렉스' 덕분에 아주 복잡한 사이버네틱스 예술 작품을 만든 것은 아닐까?'라고까지 자신을 뜯어보기도 했다.[45] 그러니 어찌 〈바이 바이 키플링〉을 외치고 싶지 않았으랴.

백남준의 〈바이 바이 키플링〉은 동서양을 잇는 세 도시, 뉴욕(WNET-CH13), 도쿄(Tv Asahi), 서울(KBS-1TV)에서 공연을 벌이고, 그것이 보스턴과 캘리포니아에 동시 중계방송 되는 태평양 횡단의 우주 공연이었다. 백남준은 동양과 서양의 지역적·이념적 차이는 예술과 운동 같은 비정치적 교류에 의해서만 해소될 수 있다고 믿었다.[46] 그는 〈바이 바이 키플링〉을 제작하면서 미국 스태프의 서울 체제비가 모자라 자신의 판화를 팔아 충당했으며, 이 작업 때문에 서울에서 적지 않은 빚을 지게 되었다.[47]

1988년 서울올림픽 경기를 기념하기 위해 만든 〈손에 손잡고Wrap around the World〉에서는 동서양의 만남뿐 아니라 중국, 소련 같은 공산국가들과의 만남도 이루어졌다. 이는 서울 KBS와 뉴욕 WNET가 공동 주최하고 이스라엘, 브라질, 서독, 중국, 소련, 이탈리아, 일본 등 10여 개국이 참가한 최대 규모의 위성 작업이었다. 백남준은 "예술과 운동은 서로 다른 사람들 사이의 소통을 이루는 가장 강력한 매체들이다. 그러므로 전 지구적인 음악과 춤의 향연은 전 지구적인 운동의 향연과 함께 행해져야 한다"고 했다. 이 3부작에 대해 김홍희는 다음과 같은 평가를 내린다.

"결국 백남준의 우주 오페라 3부작은 〈미스터 오웰〉에서

TV 매체의 상호 소통 가능성을 역설하고, 〈바이 바이 키플링〉에서 동양과 서양을 만나게 한 후, 마침내 〈손에 손잡고〉에서 이념과 취미를 초월한 하나의 '지구촌'을 만들어 전 지구적 소통을 목적으로 하는 그의 참여TV 이상을 실현한 셈이다."[48]

동서양의 만남에 대한 백남준의 열망은 사실 10여 년 전인 1974년에 발표한 〈TV 부처〉 시리즈로 거슬러 올라간다. 실시간 폐쇄회로 작업인 〈TV 부처〉 시리즈는 과거와 현재, 동과 서를 연결하면서 세계 권력과 그 안에 구조적 상황을 패러디하는 작업이었는데, 백남준은 "1세계와 3세계의 대화는 아직 존재하지 않고 있다"며 동서의 공동 존재와 협력을 개발하는 모델을 창안한 셈이었다.[49]

35년 만의 귀국 일성, "예술은 사기다"

1984년 6월 23일 백남준은 부인 시게코를 동반하고 35년 만에 귀국했다. 금의환향錦衣還鄉이었지만, 그는 도발적 발언을 연이어 터뜨렸다. 그는 6월 26일자 『조선일보』 인터뷰에서 '예술은 사기다'라는 표현으로 화제가 된다.

"한마디로 전위예술은 신화를 파는 예술이지요. 자유를 위한 자유의 추구이며, 무목적적인 실험이기도 합니다. 규칙이 없는 게임이기 때문에 객관적 평가란 힘들지요. 어느 시대이건 예술가는 자동차로 달린다면 대중은 버스로 가는 속도입니다. 원래 예술은 반이 사기입니다. 속이고 속는 거지요. 사기 중에서도 고등 사기입니다. 대중을 얼떨떨하게 만드는 것이 예술입니다. 엉터리와 진짜는 누구에 의해서도 구별되지요. 내가 30년 가까이 해외에서 갖가지 해프닝을 벌였을 때, 대중은 미친 짓이라고 웃거나 난해하다는 표정을 지었을지도 모릅니다. 하지만 그것의 진실을 꿰뚫어보는 눈이 있었습니다."[50]

이건 '예술이 뭐냐'는 기자의 질문에 반어법으로 한 대답이었지만, 이는 '참여'가 상징에 불과하다는 것에 대한 자책의 의미를 담고 있는 발언이었다. 사실 '참여'는 백남준의 신앙과도 같은 것이었다. 그는 "낮잠 자고 일하는 것, 산책이 나의 취미이다. 영화 같은 것은 보지 않는다. 영화 보기란 철저히 타율적이기 때문이다"라고 말했다.[51] 그러나 그는 그 '참여'의 범위와 가능성에 대해 일말의 죄의식을 갖고 있다. 그래서 그는 '예술은 사기다'라고 단언한 것이다.[52] 이와 관련, 백남준이 1992년 김용옥과 나눈 대담 한 토막을 감상해보자.

> **김** 선생님의 비디오아트는 대중의 참여, 대중과의 만남을 그 본질로 하고 있는데 그 참여 예술적 정신이 있다고 하겠습니다. 그런데 전시된 비디오아트를 보면 우리 일반인들에게 쉽게 접근되기 어려운 것들이 대부분입니다. 선생님의 작품이 선생님의 작품 정신과 위배된다고 생각해보시지는 않으셨습니까?
>
> **백** 아방가르드 예술이란 원래 이해가 되지 않는다는데 그

아방가르드적 성격이 있는 것이다. 우리는 관객들을 이해시키려고 노력하지 않는다. 좀 아리송한 데가 있어야 돈이 벌리는 것이다. 우리 예술가들은 사람들을 겁준다 (bluffing한다라는 표현을 썼다). 예술은 대중이 이해하면 곤란하다. 그러니까 예술가처럼 가짜들이 없다. 그런데 가짜 새끼들끼리 쳐다보면 저 새낀 분명 가짜인데 잘 먹고산다. 그러니 예술이 가짜가 아닐 수 있겠는가.[53]

왜 예술을 하느냐? 백남준의 평소 대답은 "싱겁기 짝이 없는 세상살이에 양념 한 가지 치는 기분으로 한다"는 것이었다. 위선을 혐오하면서 위악적이기까지 한 인사들은 이 말에 열광했다. 예컨대, 조영남은 이렇게 주장했다. "이 말은 당장 국정교과서에 삽입시켜야 한다. 이 땅의 모든 예술가들은 다만 양념 치는 기분으로 예술을 한다는 이 한마디 앞에 입을 다물어야 한다. 우리 쪽에선 예술을 한답시고 얼마나 거들먹거렸는가. 예술이 무슨 권력이나 되는 것처럼 얼마나 착각해왔는가."[54]

예술이 '가짜'라거나 '사기'라고 하는 백남준의 생각은 플럭서스의 반反예술 정신이기도 하지만 그의 위악적인 성격과도 잘 들어맞는다. 그는 자신의 작업에 대해 "본래 내가 테크닉이 없으니까. 피아노도 못 치고, 작곡도 못 하고, 그림도 못 그리고 하니까 이것저것 해보는 거예요"라고 말한다.[55] 그는 황필호와의 대담에서 "선생님은 한국인입니까? 미국인입니까? 세계인입니까?"라는 질문에 대해서도 다음과 같이 답한다.

"뭐 그런 거 생각 안 해요. 좌우간 우린 매달매달 예술을 해서 일 년에 한 번쯤은 신문에 나야 되고, 또 그래야 먹을 것이 생깁니다. 그걸 위해서는 어느 정도 절대적 책략이 있어야지요. 그렇게만 생각합니다. 아인슈타인이 뭐 자신을 유대인이라고 생각했겠소? 독일인이라고 생각했겠소? 자기 진리만 있으면 되지요."[56]

또 "선생님은 창작 활동에 있어서 진리의 개념을 어떻게 생각하십니까?"라는 질문에 대해서는 다음과 같이 답한다.

"우린 경쟁자들입니다. 어떻게 일 년을 보내느냐가 중요하지요. 내가 한국에서는 조금 재지만 뉴욕에서는 아직 압박도 당하고 서러움도 많아요. 최근 3~4년에는 생활이 조금 좋아졌지만, 그전까지는 겨우 먹고.……그러니 진리 같은 추상명사는 생각도 못해요. 또 어떤 사람들은 이런 말들을 합니다. 왜 한국의 민족성을 살리지 않느냐? 그러나 이런 것들은 나에게 전부 마이동풍입니다. 이렇게 무서운 세상에 한 해를 살아가는 것만도 어렵습니다. 그런데 그 이상 무엇을 할 수 있습니까?"[57]

'예술가는 소비문화의 전위대'

'예술은 사기다'라는 말의 숨은 의미가 백남준의 위악적인 성격과 무관하다 해도, 이 반어법 속에 숨겨져 있는 뜻은 '텔레비전예술' 또는 '비디오예술'이라는 합성어가 가능한 것인가 하는 본

　왜 조지 오웰과 러디어드 키플링을 넘어서야 하는가?

질적인 의문과 관련되어 있다. 그는 "나는 퍼포먼스를 통해 수대의 바이올린과 피아노를 때려부쉈다. 피아노와 바이올린은 서양은 물론 동양에서조차 음악의 상징으로 이해되기 때문이며 음악의 한계를 그것으로 고정시키기 때문이다"고 말했다.[58]

그런 혁명적인 사고는 텔레비전과 비디오가 예술일 수 있는 가능성을 보장해주는 것이되, 그 예술은 전통적인 의미의 예술은 아닌 만큼 그것은 '사기'이며 '사기'이어야만 한다. 백남준은 "비디오예술이란 예술이 고급화되던 당시의 정서에 반하여 만인이 즐겨 보던 TV라는 대중매체를 예술 형식으로 선택한 일종의 예술 깡패였다"고 말한다. 그는 대중을 포용하려고 하되 대중에게 아부하지는 않는다. 그가 "TV를 통해 재미만을 찾으려는 사람들에게 부처의 모습과 달, 물고기, 컴퓨터그래픽 등을 넣어 재미를 방해했다"고 말하는 것도 그런 맥락에서 이해할 수 있을 것이다.[59]

백남준은 "나의 미래 작업은 광케이블에 의한 커뮤니케이션의 확장, 삶과 예술과 과학이 더이상 은유가 아닌 실재의 정보로 다가오는 삶의 예술로 가게 될 것이다"고 말한다.[60] 그는 '컴퓨토피아'에 대해 낙관적이지만, 그것이 갖는 의미를 잘 이해하고 있다. 그는 '컴퓨토피아' 시대에 사는 예술가의 임무가 소비문화의 전위대임을 인정하면서, 그에 대한 가치 판단을 거부한다. 일단 솔직해서 좋긴 하다. 그의 말을 직접 들어보자.

백남준은 "세상에 가장 쓸모없는 것이 홈 컴퓨터, 즉 피시 Personal Computer다. 집에서 사는 사람은 구구단만 알면 되는데 컴퓨터를 들여 놓아 쓸데없는 일만 생기고 앉아서 불필요한 오락만 하게 된다. 그러니 전혀 필요 없는 기계다. 그런데 이왕 샀으니까 아트나 해보자. 그래서 앞으로 피시를 이용한 비디오아트도 많이 생길 것이다.……컴퓨터 문화가 점점 증대되면 인간이 할 일이 없어진다. 생산은 많아지는데 소비는 한정된다. 여태까지는 이런 생산의 잉여를 처리하는 가장 좋은 방법이 전쟁이었다. 그런데 이젠 전쟁도 쉽게 할 수가 없다. 그러면 인간의 삶에 있어서 이기利器의 모든 것이 쉽게 포화되어버린다"며 다음과 같이 말한다.

"냉장고도 다 사버리고, 자동차도 다 사버리고, 이제 이런 건 20년이면 끝난다. 피시도 얼마 못 가서 다 팔아먹고 새로 팔아먹기 어렵게 된다. 무슨 지랄을 해본들 인간의 소유는 한정이 있다. 그럼 이런 상황에서 예술이란 뭐냐? 폭력적 결과를 초래하지 않는 소비를 조장시키는 것이다. 전쟁이나 공해로 연결되지 않는 인간의 소비욕을 돋아주는 일이다. 다시 말해서 예술가의 임무는 어떻게 필요 없는 소비를 창안하느냐? 하는 것이다. 이것이 앞으로 예술가의 최대의 사회적 기능이 될 것이다. 예술가들은 여태까지 자본주의적 가치를 부정하는 방향에서, 즉 자본주의와 안티테티컬한 입장에서 자기들의 이상주의를 추구해왔다. 그런데 이제부터는 예술가는 신생 자본주의의 선봉장이 될 것이다. 공장에 쌓인 물건을 소비시켜주고, 필요한 돈의 회전을 만들어주게 될 것이다. 이런 나의 생각에 대해 나는 도덕적 호오好惡를 알지는 못한다. 우리나라에는 너무 선비가 많아 입 뻥긋하기가 어렵다."[61]

백남준이 귀국한 다음 해인 1985년 삼성전자와 정식으로 계약을 맺어 자신의 작업에 삼성 TV 모니터를 지원받아 적극 활용하기 시작한 것도 그런 맥락에서 이해할 수 있겠다. 이와 관련, 이건희 삼성 회장의 부인 홍라희는 다음과 같이 말한다.

"1988년 과천 국립현대미술관에 기념비적인 작품 〈다다익선〉의 전자 장비 제작 지원을 시작으로, 1992년의 과천 국립현대미술관의 회고전과 1997년 독일의 뮌스터 조각프로젝트, 그리고 뉴욕 구겐하임미술관의 〈백남준의 세계전〉과 호암갤러리와 로댕갤러리의 〈백남준의 세계전〉에 이르기까지 선생의 핵심적인 프로젝트에 삼성문화재단이 직-간접적으로 지원할 수 있었던 것도 참 크나큰 보람이었습니다. 백남준 선생이 비디오아트의 거장으로 세계적인 주목을 받는 동안 삼성의 첨단 기술과 기업 이미지도 한층 발전되어갔습니다. 예술과 기업의 멋진 만남, 결국 우리의 협력 작업은 한국의 기술과 문화를 세계 곳곳에 알리는 계기가 되었습니다."[62]

백남준의 포스트모더니즘

'예술가는 소비문화의 전위대'란 백남준의 말은 참으로 흥미로운 주장이 아닐 수 없다. 1960년대 중반 소비주의를 예찬하는 팝아트의 기승을 보고 '팝아트를 죽여라Kill Pop Art!'라는 거창한 구호까지 써놓은 작품을 제작하기도 했던 백남준이 30년 후에 이와 같이 말한다는 건 그만큼 세상이 달라졌다는 걸 흔쾌히 인정한 것인가?

사실 후기 백남준은 어떤 면에선 팝아티스트라고 해도 무방할 정도로 팝아트에 근접한 모습을 보여주었다. 홍미희는 「백남준 미디어 아트에 나타난 팝아트의 특성 연구: '매체 확장'과 '관객 참여'를 중심으로」(2016)라는 논문에서 백남준의 미디어 아트는 "기존 예술이 생각하지 못한 것들을 소재로 끌어들이면서 예술의 매체와 표현 범위를 확장하고 사고의 유연성과 다양성을 가져왔다"는 점에서 팝아트의 특성을 갖고 있다고 평가한다.[63]

백남준은 자기모순을 범한 것인가? 정소연·이원형은 「시대적 변화에서 나타난 백남준과 그의 모순」(2011)이라는 논문에서 백남준이 "플럭서스 아방가르드 아티스트로서 출발했고 초기의 해프닝이나 비디오 작업에서 보여준 그의 반예술 철학이 시간이 지남에 따라 대항적 입장이 아닌 후기 자본주의에 예속된 형태를 보임으로써 그 자신이 내세웠던 개념과는 다른 길을 걸어간 일종의 자기모순의 흔적"을 보였다고 했는데,[64] 이를 어떻게 보아야 할까?

세월이 흐르면서 백남준의 비디오아트가 팝아트의 특성을 갖게 되었다는 것은 백남준의 기술결정론적인 성향을 말해주는 것으로 볼 수 있다. 그가 테크놀로지의 발달에 민감하게 적응하고 있으며, 다시 태어난다면 물리학자가 되고 싶다고 말하는 것도 그런 성향을 잘 대변해주고 있다 하겠다.

백남준은 "나는 예술 잡지는 잘 안 읽지만(미술 평론이라는 것이 뻔하다는 생각 때문이다) 기술 잡지는 많이 읽는다. 기술의 변화, 발전이 곧 내 작업의 변화, 발전인 것이다"라고 말한다. 그의 정보에 대한 집착도 강하다. "나는 매일 10시쯤 일어난다. 아침을 먹고 난 후 『뉴욕타임스』, 『인터내셔널헤럴드트리뷴』, 『월스트리트저널』을 본다. 그러면 반나절이 다 간다. 신문 중독자인 셈이다"라고 말한다.[65]

백남준이 테크놀로지에 민감하게 반응하고 테크놀로지를 적극 이용하는 건 포스트모더니즘의 이론가들로 하여금 그를 비디오 분야의 대표적인 포스트모더니스트로 지목하게 만들었다. 테크놀로지가 우위를 점하는 비디오아트가 논리적 연결이 없는 단절과 불연속의 경험을 제공하는 건 너무도 당연하다.

프레더릭 제임슨Frederic Jameson, 1934~도 1984년에 발표한 「포스트모더니즘 또는 후기 자본주의의 문화적 논리Postmodernism, or The Cultural Logic of Late Capitalism」라는 유명한 글에서 백남준의 비디오아트가 갖고 있는 그런 특성에 대해 잠시 언급하고 있지만, 백남준이 그런 비평가들이 해석하는 식의 의도를 갖고 작품에 임한다고 보기는 어렵다.[66]

김홍희는 "해프닝과 비디오아트는 관객을 소외시키는 기존 예술의 자율성에 대한 문제 제기에서 출발한다. 이러한 점에서 이 둘은 수립된 가치를 부인하고 예술과 삶의 이분법을 해소하고자 하는 아방가르드avant-garde나 포스트모더니즘의 정신을 공유한다고 할 수 있다"며 다음과 같이 말한다.

"기존의 예술 개념에 반항하는 아방가르드와 포스트모더니즘은 예술적 방법으로 예술의 병을 치유하여 예술의 원상을 복구하고자 하는 '동종 요법同種療法, homeopathism'의 수행과 다를 바 없다. 참여를 기본 개념으로 삼는 백남준의 반예술적 예술 역시 관객과 혼연일치를 이루는 제의적이고 주술적인 예술, 즉 예술의 원형을 되찾기 위한 동종 요법적 노력이라 할 수 있다."[67]

이어 김홍희는 "백남준 작업의 포스트모던 특성은 고급문화와 저급문화, 순수예술과 대중예술, 예술과 일상을 통합하려는 의지에서 비롯된다. 매체의 비고정성뿐 아니라 이분법적 고정관념을 흐리는 인식론적 비고정성에 주목하여 수립된 가치에 도전하는 것이다"며 다음과 같이 말한다.

"비디오예술가로서 그가 우선 흐려 놓은 경계는 예술과 기술이다. 비디오예술 자체가 기술적 접목을 요구하지만, 백남준에게 기술은 도구 이상의 창조적 영감의 원천으로 작용하였다. '나는 기술을 증오하기 위해 기술을 사용한다'는 그의 역설이 시사하듯이, 그는 기술적 원리를 탐구하고 그에 탐닉하는 기술적 동화 과정을 거쳐 창조의 단계에 이른다.……백남준의 탈경계 의지는 예술과 산업, 예술과 유흥, 예술과 방송 등 존재하는 모든 구별의 경계를 흐리는 대규모의 '퓨전 아트', 자신의 80년대를 장식한 '우주 오페라' 3부작에서 집대성되었다. 위성 생방송, 비디오, 컴퓨터 기술이 총망라되고 아방가르드 예술가, 방송 연예인, 디자이너, 기술자들이 대거 동원되어 전 지구적 향연을 벌인 이 우주 프로젝트에서 백남준은 전 지구적 사방 소통을 염원하는 '전자슈퍼하이웨이' 이상을 실현하였다."[68]

"예술엔 '건전한 하극상'이 필요하다"

백남준은 늘 지구적인 것the global과 지역적인 것the local 사이의 공존을 추구하는 글로컬리제이션glocalization의 정신에 충실했다.[69] 모순인 것 같으면서도 모순되지 않은 가치들의 조화라고나 할까? 김홍희는 "백남준이 진정한 포스트모더니스트라는 점은 동양과 서양, 아시아와 서구, 전통과 현대의 구분을 초월하는 글로컬 비전을 제시한 점에서 더욱 강조된다"며 다음과 같이 말한다.

"그는 실로 이중주의, 절충주의, 혼성주의자로서 전형적인 포스트모던 인간이다. 모던 아방가르드이자 포스트모던 맥시멀리스트, 고매한 예술가이자 성공지향적인 세속인, 사유하는 철학자이자 행동하는 정치가, 서구적 코리안 아메리칸이자 끈끈한 정에 묶이는 토착적 한국인으로서 '경계에 살기'를 선택한 그는 그 위험과 긴장을 유희한 포스트모던 비저너리인 것이다."[70]

물론 그 모든 게 그 어떤 의도에 따라 이루어진 건 아니었다. 백남준은 논리적인 사람이라기보다는 직관적인 사람이다. 그와 대담을 나눈 황필호는 백남준이 대화 도중에 갑자기 딴 이야기를 시작해 따라가기가 어려웠다고 밝힐 정도니까.[71] "선생님이 정형을 깨뜨리는 것은 단순히 의외성을 주기 위해서가 아니라 어떤 목적이 있는 게 아닙니까?"라는 황필호의 질문에 대해 백남준은 다음과 같이 말한다.

"목적은 없어요. 난 원래 어리광을 부리며 자란 놈이라, 그저 하고 싶은 대로 하거든요. 특히 1963년까지는 비교적 먹는 걱정은 없었어요. 그래서 그냥 하고픈 식으로 했지요. 좌우간 나는 내가 이렇게 유명하게 될지도 몰랐고, 또 유명해지려는 목적도 없었어요. 유명한 감정가들이 나에게 무엇인가 있구나 하니까 차츰차츰 팬들이 생겼지만, 그것도 대중적인 팬들은 아니지요. 더구나 나의 연주회나 퍼포먼스는 어떤 기록도 남기지 않습니다. 나중에 감정가들이 기록을 남기지요. 그저 나중에 박수가 나오면 그제서야 '아, 내가 할 일을 했구나'라고 생각하지요. 일종의 무상행無常行이지요."72

백남준이 포스트모더니스트라면, 그 증거는 테크놀로지의 변덕에 순응하는 그의 비디오아트에서 찾기보다는 그의 시장원리에 대한 존중에서 찾는 것이 더 나을는지도 모르겠다. 그는 '온실'에서 예술을 해온 사람이 아니다. 물론 초기엔 부유한 집안의 경제적 도움을 받았겠지만, 그는 잔인하기 짝이 없는 시장에 내버려진 채 내내 자신의 능력으로 먹고살아야 했다. 그는 자신이 몸담은 세계를 다음과 같이 시각적으로 표현하기도 했다.

"우리 예술 세계는 1마리의 수탉만이(다른 99마리의 수탉은 굶주리고 있는데) 1마리 또는 100마리의 암탉을 품는 행운을 얻을 수 있는 동물의 지배 체계를 그대로 옮겨왔다. 예술과 헤비급 권투의 세계에서는 최고 실력자 다섯 명만이 집세를 낼 수 있고, 다른 9만 9,999명의 예술가와 권투선수는 배고픔을 참아야 한다."73

반면 국내에서 활동하는 예술가들은 비교적 '파벌'이라는 '온실'에서 사는 사람들이다. 물론 그 파벌의 삶도 결코 쉽거나 편한 건 아니겠지만 말이다. 백남준이 "우리나라의 가장 큰 폐해가 선생이 학파를 만들고 조수를 만들면 그 조수가 또 조수를 만들고 하는 것이었다고 생각한다. 이른바 좋은 의미의 하극상이 없다. 그렇게 되면 특히 예술에서는 발전이 없게 된다"고 말하는 건 백번 옳다.[74]

그런데 어디 예술 분야만 그런가. 우리 학계가 모두 그 모양이다. 존경받는 스승이란 어느새 배타적인 파벌의 결속력을 다지고 그걸 잘 꾸려나가는 우두머리가 되고 말았다. 공정한 경쟁의 원칙을 무시하면서 수단과 방법을 가리지 않고 대학과 기업에 내 제자를 심는 '로비스트'가 유능하고 성실한 스승이다. 학생들은 대학에서 파벌의 보호막에 안주하는 법을 배워 사회에 나가 실천한다.

백남준의 파벌주의 · 민족주의에 대한 거부감

백남준의 '파벌주의 비판'은 정말 한국의 문제를 잘 꿰뚫어본 혜안이라 하지 않을 수 없다. 그런데 문제는 백남준이 그 파벌주의 비판의 논리를 국경 너머에까지 적용시키고 있다는 점이다. 그는 이렇게 말한다. "예술은 시장원리와 다를 바 없다. 우선은 고객이 기다리고 있는 최대공약수를 공격해야 한다. 민족예술이란 말이 한국에서는 유행인데 좋은 예술을 하기도 어려운데 거기에 민족이란 말까지 넣어서 어떻게 하겠다는 것인가. 민족이란 뜻은 말로 하는 게 아니라 한국 사람이 하는 작업은 모두 한국 민족

예술인 것이다."[75]

　일리 있는 말이긴 하다. 특히 '시장원리'를 존중해야 한다는 그의 견해가 옳다는 데엔 이론의 여지가 있을 수 없다. 사실 백남준과 관련된 한국 언론의 국수주의적 보도 태도는 보기에 안쓰러운 수준이었다. 이와 관련, 김수기는 "그간 한국에서의 백남준은 어떤 의미에서는 거의 상투어cliche에 가까웠다고 보는 게 옳다. 그의 예술이 제대로 소개되기도 전에 '한국이 낳은 세계적 예술가'라는 요란한 구호만 있었다. 다분히 상업적으로, 혹은 정치적으로 이용되었다고 할 수 있다. 이 때문에 그의 예술에 대한 진지한 관심은 결여된 채 무의미한 신화만 무성했다"고 말한다.[76]

　국내 언론은 늘 백남준에게서 '한국적'인 것을 찾으려고 애를 썼다. 예컨대, 우리 신문에서는 "'우랄 알타이의 꿈'은 백 씨가 고국에서 가진 모처럼의 본격적인 퍼포먼스이다. 이번의 행위예술이 그의 삶과 예술을 총체적으로 조명하는 것이니만큼, 그의 작품 세계의 정신적 기반을 이루는 '한국적'인 작업이 수록돼야 한다는 점에서 기획된 것이다" 식의 기사를 쉽게 볼 수 있었다.[77]

　그러나 과연 무엇이 '한국적'이라는 것일까? 백남준이 '우랄 알타이의 꿈'을 위해 골동품상을 뒤져 도포와 갓을 어렵게 구하고, 시골로 사람을 보내 옛 지게와 삼태기를 소품으로 준비한 것은 '한국적'인 것을 보여주기 위한 것이 아니라, 단지 과거의 추억을 생생히 살려내기 위한 것이었을 뿐이다.[78]

　백남준이 굿을 좋아하는 것도 '한국적'이라기보다는 자신의 어린 시절에 각인된 추억 때문이다. 그는 6세에 창신동으로 이사를 갔는데, '큰대문집'으로 불린 그의 집은 집 안에 동산이 있을 정도로 넓었다. 황인은 "백남준에게 창신동은 세상을 바라다보는 창문이자 삶의 원原풍경이었다. 그는 감수성이 가장 예민한 시절을 창신동에서 보냈다. 그래서일까, 백남준의 작품에는 동대문 등 창신동 시절과 관련한 장면이 자주 등장한다"며 다음과 같이 말한다.

"백남준 집안은 거상이었기에 큰 굿을 자주 했다. 어릴 때 창신동 큰대문집에서 보았던 굿은 평생 작품의 화두가 되었다. 요제프 보이스가 죽고 몇 년이 지난 1990년 여름, 백남준은 그를 추모하는 굿을 삼청동 길 갤러리현대 뒤뜰에서 진행했다. 프랑스 카날 풀뤼 TV가 이에 대한 특집 방송을 만들었다. 이 특집에는 백남준의 유치원 시절 친구가 등장한다. 1960년대 인기 라디오 프로그램이었던 〈스무고개〉와 〈재치문답〉의 출연자인 이경희 박사다. 백남준의 인생에는 몇 명의 여성이 있었다. 나중에 비틀스의 멤버 존 레넌의 연인이 되었던 오노 요코, 외설에 가까운 공연을 함께 펼쳤던 샬럿 무어맨, 백남준과 정식 결혼을 한 조각가 구보타 시게코 등이었다. 그런데도 어릴 때 헤어진 이경희에게 소년 시절의 애틋한 설렘이 이어졌던 건, 그녀가 백남준이 죽기 전까지도 가고 싶어 했던 창신동 큰대문집의 분신이었기 때문이리라."[79]

다만 백남준의 소중한 추억이 한국에서 만들어진 것이기에 그 점에서 '한국적'을 거론할 순 있겠다. 이와 관련, 김홍희는 "백남준은 샤머니즘과 비디오아트의 동질성과 차이를 구별하는 미학적 통찰로 글로벌리즘과 로컬리즘을 통합시켜 자신의 양식으로 체계화시키는 데 성공하였다. 이러한 점에서 샤머니즘적 영감과 상상력으로 전화된 그의 예술에서 아시아성 또는 한국성을 거론할 수 있다"며 다음과 같이 말한다.

"지금은 아무도 사용하지 않는 50, 60년대 고어들을 구사하고 '끈끈한 정'을 다진 백남준, 섬뜩할 정도로 토착적인 그의 행동거지에서 우리는 첨단 아방가르드 작가에 대한 경계를 풀고 안도하게 된다. 샤머니즘 요소와 함께 그의 작품에 소도구처럼 자주 등장하는 담뱃대, 요강, 장독 등 옛 시대의 민속품은 고국에 대한 이주자의 향수를 느끼게 하지만, 백남준은 그것을 비디오와 같은 현대 영상 매체로 현재화함으로써 스스로를 탈식민주의 예술의 스테레오타입으로부터 벗어나게 한다. 이러한 점에서 한국의 백남준이자 세계 속의 남준팩으로 자리매김하는 당위를 발견하는 것이다."[80]

백남준의 기술 · 언어 · 경제 결정론적 성향

"한국은 애국자가 많아서 망하는 나라다. 애국자가 없어서 걱정되어본 적은 없는 나라다. 나는 후학들에게 말하고 싶다. 될 수 있는 대로 애국자가 되지 말아라! 그 대신 내로우베이스드 스페셜리스트narrow-based specialist가 되어라! 애국자는 결국 정치가가 된다. 그런데 우리나라의 정치적 관심을 반은 줄여야 한다. 요새 정치가 개판이라는데 아마도 정치적 관심을 희석시키는 데 도움이 될지도 모르겠다. 우리나라 신문을 보면 사분지 삼이 정치다. 구미 신문을 보면 칠십 프로가 스페셜리스트를 위한 기사다. 정치에 관심을 갖지 말구 수학, 물리학, 철학, 이런 거를 더 공부해라."[81]

백남준이 김용옥과의 인터뷰에서 "당신은 민족주의를 거부하는 것으로 알고 있다. 그런데 전시된 작품을 보면 한국적 모티브가 많이 들어와 있다. 모순되지 않는가?"라는 질문에 대한 답으로 한 말이다. 백남준은 동문서답東問西答을 하긴 했지만, 대신 답을 드리자면 앞서 지적한 '개인적인 추억'으로 간단히 설명할 수 있을 것 같다.

밑도 끝도 없이 입만 열었다 하면 '한국적'인 것을 강조하며 그걸로 '애국'을 대신하고자 하는 국내 경향에 대한 백남준의 반감에 대해선 절대 찬성이다. 그런데 다시금 문제는 백남준이 지나칠 정도로 여러 분야에 걸쳐 결정론적인 사고의 소유자라는 점이다. 그건 포스트모더니스트들의 '국제관계론'에서 흔히 발견되는 특성이다. 백남준의 한글에 대한 생각도 그러하다. "선생님이 보시기에 현재 우리나라에서 가장 중요한 것은 무엇입니까?"라는 황필호의 질문에 대한 백남준의 답은 많은 것을 시사해준다.

백남준은 "현재 한국인에게 가장 중요한 것은 21세기에 살아남는 것이고, 살아남으려면 하이테크의 무역을 해야 되는데, 한글을 가지고는 무역을 할 수 없어요. 그건 절대로 안 됩니다. 그래서 내가 3~4년 전부터 한국에 올 때마다 이어령 장관부터 유명한 사람들한테 한글은 참 좋은 글이지만 이젠 안 된다고 말해요.……그래도 아무런 반응이 없어요. 한국인들이 다른 것은 다 잘하는데, 한글에 대해서는 관념이 고정되어 있어요"라면서 다음과 같이 말한다.

"앞으로는 국가의 독립이나 민족의식의 강약이 중요하지 않아요. 누가 하이테크를 주도하느냐가 중요합니다. 아무리 정신적으로 강해도 무역전에서 패배하면 끝장입니다. 외국 자본 전부 들여와서 나라 송두리째 뺏기면 그만입니다. 그러므로 우리는 이제 외국의 지식을 빨리 흡수하고 만회하여 그것을 이용한 하이테크를 외국에 팔아야 합니다. 그런데 우리는 이렇게 자승자박을 하고 있어요. 이러면 나라의 장래는 없어요.……독일과 프랑스를 비교하면 잘 알 수 있어요. 프랑스는 열등감이 많아서 영어에서 나온 불어 단어를 전부 없앴어요. 자승자박이지요. 그러나 독일은 자신이 있으니까 매년 가서 보면 신조어新造語가 많아요. 일본도 자신이 있으니까 신조어가 많아요. 신조어를 많이 만드는 나라가 승리합니다. 그런데 우리나라는 해방 후 40년 동안 신조어를 없애려고만 해요."[82]

백남준의 언어결정론적인 언어관은 집요하다. 그는 김용옥과의 대담에서도 자신이 "조국을 위해서 할 수 있는 마지막 사업이 있다면 우리 민족의 언어생활에 있어서 한자가 사라지지 않도록 무슨 운동을 벌이는 것"이라고 말한다. 순 한글로만 언어생활을 한다는 것은 우리 민족의 문화 수준을 저질화시킨다는 것이다. 이에 대해 김용옥은 다음과 같이 말한다.

왜 조지 오웰과 러디어드 키플링을 넘어서야 하는가?

"한자는 음의 글자가 아닌, 모양의 글이다. 한자야말로 보는 글이요, 구경하면서 쓰는 글이다. 즉 한자야말로 동양인들의 영원한 '비디오아트(봄의 예술)'인 것이다. 그러면서 그 모양들은 의미를 파생시킨다. 그리고 그 모양들이 조합되는 데 따라 그 의미의 복합성은 증대된다. 그리고 그 조합의 가능성은 무궁무진하다. 영화의 몽타주 이론의 창시자인 에이젠시테인Sergey Mikhaylovich Eisenstein, 1898~1948이 그 몽타주의 원형을 중국의 한자에서 발견했다는 사실을 회고한다면 비디오아티스트인 백남준에게 있어서 한자의 매력이 강렬하게 존재한다는 것은 너무도 당연한 것이다."[83]

그러나 백남준의 한글에 대한 생각은 단지 시각적인 가치에 대한 집착의 정도를 넘어선 것 같다. 백남준은 단지 한자에 대해 애착을 갖고 있는 것이 아니라, 한글로 대변되는 우리의 국수주의에 대한 경계심과 아울러 언어라고 하는 테크놀로지의 위력에 대한 신뢰를 갖고 있는 것이다.

그건 그의 경제결정론적인 시각에서 연유된 것이다. 아니 어느 것이 먼저라고 할 것도 없이, 그의 '기술결정론-언어결정론-경제결정론'은 결정론의 삼위일체를 이루고 있다. 백남준의 경제결정론을 그가 황필호와 나는 대담을 통해 더 구체적으로 살펴보자.

황 선생님은 혹시 종교를 가지고 계십니까?
백 종교는 없어요. 마르크시스트입니다.

황 마르크시스트라고요?

백 그럼요. 제일 가깝지요.

황 무슨 뜻입니까?

백 난 바보 마르크시스트는 아니에요.

(중략)

백 마르크스는 똑똑했지만 마르크시스트는 바보라고 나는 생각해요. 마르크스는 증기기관차가 나왔던 18세기의 이론가지요. 그 후에 석유가 나왔고 가솔린이 나오고 원자력이 나오고 컴퓨터가 나왔어요. 그런데 옛날의 마르크스를 아직도 그대로 외우는 놈이 있어요. 그건 세상의 천치바보지요.

황 그렇다면…….

백 마르크시스트는 바보지만, 그렇다고 마르크스에게서 배울 것이 하나도 없느냐? 그렇지는 않아요. 당시 기계혁명이 일어났지만 오히려 대부분의 사람들이 더욱 가난하게 되었어요. 그래서 이 문제를 소위 비평적 시각에서 하드웨어를 소프트웨어로 복귀시키려고 노력한 사람이 바로 마르크스입니다…….[84]

백남준의 결정론적 성향은 그의 남북통일관에서도 잘 드러난다.

황 우리나라의 남북통일은 곧 되겠습니까?

백 소련이 쿠바에 원조를 중단했지요? 그러면 3~4년 이내에 쿠바는 항복을 할 수밖에 없어요. 북한도 안 그럴 수 없을 것입니다. 결국 경제가 어떻게 되느냐에 달려 있지요.

황 선생님이 마르크시스트라는 말씀을 다시 생각하게 됩니다. 그러니까 마르크스의 표현대로 "의식이 존재를 결정하는 것이 아니라, 존재가 의식을 결정한다"는 뜻이겠지요. 이런 생각에 대해 확고한 신념을 가지고 계시군요.

백 물론이죠. 비디오도 과학적으로 만들어야 되겠다, 이렇게 생각하면 그것이 바로 마르크스의 사상이지요.[85]

백남준은 '행동하는 매클루언'

"피카소가 20세기 전반을 지배한 거인이라면 백남준은 20세기 후반 예술의 무게중심이다. 그의 상상력이 세상을 바꿔놨다." 2012년 12월에 〈백남준 · 글로벌 비저너리〉라는 전시를 개최하면서 미국 스미스소니언 아메리칸 아트 미술관의 관장 엘리자베스 브로운이 한 말이다.[86] 전시 홍보 차원에서 나온 과장된 덕담일망정, 백남준의 일생이 '상상력과의 투쟁'이었다는 점에서 그냥 흘려 넘길 이야기는 아닌 것 같다.

현대 인간의 세계에 대한 이해는 물론 감수성의 형성과 발전이 그 형식은 어떠하건 영상 매체라고 하는 사각의 틀 속에서 이루어지는 정도가 나날이 커지고 있다. 그러나 사람들은 여전히 그 사실의 의미를 충분히 깨닫지 못한 채 살아가고 있다. 백남준의 비디오아트는 그의 의도와는 무관하게 '텔레비전 문명'의 실체에 대한 대중의 자각을 일깨우는 '테러'로서 우리에게 많은 것을 시사해주고 있다.

백남준의 비디오아트는 하드웨어가 소프트웨어를 지배하는 기술결정론적이며 경제결정론적인 성향이 강한 예술이다. 우리는 그의 비디오아트를 통해 문명의 진로를 예감할 수 있다. 물론 그건 그가 의도하지 않은 것일 수도 있지만, 굳이 그렇게 '읽겠다'는 사람의 자유를 어찌할 수는 없는 일이다.

백남준의 비디오아트는 텔레비전과 텔레비전 테크놀로지에 대한 철학적이고 냉소적이고 풍자적인 평가를 담고 있다. 그는 "21세기는 전자 문명의 시대가 될 것이며 이 고독한 세기에서 사람들은 행복해서가 아니라 고독하기 때문에 일종의 치료제로서 TV를 볼 것"이라고 말한다. 그렇다면 예술이 텔레비전을 무시하고 심지어 경멸하는 기존의 방식과 태도는 시대착오적인 아집의 산물임이 틀림없을 것이다.

백남준이 올바른 길을 선택한 건 분명하다. 어떤 식으로건 텔레비전은 예술의 한복판에 설 가치가 있으며, 따라서 백남준이 예술 엘리트들의 독선에 도전장을 내 일정 부분 성공을 거둔 것은 예술의 '박제화'를 막을 수 있는 논의의 실마리를 제공했다는 점에서도 높이 평가되어 마땅할 것이다.

그리고 백남준이 매스미디어의 해방적 잠재력에 대해 긍정적인 생각을 갖고 있다는 것도 눈여겨볼 만하다. 그는 "나는 매스미디어가 독재자의 수중에 장악되어 민중의 눈을 가려 세상이 망하게 될 것이라는 조지 오웰의 생각에 도전장을 냈다. 미디어는 정보를 전달해주는 커뮤니케이션의 상징이며 그것은 정보 단절의 시대에 대중의 눈을 일깨우는 이른바 '전자 초고속도로'라며 〈굿모닝 미스터 오웰〉을 만들었다"고 말한다.[87]

물론 그의 도전에도 불구하고 오웰의 주장은 여전히 유효하다. 그건 예술가를 소비문화의 전위대로 보는 그의 생각에 일리가 있음을 인정하더라도, 소비문화를 거부하고 소비문화의 파괴적 실체를 폭로하겠다는 또 다른 예술가들의 자유를 백남준이 막을 수 없는 것과 같다. 백남준의 '결정론' 성향은 그의 사상의 전제가 되고 있기 때문에, 그 전제에 대한 문제 제기가 선행될 때에 백남준에 대한 평가도 제대로 이루어질 수 있을 것이다.

그러나 백남준에게 모든 문제에 대한 답을 요구하고, 그리고 그 답 하나하나에 시시비비를 거는 건 현명한 일은 아니다. 거시적인 사상을 미시적인 관점에서 비평하는 건 어리석다. 백남준은 '행동하는 매클루언'이다.[88] 우리의 눈, 우리의 두뇌를 둘러싸고 있는 텔레비전에 대한 '자각'을 백남준의 비디오 작품을 통해 어렴풋하게나마 음미할 수 있다면 그걸로 족할 것이다. 기술과 미디어에 대한 비관주의와 인종·지역 분리주의를 넘어서는 백남준의 전자적 코즈모폴리터니즘의 생생한 증거는 그의 삶 자체라고 보는 것이 옳지 않을까?

테드 터너
Ted Turner

왜
CNN은
'프런티어 자본주의'의
첨병이었는가?

'CNN 효과'라는 신조어를 낳은 걸프전쟁

"미국 동부시간으로 저녁 7시, 이라크 수도의 한 호텔에 숨어 있
던 CNN 특파원 존 홀리먼John Holliman은 폭격과 밤하늘을 수놓
은 대공포를 보면서 단조로운 목소리로 바그다드에서 전쟁이 시
작되었음을 보도했다. 이어 15~20분 동안 홀리먼과 그의 동료들
인 버나드 쇼Bernard Shaw, 피터 아네트Peter Arnett는 창문 밖을 보
면서 그들이 목격한 것을 보도했다. 그것은 전쟁이 개시되었을
때 마치 전 세계의 시청자들이 바그다드에 있는 것과 같은 것이
었다."[1]

　　1991년 1월 16일 걸프전쟁의 발발과 더불어 위성을 통해
하루 24시간 전 세계의 모든 뉴스를 즉각 방송한다는 CNNCable
News Network이라는 미국 방송에 전 세계인의 이목이 쏠렸다. 과
거 전쟁의 발발은 정치 지도자들과 장군들이 먼저 알고 한참 후

에 일반 시민이 알 수 있는 그런 사건이었지만, CNN은 그런 '문법'을 깨버렸다. 이른바 '시간에 의한 공간의 소멸the annihilation of space by time'을 구현해보인 것이다.[2]

　　김호준은 "월남전과 달리 걸프전쟁은 수일간의 초전 상황이 발생과 거의 동시에 보도됐다.……통신위성의 무한 이용과 세계 동시 연결 방영 기술은 이번에 CNN 보도진으로 하여금 공격받는 이라크와 이스라엘, 그리고 사우디아라비아의 진중 브리핑 등 전쟁 관련 사태를 생생하게 중계방송할 수 있도록 만들었다. 이젠 이스라엘에 이라크의 스커드미사일이 떨어지는 것을 미국 대통령이나 한국 농부가 함께 볼 수 있는 시대가 된 것이다"며 다음과 같이 말했다.

　　"사태 발전이 서서히 오래 계속됐다는 사실에도 원인이 있긴 하지만 텔레비전의 보도량도 전례 없이 엄청난 것이었다. 한 미디어연구소에 의하면 작년 8월 이라크가 쿠웨이트를 침공한 후 지난주 다국적군이 대이라크 공격을 개시했을 때까지 미국의 3대 TV 방송인 ABC · CBS · NBC의 저녁 뉴스 시간에 방영된 걸프 사태 보도는 약 2천 6백 건에 이른다. 게다가 전쟁이 발발하자 3대 TV는 정규 프로그램을 중단하고 전쟁에 관한 보도를 40시간 이상 연속 방송했다. 이 같은 중점 보도는 미국 TV 사상 이번이 처음이다. 미국 측 군사 브리핑과 공식 발표에 보도의 역점이 두어지고 미국적 시각이 지배적인 CNN의 세계적 시청은 새 시대의 한 문제점으로 지적되고 있다. 세계의 많은 사람들이 걸프 사태를 미국의 렌즈를 통해 보게 되었다는 점 때문이다."[3]

전 세계인의 시선을 지배한 '미국의 렌즈'는 강력한 보도 통제의 지배를 받았다. 서동구(1991)는 "보도 족쇄가 심하다보니까 오보와 루머와 추측 기사가 범람하고 있다. 뉴스의 진공기가 계속될수록 정부나 군 당국에의 브리핑 의존도가 높아지고 있다. 따라서 정부가 의도하는 방향으로 내용이 과대포장되고 있다고 기자들은 안타까워하고 있다"며 다음과 같이 말했다.

"이렇게 정제된 뉴스가 미국 TV를 통해 전 세계를 휘덮고 있다. 24시간 뉴스 방송에다가 굵직한 특종으로 TV 정상을 누리고 있는 CNN은 세계 1백 3개국에 뉴스를 공급하고 있다. 그 때문에 미국에서 평균 1천만 가구, 해외에서 6천만 가구의 시청률을 자랑하고 있는 CNN TV 선풍의 공과가 여러모로 지적되고 있다. 오죽했으면 『헤럴드트리뷴』의 로런스 말킨 기자가 CNN의 존슨 사장을 만나 '미국의 시각으로 구성된 CNN 뉴스가 제 나라 말로 전달되는 자국 TV를 제치고 세계의 시청자들을 사로잡고 있는 현실을 어떻게 생각하느냐'고 물었을까."[4]

전쟁의 발발뿐만 아니라 모든 주요 공적 사건들이 발생과 동시에 일반 대중의 눈에까지 보인다는 건 미디어가 정부와 권력 기관의 의사 결정에 큰 영향을 미칠 수 있는 혁명적 변화로 여겨졌기에, 이를 가리켜 'CNN 효과CNN effect'라는 신조어까지 생겨났다.

CNN 효과는 사건 현장에 대한 TV의 생중계로 여론이 들끓기 때문에 정책 결정자가 깊이 생각할 겨를도 없이 즉각 조치를 취해야 하는 압박을 받기 때문에 발생하는 것이다. 쓰나미, 지진,

허리케인 등 대형 자연재해가 일어날 때에도 CNN 효과가 일어나는데, 이때엔 엄청난 규모의 구호 기부금이 몰려들기도 한다.[5]

　　CNN이 전 세계적 주목의 대상이 되면서 CNN을 만들어 낸 주인공 테드 터너Ted Turner도 국제적 명사로 떠올랐다. 당시 미국 대통령감이라는 등 노벨평화상을 받아야 한다는 등 터너에 대한 경탄과 찬사가 여기저기서 쏟아져 나왔다. 터너는 도대체 어떤 인물이며 또 그가 만들어 낸 CNN은 과연 무엇인가?

1976년 샛컴 위성 발사와 '슈퍼스테이션'의 탄생

터너는 1938년 11월 19일 미국 오하이오주 신시내티에서 태어났다. 미시시피주 출생인 그의 부친은 터너가 9세 때 조지아주 사반나로 이사를 해 옥외광고 사업에 종사했다. 그의 부친은 한때 꽤 성공을 했으나 나중에 사업이 기울자 지병인 우울증이 악화되어 자살을 하고 말았다. 터너의 나이 24세던 1963년의 일이었다.

　　터너는 주위 사람들의 강한 반대를 무릅쓰고 부친이 죽기 전에 빚을 갚으려고 내놓은 사업체들의 매각을 중지시키고 더 많은 빚을 걸머진 채 본격적으로 옥외광고 사업에 뛰어들었다. 천재적인 사업 수완 때문이었을까? 그는 몇 년 내로 가업을 정상 궤도에 올려놓았을 뿐만 아니라 비약적으로 발전시키는 기적을 만들어냈다.

　왜 CNN은 '프런티어 자본주의'의 첨병이었는가?

사업이 번창하자 터너는 1970년 당시 연간 60만 달러의 적자를 보고 있던 애틀랜타의 UHF TV인 '채널 17'을 인수했다. 6개월 후에는 연간 30만 달러의 적자를 보고 있던 노스캐롤라이나주 샬럿의 UHF TV인 '채널 36'을 또 인수했다. 이 두 번의 인수모두 주위 사람들이 어리석은 짓이라고 강력하게 반대했던 것이지만, 터너는 광고 판매 촉진과 긴축 재정으로 불과 2년 내에 두방송사를 모두 흑자로 전환시켜 사람들을 또 한 번 놀라게 했다.[6]

1976년 터너는 통신 분야의 대기업 RCA가 샛컴Satcom 위성을 발사했다는 소식을 듣고 한 가지 기발한 생각을 해냈다. 그건 위성중계를 통해 그가 소유한 채널 17의 프로그램을 24시간전국의 케이블 TV에 중계해 광고 수입과 가입료를 동시에 벌어들이겠다는 것이었다. 그 생각이 곧 실천에 옮겨져 실현된 것이바로 '슈퍼스테이션Superstation'으로 불리는 WTBS다.

슈퍼스테이션은 위성이나 케이블을 통해 방송 프로그램을다른 방송국이나 시청자들에게 전달하는 방송국인데, 1976년12월 터너가 조지아주 애틀랜타에서 자신의 UHF독립국 프로그램을 위성을 통해 전국의 유선 텔레비전 방송국들에게 24시간중계해주는 WTBS 슈퍼스테이션을 개시한 것이 최초다. 케이블TV와 위성의 결합에 의해 탄생된 슈퍼스테이션의 개념을 최초로 만들어낸 사람은 캔자스시티의 UHF 방송국 KBMA-TV의사장 밥 워밍턴Bob Wormington이지만,[7] WTBS의 성공으로 슈퍼스테이션은 터너의 작품으로 간주되고 있다.

WTBS는 24시간 방송을 위해 막대한 양의 스포츠 프로그램과 옛날 영화에 의존하지 않을 수 없었다. 바로 여기에서도 터너의 번득이는 사업 재질이 유감없이 발휘되었다. WTBS의 추진을 염두에 둔 터너는 WTBS를 개국하기에 앞서, 애틀랜타 브레이브스 야구팀과 애틀랜타 호크스 농구팀을 사들인 것이다. WTBS는 연간 150개의 브레이브스 야구 게임과 40개의 호크스 농구 게임을 방송함으로써 날로 치솟는 스포츠 중계권료의 부담을 원천적으로 해결할 수 있었다. 켄 올레타Ken Auletta는 터너의 슈퍼스테이션이 "통찰력이 번뜩이는 혁명적인 방법"이었다며 다음과 같이 말한다.

"그는 취약한 케이블 산업에서 절박하게 필요로 했던 프로그램을 제공할 수 있었다. 터너는 리퍼포징repurposing(기존 정보를 새로운 목적에 맞게 정렬하여 새로운 가치를 창출하는 것)이 유행하기 오래전에 그의 지역 프로그램을 또 다른 채널에 제공하여 그것을 재활용하거나 동시에 방영하는 방법을 찾아냈던 것이다."[8]

WTBS의 소유주로서 이름이 서서히 알려지기 시작한 터너는 평소 요트를 즐기던 자신의 취미를 십분 발휘해 1977년 세계적으로 권위 있는 요트경기인 아메리카컵의 우승자가 되면서, 유능한 사업가이자 스포츠맨으로서 명성을 떨치기 시작했다. 비록 술에 취해 기자회견장에서 의자에서 굴러떨어지는 추태를 보이긴 했지만 말이다.[9]

1980년 6월 1일 CNN의 탄생

WTBS가 날로 번창하자 터너는 또 다른 일을 꾸미기 시작했다. 그건 바로 24시간 뉴스만을 내보내는 케이블 TV를 만들어 그것을 위성을 통해 전 세계로 내보내는 일이었다. 터너는 이 계획의 타당성을 떠보기 위해 당시 뉴욕에서 독립적인 TV 뉴스 제작 회사인 ITNA를 운영하면서, 터너와 비슷한 꿈을 갖고 있던 리즈 숀펠드Reese Schonfeld와 접촉했다. 숀펠드는 처음에 자기 귀를 의심했다. 숀펠드는 케이블 TV협회 모임 때마다 터너가 TV 뉴스를 경멸하는 발언을 많이 했던 것을 생생히 기억하고 있었기 때문이다.

아닌 게 아니라 터너는 평소 TV 뉴스를 쓰레기 정도로 생각하는 인물이었다. 터너는 "나는 뉴스가 정말 싫어. 뉴스는 악이라구. 사람들을 기분 나쁘게 만든단 말이야I hate the news. News is evil. It makes people feel bad"라고 했었다.[10] 큰 목청을 갖고 있는 데다 수다스럽기 그지없는 터너는 기회 있을 때마다 사람들 앞에서 "누가 뉴스를 원해? 뉴스는 아무 것도 아니야. 도대체 누가 뉴스를 본단 말인가. 내 기본 방침은 무소식이 희소식이라구no news is good news"라고 소리치며 껄껄 웃어대는 통에 TV 뉴스 종사자들의 미움을 사고 있었다.[11]

그러나 숀펠드는 터너가 매우 진지하다는 것을 깨달았다. 몇 번 접촉 후 1978년 11월 어느 날 숀펠드에게 터너에게서 아주 심각한 전화가 걸려왔다. "그게 가능해?" "네." "당신 하고 싶어?" "네."[12] 불과 30초도 안 걸린 이 전화 통화를 시작으로 본격적인 창설 작업에 들어간 24시간 케이블 TV 뉴스 방송국은, 1980년 6월 1일 애틀랜타에 본부를 둔 CNN의 개국으로 세상에 그 모습을 드러냈다. 터너는 CNN의 창설을 위해 채널 36을 2,000만 달러에 매각했으며 CNN의 초대 사장으로 숀펠드를 임명했다.

CNN 탄생에 관한 정당한 평가를 내리기 위해선 그 당시 상황에서 터너가 얼마나 무모한 결단을 내렸는가에 관한 이야기를 빼놓을 수 없다. 걸프전쟁 당시 미국의 케이블 TV 보급률은 60퍼센트에 육박하고 있었지만, 1980년 당시의 보급률은 겨우 14퍼센트에 지나지 않았다. 미국 내 CNN의 보급 가구 수는 걸프전쟁 당시 5,400만 가구에 이르렀지만 1980년엔 불과 170만 가구로 시작했다.

거의 모든 사람들이 CNN의 설립을 미친 짓이라고 비웃었다. CNN에 대해 가장 호평을 했던 CBS 뉴스의 전 사장 프레드 프렌들리Fred Friendly, 1915~1998마저도 "터너가 TV의 미래를 예언하기는 했지만 결국 실패하고 말 것이다. 그는 바닷가에 도착한 최초의 사람이지만, 불행히도 첫 번째 도착한 사람이 식민지를 건설하는 법은 거의 없다"고 말했을 정도였다.[13]

CNN 본부라고 하는 곳도 1910년에 지어진 뒤 한때 유곽으로 사용되었다 내버려진 형편없이 낡아빠진 2층 목조건물이었다. 비가 새고 삐끄덕거리며 수시로 전기가 잘 나갔다. 새로 입사한 기자들이 물어물어 찾아와 그 건물을 보고 혼비백산했다는 일화가 지금까지 전설처럼 전해져 내려오고 있다.

CNN은 '위기 뉴스 네트워크Crisis News Network?'

CNN이 초창기에 기존의 네트워크 TV들과 취재원들로부터 당한 박대도 이만저만 심한 것이 아니었다. 백악관 기자단에도 끼지 못하는 서러움을 겪어야 했고, 뉴스 취재원들도 CNN이 도대체 무얼 하는 회사냐고 묻기 일쑤였다. 상원의원 에드워드 케네디Edward Kennedy, 1932~2009는 CNN과 인터뷰 약속을 해놓고도 NBC-TV에서 〈투데이 쇼〉에 출연해달라고 하자 CNN 인터뷰를 일방적으로 취소해버렸고 다급해진 CNN 기자들이 궁여지책으로 마련한 비행기 속에서의 인터뷰마저도 도중에 일방적으로 끝내버린 적도 있었다.[14]

그러나 온갖 어려움과 서러움에도 불구하고, 다른 네트워크 TV 뉴스와는 달리 하루 24시간 내내 뉴스를 내보내야 하기 때문에 언제 어디서 일어나는 사건이든 항시 게걸스럽게 카메라를 들이대고 있다는 것이 바로 CNN의 강점이었다.

그간 CNN의 명성을 드높여준 사건들의 대부분이 사고, 분쟁, 위기 등과 관련된 것들이었다는 것은 결코 우연한 일이 아니다. TWA 납치 사건, 우주선 챌린저호 참사, 샌프란시스코 대지진, 중국의 천안문 사태, 미국의 파나마 침공, 동구의 시위 현장, 그리고 걸프전쟁에 이르기까지 모두 위성 생중계와 무한한 방송

시간을 요하는 것들이었다. CNN을 흔히 '위기 뉴스 네트워크 Crisis News Network'이라고 부르는 것도 바로 CNN의 그러한 특성에서 연유된 것이다.

또 처음의 우려와는 달리, 터너가 CNN의 뉴스 정책에는 전혀 개입치 않았다는 사실도 CNN의 발전에 중요한 의미를 갖는 것이었다. 사실 터너는 처음에 CNN의 사설 방송을 이용하여 자기의 생각을 정기적으로 발표할 생각을 갖고 있었다. 실제로 그는 1982년 5월에 자신이 쓴 방송 사설을 TV에 직접 출연해 발표한 바 있다.

터너는 그 사설을 통해 할리우드의 영화업자들을 신랄히 비판했다. 존 힝클리John Hinckley, 1955~라는 젊은이가 영화 〈택시 드라이버〉를 15번이나 보고 로널드 레이건Ronald Reagan, 1911~2004 대통령을 저격했음을 예로 들고, 영화 〈디어 헌터〉의 문제점들을 지적하면서 영화와 TV가 청소년들에게 미치는 악영향에 대해 열변을 토한 뒤, 시청자들이 자기 지역 의원들에게 할리우드 영화의 성과 폭력을 비난하는 편지를 보낼 것을 촉구했다. 터너의 이 사설 방송은 CNN에 11번, WTBS에 3번이나 방송되었다.

한때 CBS의 명기자로 이름을 날리다, 정부와 경영진의 압력에 굴하지 않는 꼿꼿한 성격 때문에 CBS에서 물러난 뒤 CNN에 입사해 일하고 있던 대니얼 쇼Daniel Schorr, 1916~2010는 그런 꼴을 보다 못해 터너의 주장을 반격하는 반론 방송을 하기에 이르렀다. 그는 반론 방송에서 터너의 우려에 일리가 있음을 인정했지만, 그렇다고 그런 이유 때문에 언론의 자유가 위축될 수는 없다고 주장했다.

터너는 후일 CNN의 공정성을 역설할 때마다 늘 대니얼 쇼의 반론 방송을 그 증거로 제시했다. 터너는 나중에 다른 주제로 두 번째의 사설 방송을 하려고 했지만 CNN의 대외 이미지를 생각하라는 회사 간부들의 설득에 따라 그 이후 자신의 사설 방송을 완전히 포기했다.[15]

그러나 나중에 쇼는 CNN이 광고 때문에 기업들에게 매우 호의적인 편파 보도를 일삼고 있다고 주장했다. 심지어 거물 기업가들과 아첨에 가까운 인터뷰를 해놓고 나중에 그 기업에 광고를 요구하는 일도 수시로 일어나고 있다는 것이었다. 쇼는 CNN이 계약을 연장해주지 않아 1985년 CNN을 떠나고 말았다.[16]

어찌 되었거나 그런 속사정을 알 리 없는 외부에서는 CNN의 명성과 신뢰도가 점차 높아져갔고 그에 따라 광고 수입(전체의 60퍼센트)도 늘어났다. 또 케이블 TV의 보급률이 증가함에 따라 수신료 수입(전체의 40퍼센트)도 늘어났다. 결국 CNN이 흑자로 돌아서는 데에는 5년이라는 세월이 걸렸다. 1985년 첫 흑자로 돌아서기까지 그간 누적된 적자만도 7,700만 달러에 이르렀지만, 1980년대 후반은 모든 사람들이 불가능하다고 하던 예측을 또 한 번 빗나가게 한 '터너의 전성시대'였다. CNN이 전 세계에 걸쳐 뉴스를 보급하기 시작한 것도 바로 1985년부터였다.

터너는 원래 보수주의자였지만 1985년 세상을 더 좋게 변화시키겠다는 취지로 '베터 월드 소사이어티Better World Society'라는 비영리재단을 만들었고, 이후 열성적인 환경보호론자로 활약했다. 환경보호주의자들이 중심이 된 베터 월드 소사이어티는 "텔레비전의 위력을 이용해 보다 나은 세상을 만든다"란 표어를 내걸고 1991년까지 1,200만 달러의 기금을 조성해 48개의 환경 다큐멘터리를 제작했다.[17]

환경보호에 진정한 관심을 갖게 되면 당연히 국제주의자가 되기 마련인데, 터너는 환경보호 못지않게 국제주의 증진을 위해 열심히 노력했다. 그는 심지어 foreign(외국의, 타국의)이라는 단어를 비속어로 간주해 자신의 방송사들에서 international(국제적)이라는 단어를 쓰도록 했다. 이와 관련, 터너는 이렇게 말한다.

"내가 이런 정책을 발표한 직후 브레이브스 경기 중계 중에 이 단어가 나온 우스운 에피소드가 있다. 우리 아나운서인 스킵 커레이가 타자가 눈에서 'international object(이물질을 뜻하는 표현으로는 원래 foreign object를 써야 맞는데 foreign을 international로 바꿔서 이렇게 표현한 것이다)'를 제거하기 위해 타석에서 벗어났다는 말을 했다. 대부분의 시청자는 커레이가 무슨 말을 하는지 어안이 벙벙했을 테지만, 그 중계방송을 보던 우리 회사 직원들은 모두 빙그레 웃었다."[18]

터너는 자신의 '국제주의'가 요트경주 덕분이었다고 말한다. "나를 국제적으로 생각하게끔 만들어준 것은 요트경주였습니다. 나는 요트를 몰고 전 세계를 돌아다녔어요. 그리고 대부분의 미국인들이 얼마나 편협한지를 깨달았습니다. 우리는 정말 크고 부유한 나라에 살고 있기 때문에, 마치 로마제국의 로마인들이 그랬던 것처럼 세계가 우리를 중심으로 돌고 있고, 우리가 세계의 중심인 줄 착각하고 있습니다."[19]

테드 터너의 CBS 인수 공략

일단 안정권에 접어들었다 싶으면 또 다른 일을 벌여야만 직성이
풀리는 게 터너의 체질이었다. 그는 1985년 4월 미국 제1의 TV
네트워크인 CBS를 54억 달러에 사겠다고 정식 인수 의사를 밝
혀 온 미국을 떠들썩하게 만들었다. 처음엔 모든 사람들이 다 웃
었다. 그도 그럴 것이 1984년의 매출액을 기준으로 따지더라도
CBS는 터너의 방송 그룹인 WTBS 매출액 2억 8,200만 달러의
17배가 넘는 49억 달러를 자랑하는 거대기업이었기 때문이다.
사람들은 "송사리가 고래를 잡아먹을 수 있을까"라고 터너의 제
의를 비웃었지만 상황은 의외로 심각하게 돌아갔다.

평소 CBS의 자유주의적 보도에 불만을 느껴온 미국의 보수
우익 세력이 터너를 적극 지지하고 나선 것이다. 특히 노스캐롤
라이나주의 우익 상원의원 제시 헬름스Jesse Helms와의 연계가
풍문으로 떠돌았다. 터너는 적어도 겉으로는 그런 세력과 직접
적인 연계는 없었지만 CBS가 부정적인 보도, 섹스와 폭력 중심
의 프로그램을 내보냄으로써 미국의 정신을 좀먹고 가정의 가치
를 파괴하고 있다고 극렬히 비난해온 터였다. 터너는 현금은 단
한 푼도 없이 차용증서와 각종 증권들을 내놓고 CBS를 사들이겠
다고 했지만, 미국의 자본주의라는 게 묘한 것이어서 날이 갈수

록 터너의 CBS 매입은 그 가능성이 높아갔다.

위기를 느낀 CBS는 연방통신위원회Federal Communications Commission에 제소를 하고 각종 압력단체를 내세워 터너를 '인종차별주의자'라고 흑색선전을 하는 등 별별 수단까지 다 동원했다. 결국 CBS는 CBS의 주식 21퍼센트를 10억 달러에 다시 사들이는 고육지책을 동원해서 터너의 공격을 간신히 물리치긴 했지만, 그 후유증으로 다음 해 로페스그룹이라는 다른 대재벌에게 경영권을 넘겨주는 비운을 겪어야 했다.

1,800만 달러라는 적잖은 비용을 들인 터너의 CBS 공략은 무위로 끝나고 말았지만 터너는 그 대신 막대한 홍보 효과를 얻었다. 그의 기자회견장에 몰려 든 기자의 수가 보통 200명이 넘곤 했다는 사실이 말해주듯이, 그는 CBS와 격렬한 투쟁을 벌이는 동안 모든 미국 언론 매체의 화려한 각광을 받아 확고부동한 전국적 지명도를 얻게 된 것이다. 이는 그의 사업을 떠나서 명예든 악명이든 늘 자기 과시에 굶주려 하는 터너의 자아를 한껏 충족시켜주었다.[20]

터너는 곧 눈을 할리우드로 돌려, 1986년 3월 MGM/UA사를 17억 달러에 사들였다. 매주 40편, 연간 1,800편의 영화를 편성한 WTBS의 영화 공급을 위해서였다. 터너는 몇 년 후 MGM/UA를 처분하고 말았지만 WTBS가 운영하고 있는 필름 도서관용으로 〈바람과 함께 사라지다〉, 〈오즈의 마법사〉 등 옛날 명화들의 소유권은 그대로 고수했다. 그는 〈카사블랑카〉 등과 같은 흑백영화들을 컴퓨터 착색기를 이용해, 컬러영화로 만들어 많은 영화 예술인들의 큰 반발을 사기도 했다.

1987년 12월, CNN은 3대 TV 네트워크들과 어깨를 나란히 한다는 가시적이고 상징적인 성과를 거두었다. 당시 소련의 지도자 미하일 고르바초프Mikhail Gorbachev가 백악관을 방문한 날 저녁 대통령 로널드 레이건Ronald Reagan의 인터뷰에 3대 네트워크 TV들과 동시에 CNN이 초청을 받았기 때문이다.

간판 앵커 체제로 움직이는 3대 네트워크들과는 달리, CNN은 간판 앵커가 없이 21명의 앵커가 돌아가면서 진행하는 방식을 취했지만 당시 가장 대표적인 앵커는 흑인인 버나드 쇼 Bernard Shaw, 1940~였다. 24시간 내내 뉴스를 하는 CNN은 간판 앵커를 갖기 어려운 구조를 갖고 있기도 했지만, 유명 앵커의 높은 연봉을 감당하기 어려워 공동 앵커 체제를 고수했다. 이는 CNN의 약점으로 작용했지만, CNN은 3대 네트워크들이 앵커들에게 수백만 달러의 연봉을 주면서 그들을 스타로 만들고 있다고 비판하면서 그걸 오히려 자사 홍보의 기회로 이용했다.[21] 앵커의 연봉은 어느 수준이었던가? 네트워크 지상파 TV 방송사들이 일반 기자 연봉의 40배에 이르는 250만 달러까지 지불하는 반면 CNN의 앵커들은 기껏해야 10~20만 달러를 받고 있을 뿐이었다.

어디 그뿐인가. CNN은 노조가 없는 상황을 이용해 인건비를 더욱 절감할 수 있었으며, 다른 네트워크 방송사들과는 달리 직접 취재에 의존하지 않은 채 타사의 동영상 자료를 가져다 쓰는 걸 전혀 부끄럽게 생각하지 않아 이 또한 비용 절감에 크게 기여했다. 1980년대 후반 CNN의 예산은 NBC News 예산의 3분의 1에 불과했다.[22] 이런 절약 정책은 "뉴스가 스타"라는 터너의 지론에 따른 것이었고, 이게 CNN의 성공으로 설득력을 갖게 되자 한동안 네트워크 방송사들의 내부적 좌우명이 되기도 했다.[23]

미국 대통령이 되려는 꿈을 망친 우울증

1980년대 후반 CNN은 그야말로 순풍에 돛단 듯이 비약적인 발전을 거듭했다. 이런 일도 있었다. 1990년 CNN의 한 해외특파원이 벨기에 수상을 인터뷰했는데, 특파원이 질문을 마치자 수상은 왜 브뤼셀에는 24시간 뉴스 서비스가 등장하지 않느냐고 반문했다. 그 특파원은 '관료적이며 정치적인 장애' 때문이라고 대답했다. 수상은 곧 어디론가 전화를 걸었고, 결국 CNN은 브뤼셀에 진출할 수 있게 되었다.[24]

앞서 지적했듯이, 1991년 걸프전쟁 시기는 CNN의 전성기였다. CNN 가입자들의 1일 평균 시청 시간은 20분이었지만 걸프전쟁과 같은 위기 발생 시에는 시청 시간이 갑자기 몇 시간으로 늘어나 네트워크 TV 뉴스를 큰 차이로 압도했다. 미국 대통령은 말할 것도 없고 심지어 CIA 분석가들마저 국제 위기 시에는 그들의 채널을 CNN에 고정시켜 놓고 있을 정도였다. 1989년 당시 대통령 조지 부시George H. W. Bush, 1924~의 최대 정보원도 CNN인 것으로 알려졌다.[25]

걸프전쟁 이후 미국 대통령감이라는 등 노벨평화상을 받아야 한다는 등 터너에 대한 경탄과 찬사가 여기저기서 쏟아져 나왔으니, 터너가 어찌 동요되지 않았으랴. 사실 대통령이 되는 것은 그의 오랜 꿈이었다. 그는 이미 1978년 "대통령을 고려하고 있다"고 했고, 1986년엔 다음과 같이 말했다.

"이 나라를 바꾸기 위해 다른 길이 없다면 나는 대통령에 입후보할 것입니다. 이 세상을 유익하게 하는 것, 인류애를 되살릴 수 있는 글로벌 커뮤니케이션 시스템 창조, 인구의 통제, 군비경쟁 억제, 환경보존 등이 내가 이 나라의 대통령이 되려는 이유입니다. 난 많은 생각을 합니다. 누구보다 여행도 많이 다니구요. 아마도 이 세상에서 나보다 정보를 많이 접하는 사람은 없을 겁니다."[26]

그런 생각을 해온 터너에게 1992년 대선이 절호의 기회로 다가오고 있었다. 그런데 이 가능성을 망친 것은 그의 병이었다. 우울증 치료를 위해 약물을 복용했다는 사실이 알려지면서 터너는 본격적인 시작도 해보기 전에 자신의 꿈을 접어야 했다.[27] 그러나 그에겐 '글로벌 미디어 대통령'이라는 다른 카드가 남아 있었으니, 좌절할 일은 결코 아니었다.

CNN은 1992년 뉴스 부문에서만 1억 5,000만 달러의 순이익을 올려 3대 네트워크 TV를 앞섰다. 1994년 CNN은 애틀랜타 본부에 1,000여 명, 뉴욕에 150여 명, 워싱턴에 200여 명 등 미국 내에 2,000여 명의 사원, 29개 해외 지사에도 특파원 30여 명을 포함, 현지 카메라맨 등 150여 명의 사원을 갖게 되었다.[28]

1994년 국제적으론 전 세계 100여 개국에 걸쳐 방송되었으며, 세계 600여 개 이상의 TV 방송사들에 종합 뉴스 프로그램을 공급한 데다, 세계 각국의 정치 지도자들이 CNN의 열렬한 시청자들이라 CNN이야말로 '최초의 글로벌 네트워크 TV'라는 칭호를 받기에 족했다. CNN의 총 시청 가구 수는 미국 케이블 TV 가입자에 유럽 3,000만 가구 등 전 세계적으로 1억 가구가 넘었는데 이는 5억 명이 이 채널을 시청할 수 있다는 것을 의미했다.[29]

CNN의 위력은 걸프전쟁을 통해 한국에서도 잘 알려졌거니와, 1994년 6월 북한 핵문제 보도 시에도 전 미국 대통령 지미 카터Jimmy Carter, 1924~의 김일성 면담을 독점 중계하는 등 CNN의 활약이 두드러졌다. CNN이 북한 핵문제를 지나치게 위기일발 상황으로 몰고간 보도를 한 건, 앞서 지적한 바와 같이, '위기'로 먹고 사는 CNN의 속성 때문이었다. 한국 공보처는 한반도 위기 상황을 과대보도했다는 이유로 CNN에 항의했고 국내에서 추방할 수도 있다고 겁을 주었지만, 위기 상황의 조성엔 국내 보수 언론도 CNN 못지않았다.

어찌 되었거나 늘 '위기'로 먹고살아야 하는 CNN의 속성은 CNN의 앞날을 어둡게 만드는 이유 중의 하나였다. 위기가 늘 일어나는 것도 아닌 데다 시간이 흐를수록 시청자들의 '위기'에 대한 흥미도가 떨어지고 있었기 때문이다. 또 그간 CNN식의 뉴스를 내보내는 경쟁 매체들이 많이 생겼다는 것도 중요한 이유였다. 1994년 CNN은 무료 광고시간을 제공할 정도로 고전을 면치 못했다. CNN은 자구책으로 스포츠 토크쇼 등 소프트 프로의 개발, 대표 상품인 국제 뉴스에서 현장 보도 강화, 유명 앵커 스카우

트 등의 방안을 강구했다.[30]

비평가들의 시각도 곱지만은 않았다. 일부 비평가들은 "뉴스가 분석적이지 않고 평범해지고, 판에 박힌 듯하고, 정보와 오락 간의 구분이 분명치 않고, '리얼리티 프로그램'이라는 이름 아래 성과 폭력의 정도가 심한 현상"을 가리켜 미국의 인기 드라마였던 〈댈러스〉를 빗대 이른바 '댈러스화Dallasfication'라고 부르면서, CNN을 그 주범 중의 하나로 지목했다. 『뉴리퍼블릭』(1994년 8월 22일)엔 다음과 같은 비판이 실리기도 했다.

"CNN의 공헌은 비디오 소스와 뉴스룸, 외국 장관을 연결하는 등 거의 전적으로 기술적인 것이다. 그러한 연결은 외교적 커뮤니케이션을 바꾸어 놓았고, 무가치한 외국 독재자의 목소리를 제공해왔다. CNN은 우리가 뉴스를 얻는 방식에 대해서 별로 한 일이 없다. 어떤 면에서 그것은 나머지 저널리즘에 유해한 영향을 미쳤다. 뉴스 조직이 콘텐츠에 대한 통제력을 잃은 것을 가속화했고, 결과적으로 선정주의에 빠지게 했고, 예전의 보도 스타일 대신 해석과 전문가의 견해punditry를 강조하게 되었다."[31]

'시너지 효과'에 충실한 '소프트웨어' 전략

터너는 1994년 CNN과 WTBS를 포함해 여러 매체를 거느리고 있는 전형적인 미디어 재벌이었다. CNN도 단일 채널이 아니라 국내용 CNN과 역시 국내용인 '헤드라인 뉴스', 그리고 해외용인

CNN 인터내셔널 등 3개 채널로 구성되었다. 그 밖에도 터너는 영화 채널 TNTTarget Network Television와 터너 픽처스, 공항 전용인 에어포트 채널, 만화 채널 카툰 네트워크, 하나-바바라Hanna-Barbera 스튜디오, 터너출판사 등을 소유했다. 터너는 또한 여객기 기내 뉴스 채널과 맥도날드 햄버거 체인점에 방영하는 McTV를 비롯한 방송망 확충을 실험하고 있었다.

그의 사업 성장 과정이 시사하듯이, 터너의 소프트웨어에 대한 관심은 각별했다. 연간 40편의 영화를 제작하기 위해 10억 달러의 투자를 계획하고 있던 TBS는 주요 할리우드 스튜디오들과 어깨를 나란히 할 수 있을 정도였다.[32] 또 터너는 1991년에 만화영화 제작 스튜디오인 하나-바바라를 3억 2,000만 달러에 인수했는데, 이로써 TBS의 라이브러리는 그때까지 미국에서 제작된 모든 만화영화의 40퍼센트를 소유하게 되었다.

그런가 하면 터너출판사는 CNN이 보도한 세계적 위기 상황들을 책으로 재구성해 판매했다. 또 THETurner Home Entertainment는 CNN의 뉴스 필름과 TNT의 영화 그리고 만화채널의 만화영화 가운데 일부를 취합해 비디오카세트 형태로 만들어 팔기도 했다. 터너는 각 네트워크를 이용하여 상호 간에 프로그램이나 서비스의 판매를 촉진하는 '결합효과synergy effect'를 유감없이 추구한 것이다. 이에 대해 터너는 다음과 같이 말했다.

"우리는 현대식으로 양계업을 하는 농부들과 비슷하다. 그들은 닭발을 갈아서 비료로 만들고 내장을 갈아서 개 먹이를 만들며 깃털은 베갯속으로 이용한다. 심지어는 계분까지도 비료로 이용한다. 그들은 닭의 모든 부분을 이용한다. 그것이 바로 우리가 TV 제작에서 해보려고 하는 것이다. 바로 모든 것을 최대한 이용하는 것이다."[33]

터너는 당연히 해외시장에도 눈독을 들였다. 그가 소유한 3개의 대형 네트워크인 CNN, WTBS, TNT는 이미 미국 케이블 TV 가입 가정의 95퍼센트가 시청하고 있어 앞으로 저성장 추세를 보일 수밖에 없으므로 해외시장은 매우 중요한 의미를 갖는 것이었다. 해외에는 일본에 JCTV, 독일에 NTV, 남미에 노티시에로(스페인어 방송)가 별도로 진출해 있었으며, TNT 라틴아메리카는 스페인어와 포르투갈어로 더빙해 방영하고 있었다. 1992년 TNT 라틴아메리카는 출범한 지 1년도 안 되어 흑자를 냈다. 1993년 초 터너는 러시아 최초의 상업방송을 출범시켰다.[34]

터너는 '남부의 민속 영웅'

터너가 전형적인 남부인이며 CNN의 본부가 남부 지역의 수도라고 할 애틀랜타에 있다는 것은 중요한 의미를 갖는 것이었다. 남북전쟁 이후 지금까지도 완전히 치유되지 않은 미국의 남북 갈등은 한국의 영호남 갈등 이상으로 심각하다. 미국은 단지 국토가 넓어 서부니 중부니 하는 막강한 완충지대가 존재하고, 인종 갈등이라는 또 하나의 변수가 개입되어 있어 한국처럼 표면적으로 드러나지 않고 있을 뿐이다.

전통적으로 미국의 권력은 북부의 동부 지역에서 독점해오다시피 했다. 남부 출신으로 대통령이 된 린든 존슨Lyndon Johnson과 지미 카터Jimmy Carter는, 단 한 번의 임기밖에 채우지 못했으며 집권 기간 중에도 끊임없는 '남부 컴플렉스'에 시달려야 했다. 워터게이트 사건도 서부와 동부의 지역 갈등에서 빚어진 것이라는 주장이 제기될 정도로 동부 엘리트 파워는 막강하다. 거의 모든 주요 언론, 특히 3대 TV 네트워크의 본부도 다 뉴욕에 몰려 있다. 이런 상황에서 터너의 CNN은 미국 역사상 최초로 남부에 근거를 둔 전국적 아니 세계적 매체라는 의미를 갖는 것이었다.

스스로 '남부의 민속 영웅Southern folk hero'을 자처한 터너는 동부 엘리트 계급이 흔히 갖고 있는 까다로운 격식과 점잔 빼는 위엄과는 거리가 먼 인물이었다. 그가 벌인 기행들은 이루 헤아릴 수 없이 많아, 그것만으로 한 권의 책을 만들기에 충분할 정도였다.

그는 미디어 재벌 총수이면서도 믿기지 않을 만큼 검소하고 엉뚱했다. 이발도 집에서 하고 소형차를 직접 운전하며 비행기를 타도 일반석에 앉았다. 수시로 그의 사무실 소파에서 잠을 자는가 하면 가운을 걸치고 맨발로 회사 여기저기를 돌아다니기도 했다. 때로는 속옷 차림으로 손님을 접대해 상대를 당황시키기도 했다.[35]

그의 야구장에서의 기행도 악명이 높았다. 그는 브레이브스 팀의 관중을 늘리기 위해 직접 쇼를 벌이는 걸 마다하지 않았다. 한 번은 한 피처와 누가 코로 공을 더 빨리 굴려 누상을 한 바

왜 CNN은 '프런티어 자본주의'의 첨병이었는가?

퀴 도는가 시합을 벌인 적도 있다. 그 피처는 조심스럽게 공을 굴렸지만, 터너는 그야말로 코가 깨져라 하고 죽기 살기로 덤볐다. 그 덕분에 터너가 이겼지만, 얼굴은 피투성이가 되었다.[36]

터너는 공개적인 연설에서 부친의 자살, 모친의 신경쇠약, 누이의 정신질환, 신혼 첫날밤을 보낸 아침에 아내에 대해 느낀 실망 등등 은밀한 사생활을 거침없이 털어놓는 솔직한 면이 있는가 하면, 『플레이보이』와의 인터뷰에서 기자가 기분 나쁜 질문을 했다고 기자의 녹음기를 부서버리는 난폭함을 보이기도 했다. 또 언젠가 전 대통령 지미 카터가 주최한 군축회의 만찬석상에서는, 이야기가 싫증나자 주머니에서 슬그머니 소형 TV를 꺼내 애틀랜타 브레이브스 야구 게임을 시청하는 어린애 같은 면도 보여주었다.[37] 그래서 많은 사람이 그를 '웃자란 어린애an overgrown kid' 같다고 했다.[38]

터너는 영화 〈바람과 함께 사라지다〉의 열렬한 팬이기도 하다. 그래서 그의 아들의 이름을 클라크 게이블이 주연했던 주인공 역의 이름을 따 '레트'라고 지었다. 딸에겐 '스칼렛'이란 이름을 지어 주려고 했지만 아내의 반대로 뜻을 이루지 못했다고 한다. 그가 MGM/UA를 사들였던 것도 바로 〈바람과 함께 사라지다〉의 소유권을 획득하기 위해서라는 말이 떠돌 정도였다.[39]

CNN 아시아 본부가 서울 대신 홍콩으로 간 이유

터너는 대단한 플레이보이였다. 그는 브라운대학 4학년 때 학교 기숙사 규칙을 어기고 방에 여학생을 끌어들여 정학을 맞았는데, 이게 계기가 되어 졸업도 하지 않은 채 학교를 그만 두고 말았다 (1989년 브라운에서 명예 학사 학위를 받았다). 그는 자신의 야구 구단 소속 선수 부인에게 추파를 던졌다가 혼이 난 적도 있다.[40] 실패로 끝난 결혼 2번에 자녀는 다섯을 두었지만 늘 뭐가 아쉬운지 미녀를 옆에 끼고 다녔다. 자신의 섹스 파트너들과 포르노 사진을 찍기도 했다.[41]

터너는 자서전에서 자신의 색욕에 대해 이렇게 말한다. "나는 공적이든 사적이든 모든 삶에서 가능한 한 가장 뛰어난 사람이 되려고 노력해왔지만, 일부일처제만큼은 항상 견디기 힘들었다."[42] 터너는 여배우 제인 폰다Jane Fonda, 1937~가 별거를 했다는 소식을 듣자 즉시 전화를 걸어 데이트 신청을 했고, 결국 그녀와 1991년 결혼을 했다.

한마디로 터너의 성격은 '예측불허'요 '불가사의'란 말로 압축될 수 있다. 그의 이데올로기 또한 종잡을 수 없다. 보수주의에서 국제주의로 전향했다곤 하지만, 때론 겉잡을 수 없을 정도로 진보적인 면을 보이곤 했다. 피델 카스트로Fidel Castro의 초청을 받아 아바나를 방문했던 인연 때문인지 카스트로를 '썩 괜찮은 친구a pretty nice guy'로 칭찬하고 다녔는가 하면, 소련의 페레스트로이카가 발동이 걸리기도 전에 큰 적자를 감수하면서 미소

美蘇 스포츠 교류를 위해 '굿윌 게임Goodwill Game'을 추진하기도 했다.[43]

터너는 올림픽이 지나치게 정치화되었다고 비판하면서 '굿윌 게임'은 미소관계의 화해를 추구하기 위한 것이라고 주장했지만, 그 이면엔 TBS가 올림픽 중계권을 따내기엔 3대 네트워크 TV들과 경쟁이 되지 않으므로, 독자적인 국제경기를 개최해 그 독점 방송권을 최대한 이용하겠다는 계산이 있었다.[44] 비록 큰 손해를 보고 말았지만, 그래도 터너는 이 게임을 포기하지 않고 계속 진행시켰으며, 1994년 게임의 방송권을 일본의 아사히 TV와 계약하기도 했다.

아시아 시장에 눈독을 들인 터너는 아시아 거점으로 적절한 장소를 물색하다가 홍콩을 택했다. 이를 기념하기 위해 터너는 1994년 3월 홍콩에서 CNN의 '아시아 위성방송대회'를 개최했다. 이 대회에 초청을 받은 한국 종합유선방송위원장 한완상은 "나 개인적으로는 그가 메이저리그의 명문 애틀랜타 브레이브스의 구단주란 점이 친밀하게 느껴지기도 했다. 60년대 애틀랜타에 있는 에모리대 대학원에서 5년간 유학할 때, 주말이면 때때로 브레이브스의 야구 경기를 보러 갔다"며 다음과 같이 말한다.

"3월 21일 저녁 리셉션장인 홍콩 샹그릴라 호텔에 나는 좀 일찍 갔다. 마침 안면이 있는 존슨 부사장을 만나 얘기를 하고 있는데 입구 쪽에서 키가 훤칠하게 큰 남녀가 정답게 손잡고 들어왔다. 터너 회장 부부였다. 웃으며 가볍게 악수를 하며 지나치는 그에게 '나는 브레이브스의 열렬한 팬이기도 합니다. 행크 에런,

조 토리, 펠리페 알로우 모두 내 영웅들이죠'라고 말을 걸었다. 그러자 역시나 그는 걸음을 멈추고 관심을 보였다."

그 순간 흐뭇하게 웃는 터너에게 환완상은 이런 질문을 던졌다. "시엔엔이 아시아의 교두보를 마련한 것은 잘한 일이지요. 아시아는 워낙 다원적이고 광활한 지역이지만, 경제·정치·문화적 힘은 동북아시아에 집중되어 있어요. 중국·한국·일본은 모두 한자와 유교 문화권에 속하지요. 그 가운데 한국은 비록 작은 나라이지만 중국과 일본 중간에 있어 두 나라 사이에 교량 구실을 할 수 있지요. 그래서 '서울도 시엔엔의 아시아 교두보로 적합하다고 생각하는데, 본사에서는 그런 생각을 해보셨나요?' 그러자 터너 곁에 서 있던 부사장이 대신 답했다. 그는 물론 도쿄·베이징과 함께 서울에도 직접 와서 타진을 해보았다며, 세 가지 이유로 홍콩에 뒤졌다고 했다.

"첫째, 서울의 교통이 너무 번잡해 일하기에 능률이 떨어질 것이라고 했다. 나는 그의 지적에 공감하지 않을 수 없었다. 둘째로, 서울 거리에서 영어를 알아듣는 사람을 만나기가 쉽지 않다고 했다. 그 말도 맞는다고 나는 고개를 끄덕했다. 그런데 셋째 이유를 듣고서는 내 얼굴이 슬며시 빨개졌다. 존슨은 직접 체험한 한국 공무원들의 고압적이고 관료주의적인 자세를 지적했다. '그런 일이면 이런 조건, 저런 조건을 다 갖추어 가지고 와야 한다'며 처음부터 안 된다는 점을 강조했다는 것이다. 도와주기는커녕 귀찮게 하지 말라는 자세라고 했다. 홍콩의 관리들이 '무엇을 도와드릴까요What can I do for you' 자세라면 한국 관리들은 '당신이 이렇게 하지 않으면 난 아무것도 도와줄 수 없다 cannot do for you unless……'는 식이라고 했다. 존슨의 날카로운 관찰 사례를 함께 들으며 터너 회장은 잔잔히 미소를 지을 뿐이었다. 나는 부끄럽기만 했다.……나는 기회가 되면 우리의 못난 자화상을 공직자들에게 꼭 전해야겠다고 마음먹었다."[45]

"크다는 것이 어떤 것인지를 느껴보고 싶다"

1995년 CNN의 모기업인 TBSTurner Broadcasting System가 타임워너와 합병했다. 합병이 발표된 날, 터너와 타임워너 회장 제럴드 레빈Gerald Levin, 1939~이 함께 한 사적인 자리에 CNN의 스타라 할 래리 킹Larry King, 1933~이 동석했다. 킹이 터너에게 물었다. "이젠 누굴 위해 일해야 하는 거죠?" 터너는 "우리는 함께 일하기로 했다"며 킹을 안심시켰지만,[46] TBS와 타임워너는 결코 대등한 관계가 아니었다. 터너는 합병 회사에서 부회장직을 맡았는데, 사실상 TBS가 타임워너에게 먹힌 셈이었다.

왜 그런 일이 벌어진 걸까? 이와 관련, 터너는 "항상 작기만 한 것에 이제는 진저리가 난다. 잠시 동안이라도 크다는 것이 어떤 것인지를 느껴보고 싶다"고 말했다.[47] 당시 터너의 회사는 직원 7,000명에 연간 수입이 28억 달러를 넘었는데도 말이다. 터너는 크다는 것이 어떤 것인지를 느껴보고 싶다고 했지만, 합병 때문에 TBS에선 1,000명이 해고되었다. 이 때문에 터너는 인터뷰

도중에 눈물을 보이기도 했다.

"해고자 중에는 우리와 35년을 함께 한 사람도 있었습니다. 60세의 나이에 해고를 당한 것입니다. 참으로 어려운 결정이었습니다. 내 가슴도 갈기갈기 찢어지는 듯했고요. 게다가 내 아들까지 잘랐습니다. 이런 일을 또다시 할 바에야 차라리 죽음을 택하는 편이 나을 겁니다."

인터뷰를 미친 그는 알루미늄 캔과 빈 병을 더 많이 버리는 건 어떻겠느냐고 제안했다. 해고되어 일자리를 다시 얻지 못한 사람들이 재활용품이라도 많이 주울 수 있도록 돕자는 뜻이었다. "1천 명을 떠나보냈습니다. 이렇게라도 해야 그 사람들에게 조금이나마 도움이 될 겁니다."[48] 개그를 하겠다는 것이었을까? 아무래도 그런 것 같다.

그렇게 눈물까지 흘릴 정도로 가슴이 갈기갈기 찢어질 일을 단지 잠시 동안이라도 크다는 것이 어떤 것인지를 느껴보고 싶다는 이유만으로 저질렀다는 걸 믿어야 할까? 아무래도 터너가 자서전에서 밝힌 또 다른 이유가 진짜 이유인 것 같다. "내가 합병에 동의한 마지막 이유는 더욱 간단했다. 나는 지칠 대로 지쳐 있었다.……주말도 없이 하루에 18시간씩 30년을 일하고 나서 탈진상태였다."[49]

터너가 보유한 타임워너의 주식 가치는 22억 달러에서 32억 달러로 늘어났다. 겨우 9개월 사이에 10억 달러를 번 것이다. 그는 곧 다가올 UN 행사에서 의미 있는 연설을 할 수 있는 방법을 생각하고 있었는데, 그때 퍼뜩 든 생각이 UN에 돈을 기부하는

왜 CNN은 '프런티어 자본주의'의 첨병이었는가?

것이었다. 액수는 10억 달러! 그는 이 일을 실천에 옮겼다.[50]

　이 기부 때문에 터너의 이름은 최대 기부자 리스트에서 수직 상승했지만, 동시에 미국의 갑부 리스트에서는 여러 단계 내려갔다. 이와 관련, 터너는 이렇게 말했다. "(UN에) 기부할 수표에 서명하면서 손이 떨렸습니다. 미국의 최대 부호가 되기 위한 경쟁에서 내 스스로를 밀어내는 순간이었으니까요.……그 리스트(『포브스』 선정 400대 부호')가 우리 미국을 파괴하고 있습니다. 새로이 리스트에 오른 사람들은 절대로 돈을 내놓지 않습니다. 돈을 내놓으면 자산이 줄어들어 리스트 순위가 떨어지기 때문입니다."[51]

　터너의 기부는 다른 부자들에게 큰 자극을 주었다. 이에 질세라 빌 게이츠Bill Gates는 텔레비전 인터뷰 프로그램에 출연해 "터너 씨가 10억 달러나 기부한 것을 참으로 기쁘게 생각합니다. 하지만 분명히 저의 기부는 그와 맞먹는 규모이거나 혹은 그것을 능가하게 될 것입니다"라고 말했다.[52]

MSNBC와 폭스뉴스의 도전

1996년 7월 15일 마이크로소프트와 제너럴 일렉트릭 소유의 NBC 방송이 공동으로 24시간 케이블 뉴스 채널 MSNBC Microsoft and the National Broadcasting Company를 출범시켰고, 이어 약 3개월 후인 10월 9일 세계적인 미디어 재벌 루퍼트 머독Rupert Murdoch, 1931~

은 미국에서 24시간 케이블 뉴스 채널 '폭스뉴스Fox News Channel'
를 출범시켰다.

"아니 이미 CNN이 있는데, 24시간 케이블 뉴스 채널이 하
나 더 생긴다고? 그게 말이 되나? 괜한 짓을 하는 것 같은데." 폭
스뉴스가 출범했을 때 세간의 반응은 이런 식으로 매우 부정적이
었다.[53] 그러나 이미 그때부터 폭스뉴스의 잠재력을 간파한 이가
있었으니, 그는 바로 터너였다. 폭스뉴스가 출범한 지 한 달 만인
1996년 11월 터너는 유엔에서 행한 연설을 통해 머독에게 독설
을 퍼부었다. 그는 머독이 텔레비전, 더 나아가 세계를 지배하려
는 야욕을 품고 있다면서, 이를 저지하기 위한 노력은 선善이 악惡
을 물리치려는 '선악善惡의 싸움'이라고 주장했다.[54]

머독이 폭스뉴스를 만들기 전까지만 해도 머독이 터너의 집
에 놀러가기도 하는 등 둘은 제법 가깝게 지내기도 했지만, 폭스
뉴스의 출범 이후 터너와 머독의 관계는 급속도로 악화되었다.
터너가 머독을 "싸구려 장사꾼schlockmeister"이라고 하면, 머독은
터너가 "질투에 눈이 멀었다"고 반격하는 등 둘 사이에 오고가는
독설은 점점 더 수위를 높여갔다.[55]

머독의 『뉴욕포스트』가 자신의 정신 상태를 문제 삼자, 머
독을 '인간쓰레기scumbag'로 부르면서 '히틀러'에 비유했던 터너
는 폭스뉴스의 출범에 대해 머독을 빈대처럼 눌러버리겠다고 호
언했다. 그러나 세상은 이미 많이 달라져 모든 게 그의 뜻대로 돌
아가진 않았다.[56]

미국 동물학자 리처드 코니프Richard Conniff는 『부자The Natural

History of the Rich』(2002)에서 부자들의 지배욕을 설명하는 과정에서 이 두 사람의 싸움을 자세히 기록했다. "머독은 공개적인 대응을 삼간 채 '앙갚음'할 각오만 다졌다. 두 사람 사이의 추잡한 경쟁은 1996년도 월드시리즈에서 극에 달했다. 터너가 구단주로 있는 애틀랜타 브레이브스의 경기가 머독의 폭스 네트워크를 통해 중계되었다. 시리즈 기간 중, 폭스는 터너의 팀이 지고 있을 때를 제외하고는 그의 얼굴을 텔레비전 화면에 보여주지를 않았는데, 이것은 유치원 아이들과 무질서한 영장류들 집단에서 흔히 볼 수 있는 회피 전략이었다."

화가 난 터너는 머독을 자신의 부와 영향력을 증대시키기 위해 '뻔뻔스럽게도' 미디어의 힘을 사용한 '비열한 인간'으로 묘사하면서 공세를 취했다. 터너는 1997년 6월 머독에게 유료 관람 권투 시합을 제의했다. "늙은이들만의 〈록키〉 같은 경기가 될 것입니다. 만약 머독이 원한다면, 헤드기어를 착용해도 좋습니다. 나는 착용하지 않을 것입니다만."[57]

1997년 7월 초 CNN의 시청률은 0.4퍼센트를 기록했는데, 이는 7100만 2,000케이블 TV 시청 가구 가운데 약 30만 가구가 시청했다는 이야기다. 국내외적으로 화끈한 뉴스거리가 적고, MSNBC나 폭스뉴스 같은 새로운 뉴스 채널이 등장했고, 채널의 증가에 따른 시청자의 세분화가 이루어졌다는 등의 이유가 제시되었지만, 무엇보다도 인터넷의 도전과 더불어 24시간 로컬 뉴스를 전문적으로 다루는 지역 케이블 채널이 CNN에 타격을 미친 가장 큰 원인으로 지목되었다.[58]

'대외비 보고서'로 작성된 CNN 내부 결론은 "CNN은 국제적인 주요 분규 상황이 없을 때에는 사람들의 일상생활에서 어떤 역할을 하고 있지 않는 것 같다"는 것과 "CNN은 유럽에서 경쟁적 상황에 직면해 있다. 영국의 Sky News, 독일의 N-TV, 프랑스의 LCI 등 각국의 24시간 뉴스 채널들이 시청률과 점유율에서 CNN을 빠르게 잠식해가고 있다. 따라서 채널과 사람들의 일상생활 간의 연관성을 발견하는 것과 사람들의 미디어 시청 행태에 있어 채널의 역할을 찾는 것이 핵심 과제로 떠오르고 있다"는 것 등이었다.

　아닌 게 아니라 1985년 CNN International이 방송을 시작했을 때만 해도 이 방송은 유럽에서는 24시간 종일 뉴스와 시사 다큐멘터리로 인기를 끄는 유일한 케이블 뉴스였다. 그러나 그 후 유럽에서는 NBC Europe, Euronews, BBC World 등 모두가 똑같거나 혹은 유사한 상품을 들고 뉴스 전문 시장에 뛰어들었다. CNN 자체 조사 결과에 따르면 유럽의 성인 케이블 TV 시청자 가운데 13퍼센트가 CNN을 시청하고 있지만, CNN이 패키지 케이블 채널로 계속해서 남으려면 20퍼센트까지는 끌어올려야 한다는 결론이 나왔다.[59]

　1997년 7월 하순 머독과 타임워너 측의 법정 투쟁은 화해로 끝이 났는데, 이 화해에 따라 타임워너는 머독의 폭스뉴스를 배송하는 대가로 머독의 세계적인 위성방송망을 이용할 수 있게 되었다. 타임워너의 터너와 머독이 싸우게 된 계기는 1996년 10월 개국한 폭스뉴스의 배송을 둘러싼 문제였다. 머독은 폭스뉴스가 거점을 둔 뉴욕 맨해튼 지구에서 타임워너의 케이블망을 통해 120만 가구에 대한 배송이 가능할 것으로 기대했는데, 타임워너가 채널 사용을 거부했던 것이다. 그 이후 타임워너 계열이 된 CNN의 총수 터너가 이 일에 관여했기 때문이었다. 화가 난 머독은 독점금지법 위반으로 타임워너에게 총 20억 달러의 손해배상을 청구하는 소송을 제기했었는데, 그러한 법정 투쟁이 화해로 결말을 맺은 것이었다.[60]

CNN은 미국 역사상 유례없이 길어진 2000년 대선 소동으로 인해 한동안 시청률이 2배 이상 증가하는 등 재미를 보기는 했지만, 2000년 12월 기존의 주요 시간대 뉴스를 폐지하고 토크쇼를 편성하는 등 생존을 위한 몸부림을 치고 있었다.[61] 인터넷의 도전이 점점 더 거세지면서 앞날은 더욱 어두워 보였다. 그래서 인터넷과 손을 잡아야 한다는 생각을 한 건지도 모르겠다.

재앙이 된 타임워너-AOL 합병

2000년 1월 CNN을 소유한 복합 미디어 그룹 타임워너와 최대의 인터넷 그룹 아메리카 온라인AOL이 합병을 했다. 양사 합병으로 탄생할 새 회사의 자산 가치는 3,500억 달러, 연간 매출액 규모는 300억 달러로 추산되었는데, 합병으로 두 회사가 얻게 될 구체적인 이득과 소비자들에게 일어날 변화에 대해 『중앙일보』(2000년 1월 12일)는 다음과 같이 말했다.

"AOL로서는 가입자 수 1백 30만 명, 보급률 20퍼센트로 AT&T에 이어 미국 내 2위의 케이블TV 네트워크를 자랑하는 타임워너의 케이블망을 통해 초고속 인터넷 서비스를 제공할 수 있다. 타임워너로서는 AOL의 막강한 온라인망을 이용해 서비스망을 확충하게 된다. 합병을 통한 비용 절감 효과는 매년 10억 달러에 이를 것으로 보인다.……(소비자들은) 인터넷을 통해 뉴스·엔터테인먼트를 동시에 제공받게 된다. AOL 가입자들은 타임워너의 케이블망을 통해 다양한 정보를 엄청나게 빨리 얻게 된다. 한 예로 AOL 가입자들은 세계 제2위의 음반 매출을 기록하는 타임워너의 콘텐츠를 이용해 자신이 원하는 노래를 언제든지 클릭 하나로 다운로드 받아 들을 수 있게 된다."[62]

그러나 이제 곧 밝혀지지만, 이 합병은 재앙이었다. 2개월 후인 2000년 3월 13일 이른바 '닷컴버블dot-com bubble'이 터지면서 이 합병의 장밋빛 전망도 사라지고 말았다. 어디 그뿐인가. AOL은 이미 낡은 시스템이 되어 있었다. 2000년대 들어 인터넷에 접속하기 위해 AOL과 같은 ISPInternet Service Provider를 거쳐야 할 필요는 없었다. 순식간에 세상이 또 달라진 것이다(2009년 타임워너가 AOL를 헐값에 처분하고 2010년에 정산을 한 결과로 두 기업의 가치는 합병 당시의 7분의 1수준에 불과했으니, 이게 재앙이 아니고 무엇이랴).[63]

타임워너-AOL 합병은 경제적인 면을 떠나서도 터너에겐 재앙이었다. 이런 일련의 합병은 터너가 CNN 경영권에서 멀어지게 만드는 효과를 낳았기 때문이다. 그의 리더십을 잃은 가운데 CNN은 루퍼트 머독Rupert Murdoch이 1996년에 시작한 '폭스뉴스 채널Fox News Channel'의 도전에 직면해 휘청거리고 있었다.

엎친 데 덮친 격으로 터너는 2001년 폰다와 이혼했다. 권력과 아내를 동시에 잃은 이 시기가 터너에겐 가장 비참한 시기였다. 터너는 훗날 자신이 이때에 자살 충동을 느꼈다고 고백했다.[64] 터너의 숙적인 머독까지 마지막 한 방을 날렸다. 머독은 자신은 항상 터너를 좋아해왔고 그리워하기까지 했다며 이렇게 말했다. "그러나 지금은 그가 일에서 손을 뗐으니 그가 참 안됐습니다. 신문에서 그의 인터뷰를 보면 그의 좌절이 보이는 듯하며, 그가 안됐다는 느낌을 금할 수가 없습니다."[65]

2002년엔 ABC-TV와 CNN의 합병 협상마저 진행되었다. 한 월스트리트 분석가는 그 합병은 인건비를 포함해 100만 달러에서 200만 달러의 비용 삭감 효과가 있을 것이라고 했고, 또 다른 전문가는 그것이 "비용을 절감하려는 사람들에게만 의미가 있는 불경한 동맹"이라고 했다.[66] 비록 불발로 끝나긴 했지만, 그 지경에까지 내몰린 터너의 심사가 어떠했을지는 미루어 짐작하기 어렵지 않다.

터너는 2003년 1월 AOL-타임워너의 부회장직에서 물러난 직후, 언론 인터뷰에서 AOL-타임워너의 부실한 경영 때문에 70~80억 달러의 손해를 봤다고 주장했다.[67] 스트레스가 꽤 쌓였을 법하다. 그는 2003년 폭스뉴스와의 갈등으로 인해 머독에게 "주먹으로 한판 붙자"고 다시 제안할 정도로 머독을 맹렬하게 비난하기도 했지만, 그에겐 이미 아무런 힘이 없었다. 폭스뉴스는 상승세, CNN은 하락세로 치닫는 것을 무력하게 지켜보아야만 했다. 그는 2000년대 중반 사실상 미디어업계를 완전히 떠나고 말았다.

'폭스 효과'에 압도당한 'CNN 효과'

2005년 6월 1일 CNN은 창설 25주년을 맞았다. 이제 CNN은 총체적인 글로벌 브랜드로서 하위의 다양한 채널들은 독특한 정체성을 갖고 있었다. 예컨대, CNN US는 요란하고 야단스러운 폭스뉴스와 경쟁하기 위해 대중적인 방식을 사용한 반면, CNN 인터내셔널은 미국 색을 누그러뜨리고 좀더 침착한 톤을 유지해 'BBC 월드'를 연상케 했다. CNN US의 슬로건은 '가장 믿을 만한 뉴스'인 반면, CNN 인터내셔널의 슬로건은 '가장 빠른 뉴스'였다.[68]

그러나 CNN의 창설 25주년 분위기는 어두웠다. '폭스뉴스 채널'의 도전에 밀려 고전을 면치 못하고 있었기 때문이다. 저녁 시간대(오후 8~11시)에 폭스뉴스를 찾는 미국 시청자들이 160만 명인데 비해, CNN 시청자는 80만 명 정도였다.[69] 폭스뉴스는 공화당 편을 들면서 민주당 공격의 최선봉에 선 반면, CNN은 상대적으로 진보적 성향을 보였다.[70]

2006년 퓨 연구소the Pew Research Center의 조사에 따르면, 미국인 중 20퍼센트 이상이 폭스뉴스를 시청하고 있다고 응답했다. MSNBC는 부진한 시청률을 만회하기 위해 우익 성향의 라디오 진행자를 고용하는 실험을 했으며 다른 리버럴 매체들도 비슷한 조치를 취했는데, 『뉴욕타임스』는 이를 '폭스 효과Fox effect'라고 불렀다. 이후 오늘에 이르기까지 성장세가 지속된 가운데 폭스뉴스는 미 국민들의 애증의 대상으로 미국 정치의 한복판에 설 정도로 영향력을 행사하는 유력 매체가 되었다.[71]

국제적 도전도 만만치 않았다. 영어권에선 영국의 'BBC 월드'가 추격 중이었고, 아랍권에선 '아랍의 CNN'으로 불리는 아랍어 위성 TV 알자지라Al Jazeera(반도라는 뜻)가 1996년 11월에 출범한 지 10년 만에 중동 3,500만 가구에서 제1의 뉴스 매체로 자리 잡았다. 또 중남미에선 '라틴아메리카의 CNN'이라 할 24시간 뉴스 전문 채널 텔레수르telesur가 출범의 신호탄을 올렸다.[72]

CNN의 글로벌 브랜드 파워는 건재했지만, 이게 꼭 좋은 것만은 아니었다. 2008년 3월 14일 티베트 시위 이후 '신랑왕' 등 중국의 대표적인 포털 사이트와 주요 일간지, 주간지 등은 거의 한 달 내내 머리기사로 '반서방주의'를 부추기는 뉴스를 쏟아냈는데, 그 한복판에 CNN이 있었다. 4월 9일 CNN 앵커 잭 카퍼티는 〈더 시추에이션 룸〉이란 프로그램에 출연해 중국인들을 '깡패'라고 부르고, 중국 제품을 '쓰레기'에 비유해 중국 내 'CNN 거부운동'을 촉발시켰다. 중국에선 이를 '4·9 사건'이라 부르며 치를 떨었다.[73]

중국인들은 인터넷에 '안티 CNN 사이트'와 '안티 서방 언론 사이트' 등을 만들어 네티즌의 서명운동을 조직했다. 한 네티

즌은 '안티 CNN 사이트'에 "우리는 서방 매체를 반대하는 것이 아니라 서방 매체의 객관적이지 않은 보도를 반대한다. 우리는 서방 인민들을 반대하는 것이 아니라 편견을 반대한다"고 썼다.[74] 중국이 세계 뉴스 전쟁에 본격 참전해야겠다는 의지를 더욱 강하게 갖게 되었다고 볼 수 있겠다.

당파성이 장사가 되는 다매체 · 다채널 시대의 뉴스 시장

2008년 12월 1일 CNN은 미국 뉴스 매체 가운데 최대 규모인 3,800명의 취재 · 보도 인력과 미국 15개, 해외 22개 지국을 최대한 활용하기 위해 뉴스 통신 시장에 뛰어들었다. CNN은 이미 뉴스통신 서비스를 전담하는 'CNN 와이어'를 설립해 일부 신문에 시범 서비스를 제공하고 있었다. CNN의 뉴스 통신 시장 진출은 금융위기 속에서 언론 매체들마다 비용 절감 압박에 시달리고 있기 때문인 것으로 분석되었다. 이들 매체는 뉴스 수신료로 AP통신에 지불하는 연간 수십만~수백만 달러의 비용이 과하다고 여기는데, CNN은 싼 가격을 앞세워 뉴스 통신 시장에서 AP통신과 맞서겠다는 전략이었다.[75]

그러나 그건 '부업'일 뿐 '본업'은 아니었다. 본업 영역에서 CNN은 계속 추락의 길을 걷고 있었다. 2010년 3월 29일 『뉴욕타임스』는 CNN은 지난 2009년 10월경 전체 케이블 뉴스 네트워크 중에서 시청률 최하위를 기록한 이후 그 하락세는 현재까지도 계속되고 있다고 보도했다. 제이 로슨Jay Rosen 뉴욕대학 저널리즘 교수는 "프라임시간대 시청자들은 스트레이트 보도 외에도 때로는 '극단적인' 입장을 지향하는 앵커의 견해도 필요로 한다"고 말했다. 즉, 시청자들이 관심을 갖는 것은 어떠한 형태든 견해나 입장을 내놓을 수 있는 보도 프로그램의 '신념' 자체라는 것이다. 이에 대해 이국배는 다음과 같이 말했다.

"다시 말해 방송 보도가 이 같은 '가치 지향성' 자체를 상실할 경우 시청자들은 해당 보도를 '확신이 담긴 믿을 만한 목소리'로 듣지 않기 때문에, 보도의 신뢰도를 높이고자 시작한 가치 중립이란 입장이 되레 '소심한 목소리'로 인식될 가능성이 크다는 얘기다. 결국 '가치중립'이라는 관념적이면서 비현실적 입장을 버리고 새로운 정체성을 찾아나서는 일, 그것이 바로 위기에 처한 CNN뿐 아니라 전 세계 방송 보도의 과제일 것이다."[76]

이 모든 변화는 다매체·다채널 시대의 산물이었다. 채널 수가 많아지면서 그 전엔 피하고자 했던 당파성을 드러내는 것이 장사에 도움이 되는 일이 벌어진 것이다. 이는 폭스뉴스 회장 로저 에일스Roger Ailes, 1940-의 지론이기도 했다. 그는 "당신이 공화당 방송을 경영한다는 비판에 화나지 않는가"라는 질문에 "우리를 그렇게 부를수록 더 많은 보수 성향 시청자들이 우리 방송을 볼 것"이라고 응수했다.[77] 이는 당파성의 시장논리에 대한 좋은 증언이라고 할 수 있겠다.

그런 이치에 따라 가급적 중립을 지향하는 CNN은 점점 더 폭스뉴스의 '타블로이드형 저널리즘'에 밀려나고 있었다. 2011년

3월에 일어난 이른바 '인간방패 논란'도 그런 관점에서 볼 수도 있는 사건이었다. 3월 21일 폭스뉴스가 리비아 수도 트리폴리에 있는 CNN 방송 등 외신 취재진 때문에 다국적군의 공격 범위가 축소되었다고 보도한 것이 라이벌 관계인 두 언론사 간의 싸움으로 번진 사건이다.

폭스뉴스는 익명의 영국 취재원의 말을 인용해 영국군이 스톰섀도 미사일 7기를 발사하려고 준비했지만 목표 지점이었던 트리폴리의 무아마르 카다피 리비아 국가원수 거주 구역 근처에 CNN, 로이터통신 등을 비롯한 취재진이 있어 공격 범위가 축소되었다고 전했다. 실제로 카다피 정부는 현지 외국 언론인들에게 취재 편의를 위해 버스를 제공하고 있었지만, 폭스뉴스의 보도는 기자들이 카다피의 '인간방패'로 이용되었다는 것으로 해석될 수 있어 CNN 측의 즉각적인 반발을 샀다.

CNN 특파원 닉 로버트슨Nic Robertson은 "나와 다른 언론사 취재진은 전혀 인간방패로 이용되지 않았다"며 "폭스뉴스도 카메라를 든 스태프 한 명을 버스에 태웠다"고 말했다. 그는 또 "리비아 같은 곳에 온 기자들은 독재정권이 거짓말을 한다고 예상하지만, 다른 기자들이 거짓말을 할 것이라고는 생각하지 못했다"고 꼬집었다. 그는 "내가 화가 난 목소리라면 그건 내가 화가 났기 때문"이라며 폭스뉴스를 거듭 강한 톤으로 비판했다.[78] 그러나 뉴스 재미로 보자면, 아무래도 '인간방패' 뉴스가 뛰어나다는 걸 어찌 부인할 수 있으랴.

왜 CNN은 보도국을 애틀랜타에서 뉴욕시로 옮겨야 했나?

2012년 5월 2일 CNN으로서는 치욕스러운 조사 결과가 발표됐다. 닐슨 미디어 리서치의 4월 시청률 조사 결과 CNN의 평균 시청자가 35만 7,000명으로 나왔고, 이는 월별로 따졌을 때 최근 10년 동안 CNN 사상 최악의 시청률이었기 때문이다. 프라임타임대 시청률에서 CNN은 MSNBC에 2위 자리까지도 넘겨주었는데, 왜 이렇게 된 걸까? "편향성은 이익이 되는 장사"라는 게 그 이유였다.

MSNBC는 이미 2008년 대선 때부터 "오바마 캠페인의 공식 네트워크"라는 말을 들을 정도로 친親오바마, 친親민주당 노선을 취함으로써 폭스뉴스의 정반대편에 서겠다는 포지셔닝을 확실하게 해왔다.[79] 반면 CNN은 '정치적 렌즈'를 바탕으로 정반대 방향에서 보도하는 두 채널과 달리 사실을 중심으로 보도하는 데 주력함으로써 시청률 경쟁에서 매우 불리한 위치를 갖게 된 것이다.

터너는 미디어업계를 사실상 떠난 처지임에도 2012년 5월 6일 CNN 피어스 모건 토크쇼에 출연해 "CNN은 저널리즘 분야에서 『데일리뉴스』(자극적인 기사를 중심으로 한 뉴욕의 타블로이드 신문)가 아니라 『뉴욕타임스』가 되기를 원하며, '하드 뉴스Hard News'에 초점을 둬야 한다"며 "비록 시청률이 최고가 되지 않더라도 CNN이 추구해야 할 최고의 방향"이라고 말했다. 터너는 특히 "CNN이 최고의 명성을 갖고 있고 위기가 닥쳤을 때 모든 사람들이 틀어 보는 채널이라고 한다면 바로 그 방향이 CNN이 나아가야 할 방향'이라고 강조했다.

시청률에 연연해하기보다는 방송 분야에서 '정론직필'을 추구하겠다는 당찬 비전이지만, 이는 시청률 경쟁에서 CNN의 위상을 더욱 불안하게 만들 가능성이 높다는 게 문제였다. 『뉴욕타임스』 전 편집장 빌 켈러Bill Keller는 "사람들은 심장마비를 일으켰다고 생각할 때 바로 병원으로 달려가는 것처럼 선거 때나 대형 사건이 일어났을 때 CNN을 본다. 하지만 병원이든, CNN이든 사람들은 오랫동안 그곳에 머물러 있으려 하지 않는다"고 CNN이 처한 현실을 꿰뚫었다.[80]

이와 관련, 이태규는 2012년 10월 "민주·공화당 색깔이 없는 중도는 인기가 없기 마련인데, 그 대표적인 경우가 케이블 뉴스 채널 CNN이다. 시청자들은 공정에 초점을 두려는 CNN보다는 폭스뉴스나 MSNBC를 선호한다. 폭스뉴스는 보수 시청자들을 위해 민주당에 불리한 기사를 앞에 편성하고, MSNBC는 그 반대로 편집해 진보 시청자들을 유인한다"며 다음과 같이 말했다.

"올 초부터 9월 중순까지 CNN의 프라임타임 시청자는 평균 57만 7,000명으로 MSNBC보다 25퍼센트, 폭스뉴스보다는 69퍼센트가 적었다. 편향성을 버리면 인기 하락은 물론 배고픔도 감내해야 하는 게 미국 언론의 현실인 것이다. 중도적인 매체는 물론 중도적인 취재원도 기사에서 배제되기는 마찬가지다. 『워싱턴포스트』의 옴부즈맨 패트릭 팩스턴에 따르면 2010~2011년 2년 동안 이 신문에 좌파 성향의 브루킹스 연구소는 551차례, 우파 성향인 미국기업연구소는 284차례, 헤리티지 재단은 235번 인용됐다. 그러나 중도적 싱크탱크인 미국평화연구소는 3차례만 언급됐을 뿐이다."[81]

2014년 6월 CNN이 시청률 감소 극복을 위해 보도국을 애틀랜타에서 뉴욕시로 옮기기로 결정했다. 2013년 CNN의 황금 시간 시청자가 폭스뉴스의 1/3 수준인 54만 3,000명으로까지 줄어든 것에 대한 자구책이었다. CNN은 뉴욕행行에 대해 "뉴욕에서 제작하면 출연자 섭외가 용이하기 때문"이라고 했다. 애틀랜타에서 뉴욕 및 워싱턴까지는 비행기로 각각 2시간 20분·1시간 45분이 걸리는데, 시간당 수입이 수억 원에 이르는 재계 거물이나, 워싱턴 DC 의회 주변을 맴도는 정치인들을 섭외하기 불리하다는 것이다(물론 경쟁사 폭스뉴스와 MSNBC의 본사는 뉴욕에 있다).[82]

"크리스토퍼 콜럼버스처럼 시작을 했다"

CNN이 계속 바닥으로 추락한다고 해서 CNN의 역사적 가치와 의미마저 사라지는 건 아니다. 이제 이야기를 터너 중심으로 정리해보자.

현대인들의 즉각적인 정보에 대한 욕구는 믿기지 않을 만큼 게걸스럽다. 터너는 그 점을 간파했고, 그래서 CNN은 성공을 거두었다. "신문은 20세기 말에 사라질 것이다"고 호언을 했던가

하면,[83] 자신의 집에 9개의 위성접시 안테나를 설치했던 터너의 즉각적 정보에 대한 게걸스러움은 예외적인 것이 아니라 앞으로 현대인의 보편적 특성이 될지도 모른다. 그래서였을까. 앨빈 토플러Alvin Toffler는 터너에게 자신의 저서 『제3의 물결』을 보내면서 "당신이 바로 제3의 물결"이라는 찬사를 덧붙였다.[84] 미국 BP 캐피탈 매니지먼트 회장 T. 분 피켄스T. Boone Pickens는 2009년 터너에게 이런 찬사를 보냈다. "그는 미국의 꿈을 전 세계에 전파했고 그렇게 함으로써 민주주의 이상을 확산시켰다."[85]

터너의 삶과 이상을 무엇으로 요약할 수 있을까? 그건 도전 그 자체요 무한대의 팽창 욕구다. 나중에 부친의 압력 때문에 경제학과로 전과를 하긴 했지만 한동안 대학에서 고전을 전공한 덕택에 그는 멋진 명문들을 많이 외워 가지고 다니다가 '남부의 입Mouth of the South'이라는 별명에 어울리게 기관총처럼 쏘아대곤 했다. 그의 명언(?) 몇 개를 소개하면 다음과 같다.

"단순하고 바보처럼 행동하라."[86]

"'만약 실패하면'이란 말은 내 용어에 존재하지 않는다."[87]

"심사숙고하고 또 심사숙고하라. 그다음엔 100퍼센트 확신으로 임하라. 늘 즐겁게. 절대 낙담하지 말고 포기하지 말라. 포기하지 않는다면 패배할 수 없기 때문이다."[88]

"나는 사람들이 불가능하다고 하는 일을 하기를 좋아한다. 그런 일을 하는 것만큼 나를 신나게 하는 건 없다. 내 인생을 통틀어 사람들은 늘 내가 하는 일이 안 될 것이라고 말해왔기 때문이다."[89]

왜 CNN은 '프런티어 자본주의'의 첨병이었는가?

"크리스토퍼 콜럼버스처럼 시작을 했다. 아무도 안 해본 일을 할 때엔 어디로 가는지도 모른다. 가고자 했던 곳에 가더라도 무엇을 발견할 수 있을지 알 수 없다. 그러나 어디론가 가긴 갈 것 아니냐."[90]

"최상의 충고는 아무것도 하지 않는 것이라고 말하는 것이다. 만약 당신이 아무것도 하지 않는다면, 당신은 절대 곤경에 처하게 되진 않을 것이다. 그러나 동시에 당신은 그 무엇도 이룰 수 없다. 마음이 약한 사내는 절대로 미녀를 얻지 못하는 법이다."[91]

"비행기가 발명되기도 전에 '날아다니는 물체가 나오면 돈을 내고 그것을 이용하겠느냐'고 설문조사를 해보라. 어떤 대답이 나오겠는가. 일반적인 수요와 공급의 원칙은 이 경우에 해당되지 않는다. 누구나 다 어떤 일의 성공 가능성을 점칠 수 있을 때는 이미 늦는다. 전망이 있다고 판단되면 공급을 하고 그러면 수요는 당연히 창출된다."[92]

이와 같은 명언(?)들에서 엿보이듯이, 터너는 성공에 대한 강박관념을 갖고 있는 인물이었다. 그는 소년 시절에 전쟁 역사 책들을 즐겨 읽었으며 자신이 위대한 전쟁 영웅이 되는 걸 즐겨 상상했다. 그는 늘 자신에게 "성공해야 한다. 성공해야 한다"고 자기최면을 걸어왔다고 밝히고 있다. 그는 '나는 미국의 영웅이 되고 싶다'고 거리낌 없이 말했다. "언젠간 그 누군가 나에게 총을 쏠 것이다. 나는 내가 반드시 암살될 것이라고 믿는다"고 말하기도 했다.[93]

터너의 과대망상증은 아주 어렸을 때에 그의 아버지가 일부러 심어준 것이다. 그의 아버지는 아들을 전투적으로 키우기 위해 소년군사학교에서 교육을 시키고 아들이 유약한 면을 보일 땐 심한 매질을 했다. 터너의 첫 번째 부인이었던 주디 나이Judy Nye는 "시아버지는 테드의 정서가 불안정하길 원했던 것 같아요. 정서불안이야말로 경쟁을 북돋우고 위대함을 낳는다고 믿으셨던 게지요"라고 말했다.[94]

터너 자신도 이렇게 말한 적이 있다. "내가 마침내 잡지 『성공』의 표지 인물이 되었을 때 난 그걸 붙들고 말했지. '아버지? 이걸 보고 계십니까? 난 마침내 『성공』지의 표지 인물이 되었어요! 이제 이 정도면 충분하나요?'[95] 터너는 1991년 『타임』의 '올해의 인물'로 선정되었는데, 아마도 그땐 그 잡지를 들고 아버지를 향해 울부짖었을지도 모르겠다.

정말이지 터너의 승리에 대한 집착은 알아줄 만하다. 요트를 좋아하는 그는 "내 요트는 많은 깃발을 달고 있지만 백기는 없다"는 따위의 말을 즐겨 말했다. 그는 자신을 가장 잘 설명할 수 있는 단어가 하나 있다면 그건 바로 자신의 요트의 이름인 '완강한Tenacious'이라고 했다.[96] 그의 또 다른 요트의 이름은 '용감한Courageous'이다.

미국 기업가들에게 신선한 충격을 안겨준 '프런티어 자본주의'

흥미롭게도, 터너의 그런 특성은 지극히 '미국적'인 것이다. 터너

왜 CNN은 '프런티어 자본주의'의 첨병이었는가?

는 프런티어가 끝나고 그에 따라 영웅이 소멸된 미국 사회에서 시대착오적이라 해도 좋을 만큼 예외적인 특성, 즉 콜럼버스의 프런티어 정신을 그대로 갖고 있는 인물이며, 터너를 싫어하는 사람들조차도 터너의 이런 면을 기꺼이 인정했다. "터너는 날이 갈수록 안전제일주의로 소심해져가는 미국의 기업가 정신에 신선한 충격을 안겨주었다"는 것이다.[97]

그 신선한 충격의 본질은 모험심이지만, 거칠게 말하자면 도박가 기질이다. 이른바 '할리우드 방식'이다. 두말할 필요 없이, 할리우드는 흥행 산업이다. 모험 산업이기도 하고 도박 산업이기도 하다. 이를 터너는 다음과 같이 실감나게 표현했다. "영화 사업은 마음 약한 사람이 할 일은 아니다. 영화 한 편에 4,000만 달러를 들여 10개의 영화를 만든다면, 그중 한 편만이 돈을 벌 수 있다. 도박꾼의 심장과 마음이 있어야 한다."[98]

렉 휘태커Reg Whitaker는 미국인들 중 많은 사람에게 하나의 이념이 존재하고 있는데, 그것은 '프런티어 자본주의frontier capitalism' 혹은 거친 개인주의로서 가장 잘 묘사될 수 있다고 말한다. 그 자아상은 6연발총과 동등한 동시대 무기인 고속모뎀으로 무장하고 최첨단 문명의 바깥에 서 있는 외로운 프런티어 개척자의 모습이라는 것이다.[99]

물론 CNN도 처음엔 외로운 프런티어 개척자의 모습 그 자체였다. 터너 스스로 밝혔듯이, "CNN을 탄생시킨 것은 도박이었다. 모든 것이 도박이었다. 태양은 내일이라도 하늘에서 떨어질지 모른다. 비행기는 추락할 수도 있다. 전기불도 나갈 수 있다. 인생은 도박인 것이다."[100]

희대의 도박가라도 권력에서 멀어지면, 사람이 겸손해지는 법이다. 터너는 과거에 "기독교는 패자들을 위한 종교"라느니, 낙태 반대론자들은 "멍청이들bozos"이라느니 하는 독설들을 날렸지만, 2000년대 후반엔 다른 모습을 보이기 시작했다. 그는 2008년 MSNBC 인터뷰에서 자신은 더는 무신론자가 아니며, 아픈 친구들을 위해 기도한다고 말했다.

이제 남은 그의 관심사는 환경보호운동이다. 그는 2011년 케이블업계의 거물인 존 멀론John C. Malone에 의해 추월당하기 전까지 개인 지주로선 미국 제1의 땅 부자였다. 그는 "개발로부터 이 세상의 일부라도 구해내기 위한 자구책의 하나"로 땅을 사들인다고 했다.[101]

주로 서부와 남부에 있는 목장들인데, 그 면적이 200만 에이커(8,100제곱킬로미터)에 이른다. 한국의 전라북도(8,061제곱킬로미터)에 해당하는 면적이다. 그는 이 목장들에서 아메리칸 들소bison 5만 마리를 키우는데, 이 고기를 사용하는 레스토랑 체인 테즈 몬타나 그릴Ted's Montana Grill을 운영하고 있다.[102] 이와 관련, 2012년 2월 다음과 같은 외신이 전해졌다.

"CNN 방송의 설립자 테드 터너는 사우스다코타주에 있는 그의 물소 목장 가까이 통과하게 될 키스톤 송유관의 건설에 반대한다고 CNN이 최근 보도했다. 이 송유관은 캐나다 앨버타 지방의 석유를 몬태나주, 네브라스카주와 사우스다코타주를 거쳐 멕시코만 해안 지역으로 공급할 예정이고 사우스다코타주의 피에르 서남쪽에는 5만 7,000ha 규모에 이르는 터너의 물소 목장이 있다. 이 목장의 관리인 톰 르페브는 『래피드시티저널』 기자에게 이 송유관이 농장으로 흐르는 강을 통과한다고 말했다."[103]

크다는 것이 어떤 것인지를 느껴보고 싶은 욕망으로 질주해온 터너는 이제 자연으로 돌아가 죽는 날까지 자연의 경이 앞에서 인간이 얼마나 작은 존재인가를 원 없이 깨닫고 또 깨닫게 될 게 틀림없다. 아버지의 병을 이어받은 그가 부디 자살로 생을 마감하지 않기를 바랄 뿐이다. 자신의 분신으로 남은 CNN에서 긍지를 만끽하는 동시에 위로를 찾으면서 말이다.

주

제1장 왜 저널리즘이 민주주의를 결정하는가? 월터 리프먼

1 Adlen Whitman, 「Walter Lippmann, Political Analyst, Dead at 85」, 『New York Times』, December 15, 1974.

2 James Reston, 「His Thought and Writings Are Very Much Alive Today」, 『New York Times』, December 15, 1974.

3 허버트 알철(J. Herbert Altschull), 양승목 옮김, 『현대언론사상사: 밀턴에서 맥루한까지』(나남, 1990/1993), 565쪽.

4 박승관, 「언론은 참된 여론과 건강한 민주주의를 만들 수 있는가?: 월터 리프만」, 『여론』, 박명규 외, 『사회과학 명저 재발견 2』(서울대학교출판문화원, 2011), 46쪽.

5 허버트 알철(J. Herbert Altschull), 양승목 옮김, 『현대언론사상사: 밀턴에서 맥루한까지』(나남, 1990/1993), 564쪽.

6 리프먼을 다룬 국내 논문은 3~4편에 불과하다. 정치학에선 그의 정치 평론, 철학에선 그의 공공 철학(public philosophy), 언론학에선 의사소통과 관련된 논문이 있을 뿐이다. 김대영, 「법과 정치: 리프만의 정치 평론에 나타나는 보통법적 관점」, 『한국정치학회보』, 제37권1호(2003년 5월), 29~46쪽; 김대영, 「공론화를 위한 정치 평론의 두 전략: 비판전략과 매개전략」, 『한국정치학회보』, 제38권2호(2004년 6월), 117~141쪽; 성현창, 「미국의 공공철학」, 『철학논총』, 제71권(2013년 1월), 187~210쪽; 이준웅 외, 「공공 화법과 토론 교육이 의사소통 능력, 토론 효용감, 시민성에 미치는 효과」, 『한국언론학보』, 제51권1호(2007년 2월), 144~171쪽.

7 허버트 알철(J. Herbert Altschull), 양승목 옮김, 『현대언론사상사: 밀턴에서 맥루한까지』(나남, 1990/1993), 568쪽.

8 허버트 알철(J. Herbert Altschull), 양승목 옮김, 『현대언론사상사: 밀턴에서 맥루한까지』(나남, 1990/1993), 568쪽.

9 Joseph Kraft, 「Crowds and Power」, 『New Republic』, January 27, 1986, p.34.

10 Ronald Steel, 『Walter Lippmann and the American Century』(Boston, MA.: Little, Brown, 1980), p.27.

11   Ronald Steel, 『Walter Lippmann and the American Century』(Boston, MA.: Little, Brown, 1980), p.40; 허버트 알철(J. Herbert Altschull), 양승목 옮김, 『현대언론사상사: 밀턴에서 맥루한까지』(나남, 1990/1993), 565쪽.

12   Ronald Steel, 『Walter Lippmann and the American Century』(Boston, MA.: Little, Brown, 1980), p.214.

13   Anthony Lewis, 「The Mysteries of Mr. Lippmann」, 『The New York Review』, Oct 9, 1980, p.3.

14   마이클 샌델(Michael J. Sandel), 안규남 옮김, 『민주주의의 불만: 무엇이 민주주의를 뒤흔들고 있는가』(동녘, 1996/2012), 280~281쪽.

15   마이클 샌델(Michael J. Sandel), 안규남 옮김, 『민주주의의 불만: 무엇이 민주주의를 뒤흔들고 있는가』(동녘, 1996/2012), 300~301쪽.

16   「Lippmann, Walter」, 『Current Biography』, 1962 ed., p.265.

17   Robert E. Herzstein, 『Henry R. Luce: A Political Portrait of the Man Who Created the American Century』(New York: Charles Scribner's Sons, 1994), p.122.

18   Michael Schudson, 『The Good Citizen: A History of American Civic Life』(New York: The Free Press, 1998), p.212; 크리스 헤지스(Chris Hedges), 노정태 옮김, 『진보의 몰락: 누가 진보를 죽였는가』(프런티어, 2010/2013), 130쪽.

19   브렛 밀스(Brett Mills)·데이비드 M. 발로우(David M. Barlow), 권상희 편역, 『미디어 이론 1: 미디어 사상, 연구 방법, 콘텍스트 이론』(글로벌콘텐츠, 2012/2016), 120쪽; 멜빈 드플레르(Melvin L. DeFleur), 권상희 옮김, 『매스커뮤니케이션 이론』(성균관대학교출판부, 2010/2012), 214~215쪽.

20   Harold J. Laski, 「Labor and Liberty」, 『Nation』, May 1, 1920.

21   Walter Lippmann, 『Liberty and the News』(New York: Harcourt, Brace and Howe, 1920), p.47.

22   Walter Lippmann, 『Liberty and the News』(New York: Harcourt, Brace and Howe, 1920), p.104; Paul Starr, 『The Creation of the Media: Political Origins of Modern Communications』(New York: Basic Books, 2004), p.397.

23   Walter Lippmann & Charles Merz, 「A Test of News」, 『The New Republic』, August 4, 1920, pp.1~42.

24   Ronald Steel, 『Walter Lippmann and the American Century』(Boston, MA.: Little, Brown, 1980), p.283.

25   Walter Lippmann, 『Public Opinion』(New York: Free Press, 1922/1965), pp.54~55. 이 책의 번역본엔 월터 리프먼, 오정환 옮김, 『여론·환상의 대중』(동서문화사, 2011); 월터 리프먼, 이충훈 옮김, 『여론』(까치, 2012); 월터 리프먼, 이동근 옮김, 『여론』(아카넷, 2013) 등이 있다.

26   Walter Lippmann, 『Public Opinion』(New York: Free Press, 1922/1965), pp.226~229.

27   크리스 헤지스(Chris Hedges), 노정태 옮김, 『진보의 몰락: 누가 진보를 죽였는가』(프런티어, 2010/2013), 130쪽. 정보기술에 대해 매우 비판적인 프랭크 웹스터(Frank Webster)와 케빈 로빈스(Kevin Robins)는 1989년 『이론과 사회(Theory and Society)』에 발표한 「계획과 통제: 정보사회의 문화사(Plan and Control: Towards a Cultural History of the Information Society)」라는 논문에서 리프먼이야말로 프레더릭 테일러(Frederick Winslow Taylor, 1856~1915)의 과학적 경영의 원리를 공장을 떠나 사회·정치적 삶에 확대·적용한

인물이라고 주장했다. 과학적 경영의 모토와 선전 및 여론조사의 발전을 통해 사회의 계획과 통제는 정보자원과 정보기술의 이용에 의존하게 되었다는 것이다. 강정인, 『세계화, 정보화 그리고 민주주의』(문학과지성사, 1998), 145~146쪽.

28 James W. Carey, 「The Press and the Public Discourse」, 『The Center Magazine』, March 1987.

29 박승관, 「언론은 참된 여론과 건강한 민주주의를 만들 수 있는가?: 월터 리프만」, 『여론』, 박명규 외, 『사회과학 명저 재발견 2』(서울대학교출판문화원, 2011), 42~43쪽.

30 김영석, 「나와 이 책-월터 리프먼 『여론』」, 『경향신문』, 1991년 3월 23일, 22면.

31 엘리 패리저(Eli Pariser), 이현숙 · 이정태 옮김, 『생각 조종자들』(알키, 2011), 79~80쪽.

32 이준웅 외, 「공공 화법과 토론 교육이 의사소통 능력, 토론 효능감, 시민성에 미치는 효과」, 『한국언론학보』, 제51권1호(2007년 2월), 146쪽.

33 크리스토퍼 래시(Christopher Lasch), 이희재 옮김, 『진보의 착각: 당신이 진보라 부르는 것들에 관한 오해와 논쟁의 역사』(휴머니스트, 1991/2014), 428~429쪽.

34 Ronald Steel, 『Walter Lippmann and the American Century』(Boston, MA.: Little, Brown, 1980), p.212; Clarence Schettler, 『Public Opinion in American Society』(New York: Harper & Bothers, 1960), p.23.

35 Ronald Steel, 『Walter Lippmann and the American Century』(Boston, MA.: Little, Brown, 1980), pp.216~218.

36 Ronald Steel, 『Walter Lippmann and the American Century』(Boston, MA.: Little, Brown, 1980), p.259.

37 크리스토퍼 래시(Christopher Lasch), 이희재 옮김, 『진보의 착각: 당신이 진보라 부르는 것들에 관한 오해와 논쟁의 역사』(휴머니스트, 1991/2014), 419쪽.

38 Anthony Smith, 최정호 · 공용배 옮김, 『세계 신문의 역사』(나남, 1978/1990), 266쪽; 미첼 스티븐스(Mitchell Stephens), 이광재 · 이인희 옮김, 『뉴스의 역사』(황금가지, 1997/1999), 358~360쪽.

39 Ronald Steel, 『Walter Lippmann and the American Century』(Boston, MA.: Little, Brown, 1980), p.269.

40 Ronald Steel, 『Walter Lippmann and the American Century』(Boston, MA.: Little, Brown, 1980), p.274.

41 David Nasaw, 『The Chief: The Life of William Randolph Hearst』(New York: Houghton Mifflin, 2000/2001), pp.429~430.

42 David Halberstam, 『The Powers That Be』(New York: Dell, 1979), p.517.

43 Ronald Steel, 『Walter Lippmann and the American Century』(Boston, MA.: Little, Brown, 1980), p.277.

44 Arthur M. Schlesinger, Jr., 『The Coming of the New Deal』(Cambridge, MA: Houghton Mifflin, 1958).

45 Ronald Steel, 『Walter Lippmann and the American Century』(Boston, MA.: Little, Brown, 1980), p.322.

46 Ronald Steel, 『Walter Lippmann and the American Century』(Boston, MA.: Little, Brown, 1980), p.324.

47 Frederic Krome, 「From Liberal Philosophy to Conservative Ideology?: Walter Lippmann's Opposition to the New Deal」, 『Journal of American Culture』, 10:1(Spring 1987), pp.57~64.

48   cold war는 냉전(冷戰)이다. 총알과 폭탄이 난무하진 않지만, 언제든 그런 상황으로 치달을
      수 있는 적대적 긴장감과 군비 확장 등으로 대립하는 '차가운 전쟁'을 말한다. 영국 작가 조
      지 오웰(George Orwell, 1903~1950)이 1945년 10월 19일 영국 『트리뷴(Tribune)』에 쓴
      「당신과 원자폭탄(You and the Atomic Bomb)」이라는 글에서 '냉전'이란 말을 처음 사용
      했다. 그는 핵전쟁이라고 하는 위협의 그늘에서 살아가는 현실을 거론하면서, 이는 "평화 아
      닌 평화(peace that is no peace)"로 "영원한 냉전(a permanent 'cold war')"이라고 말
      했다. 금융인이자 프랭클린 루스벨트의 보좌관으로 루스벨트 시절에 뉴딜정책과 전시 경제
      정책 수립에 참여했던 버나드 바루크(Bernard Baruch, 1870~1965)도 최초 사용자들 중
      한 명으로 꼽힌다. 그는 1947년 4월 16일 사우스캐롤라이나의 의회에서 연설을 하면서 '냉
      전'이란 말을 사용했다. 칼럼니스트 월터 리프먼(Walter Lippmann, 1889~1974)은 1947년
      『냉전(Cold War)』이라는 제목의 책을 출간해 이 단어를 대중화시켰다. 그래서 cold war를
      리프먼이 만든 단어로 소개한 자료들이 적지 않다. Max Cryer, 『Common Phrases』(New
      York: Skyhorse, 2010), p.60; H. W. Fowler, 『A Dictionary of Modern English
      Usage』, 2nd ed.(New York: Oxford University Press, 1983), p.94; 「Cold War」,
      『Wikipedia』; 빌 브라이슨(Bill Bryson), 정경옥 옮김, 『빌 브라이슨 발칙한 영어산책: 엉뚱하
      고 발랄한 미국의 거의 모든 역사』(살림, 2009), 526쪽.

49   Leon V. Sigal, 『Reporters and Officials: The Organization and Politics of
      Newsmaking』(Lexington, MA: D. C. Heath and Company, 1973), p.78.

50   Ronald Steel, 『Walter Lippmann and the American Century』(Boston, MA.: Little,
      Brown, 1980), p.484; James Cross Giblin, 『The Rise and Fall of Senator Joe
      McCarthy』(New York: Houghton Mifflin, 2009), pp.198~199.

51   Ronald Steel, 『Walter Lippmann and the American Century』(Boston, MA.: Little,
      Brown, 1980), p.492.

52   Ronald Steel, 『Walter Lippmann and the American Century』(Boston, MA.: Little,
      Brown, 1980), pp.494~495.

53   Ronald Steel, 『Walter Lippmann and the American Century』(Boston, MA.: Little,
      Brown, 1980), pp.502~503.

54   Wilson Carey McWilliams, 「The Machiavellian as Moralist」, 『Democracy』,
      2:1(January 1982), p.104.

55   Ronald Steel, 『Walter Lippmann and the American Century』(Boston, MA.: Little,
      Brown, 1980), pp.516~517.

56   Fred Friendly, 『Due to Circumstances Beyond Our Control…』(New York: Vintage
      Books, 1967), pp.116~118.

57   Ronald Steel, 『Walter Lippmann and the American Century』(Boston, MA.: Little,
      Brown, 1980), p.518.

58   Ronald Steel, 『Walter Lippmann and the American Century』(Boston, MA.: Little,
      Brown, 1980), p.265.

59   Kenneth S. Lynn, 「Versions of Walter Lippmann」, 『Commentary』, October 1980,
      p.68.

60   Ronald Steel, 『Walter Lippmann and the American Century』(Boston, Mass.: Little,
      Brown, 1980), p.58.

61   Leon V. Sigal, 『Reporters and Officials: The Organization and Politics of
      Newsmaking』(Lexington, MA: D. C. Heath and Company, 1973), p.78; Richard

Wightman Fox, 「Detachment, Democracy & Dissent」, 『Commonweal』, November 17, 1980, p.633.

62 Ronald Steel, 「Walter Lippmann, 1889–1974」, 『New Republic』, December 28, 1974, p.6.

63 Robert E. Farrell, 「The Journalist Who Led the National Dialogue」, 『Business Week』, September 22, 1980, p.15.

64 Ronald Steel, 『Walter Lippmann and the American Century』(Boston, MA.: Little, Brown, 1980), p.572.

65 David Halberstam, 『The Powers That Be』(New York: Dell, 1979), pp.521~522.

66 Ronald Steel, 『Walter Lippmann and the American Century』(Boston, MA.: Little, Brown, 1980), p.539.

67 허버트 알철(J. Herbert Altschull), 양승목 옮김, 『현대언론사상사: 밀턴에서 맥루한까지』(나남, 1990/1993), 570쪽.

68 James W. Carey, 「The Mass Media and Critical Theory: An American View」, Michael Burgood, ed., 『Communication Yearbook 6』(Beverly Hills, CA.: Sage, 1982), pp.18~33.

69 Pierre Bourdieu, 「Public Opinion Does Not Exist」, Armand Mattelart and Seth Siegelaub, eds., 『Communication and Class Struggle. Vol.1 Capitalism, Imperialism』(New York: International General, 1979), pp.124~126.

70 Ronald Steel, 『Walter Lippmann and the American Century』(Boston, MA: Little, Brown, 1980), p.xiii.

71 Walter Lippmann, 『Liberty and the News』(New York: Harcourt, Brace and Howe, 1920), p.5.

제2장 왜 언론은 매카시즘의 공범이 되었는가? 조지프 매카시

1 David McLellen, 「McCarthy, Joseph Raymond」, 『Americana Encyclopedia』, p.557.

2 Robert Sherrill, 「The Trajectory of a Bumbler」, 『New York Times Book Review』, June 5, 1983, p.30; Ted Morgan, 『Reds: McCarthyism In Twentieth-Century America』(New York: Random House, 2003), p.338.

3 Robert Sherrill, 「The Trajectory of a Bumbler」, 『New York Times Book Review』, June 5, 1983, p.30.

4 David McLellen, 「McCarthy, Joseph Raymond」, 『Americana Encyclopedia』, p.557.

5 제임스 홀(James W. Hall), 임소연 옮김, 『베스트셀러는 어떻게 만들어지는가』(위너스북, 2012/2013), 149쪽; 데이비드 핼버스탬(David Halberstam), 김지원 옮김, 『데이비드 핼버스탬의 1950년대(하)』(세종연구원, 1993/1996), 228~229쪽.

6 David McLellen, 「McCarthy, Joseph Raymond」, 『Americana Encyclopedia』, p.557.

7 James Cross Giblin, 『The Rise and Fall of Senator Joe McCarthy』(New York: Houghton Mifflin, 2009), p.99; 「Joseph McCarthy」, 『Wikipedia』.

8 앤서니 서머스(Anthony Summers), 정형근 옮김, 『조작된 신화: 존 에드거 후버 I』(고려원, 1993/1995), 269~270쪽.

9 Barnet Baskerville, 「Joe McCarthy, Brief-Case Demagogue」, 『Today's Speech』,

2(September 1954), p.14.

10   Barnet Baskerville, 「Joe McCarthy, Brief-Case Demagogue」, 『Today's Speech』, 2(September 1954), p.14.

11   James Cross Giblin, 『The Rise and Fall of Senator Joe McCarthy』(New York: Houghton Mifflin, 2009), p.124.

12   David McLellen, 「McCarthy, Joseph Raymond」, 『Americana Encyclopedia』, p.557.

13   Barnet Baskerville, 「Joe McCarthy, Brief-Case Demagogue」, 『Today's Speech』, 2(September 1954), p.14; 로버트 그리피스(Robert Griffith), 하재룡 옮김, 『마녀사냥: 매카시/매카시즘』(백산서당, 1987/1997), 205쪽.

14   Edwin R. Bayley, 『Joe McCarthy and the Press』(New York: Pantheon Books, 1981), p.180.

15   Robert Sherrill, 「The Trajectory of a Bumbler」, 『New York Times Book Review』, June 5, 1983, p.31.

16   캐서린 그레이엄(Katharine Graham), 『뉴스위크』 한국판 뉴스팀 옮김, 『캐서린 그레이엄 자서전: 워싱턴 포스트와 나의 80년』(중앙일보, 1997), 239~240쪽.

17   Robert Sherrill, 「The Trajectory of a Bumbler」, 『New York Times Book Review』, June 5, 1983, p.31.

18   John G. Adams, 『Without Precedent: The Story of the Death of McCarthyism』(New York: 1983); Robert Sherrill, 「The Trajectory of a Bumbler」, 『New York Times Book Review』, June 5, 1983, p.31.

19   Robert Sherrill, 「The Trajectory of a Bumbler」, 『New York Times Book Review』, June 5, 1983, p.31.

20   Michael D. Murray, 「Persuasive Dimensions of See It Now's 'Report on Senator Joseph R. McCarthy'」, 『Today's Speech』, 23(Fall 1975).

21   Michael D. Murray, 「Persuasive Dimensions of See It Now's 'Report on Senator Joseph R. McCarthy'」, 『Today's Speech』, 23(Fall 1975).

22   Daniel J. Leab, 「See It Now: A Legend Reassessed」, John E. O'Connor, ed., 『American History/American Television: Interpreting the Video Past』(New York: Frederick Ungar, 1983), pp.19~20.

23   Edwin R. Bayley, 『Joe McCarthy and the Press』(New York: Pantheon Books, 1981), p.200.

24   Daniel J. Leab, 「See It Now: A Legend Reassessed」, John E. O'Connor, ed., 『American History/American Television: Interpreting the Video Past』(New York: Frederick Ungar, 1983), pp.19~20.

25   Edwin R. Bayley, 『Joe McCarthy and the Press』(New York: Pantheon Books, 1981), p.201.

26   Edwin R. Bayley, 『Joe McCarthy and the Press』(New York: Pantheon Books, 1981), p.176.

27   Edwin R. Bayley, 『Joe McCarthy and the Press』(New York: Pantheon Books, 1981), p.202.

28   Edwin R. Bayley, 『Joe McCarthy and the Press』(New York: Pantheon Books, 1981), p.203.

29   Edwin R. Bayley, 『Joe McCarthy and the Press』(New York: Pantheon Books,

1981), p.208.

30 Frederick W. Haberman et al., 「Views on the Army-McCarthy Hearings」, 『Quarterly Journal of Speech』, 41:1(February 1955), p.1.

31 Craig R. Smith, 「Zeal as a Function of Danger」, 『Today's Speech』, 16(February 1968), p.31.

32 커트 젠트리(Curt Gentry), 정형근 옮김, 『존 에드거 후버: 48년간 미국을 지배한 사나이 II』 (고려원, 1991/1992), 58쪽.

33 미국 공산당원의 숫자가 1944년 8만 명, 1956년 2만 명, 1962년 8,500명, 1971년 2,800명 으로 급감하는 추세를 보이자, 후버는 공산당원의 숫자를 공표하는 것을 중단시켰다. 그는 훗날 "내가 아니었다면 미국 공산당은 존재하지도 않았을 것이다. 나는 그들이 무엇을 하는 지 파악하기 위해 공산당에 돈을 대주었기 때문이다"고 했고, 말년엔 부하인 윌리엄 설리번 (William C. Sullivan, 1912~1977)에게 "공산당을 계속 평가절하하면 의회로부터 예산을 따 낼 수 있다고 생각하느냐"고 소리쳤다. 앤서니 서머스(Anthony Summers), 정형근 옮김, 『조작된 신화: 존 에드거 후버 I』(고려원, 1993/1995), 288~289쪽.

34 커트 젠트리(Curt Gentry), 정형근 옮김, 『존 에드거 후버: 48년간 미국을 지배한 사나이 II』 (고려원, 1991/1992), 58~60쪽.

35 Peter Collier & David Horowitz, 「McCarthyism: The Last Refuge of the Left」, 『Commentary』, 85:1(January 1988), p.39.

36 커트 젠트리(Curt Gentry), 정형근 옮김, 『존 에드거 후버: 48년간 미국을 지배한 사나이 II』 (고려원, 1991/1992), 58~60쪽.

37 밥 돌(Bob Dole), 김병찬 옮김, 『대통령의 위트: 조지 워싱턴에서 부시까지』(아테네, 2007), 272쪽.

38 커트 젠트리(Curt Gentry), 정형근 옮김, 『존 에드거 후버: 48년간 미국을 지배한 사나이 II』 (고려원, 1991/1992), 61쪽.

39 Fred Barnes, 「Standing Pat」, 『New Republic』, 13 May, 1985, pp.10~12; Evan Thomas, 「In the Defense of Liberty: Buchanan Scorns Moderation」, 『Time』, 17 March, 1986, pp. 25~26.

40 Tim Vanderbilt & Scott Sherman, 「America Needs Another McCarthy, Followers Say」, 『The Daily Cardinal』, May 4, 1987, p.8.

41 앤 코울터(Ann Coulter), 이상돈·최일성 옮김, 『반역: 냉전에서 테러와의 전쟁에 이르는 진 보주의자들의 반역 행위』(경덕출판사, 2003/2008), 28~29쪽.

42 Barnet Baskerville, 「Joe McCarthy, Brief-Case Demagogue」, 『Today's Speech』, 2(September 1954), p.14.

43 Robert Sherrill, 「The Trajectory of a Bumbler」, 『New York Times Book Review』, June 5, 1983, p.30.

44 「Catholics and McCarthy」, 『Commonweal』, December 10, 1954, pp.276~277.

45 「Catholics, Non-Catholics, and Senator McCarthy」, 『Commonweal』, April 2, 1954, p.639.

46 특히 자신의 보좌관인 로이 콘과의 동성애 소문이 크게 났었는데, 콘은 나중에 변호사로 성 공해 도널드 트럼프(Donald Trump, 1946~)를 고객으로 두기도 했고 유명 여성 앵커인 바 버라 월터스(Barbara Walters, 1929~)와 데이트를 하기도 했지만 평생 독신으로 지내다가 1986년 AIDS로 사망했다.

47 James Cross Giblin, 『The Rise and Fall of Senator Joe McCarthy』(New York:

Houghton Mifflin, 2009), pp.147, 176, 268; David M. Oshinsky, 『A Conspiracy So Immense: The World of Joe McCarthy』(New York: Oxford University Press, 2005), pp.310~311; 「Joseph McCarthy」, 『Wikipedia』; Ronald Steel, 『Walter Lippmann and the American Century』(Boston, MA.: Little, Brown, 1980), p.521.

48   William H. Chafe, 『The Unfinished Journey: America Since World War II』(New York: Oxford University Press, 1986); Laurence Leamer, 『The Kennedy Man 1901- 1963: The Laws of the Father』(New York: William Morrow, 2001); 프레드 그린슈타인 (Fred I. Greenstein), 김기휘 옮김, 『위대한 대통령은 무엇이 다른가』(위즈덤하우스, 2000).

49   오치 미치오, 곽해선 옮김, 『와스프: 미국의 엘리트는 어떻게 만들어지는가』(살림, 1998/ 1999).

50   데이비드 핼버스탬(David Halberstam), 김지원 옮김, 『데이비드 핼버스탬의 1950년대(하)』 (세종연구원, 1993/1996), 217쪽.

51   앤 코울터(Ann Coulter), 이상돈 · 최일성 옮김, 『반역: 냉전에서 테러와의 전쟁에 이르는 진 보주의자들의 반역 행위』(경덕출판사, 2003/2008), 127쪽.

52   안윤모, 『미국 민중주의의 역사』(이화여자대학교출판부, 2006), 256쪽.

53   안윤모, 『미국 민중주의의 역사』(이화여자대학교출판부, 2006), 214, 253~256쪽; 안윤모, 「매카시즘 해석의 문제」, 『미국사 연구』, 3권(1995년 12월), 227~244쪽; 안윤모, 「매카시즘 의 우파 대중주의적 성격」, 『미국사 연구』, 8권(1998년 11월), 285~307쪽.

54   흥미롭게도 트럼프의 부상에 대해서도 매카시의 경우처럼 언론 책임론이 제기되었다. 2016년 5월 2일 1980년대 미국 뉴욕의 타블로이드 신문 『뉴욕포스트』 기자를 지낸 수전 멀케이 (Susan Mulcahy)는 정치 전문지 『폴리티코』에 "고백할 것이 있는데, 부디 나를 (총으로) 쏘 지는 말아달라"며 "나도 트럼프 신화를 만드는 데 일조했다. 정말 정말 미안하다"고 털어놓 았다. 멀케이는 트럼프를 취재했던 기억을 떠올리며 "그는 병적으로 거짓말을 했고, 그가 내 뱉는 말의 팩트(사실)를 일일이 체크하느라 오랜 시간이 걸렸다"며 "그때는 몰랐지만 기사를 쓸 때마다 트럼프를 뉴욕의 아이콘으로 만들고 있었다"고 말했다. 사실 타블로이드 언론들은 트럼프를 기사의 소재로 삼으면 '장사'가 되었기 때문에 트럼프가 사들인 부동산부터 화려한 사생활, 스캔들에 이르기까지 경쟁적으로 보도했다. 『폴리티코』는 "1970~1990년대 타블로 이드 언론에서 시사와 엔터테인먼트의 경계가 모호해졌고, 트럼프는 주목을 끌기에 적당한 인물이었다"고 지적했다. 김유진, 「"미안하다, 나도 트럼프 띄워" 뉴욕 언론인들 '때늦은 후 회」, 『경향신문』, 2016년 5월 4일.

55   Robert Sherrill, 「The Trajectory of a Bumbler」, 『New York Times Book Review』, June 5, 1983, p.31.

56   George Seldes, 「New War on the Press: 'Reform' from the Right」, 『Nation』, February 5, 1955, p.114.

57   David Nasaw, 『The Chief: The Life of William Randolph Hearst』(New York: Houghton Mifflin, 2000/2001), pp.596~597.

58   Barnet Baskerville, 「Joe McCarthy, Brief-Case Demagogue」, 『Today's Speech』, 2(September 1954), p.11.

59   David M. Oshinsky, 『A Conspiracy So Immense: The World of Joe McCarthy』 (New York: Oxford University Press, 2005), pp.179~182.

60   캐서린 그레이엄(Katharine Graham), 『뉴스위크』 한국판 뉴스팀 옮김, 『캐서린 그레이엄 자서전: 워싱턴 포스트와 나의 80년』(중앙일보, 1997), 236쪽.

61   Edwin R. Bayley, 『Joe McCarthy and the Press』(New York: Pantheon Books,

1981), p.177.

62 George Seldes, 「New War on the Press: 'Reform' from the Right」, 『Nation』, February 5, 1955, p.114.

63 Barnet Baskerville, 「Joe McCarthy, Brief-Case Demagogue」, 『Today's Speech』, 2(September 1954), p.15.

64 Michael O'Brien, 「Robert Fleming, Senator McCarthy and the Myth of the Marine Hero」, 『Jouranlism Quarterly』, 50(1974), p.48.

65 Michael O'Brien, 「Robert Fleming, Senator McCarthy and the Myth of the Marine Hero」, 『Jouranlism Quarterly』, 50(1974), p.49.

66 Robert Sherrill, 「The Trajectory of a Bumbler」, 『New York Times Book Review』, June 5, 1983, p.30.

67 Michael O'Brien, 「Robert Fleming, Senator McCarthy and the Myth of the Marine Hero」, 『Jouranlism Quarterly』, 50(1974), pp.48, 53.

68 Barnet Baskerville, 「Joe McCarthy, Brief-Case Demagogue」, 『Today's Speech』, 2(September 1954), p.9.

69 Robert Sherrill, 「The Trajectory of a Bumbler」, 『New York Times Book Review』, June 5, 1983, p.31.

70 Hornell Hart, 「McCarthyism versus Democracy」, 『New Republic』, February 25, 1952.

71 Willard H. Pedrick, 「Senator McCarthy and the Law of Libel: A Study of Two Campaign Speeches」, 『Northwestern University Law Review』, May-June 1953, pp.135~184.

72 Robert Sherrill, 「The Trajectory of a Bumbler」, 『New York Times Book Review』, June 5, 1983, p.30.

73 Barnet Baskerville, 「Joe McCarthy, Brief-Case Demagogue」, 『Today's Speech』, 2(September 1954), p.13.

74 Barnet Baskerville, 「Joe McCarthy, Brief-Case Demagogue」, 『Today's Speech』, 2(September 1954), p.12.

75 Barnet Baskerville, 「Joe McCarthy, Brief-Case Demagogue」, 『Today's Speech』, 2(September 1954), p.10.

76 Barnet Baskerville, 「Joe McCarthy, Brief-Case Demagogue」, 『Today's Speech』, 2(September 1954), pp.10~11.

77 Barnet Baskerville, 「Joe McCarthy, Brief-Case Demagogue」, 『Today's Speech』, 2(September 1954), p.11.

78 James Aronson, 「Interpretive Reporting」, 『Nation』, May 1, 1982, p.532.

79 Barnet Baskerville, 「Joe McCarthy, Brief-Case Demagogue」, 『Today's Speech』, 2(September 1954), p.14.

80 Edwin R. Bayley, 『Joe McCarthy and the Press』(New York: Pantheon Books, 1981), pp.8~9.

81 Edwin R. Bayley, 『Joe McCarthy and the Press』(New York: Pantheon Books, 1981), p.73.

82 Edwin R. Bayley, 『Joe McCarthy and the Press』(New York: Pantheon Books, 1981), pp.69~71; David M. Oshinsky, 『A Conspiracy So Immense: The World of

Joe McCarthy』(New York: Oxford University Press, 2005), pp.188~189.

83 Edwin R. Bayley, 『Joe McCarthy and the Press』(New York: Pantheon Books, 1981), p.70.

84 데이비드 핼버스탬(David Halberstam), 김지원 옮김, 『데이비드 핼버스탬의 1950년대(하)』 (세종연구원, 1993/1996), 219쪽.

85 대니엘 J. 부어스틴(Daniel J. Boorstin), 이보형 외 옮김, 『미국사의 숨은 이야기』(범양사출판부, 1989/1991), 381쪽.

86 허버트 알철(J. Herbert Altschull), 양승목 옮김, 『현대언론사상사: 밀턴에서 맥루한까지』(나남, 1990/1993), 577~578쪽.

87 허버트 알철(J. Herbert Altschull), 양승목 옮김, 『현대언론사상사: 밀턴에서 맥루한까지』(나남, 1990/1993), 579쪽.

88 Edwin R. Bayley, 『Joe McCarthy and the Press』(New York: Pantheon Books, 1981), p.75.

89 Edwin R. Bayley, 『Joe McCarthy and the Press』(New York: Pantheon Books, 1981), pp.76~77.

90 Edwin R. Bayley, 『Joe McCarthy and the Press』(New York: Pantheon Books, 1981), p.79.

91 James Aronson, 「Interpretive Reporting」, 『Nation』, May 1, 1982, p.532.

92 James Cross Giblin, 『The Rise and Fall of Senator Joe McCarthy』(New York: Houghton Mifflin, 2009), p.268.

93 Arthur Kroker, 「Economic McCarthyism」, 『Canadian Journal of Political and Social Theory』, 6:3(Fall 1982), pp.5~10.

94 Peter Collier & David Horowitz, 「McCarthyism: The Last Refuge of the Left」, 『Commentary』, 85:1(January 1988), p.36.

95 Peter Collier & David Horowitz, 「McCarthyism: The Last Refuge of the Left」, 『Commentary』, 85:1(January 1988), pp.36~41.

96 Edwin R. Bayley, 『Joe McCarthy and the Press』(New York: Pantheon Books, 1981), p.84.

97 Edwin R. Bayley, 『Joe McCarthy and the Press』(New York: Pantheon Books, 1981), p.86.

98 Brendan Nyhan, 「When 'he said,' 'she said' is dangerous」, 『Columbia Journalism Review』, July 16, 2013.

제3장 왜 미디어가 메시지인가? 마셜 매클루언

1 영어에서는 미디엄(medium)의 복수가 미디어(media)이나 여기에서는 미디어라는 단어가 외래어로 널리 사용되고 있는 이상 우리말의 용법에 따라 단복수를 구별하지 않고 미디엄이라고 써야 할 경우에도 미디어로 쓰기로 한다. 아울러 '매체'라는 번역어도 동시에 사용한다.

2 헨리 젠킨스(Henry Jenkins), 김정희원 · 김동신 옮김, 『컨버전스 컬처』(비즈앤비즈, 2006/2008), 28쪽.

3 김용권, 「환경으로서의 언어— '맥루한 이론' 시비」, 『시사영어연구』, 1968년 4월, 60쪽.

4 이강수, 「電子時代에 있어서의 新聞: 맥루한의 新聞媒體論」, 『관훈저널』, 17권(1969년 12월),

72~78쪽.

5   아서 아사 버거(Arthur Asa Berger), 이영주 · 이설희 옮김, 『커뮤니케이션의 이해, 이론과
     사상』(커뮤니케이션북스, 2006/2012), 138~139쪽.

6   이남호, 「맥루한과의 불편한 대화: 전자시대의 문화와 문학」, 임상원 외, 『매체 · 역사 · 근대
     성』(나남, 2004), 87쪽.

7   Daniel J. Czitrom, 『Media and the American Mind: From Morse to McLuhan』
     (Chapel Hill: University of North Carolina Press, 1982), p.166; 톰 울프(Tom Wolfe),
     「서문」, 스테파니 매클루언(Stephanie McLuhan) & 데이비드 스테인즈(David Staines), 김
     정태 옮김, 『매클루언의 이해: 그의 강연과 대담』(커뮤니케이션북스, 2003/2008), viii~xii쪽.

8   Daniel J. Czitrom, 『Media and the American Mind: From Morse to McLuhan』
     (Chapel Hill: University of North Carolina Press, 1982), p.167.

9   아서 아사 버거(Arthur Asa Berger)는 이 책을 '기호학'으로 간주한다. "매클루언은 일반적
     으로 기호학자로 간주되지는 않는다. 하지만 나는 이 책이 미국 상업 문화에 관해 기호학적
     으로 정통한 연구임을 주장하려 한다. 그가 거기서 '기호학'이라는 용어를 사용하지 않았다
     고 해도 말이다." 아서 아사 버거(Arthur Asa Berger), 『애착의 대상: 기호학과 소비문화』
     (커뮤니케이션북스, 2010/2011), 12쪽. 이 책의 번역본으로는 박정순 옮김, 『기계신부: 산업
     사회 인간의 민속설화』(커뮤니케이션북스, 1951/2015)가 있다.

10   James W. Carey, 「Harold Adams Innis and Marshall McLuhan」, Raymond
     Rosenthal, ed. 『McLuhan: Pro & Con』(New York: Funk & Wagnalls, 1968) 참고.

11   「Marshall McLuhan」, 『Wikipedia』.

12   허버트 알철(J. Herbert Altschull), 양승목 옮김, 『현대언론사상사: 밀턴에서 맥루한까지』(나
     남, 1990/1993), 621쪽.

13   James W. Carey, 「McLuhan and Mumford: The Roots of Modern Media Analysis」,
     『Journal of Communication』, 31:3(Summer 1981), p.177.

14   Sidney Finkelstein, 『Sense and Nonsense of McLuhan』(New York: International
     Publishers, 1968) 참고.

15   Richard Kostelanetz, 「Marshall McLuhan: High Priest of the Electronic Village」,
     Thomas H. Ohlgren and Lynn M. Berk, eds. 『The New Languages: A Rhetorical
     Approach to the Mass Media and Popular Culture』(Englewood Cliffs, N.J.:
     Prentice-Hall, 1977), pp.15~17.

16   Richard Kostelanetz, 「Marshall McLuhan: High Priest of the Electronic Village」,
     Thomas H. Ohlgren and Lynn M. Berk, eds. 『The New Languages: A Rhetorical
     Approach to the Mass Media and Popular Culture』(Englewood Cliffs, N.J.:
     Prentice-Hall, 1977), p.21.

17   Marshall McLuhan, 『The Gutenberg Galaxy: The Making of Typographic Man』
     (New York: Signet Book, 1962/1969), p.282; 마샬 맥루한(Marshall McLuhan), 임상원
     옮김, 『구텐베르크 은하계: 활자인간의 형성』(커뮤니케이션북스, 1962/2001), 229~233,
     400~403쪽; Richard Kostelanetz, 「Marshall McLuhan: High Priest of the Electronic
     Village」, Thomas H. Ohlgren and Lynn M. Berk, eds. 『The New Languages: A
     Rhetorical Approach to the Mass Media and Popular Culture』(Englewood Cliffs,
     NJ: Prentice-Hall, 1977), p.16; James W. Carey, 「Harold Adams Innis and Marshall
     McLuhan」, Raymond Rosenthal, ed. 『McLuhan: Pro & Con』(New York: Funk &
     Wagnalls, 1968), p.286.

18 Daniel J. Czitrom, 『Media and the American Mind: From Morse to McLuhan』 (Chapel Hill: University of North Carolina Press, 1982), p.178.

19 Richard Kostelanetz, 「Marshall McLuhan: High Priest of the Electronic Village」, Thomas H. Ohlgren and Lynn M. Berk, eds. 『The New Languages: A Rhetorical Approach to the Mass Media and Popular Culture』(Englewood Cliffs, N.J.: Prentice-Hall, 1977), pp.16~17.

20 Daniel J. Czitrom, 『Media and the American Mind: From Morse to McLuhan』 (Chapel Hill: University of North Carolina Press, 1982), p.177.

21 Richard Kostelanetz, 「Marshall McLuhan: High Priest of the Electronic Village」, Thomas H. Ohlgren and Lynn M. Berk, eds. 『The New Languages: A Rhetorical Approach to the Mass Media and Popular Culture』(Englewood Cliffs, N.J.: Prentice-Hall, 1977), p.16.

22 Richard Kostelanetz, 「Marshall McLuhan: High Priest of the Electronic Village」, Thomas H. Ohlgren and Lynn M. Berk, eds. 『The New Languages: A Rhetorical Approach to the Mass Media and Popular Culture』(Englewood Cliffs, N.J.: Prentice-Hall, 1977), p.21.

23 Marjorie Ferguson, 「Marshall McLuhan Revisited: 1960s Zeitgeist Victim or Pioneer Postmodernist?」, 『Media, Culture and Society』, 13(1991), pp.71~72.

24 Daniel J. Czitrom, 『Media and the American Mind: From Morse to McLuhan』 (Chapel Hill: University of North Carolina Press, 1982), p.177.

25 강준만, 「왜 어느 소방대원은 상습적인 방화를 저질렀을까?: 파킨슨의 법칙」, 『감정독재: 세상을 꿰뚫는 50가지 이론』(인물과사상사, 2013), 296~300쪽 참고.

26 마셜 맥루언(Marshall McLuhan), 김성기 · 이한우 옮김, 『미디어의 이해: 인간의 확장』(민음사, 1964/2002), 366~367쪽.

27 Marshall McLuhan and Quentin Fiore, 『Medium Is the Massage: An Inventory of Effects』(New York: Bantam, 1967), p.26.

28 더글러스 코플런드(Douglas Coupland), 김승진 옮김, 『맥루언 행성으로 들어가다: 마셜 맥루언의 삶과 미디어 철학』(민음사, 2009/2013), 174쪽.

29 김균 · 정연교, 『맥루언을 읽는다: 마셜 맥루언의 생애와 사상』(궁리, 2006), 263쪽.

30 Marjorie Ferguson, 「Marshall McLuhan Revisited: 1960s Zeitgeist Victim or Pioneer Postmodernist?」, 『Media, Culture and Society』, 13(1991), p.76.

31 티머시 리어리(Timothy Leary), 김아롱 옮김, 『플래시백: 회상과 환각 사이, 20세기 대항문화 연대기』(이매진, 1990/2012), 383~384쪽.

32 Marshall McLuhan, 박정규 옮김, 『미디어의 이해: 인간의 확장』(커뮤니케이션북스, 1997), 455쪽.

33 Marshall McLuhan & Quentin Fiore, 김진홍 옮김, 『미디어는 맛사지다』(열화당, 1988), 125쪽.

34 Marshall McLuhan, 박정규 옮김, 『미디어의 이해: 인간의 확장』(커뮤니케이션북스, 1997), 54쪽; 엠 그리핀(Em Griffin), 김동윤 · 오소현 옮김, 『첫눈에 반한 커뮤니케이션 이론』(커뮤니케이션북스, 2012), 496쪽.

35 Marshall McLuhan, 박정규 옮김, 『미디어의 이해: 인간의 확장』(커뮤니케이션북스, 1964/1997), 468쪽.

36 Marshall McLuhan, 『Understanding Media: The Extensions of Man』(New York:

McGraw-Hill, 1964/1965), p.312.

37 Marshall McLuhan and Quentin Fiore, 『Medium Is the Massage: An Inventory of Effects』(New York: Bantam, 1967), p.128.

38 Marshall McLuhan, 『Understanding Media: The Extensions of Man』(New York: McGraw-Hill, 1964/1965), p.317.

39 Marshall McLuhan, 『Understanding Media: The Extensions of Man』(New York: McGraw-Hill, 1964/1965), pp.318, 320.

40 Marshall McLuhan, 『Understanding Media: The Extensions of Man』(New York: McGraw-Hill, 1964/1965), p.310.

41 Richard Kostelanetz, 「Marshall McLuhan: High Priest of the Electronic Village」, Thomas H. Ohlgren and Lynn M. Berk, eds. 『The New Languages: A Rhetorical Approach to the Mass Media and Popular Culture』(Englewood Cliffs, N.J.: Prentice-Hall, 1977), p.19.

42 Marshall McLuhan, 『Understanding Media: The Extensions of Man』(New York: McGraw-Hill, 1964/1965), p.310.

43 Marshall McLuhan, 『Understanding Media: The Extensions of Man』(New York: McGraw-Hill, 1964/1965), pp.330~331.

44 Samuel L. Becker, 「Presidential Power: The Influence of Broadcasting」, 『Quarterly Journal of Speech』, 47(February 1961), pp.10~18; Peter E. Kane, 「Evaluating the "Great Debates"」, 『Western Speech』, 30(Spring 1966), pp.89~96; Joe McGinniss, 『The Selling of the President 1968』(New York: Pocket Books, 1969).

45 Raymond Williams, 『The Year 2000』(New York: Pantheon Books, 1983), p.133.

46 Raymond Williams, 『Television: Technology and Cultural Form』(New York: Schocken Books, 1974/1975), p.128.

47 김상호, 「마샬 맥루한의 은하계: 맥루한의 매체 이론에 관한 소고」, 임상원 외, 『매체·역사·근대성』(나남, 2004), 52~53, 79쪽.

48 토드 기틀린, 남재일 옮김, 『무한 미디어: 미디어 독재와 일상의 종말』(Human & Books, 2006), 22~23쪽.

49 니콜라스 카(Nicholas Carr), 최지향 옮김, 『생각하지 않는 사람들: 인터넷이 우리의 뇌 구조를 바꾸고 있다』(청림출판, 2010/2011), 9~10쪽

50 니콜라스 카(Nicholas Carr), 최지향 옮김, 『생각하지 않는 사람들: 인터넷이 우리의 뇌 구조를 바꾸고 있다』(청림출판, 2010/2011), 39, 76쪽.

51 Tony Schwartz, 『The Responsive Chord』(Garden City, NY: Doubleday, 1973), p.22.

52 김경용, 「미샬 맥루힌 이해: 이론과 은유 시이에시」, 『현디사상』, 창긴호(1997년 봄), 79쪽.

53 김균·정연교, 『맥루언을 읽는다: 마셜 맥루언의 생애와 사상』(궁리, 2006), 101~104쪽.

54 정희진, 「미디어는 몸의 확장이다」, 『한겨레』, 2015년 5월 2일.

55 더글러스 코플런드(Douglas Coupland), 김승진 옮김, 『맥루언 행성으로 들어가다: 마셜 맥루언의 삶과 미디어 철학』(민음사, 2009/2013), 57~58쪽.

56 김균·정연교, 『맥루언을 읽는다: 마셜 맥루언의 생애와 사상』(궁리, 2006), 265쪽.

57 허버트 알철(J. Herbert Altschull), 양승목 옮김, 『현대언론사상사: 밀턴에서 맥루한까지』(나남, 1990/1993), 616쪽.

58 Jacques Ellul, trans. John Wilkinson, 『The Technological Society』(New York: Vintage Books, 1964), pp.329~330.

59 필립 마샨드(Phillip Marchand), 권희정 옮김, 『마셜 맥루언: 미디어 시대의 예언자』(소피아, 1989/2006), 320~325쪽.

60 제임스 B. 트위첼(James B. Twitchell), 김철호 옮김, 『욕망, 광고, 소비의 문화사』(청년사, 2000/2001), 160쪽.

61 John Fekete, 「Massage in the Mass Age: Remembering the McLuhan Matrix」, 『Canadian Journal of Political and Social Theory』, 6:3(Fall 1982), p.51.

62 톰 울프(Tom Wolfe), 「서문」, 스테파니 매클루언(Stephanie McLuhan)·데이비드 스테인즈(David Staines), 김정태 옮김, 『매클루언의 이해: 그의 강연과 대담』(커뮤니케이션북스, 2003/2008), viii~xviii쪽; 케이시 맨 콩 럼(Casey Man Kong Lum) 엮음, 이동후 옮김, 『미디어 생태학 사상: 문화, 기술, 그리고 커뮤니케이션』(한나래, 2006/2008), 277쪽.

63 Joshua Meyrowitz, 『No Sense of Place: The Impact of Electronic Media on Social Behavior』(New York: Oxford University Press, 1985), p.21.

64 Marshall McLuhan, 『Understanding Media: The Extensions of Man』(New York: McGraw-Hill, 1964/1965), p.315.

65 이남호, 「맥루한과의 불편한 대화: 전자시대의 문화와 문학」, 임상원 외, 『매체·역사·근대성』(나남, 2004), 89쪽.

66 필립 마샨드(Phillip Marchand), 권희정 옮김, 『마셜 맥루언: 미디어 시대의 예언자』(소피아, 1989/2006), 346~348쪽.

67 W. Terrence Gordon, 『Marshall McLuhan: Escape into Understanding』(New York: BasicBooks, 1997), pp.225~226.

68 박기순, 「역자 후기」, 마샬 맥루한(Marshall McLuhan)·브루스 파워스(Bruce R. Powers), 박기순 옮김, 『지구촌: 21세기 인류의 삶과 미디어의 변화』(커뮤니케이션북스, 1998/2005), 238쪽.

69 George Steiner, 「On Reading Marshall McLuhan」, 『Language and Silence: Essays on Language, Literature, and the Inhuman』(New York: Atheneum, 1967), p.251.

70 크리스토퍼 호락스(Christopher Horrocks), 김영주·이원태 옮김, 『마셜 맥루한과 가상성』(이제이북스, 2000/2002), 20쪽.

71 Richard Kostelanetz, 「Marshall McLuhan: High Priest of the Electronic Village」, Thomas H. Ohlgren and Lynn M. Berk, eds. 『The New Languages: A Rhetorical Approach to the Mass Media and Popular Culture』(Englewood Cliffs, N.J.: Prentice-Hall, 1977), p.15.

72 Marjorie Ferguson, 「Marshall McLuhan Revisited: 1960s Zeitgeist Victim or Pioneer Postmodernist?」, 『Media, Culture and Society』, 13(1991), p.71.

73 피터 드러커(Peter Drucker), 이상두·최혁순 옮김, 『방관자의 시대』(범우사, 1979), 417~418쪽.

74 김균, 「마샬 맥루한의 커뮤니케이션 사상」, 『현대사상』, 창간호(1997년 봄), 104쪽.

75 백욱인, 「[평전, 사람으로 세상 읽기] 마셜 매클루언」, 『한국일보』, 2015년 12월 7일.

76 필립 마샨드(Phillip Marchand), 권희정 옮김, 『마셜 맥루언: 미디어 시대의 예언자』(소피아, 1989/2006), 201쪽.

77 매클루언의 오만하기까지 한 신념과 확신은 그가 개종한 가톨릭에서 나왔다고 보는 시각마저 있다. Marjorie Ferguson, 「Marshall McLuhan Revisited: 1960s Zeitgeist Victim or Pioneer Postmodernist?」, 『Media, Culture and Society』, 13(1991), p.74.

78 톰 울프(Tom Wolfe), 「서문」, 스테파니 매클루언(Stephanie McLuhan) · 데이비드 스테인 즈(David Staines), 김정태 옮김, 『매클루언의 이해: 그의 강연과 대담』(커뮤니케이션북스, 2003/2008), xxi쪽.

79 그간 발표된 논문은 약 30편이다(DBpia 검색 기준). 국내에서 매클루언이 어떤 식으로 연구 되고 있는지를 아는 데에 도움이 될 것 같아 논문 제목이나마 발표순으로 소개해보자면 다음과 같다. 임정택, 「문예학과 영화 텍스트: 모든 매체의 내용은 항상 다른 매체이다(맥루 한)」, 『영화연구』, 14권(1998년 12월), 527~538쪽; 이동후, 「기술중심적 미디어론에 대한 연구: 맥루한, 옹, 포스트만을 중심으로」, 『언론과 사회』, 24(1999년 8월), 6~44쪽; 김정탁, 「라스웰과 맥루한을 넘어서: 효과 · 미디어 패러다임에서 상징적 교환 패러다임으로」, 『한국 언론학보』, 43권5호(1999년 9월), 113~154쪽; 임상원, 「마샬 맥루한의 미디어론: 이론과 사상–〈구텐베르크 은하계〉를 중심으로」, 『한국언론학보』, 46권4호(2002년 9월), 277~313쪽; 오창호, 「맥루한의 매체철학에 대한 비판적 소고: J. 데리다와의 비교를 중심으로」, 『한국언 론학보』, 제47권5호(2003년 10월), 311~337쪽; 김문석, 「맥루한의 커뮤니케이션 공간론 관점에서 본 인터렉티브 박물관의 가상현실에 관한 연구」, 『디지털디자인연구』, 9권(2004년 2월), 157~165쪽; 김성민, 「매체에 대한 철학적 분석–맥루한의 매체론과 포스터의 정보양식론」, 『인문콘텐츠』, 3권(2004년 6월), 83~99쪽; 오창호, 「맥루한과 벤야민: 탈근대적 커뮤니케이션 양식에 대한 탐구」, 『한국언론학보』, 제48권3호(2004년 6월), 410~435쪽; 김상호, 「엔텔레키를 중심으로 해석한 맥루한의 미디어 개념」, 『언론과 사회』, 12권4호(2004년 11월), 79~116쪽; 조맹기, 「맥루한의 미디어: 인쇄, TV, 그리고 인터넷 미디어를 중심으로」, 『한국 언론학회 학술대회 발표논문집』, 2006년 5월, 157~175쪽; 김정탁, 「의사소통 구조를 넘어 텍스트로, 그리고 의식으로: 하버마스에서 맥루한으로, 그리고 데리다까지」, 『한국언론학회 학술대회 발표논문집』, 2006년 6월, 9~36쪽; 심광현, 「유비쿼터스–디지털 미디어 시대의 탈근대 문화정치: 맑스–벤야민–맥루한의 성좌적 배치와 새로운 주체성의 생산」, 『문화과학』, 48권(2006년 12월), 90~116쪽; 송태현, 「맥루언과 보드리야르: '미디어는 메시지다'에 대한 보드리야르의 해석」, 『외국문학연구』, 26권(2007년 5월), 209~228쪽; 오창호, 「맥루한 (Marshall McLuhan)과 포스트만(Neil Postman): 생태주의 매체철학」, 『한국언론학보』, 52권 2호(2008년 4월), 199~225쪽; 김상호, 「맥루한 매체이론에서 인간의 위치: '기술 우선성'에 대한 논의를 중심으로」, 『언론과학연구』, 8권2호(2008년 6월), 84~121쪽; 김상호, 「확장된 몸, 스며든 기술: 맥루한 명제에 관한 현상학적 해석」, 『언론과학연구』, 9권2호(2009년 6월), 167~206쪽; 김상호, 「아우라와 재매개: 벤야민과 매클루언의 맞물림」, 『언론과학연구』, 10권 2호(2010년 6월), 105~138쪽; 이은아, 「맥루한의 모자이크 사고방식과 사례연구: 'T_Visionarium'과 'Cultural Analytics' 분석을 중심으로」, 『디지털디자인학연구』, 11권2호 (2011년 4월), 171~180쪽; 김상호, 「한국 텔레비전 테크놀로지의 사회적 수용: 매클루언의 접근방식을 중심으로」, 『방송문화연구』, 23권1호(2011년 6월), 73~107쪽; 이안수, 「매체 융합시대 저널리즘의 변동성 연구: 마셜 맥루한의 '미디어 이해'에 대한 새로운 이해」, 『커뮤니케이션 이론』, 7권2호(2011년 12월), 144~175쪽; 오창호, 「전자매체의 시 · 공간 특성에 대한 연구: 매클루언과 들뢰즈 · 가타리의 이론을 중심으로」, 『언론과 사회』, 20권1호(2012년 2월), 82~131쪽; 김병선, 「진화론의 관점에서 본 미디어 변이에 관한 연구: 매클루언의 미디어 이론과의 연관성을 중심으로」, 『커뮤니케이션 이론』, 8권1호(2012년 4월), 61~100쪽; 문정필, 「자크 헤르조그와 피에르 드 뫼롱의 건축 외피에 나타난 미디어 메시지에 관한 연구: 마샬 맥루한의 미디어 이론을 중심으로」, 『대한건축학회 논문집-계획계』, 28권8호(2012년 8월), 131~138쪽; 손화철, 「맥루언과 기술철학」, 『사회와 철학』, 25권(2013년 4월), 305~328쪽; 김상호, 「미디어가 메시지다: 메를로–퐁티의 현상학을 통해 살펴본 매클루언의 미디어론」,

『커뮤니케이션 이론』, 9권3호(2013년 9월), 58~98쪽; 서정윤·유영만, 「McLuhan의 매체론에서 본 사이버대학 학습자의 지식창조과정 모형 개발」, 『학습과학연구』, 9권1호(2015년 4월), 47~62쪽.

80 캐이시 맨 콩 럼(Casey Man Kong Lum) 엮음, 이동후 옮김, 『미디어 생태학 사상: 문화, 기술, 그리고 커뮤니케이션』(한나래, 2006/2008), 281~282쪽. 매클루언이라는 이름은 디지털 시대의 새로운 커뮤니케이션 상황을 논하는 데에 어김없이 등장한다. 예컨대, 노르베르트 볼츠(Norbert Bolz)는 『구텐베르크─은하계의 끝에서: 새로운 커뮤니케이션 상황들』(1995)에서 "컴퓨터와 전자 미디어들은 매클루언이 '구텐베르크 은하계(Gutenberg galaxy)'라고 부른 바 있는 한 세계의 종말을 재촉하고 있다"고 했고, 마뉴엘 카스텔(Manuel Castelles)은 『인터넷 갤럭시: 인터넷, 비즈니스, 사회적 성찰(The Internet Galaxy: Reflections on the Internet, Business, and Society)』(2001)에서 매클루언의 '구텐베르크 은하계'를 원용해 인류가 정보사회의 도래와 진전을 통해 커뮤니케이션의 새로운 세계인 '인터넷 은하계(Internet galaxy)'에 진입했다고 주장했다. 노르베르트 볼츠(Norbert Bolz), 윤종석 옮김, 『구텐베르크─은하계의 끝에서: 새로운 커뮤니케이션 상황들』(문학과지성사, 1995/2000), 14쪽; 마뉴엘 카스텔(Manuel Castelles), 박행웅 옮김, 『인터넷 갤럭시: 인터넷, 비즈니스, 사회적 성찰』(한울아카데미, 2001/2004), 16쪽.

81 데이비드 커크패트릭(David Kirkpatrick), 임정민·임정진 옮김, 『페이스북 이펙트』(에이콘, 2010), 490~491쪽.

82 A. K. 프라딥(A. K. Pradeep), 서영조 옮김, 『바잉브레인: 뇌 속의 욕망을 꺼내는 힘』(한국경제신문, 2010/2013), 337~339쪽.

83 Kenneth Burke, 「Medium Is 'Message': Some Thoughts on Marshall McLuhan's 『Understanding in Media: The Extensions of Man』, Raymond Rosenthal, ed., 『McLuhan: Pro & Con』(New York: Funk & Wagnalls, 1968), p.170.

84 Daniel J. Czitrom, 『Media and the American Mind: From Morse to McLuhan』(Chapel Hill: University of North Carolina Press, 1982), p.170.

85 Marshall McLuhan, 「A Media Approach to Inflation」, 『시사영어연구』, 1975년 8월, 36~41면.

86 Stuart Hall & Lawrence Grossberg, 「On Postmodernism and Articulation: An Interview with Stuart Hall」, 『Journal of Communication Inquiry』, 10:2(1986 Summer), p.45.

87 아서 아사 버거(Arthur Asa Berger), 이영주·이설희 옮김, 『커뮤니케이션의 이해, 이론과 사상』(커뮤니케이션북스, 2006/2012), 138쪽.

88 아서 아사 버거(Arthur Asa Berger), 이영주·이설희 옮김, 『커뮤니케이션의 이해, 이론과 사상』(커뮤니케이션북스, 2006/2012), 139~140쪽.

89 Marshall McLuhan & Barrington Nevitt, 「Medium Meaning Message」, 『Communication』, 1(1974), p.33; John M. Culkin, 「A Schoolman's Guide to Marshall McLuhan」, 『Saturday Review』, March 18, 1967, p.51.

90 James W. Carey, 「Harold Adams Innis and Marshall McLuhan」, Raymond Rosenthal, ed. 『McLuhan: Pro & Con』(New York: Funk & Wagnalls, 1968), p.302.

91 Richard Kostelanetz, 「Marshall McLuhan: High Priest of the Electronic Village」, Thomas H. Ohlgren and Lynn M. Berk, eds. 『The New Languages: A Rhetorical Approach to the Mass Media and Popular Culture』(Englewood Cliffs, N.J.: Prentice─Hall, 1977), pp.15, 19.

92   Marshall McLuhan, 「Myth and Mass Media」, 『Daedalus』, 88(1959), P.345.

93   이남호, 「맥루한과의 불편한 대화: 전자시대의 문화와 문학」, 임상원 외, 『매체 · 역사 · 근대성』(나남, 2004), 97쪽.

제4장 왜 프로파간다는 일상적 삶의 조건이 되었는가? 자크 엘륄

1   Jacques Ellul, 『The Presence of the Kingdom』, trans., O. Wyon(New York: Seabury, 1967), p.138; Clifford G. Christians and Michael R. Real, 「Jacques Ellul's Contributions to Critical Media Theory」, 『Journal of Communication』, 29:1(Winter 1978), p.83.

2   이 책 이전에 나는 다음과 같은 글을 발표한 바 있다. 강준만, 「자끄 엘륄(Jacques Ellul)론: 테크닉과 프로파간다」, 『한국언론정보학보』, 2권(1992년 12월), 197~219쪽.

3   하상복, 「정보기술과 민주주의에 관한 일 고찰: 엘륄(Jacques Ellul)의 비판적 기술사상을 중심으로」, 『정치사상연구』, 9권(2004년 5월), 213~232쪽; 이호규, 「자크 에릴의 테크닉과 그의 커뮤니케이션관」, 『언론과학연구』, 8권3호(2008년 9월), 492~518쪽; 하상복, 「기술과 이미지: 엘륄(Jacques Ellul)의 이미지 비판 연구」, 『인간 · 환경 · 미래』, 13권(2014년 10월), 97~123쪽.

4   Jacques Ellul, 『The Technological System』, trans. Joachim Neugroschel(New York: Seabury Continuum, 1980), p.344.

5   케이시 맨 콩 럼(Casey Man Kong Lum) 엮음, 이동후 옮김, 『미디어 생태학 사상: 문화, 기술, 그리고 커뮤니케이션』(한나래, 2006/2008), 204쪽; 빌렘 반더버그(Willem H. Vanderburg) 편, 김재현 · 신광은 옮김, 『세계적으로 사고하고 지역적으로 행동하라: 자끄 엘륄이 말하는 그의 삶과 작품』(대장간, 1981/2010), 29~30쪽.

6   빌렘 반더버그(Willem H. Vanderburg) 편, 김재현 · 신광은 옮김, 『세계적으로 사고하고 지역적으로 행동하라: 자끄 엘륄이 말하는 그의 삶과 작품』(대장간, 1981/2010), 34쪽.

7   빌렘 반더버그(Willem H. Vanderburg) 편, 김재현 · 신광은 옮김, 『세계적으로 사고하고 지역적으로 행동하라: 자끄 엘륄이 말하는 그의 삶과 작품』(대장간, 1981/2010), 35~41쪽.

8   쟈크 엘룰(Jacques Ellul), 김재현 옮김, 『우리 시대의 모습』(대장간, 1995), 55쪽.

9   쟈크 엘룰(Jacques Ellul), 김재현 옮김, 『우리 시대의 모습』(대장간, 1995), 59~60쪽.

10   Clifford G. Christians and Michael R. Real, 「Jacques Ellul's Contributions to Critical Media Theory」, 『Journal of Communication』, 29:1(Winter 1978), p.84. 이 책의 번역본으로는 자크 엘루(Jacques Ellul), 박광덕 옮김, 『기술의 역사』(한울, 1964/1996) 참고.

11   Jacques Ellul, trans. John Wilkinson, 『The Technological Society』(New York: Vintage Books, 1964), p.3.

12   Jacques Ellul, 『Perspectives on Our Age: Jacques Ellul Speaks on His Life and Work』, ed. William A. Vandenburg, trans. Joachim Neugroschel(New York: Seabury Press, 1981), p.33.

13   Jacques Ellul, trans. John Wilkinson, 「Ideas of Technology」, 『Technology and Culture』, 3:4(Fall 1962), p.394.

14   Jacques Ellul, trans. John Wilkinson, 『The Technological Society』(New York: Vintage Books, 1964), p.xxv.

15   Jacques Ellul, 『Perspectives on Our Age: Jacques Ellul Speaks on His Life and

Work』, ed. William A. Vandenburg, trans. Joachim Neugroschel(New York: Seabury Press, 1981), pp.33, 37~38.

16   Jacques Ellul, 『The Technological System』, trans. Joachim Neugroschel(New York: Seabury Continuum, 1980), p.147.

17   강정인, 『세계화, 정보화 그리고 민주주의』(문학과지성사, 1998), 150~151쪽.

18   C. George Benells, 「Technology and Power: Technique as a Model of Understanding Modernity」, 『Jacques Ellul: Interpretive Essays』, eds. Clifford G. Christians and Jay M. Van Hook(Urbana, IL: University of Illinois Press, 1981), p.93.

19   Clifford G. Christians and Michael R. Real, 「Jacques Ellul's Contributions to Critical Media Theory」, 『Journal of Communication』, 29:1(Winter 1978), p.84.

20   Leslie Sklair, 「The Sociology of the Opposition to Science and Technology: With Special Reference to the Work of Jacques Ellul」, 『Comparative Studies in Society and History』, 13(1971), pp.229~230.

21   Darrell J. Fasching, 『The Thought of Jacques Ellul: A Systematic Exposition』(New York: Edwin Mellen Press, 1981), p.30.

22   Herbert Marcuse, 『One-Dimensional Man: Studies in the Ideology of Advanced Industrial Society』(Boston, MA.: Beacon Press, 1964), p.32.

23   Jacques Ellul, trans. John Wilkinson, 『The Technological Society』(New York: Vintage Books, 1964), p.209.

24   「Jacques Ellul」, 『Wikipedia』. 이 책의 번역본엔 하태환 옮김, 『선전』(대장간, 2012)이 있다.

25   Christopher Lasch, 『Culture of Narcissism: American Life in an Age of Diminishing Expectations』(New York: Warner Books, 1979), p.143.

26   Jacques Ellul, trans. Konrad Kellen and Jean Lerner, 『Propaganda: The Formation of Men's Attitudes』(New York: Vintage Books, 1973), p.57.

27   Christopher Lasch, 『Culture of Narcissism: American Life in an Age of Diminishing Expectations』(New York: Warner Books, 1979), pp.142~143.

28   Jacques Ellul, trans. Konrad Kellen and Jean Lerner, 『Propaganda: The Formation of Men's Attitudes』(New York: Vintage Books, 1973), p.5.

29   Jacques Ellul, 「Information and Propaganda」, 『Diogenes』, 18(1957), p.62.

30   Jacques Ellul, trans. Konrad Kellen and Jean Lerner, 『Propaganda: The Formation of Men's Attitudes』(New York: Vintage Books, 1973), p.27.

31   Jacques Ellul, trans. Konrad Kellen and Jean Lerner, 『Propaganda: The Formation of Men's Attitudes』(New York: Vintage Books, 1973), pp.15~16.

32   Jacques Ellul, trans. Konrad Kellen and Jean Lerner, 『Propaganda: The Formation of Men's Attitudes』(New York: Vintage Books, 1973), p.82.

33   Clifford G. Christians, 「Jacques Ellul and Democracy's 'Vital Information' Premise」, 『Journalism Monographs』, 45(August 1976), p.19.

34   Clifford G. Christians and Michael R. Real, 「Jacques Ellul's Contributions to Critical Media Theory」, 『Journal of Communication』, 29:1(Winter 1978), p.89.

35   Jacques Ellul, trans. John Wilkinson, 『The Technological Society』(New York: Vintage Books, 1964), p.377.

36   Jacques Ellul, trans. Konrad Kellen and Jean Lerner, 『Propaganda: The Formation of Men's Attitudes』(New York: Vintage Books, 1973), p.183.

37 Darrell J. Fasching, 『The Thought of Jacques Ellul: A Systematic Exposition』(New York: Edwin Mellen Press, 1981), p.28.

38 John H. Schwar, 「Jacques Ellul: Between Babylon and the New Jerusalem」, 『Democracy』, 2:4(Fall 1982), pp.106~108; 자끄 엘륄(Jacques Ellul), 하태환 옮김, 『정치적 착각』(대장간, 1965/2011).

39 Jacques Ellul, trans. Konrad Kellen and Jean Lerner, 『Propaganda: The Formation of Men's Attitudes』(New York: Vintage Books, 1973), p.148.

40 Jacques Ellul, trans. Konrad Kellen and Jean Lerner, 『Propaganda: The Formation of Men's Attitudes』(New York: Vintage Books, 1973), p.149.

41 Jacques Ellul, trans. Konrad Kellen and Jean Lerner, 『Propaganda: The Formation of Men's Attitudes』(New York: Vintage Books, 1973), pp.116~117.

42 Jacques Ellul, trans. Konrad Kellen and Jean Lerner, 『Propaganda: The Formation of Men's Attitudes』(New York: Vintage Books, 1973), pp.195~197.

43 Jacques Ellul, trans. Konrad Kellen and Jean Lerner, 『Propaganda: The Formation of Men's Attitudes』(New York: Vintage Books, 1973), pp.121~122.

44 M. Stanton Evans, 「Dark Horses」, 『National Review』, August 18, 1978, p.1037.

45 Jacques Ellul, 『Perspectives on Our Age: Jacques Ellul Speaks on His Life and Work』, ed. William A. Vandenburg, trans. Joachim Neugroschel(New York: Seabury Press, 1981), pp.37~38.

46 Jacques Ellul, trans. John Wilkinson, 『The Technological Society』(New York: Vintage Books, 1964), pp.383~384.

47 Jacques Ellul, trans. Konrad Kellen and Jean Lerner, 『Propaganda: The Formation of Men's Attitudes』(New York: Vintage Books, 1973), p.172.

48 Jacques Ellul, 『The Humiliation of the Word』, trans. Joyce Main Hanks(Grand Rapids, MI: William B. Eerdmans, 1985), p.vii.

49 이호규, 「자크 에륄의 테크닉과 그의 커뮤니케이션관」, 『언론과학연구』, 8권3호(2008년 9월), 511~512쪽.

50 Jacques Ellul, trans. Konrad Kellen and Jean Lerner, 『Propaganda: The Formation of Men's Attitudes』(New York: Vintage Books, 1973), p.44.

51 Jacques Ellul, trans. Konrad Kellen and Jean Lerner, 『Propaganda: The Formation of Men's Attitudes』(New York: Vintage Books, 1973), p.45.

52 Jacques Ellul, trans. Konrad Kellen and Jean Lerner, 『Propaganda: The Formation of Men's Attitudes』(New York: Vintage Books, 1973), p.47.

53 Jacques Ellul, 『Political Illusion』, trans. Konrad Kellen(New York: Vintage Books, 1967), p.xix.

54 Leslie Sklair, 「The Sociology of the Opposition to Science and Technology: With Special Reference to the Work of Jacques Ellul」, 『Comparative Studies in Society and History』, 13(1971), p.223; Darrell J. Fasching, 『The Thought of Jacques Ellul: A Systematic Exposition』(New York: Edwin Mellen Press, 1981), p.23.

55 Jacques Ellul, 『The Humiliation of the Word』, trans. Joyce Main Hanks(Grand Rapids, MI: William B. Eerdmans, 1985), p.vii.

56 Jacques Ellul, 「Between Chaos and Paralysis」, 『Christian Century』, 85(June 5, 1968), pp.748~749.

57 Jacques Ellul, 『In Season Out of Season: An Introduction to the Thought of Jacques Ellul』, trans. Dani K. Niles, based on interviews by Madeleine Garrigou-Lagrange(New York: Harper & Row, 1982), p.ix.

58 Norman O.Brown, 「Jacques Ellul: Beyond Geneva and Jerusalem」, 『Democracy』, 2:4(Fall 1982), p.123.

59 Jacques Ellul, 『The Technological System』, trans. Joachim Neugroschel(New York: Seabury Continuum, 1980), pp.5, 13.

60 Jacques Ellul, 『Perspectives on Our Age: Jacques Ellul Speaks on His Life and Work』, ed. William A. Vandenburg, trans. Joachim Neugroschel(New York: Seabury Press, 1981), p.35.

61 Jacques Ellul, 『The Technological System』, trans. Joachim Neugroschel(New York: Seabury Continuum, 1980), p.132.

62 Jacques Ellul, 『The Technological System』, trans. Joachim Neugroschel(New York: Seabury Continuum, 1980), pp.10~11.

63 Martin E. Marty, 「Creative Misuses of Jacques Ellul」, 『Jacques Ellul: Interpretive Essay』, eds. Clifford G. Christians & Jay M. Van Hook(Urbana: University of Illinois Press, 1981), p.6.

64 케이시 맨 콩 럼(Casey Man Kong Lum) 엮음, 이동후 옮김, 『미디어 생태학 사상: 문화, 기술, 그리고 커뮤니케이션』(한나래, 2006/2008), 190쪽.

65 케이시 맨 콩 럼(Casey Man Kong Lum) 엮음, 이동후 옮김, 『미디어 생태학 사상: 문화, 기술, 그리고 커뮤니케이션』(한나래, 2006/2008), 190쪽.

66 Herbert J. Gans, 『Popular Culture & High Culture: An Analysis and Evaluation of Taste』, 2nd ed.(New York, Basic Books, 1999), pp.62~64.

67 Alvin Toffler, 『Future Schock』(New York: Bantam Books, 1970), pp.263~264.

68 Jacques Ellul, 『In Season Out of Season: An Introduction to the Thought of Jacques Ellul』, trans. Dani K. Niles, based on interviews by Madeleine Garrigou-Lagrange(New York: Harper & Row, 1982), p.vi.

69 Robert K. Merton, 「Foreword」, Jacques Ellul, trans. John Wilkinson, 『The Technological Society』(New York: Vintage Books, 1964), pp.v~vi.

70 하워드 라인골드(Howard Rheingold), 『참여군중: 휴대폰과 인터넷으로 무장한 새로운 군중』(황금가지, 2002/2003), 374쪽.

71 강준만, 「왜 사고는 반드시 일어나게 되어 있는가?: 정상 사고」, 『독선 사회: 세상을 꿰뚫는 50가지 이론 4』(인물과사상사, 2015), 331~335쪽 참고.

72 원래 이 말은 환경주의자인 르네 두보스(Rene Dubos, 1901~1982)가 1972년에 개최된 UN인간환경회의에서 말했다는 설과, 역시 환경주의자인 데이비드 브로어(David R. Brower, 1912~2000)가 환경보호단체 '지구의 벗(Friends of the Earth)'을 설립하면서 내건 슬로건이라는 설이 있다. 손화철, 『현대기술의 빛과 그림자: 토플러 & 앨륄』(김영사, 2006), 99~100쪽.

73 손화철, 『현대기술의 빛과 그림자: 토플러 & 앨륄』(김영사, 2006), 100~101쪽.

74 쟈크 엘룰(Jacques Ellul), 양명수 옮김, 『하나님이야 돈이냐』(대장간, 1954/1991), 224쪽.

75 쟈크 엘룰(Jacques Ellul), 이문장 옮김, 『세상 속의 그리스도인』(대장간, 1948/1992), 35쪽.

76 쟈크 엘룰(Jacques Ellul), 쟈크엘룰번역위원회 옮김, 『뒤틀려진 기독교』(대장간, 1984/1990), 307쪽.

77   Jacques Ellul, 「On Dialectic」, 「Jacques Ellul: Interpretive Essay」, eds. Clifford G. Christians & Jay M. Van Hook (Urbana: University of Illinois Press, 1981), p.291.

제5장 왜 정치는 '상징 조작의 예술'인가? 머리 에델먼

1   Amitai Etzioni, 「The Grand Shaman」, 「Psychology Today」, 6(November 1972), pp.89~91.
2   Murray Edelman, 「The Symbolic Uses of Politics」(Urbana: University of Illinois Press, 1964), p.45.
3   Murray Edelman, 「The Symbolic Uses of Politics」(Urbana: University of Illinois Press, 1964), p.40.
4   Murray Edelman, 「Restricted and General Political Communication Networks」, 「Communication」, 5(1980), p.210.
5   Murray Edelman, 「Constructing the Political Spectacle」(Chicago: University of Chicago Press, 1988), p.16.
6   Murray Edelman, 「Political Language: Words That Succeed and Policies That Fail」(New York: Academic Press, 1977), pp.50, 55.
7   Murray Edelman, 「Politics as Symbolic Action: Mass Arousal and Quiescence」 (Chicago: Markham, 1971), p.45.
8   찰스 엘더(Charles D. Elder)·로저 콥(Roger W. Cobb), 유영옥 옮김, 「상징의 정치적 이용」(홍익재, 1983/1993), 13쪽.
9   Harold D. Lasswell, 「The Symbolic Uses of Politics(book review article)」, 「American Journal of Sociology」, 70(May 1965), p.735.
10   Murray Edelman, 「Politics as Symbolic Action: Mass Arousal and Quiescence」 (Chicago: Markham, 1971), p.2.
11   Murray Edelman, 「Politics as Symbolic Action: Mass Arousal and Quiescence」 (Chicago: Markham, 1971), p.5.
12   그의 박사 학위 논문은 1950년에 책으로 출간되었다. Murray Edelman, 「The Licensing of Radio Services in the United States, 1927 to 1947: A Study in Administrative Formulation of Policy」(Urbana: University of Illinois Press, 1950).
13   이와 관련된 에델먼의 저서로는 Murray Edelman, 「National Economic Planning by Collective Bargaining: The Formation of Austrian Wage, Price, and Tax Policy after World War II」(Urbana, IL: Institute of Labor and Industrial Relations, 1952); Murray Edelman & Robben W. Flemingm, 「The Politics of Wage-Price Decisions: A Four Country Analysis」(Urbana, IL: University of Illinois Press, 1965); Murray Edelman & Kenneth Dolbeare, eds., 「Institution, Policies, and Goals: A Reader in American Politics」(Boston, MA: D.C. Heath, 1973); Murray Edelman & Kenneth Dolbeare, 「American Politics: Public Policy, Conflict, and Change」, 5th ed.(Boston, MA: D.C. Heath, 1971/1985) 등이 있다.
14   각 책의 목차를 통해 에델먼의 '상징정치론'이 다루는 주제들이 무언지 살펴보기로 하자. 1964년의 「정치의 상징적 이용」은 서론과 결론을 빼고 「상징과 정치적 순응(Symbols and Political Quiescence)」, 「상징으로서의 행정 시스템(The Administrative System as

Symbol)」, 「정치적 리더십(Political Leadership)」, 「상징주의로서의 정치 상황(Political Settings as Symbolism)」, 「언어와 정치의 지각(Language and the Perception of Politics)」, 「정치 언어의 형식과 의미(The Forms and Meanings of Political Language)」, 「정치적 목표에서의 지속성과 변화(Persistence and Change in Political Goals)」, 「정치적 상징에 대한 대중의 반응(Mass Responses to Political Symbols)」등 7 개 장(章)으로 구성되어 있다. 1971년의 『상징적 행위로서의 정치』는 「환기와 순응(Arousal and Quiescence)」, 「정치적 갈등의 격화와 의식화(Escalation and Ritualization of Political Conflict)」, 「정보와 인식(Information and Cognition)」, 「신화, 감정, 자아개념 (Myth, Emotion, and Self-Conception)」, 「은유와 언어 형식(Metaphor and Language Forms)」, 「대중적 긴장(Mass Tensions)」, 「혼란과 리더십(Disorganization and Leadership)」, 「의식화: 노사관계(Ritualization: Industrial Relations)」, 「격화: 국제관계 (Escalation: International Relations)」, 「인간적 · 정치적 잠재력(Human and Political Potentialities)」등 10개 장으로 구성되어 있다. 1977년의 『정치 언어』는 「만성적 문제, 진부한 언어, 모순적 신념(Chronic Problems, Banal Language, and Contradictory Beliefs)」, 「범주화, 지각, 정치(Categorization, Perception, and Politics)」, 「정치적 상징으로서의 국가 위기와 '여론'(National Crises and 'Public Opinion' as Political Symbols)」, 「남에게 도움을 주는 전문 직업 세계의 정치적 언어(The Political Language of the Helping Professions)」, 「관료제의 언어(The Language of Bureaucracy)」, 「탐문의 언어와 권위의 언어(The Language of Inquiry and the Language of Authority)」, 「참여의 언어와 저항의 언어(The Language of Participation and the Language of Resistance)」, 「상징적 재확약을 통한 정치적 구속(Political Constraint through Symbolic Reassurance)」 등 8개 장으로 구성되어 있다. 1988년의 『정치적 스펙터클 만들기』는 「정치에 관한 몇 가지 전제(Some Premises about Politics)」, 「사회적 문제의 구성과 이용 (The Construction and Uses of Social Problems)」, 「정치 지도자의 형성과 이용(The Construction and Uses of Political Leaders)」, 「정치적 적의 형성과 이용(The Construction and Uses of Political Enemies)」, 「정치 뉴스의 애매성(The Ambiguities of Political News)」, 「정치 언어와 정치 현실(Political Language and Political Reality)」, 「전술 · 신비화로서의 정치적 스펙터클(The Political Spectacle as Tactic and as Mystification)」 등 7개 장으로 구성되어 있다.

15 Murray Edelman, 『From Art to Politics: How Artistic Creations Shape Political Conceptions』(Chicago, IL: University of Chicago Press, 1995); Murray Edelman, 『The Politics of Misinformation』(New York: Cambridge University Press, 2001).

16 움베르토 에코(Umberto Eco, 1932~2016)는 "키치는 오히려 미학적 체험이라는 외투를 걸친 채 예술이라도 되는 양 야바위 치면서 전혀 이질적인 체험을 슬쩍 끼워 넣음으로써 감각을 자극하려는 목표를 정당화하려고 하는 작품"이라는 정의를 내린다. 에코는 '감동의 사전 조작과 주입'에 주목하면서 "쉽게 소화할 수 있는 예술의 대용품인 키치는 어렵게 이해하려고 애쓰기보다는 별로 힘들이지 않고 미의 가치 체계를 즐길 수 있기를 바라는 게으른 청중에게는 이상적인 음식이다"고 말한다. 움베르토 에코, 조형준 옮김, 『스누피에게도 철학은 있다: 움베르토 에코의 대중문화 연구 1』(새물결, 1994).

17 Murray Edelman, 『From Art to Politics: How Artistic Creations Shape Political Conceptions』(Chicago, IL: University of Chicago Press, 1995), pp.30~31, 106~107.

18 Murray Edelman, 『The Politics of Misinformation』(New York: Cambridge University Press, 2001), pp.23~24, 60~61.

19   강준만, 「'왜 '옛 애인'과 '옛 직장'이 그리워질까?: 현상 유지 편향」, 『감정 독재: 세상을 꿰뚫는 50가지 이론』(인물과사상사, 2013), 90~93쪽 참고.

20   Hannah Arendt, 『On Revolution』(New York: Viking, 1963), p.94.

21   Murray Edelman, 『Political Language: Words That Succeed and Policies That Fail』(New York: Academic Press, 1977), p.15.

22   Murray Edelman, 「Political Language and Political Reality」, 『PS』, 18(Winter 1985), pp.11~12.

23   Murray Edelman, 『Politics as Symbolic Action: Mass Arousal and Quiescence』(Chicago: Markham, 1971), pp.10, 66.

24   Kenneth Burke, 『A Grammar of Motives』(New York: Prentice-Hall, 1945), p.393; Murray Edelman, 『Politics as Symbolic Action: Mass Arousal and Quiescence』(Chicago: Markham, 1971), p.17.

25   Murray Edelman, 「Political Language and Political Reality」, 『PS』, 18(Winter 1985), p.17.

26   Murray Edelman, 「Political Language and Political Reality」, 『PS』, 18(Winter 1985), p.17.

27   W. Lance Bennett & Murray Edelman, 「Toward a New Political Narrative」, 『Journal of Communication』, 35:4(Autumn 1985), pp.169~170.

28   Murray Edelman, 「The Politics of Persuasion」, The American Assembly(Columbia University) ed., 『Choosing the President』(Englewood Cliffs, NJ: Prentice-Hall, 1974), p.150.

29   Murray Edelman, 『Constructing the Political Spectacle』(Chicago: University of Chicago Press, 1988), p.60.

30   Murray Edelman, 『Constructing the Political Spectacle』(Chicago: University of Chicago Press, 1988), p.171.

31   Murray Edelman, 『The Symbolic Uses of Politics』(Urbana: University of Illinois Press, 1964), p.78.

32   Murray Edelman, 『Constructing the Political Spectacle』(Chicago: University of Chicago Press, 1988), p.41.

33   Murray Edelman, 『Constructing the Political Spectacle』(Chicago: University of Chicago Press, 1988), p.38.

34   Murray Edelman, 『Constructing the Political Spectacle』(Chicago: University of Chicago Press, 1988), p.40.

35   Murray Edelman, 『Constructing the Political Spectacle』(Chicago: University of Chicago Press, 1988), p.49.

36   Edward R. Tufte, 『Political Control of the Economy』(Princeton ,NJ: Princeton University Press, 1980).

37   Murray Edelman, 「The Language of Participation and the Language of Resistance」, 『Human Communication Research』, 3:2(Winter 1977), p.159.

38   Murray Edelman, 「The Language of Participation and the Language of Resistance」, 『Human Communication Research』, 3:2(Winter 1977), p.164; Murray Edelman, 『Constructing the Political Spectacle』(Chicago: University of Chicago Press, 1988), p.39.

39 Jurgen Harbermas, 『Theory and Practice』(Boston, MA.: Beacon Press, 1973), pp.195~283; Murray Edelman, 『Constructing the Political Spectacle』(Chicago: University of Chicago Press, 1988), p.54.

40 Murray Edelman, 「The Language of Participation and the Language of Resistance」, 『Human Communication Research』, 3:2(Winter 1977), p.168.

41 Murray Edelman, 「The Language of Participation and the Language of Resistance」, 『Human Communication Research』, 3:2(Winter 1977), p.167.

42 Murray Edelman, 『Constructing the Political Spectacle』(Chicago: University of Chicago Press, 1988), p.1.

43 Anthony Downs, 「Up and Down with Ecology: The Issue-Attention Cycles」, 『The Public Interest』, 28(Summer 1972), pp.38~50; Murray Edelman, 『Constructing the Political Spectacle』(Chicago: University of Chicago Press, 1988), p.28.

44 Murray Edelman, 『Constructing the Political Spectacle』(Chicago: University of Chicago Press, 1988), pp.21~22.

45 Murray Edelman, 『Constructing the Political Spectacle』(Chicago: University of Chicago Press, 1988), pp.73, 80.

46 세르주 모스코비치(Serge Moscovici), 이상률 옮김, 『군중의 시대: 대중심리학에 대한 역사적 고찰』(문예출판사, 1981/1996), 332~333쪽.

47 Murray Edelman, 『Constructing the Political Spectacle』(Chicago: University of Chicago Press, 1988), p.82.

48 Murray Edelman, 『Constructing the Political Spectacle』(Chicago: University of Chicago Press, 1988), pp.73~83.

49 Murray Edelman, 『Political Language: Words That Succeed and Policies That Fail』(New York: Academic Press, 1977), pp.4, 45.

50 Nigel Rees, 『Cassell's Dictionary of Word and Phrase Origins』(London: Cassell, 2002), p.118; Grant Barrett, ed., 『Oxford Dictionary of American Political Slang』(New York: Oxford University Press, 2004), pp.79~80, 95, 132~133; William Safire, 『Safire's Political Dictionary』(New York: Random House, 1978), pp.186~187.

51 Murray Edelman, 『Politics as Symbolic Action: Mass Arousal and Quiescence』(Chicago: Markham, 1971), pp.12~13.

52 정성일, 「안철수와의 '적대적 공생 관계'」, 『민중의소리』, 2013년 5월 26일.

53 손호철·변상욱, 「손호철 교수 "남한 PSI 가입 북한에 상당한 군사적 위협": 적대적 공존 관계로 본 노무현 서거 국면」, 『노컷뉴스』, 2009년 5월 27일.

54 마크 뷰캐넌(Mark Buchanan), 김희봉 옮김, 『사회적 원자: 세상만사를 명쾌하게 해명하는 사회물리학의 세계』(사이언스북스, 2007/2010), 199쪽.

55 Peter Gay, 『The Cultivation of Hatred: The Bourgeois Experience-Victoria to Freud』(New York: W.W.Norton & Co., 1993), pp.213~221.

56 Samuel P. Huntington, 『The Clash of Civilizations and the Remaking of World Order』(New York: Simon & Schuster, 1996), p.97.

57 L. A. Coser, 신용하·박명규 옮김, 『사회사상사(Masters of Sociological Thought)』(일지사, 1970/1978), 532쪽.

58 Samuel P. Huntington, 『The Clash of Civilizations and the Remaking of World Order』(New York: Simon & Schuster, 1996), p.20.

59 로버트 스턴버그(Robert J. Sternberg) · 카린 스턴버그(Karin Sternberg), 김정희 옮김, 『우리는 어쩌다 적이 되었을까?』(21세기북스, 1998/2010), 148쪽.

60 Murray Edelman, 『Politics as Symbolic Action: Mass Arousal and Quiescence』(Chicago: Markham, 1971), pp.12~13.

61 Michael Lipsky, 「Introduction」, Murray Edelman, 『Political Language: Words That Succeed and Policies That Fail』(New York: Academic Press, 1977), p.xxii.

62 Charles F. Andrain, 「Political Language(book review article)」, 『Journal of Politics』, 40(1978), pp.798~800.

63 David D. Laitin, 「Political Language(book review article)」, 『Contemporary Sociology』, 7:5(September 1978), pp.615~616.

제6장 왜 폭력의 공포에 떠는 사람들은 정치적으로 보수화되는가? 조지 거브너

1 『뉴스위크』, 1991년 4월 1일; 문화방송, 『세계방송정보』, 1991년 6월 25일.

2 Richard J. Harris, 이창근 · 김광수 공역, 『매스미디어 심리학』(나남, 1991), 219~239쪽.

3 Richard J. Harris, 이창근 · 김광수 공역, 『매스미디어 심리학』(나남, 1991), 221쪽.

4 「Cultivation theory」, 『Wikipedia』.

5 그간 발표된 논문은 약 30편이다(DBpia 검색 기준). 국내에서 배양효과 이론이 어떤 식으로 연구되고 있는지를 아는 데에 도움이 될 것 같아 논문 제목이나마 발표순으로 소개해보자면 다음과 같다. 오두범, 「TV의 계발효과에 관한 연구」, 『한국언론학보』, 14권(1981년 1월), 35~69쪽; 장익진, 「텔레비전 視聽樣態分析: 文化啓發效果研究에의 그 應用」, 『언론정보연구』, 25권(1988년 12월), 33~59쪽; 김용호, 「범죄 위험 인식의 계발과정에 관한 연구」, 『한국언론학회 1991 봄철 학술발표회』, 1991년 5월 25일, 경희대학교; 장익진, 「문화계발효과 이론에 있어서 수용자관: 의미론, 상징적 상호작용주의, 스키마 이론과의 비교 고찰」, 『한국언론학회보』, 27권(1992), 487~508쪽; 김용호, 「TV드라마 폭력지수 개발의 방법론: 거브너 폭력지수의 한계점과 그 극복 대안으로서 프로그램 폭력지수」, 『한국언론학회 심포지엄 및 세미나』, 1993년 10월, 79~101쪽; 김용호, 「드라마 폭력의 피해위험률과 사회취약성 계발과정」, 『언론과 사회』, 2권(1993년 12월), 110~135쪽; 하종원, 「텔레비전의 문화계발효과 연구에 대한 평가적 고찰」, 『언론정보연구』, 30권(1993년 12월), 151~186쪽; 김용호, 「TV폭력 시청의 계발효과 검증을 위한 패널조사연구: 계발 연구에 있어 시청자 인지체계에 관한 간접 경험 누적론은 필수적인가?」, 『한국언론학보』, 43권1호(1998년 9월), 115~148쪽; 우형진, 「문화계발 이론의 '공명효과(resonance effect)'에 대한 재고찰: 위험인식에 대한 텔레비전 뉴스효과를 중심으로」, 『한국언론보』, 50권6호(2006년 12월), 254~276쪽; 최진봉, 「텔레비전 프로그램이 사회적 이슈에 대한 시청자들의 인식에 미치는 영향: 동성애에 대한 시청자들의 인식에 미치는 영향을 중심으로」, 『동서언론』, 10권(2006년 12월), 291~309쪽; 이준웅 · 장현미, 「인터넷 이용이 현실 위험인식에 미치는 영향: 인터넷 문화계발효과에 대한 탐색적 연구」, 『한국언론학보』, 51권2호(2007년 4월), 363~391쪽; 우형진, 「텔레비전 시청자의 다이어트 행위 의지에 영향을 미치는 요인들 간의 구조적 관계 연구: TV 프로그램 장르별 시청량, 신체 이미지, 건강 염려 인식 및 계획행동 이론 관련 변인들을 중심으로」, 『한국방송학보』, 22권6호(2008년 11월), 290~326쪽; 전종우, 「미디어 형식에 따른 광고의 배양효과와 소비자의 광고 회피: 대출, 보험, 상조회 광고를 중심으로」, 『정치정보연구』, 12권2호(2009년 12월), 169~188쪽; 최영택, 「WBC 경기에 대한 미디어 노출과 일본 대표팀 인식

그리고 일본제품 구입에 대한 의도」, 『한국방송학보』, 24권4호(2010년 7월), 293~333쪽; 웬티트엉 · 최정길 · 리홍빈, 「문화계발 이론과 계획행동 이론을 통한 한류 문화콘텐츠와 베트남인의 한국방문에 관한 연구」, 『관광연구』, 26권3호(2011년 8월), 245~268쪽; 백상기 · 이양환 · 장병희 · 류희림, 「LA 지역 재외동포들의 한국 뉴스미디어 노출 및 주목이 모국에 대한 인식과 평가에 미치는 영향: 문화계발효과 검증」, 『한국방송학보』, 25권6호(2011년 11월), 332~374쪽; 심미선, 「미디어환경 변화와 성폭력행위 간의 관계에 관한 연구」, 『미디어와 교육』, 1권1호(2011년 12월), 83~114쪽; 나은경, 「리얼리티 표방 TV 프로그램 장르의 문화계발효과: 현실유사성 인식의 매개와 숙명적 태도에 미치는 영향을 중심으로」, 『한국언론정보학보』, 57권(2012년 2월), 181~201쪽; 나은영, 「SNS 중이용자와 경이용자의 현실인식 차이: 배양효과와 합의착각효과」, 『한국심리학회지: 사회 및 성격』, 26권3호(2012년 8월), 63~84쪽; 배상률 · 이재연, 「미디어가 청소년에게 미치는 문화배양효과 연구」, 『한국청소년정책연구원 연구보고서』, 2012년 12월, 1~82쪽; 이주현 · 김은미, 「텔레비전 시청이 연애에서의 소비 및 소비 수준에 대한 인식에 미치는 영향」, 『한국언론학보』, 56권6호(2012년 12월), 196~221쪽; 이현정 · 안재웅 · 이상우, 「다문화 콘텐츠가 다문화 수용성에 미치는 영향에 관한 실증연구」, 『한국언론학보』, 57권3호(2013년 6월), 34~57쪽; 오미영, 「TV드라마 시청자의 비서직 인식에 대한 연구: 배양효과와 성역할 고정관념을 중심으로」, 『비서학논총』, 23권1호(2014년 4월), 49~69쪽.

6   James Shanahan & Michael Morgan, 『Television and Its Viewers: Cultivation Theory and Research』(New York: Cambridge University Press, 1999), pp.11~12.

7   「Gerbner, George」, 『Current Biography』, 1983 ed., pp.142~145; 「George Gerbner」, 『Wikipedia』.

8   이준웅, 「매체 효과와 사회심리적 조건의 메커니즘: 문화계발효과 이론(The Cultivation Theory)」, 『신문과 방송』, 제377호(2002년 5월), 111쪽.

9   Richard J. Harris, 이창근 · 김광수 공역, 『매스미디어 심리학』(나남, 1991), 232쪽.

10   Richard J. Harris, 이창근 · 김광수 공역, 『매스미디어 심리학』(나남, 1991), 232쪽.

11   존 스페이드(Jon Spayde) & 제이 월재스퍼(Jay Walljasper), 원재길 옮김, 『틱낫한에서 촘스키까지: 더 실용적이고 창조적인 삶의 전망 61장』(마음산책, 2001/2004), 425~426쪽.

12   George Gerbner, 「Proliferating Violence」, 『Society』, 14:6(September/October 1977), p.8.

13   George Gerbner et al., 「The 'Mainstreaming' of America: Violence Profile No.11」, 『Journal of Communication』, 30(Summer 1980), p.15.

14   김미성, 「마셜 맥루한의 기술결정론, 조지 거브너의 배양 이론」, 『신문과 방송』, 1991년 6월, 104~105쪽.

15   George Gerbner and Larry Gross, 「Living with Television: The Violence Profile」, 『Journal of Communication』, 26(Spring 1976), pp.193~194; 프랭크 푸레디(Frank Furedi), 박형신 · 박형진 옮김, 『우리는 왜 공포에 빠지는가?: 공포문화 벗어나기』(이학사, 2006/2011), 31~32쪽; 배리 글래스너(Barry Glassner), 연진희 옮김, 『공포의 문화』(부광, 1999/2005), 298~304쪽.

16   George Gerbner and Larry Gross, 「Living with Television: The Violence Profile」, 『Journal of Communication』, 26(Spring 1976), pp.193~194.

17   조나 레러(Jonah Lehrer), 강미경 옮김, 『탁월한 결정의 비밀: 뇌신경과학의 최전방에서 밝혀낸 결정의 메커니즘』(위즈덤하우스, 2009), 168쪽.

18   강준만, 「왜 창피한 행동을 떠올리면 손을 씻고 싶어지는가?: 점화 효과」, 『생각의 문법: 세

상을 꿰뚫는 50가지 이론』(인물과사상사, 2015), 85~90쪽 참고.

19 배리 글래스너(Barry Glassner), 연진희 옮김, 『공포의 문화』(부광, 1999/2005), 90쪽.

20 가족시청시간제에 대해서는 강준만, 「미국 방송사」, 한국방송학회편, 『세계방송의 역사』(나남, 1992), 65~68쪽 참고.

21 「Schneider Attacks Gerbner's Report on TV Violence」, 『Broadcasting』, May 2, 1977, pp.57~58; John A. Schneider, 「Networks Hold the Line」, 『Society』, 14:6(September/October 1977), pp.9, 14~17.

22 존 스페이드(Jon Spayde) · 제이 월재스퍼(Jay Walljasper), 원재길 옮김, 『틱낫한에서 촘스키까지: 더 실용적이고 창조적인 삶의 전망 61장』(마음산책, 2001/2004), 427쪽.

23 이준웅, 「매체 효과와 사회심리적 조건의 메커니즘: 문화계발효과 이론(The Cultivation Theory)」, 『신문과 방송』, 제377호(2002년 5월), 113쪽.

24 Horace Newcomb, 「Assessing the Violence Profile Studies of Gerbner and Gross: A Humanistic Critique and Suggestion」, 『Communication Research』, 5:3(July 1978), pp.264~282; George Gerbner and Larry Gross, 「A Reply to Newcomb's 'Humanistic Critique'」, 『Communication Research』, 6:2(April 1979), pp.223~230; Michael Hughes, 「The Fruits of Cultivation Analysis: A Reexamination of Some Effects of Television Watching」, 『Public Opinion Quarterly』, 44(1980), pp.287~302; Paul M. Hirsch, 「The 'Scary World' of the Nonviewer and Other Anomalies: A Reanalysis of Gerbner et al.'s Findings on Cultivation Analysis Part I」, 『Communication Research』, 7:4(October 1980), pp.403~456; Paul M. Hirsch, 「On Not Learning from One's Own Mistakes: A Reanalysis of Gerbner et al.'s Findings on Cultivation Analysis Part II」, 『Communication Research』, 8:1(January 1981), pp.3~37; George Gerbner et al., 「A Curious Journey into the Scary World of Paul Hirsch」, 『Communication Research』, 8:1(January 1981), pp.39~72; Paul M. Hirsch, 「Distinguishing Good Speculation from Bad Theory: Rejoinder to Gerbner et al.」, 『Communication Research』, 8:1(January 1981), pp.73~95; George Gerbner et al., 「Final Reply to Hirsch」, 『Communication Research』, 8:3(July 1981), pp.259~280; James Shanahan & Michael Morgan, 『Television and Its Viewers: Cultivation Theory and Research』(New York: Cambridge University Press, 1999), pp.59~80 등 참고.

25 Richard J. Harris, 이창근 · 김광수 공역, 『매스미디어 심리학』(나남, 1991), 233쪽.

26 Ronald Berman, 『Advertising and Social Change』(Beverly Hills, CA.: Sage, 1981); 강준만 · 박주하 · 한은경 편역, 『광고의 사회학』, 제2판(한울, 1994), 137~138쪽.

27 「Gerbner, George」, 『Current Biography』, 1983 ed., p.145.

28 김차웅, 「10대 '총기 폭력' 급증…교내서도 총성」, 『동아일보』, 1993년 8월 12일, 9면.

29 Anastasia Toufexis, 「Seeking the Roots of Violence」, 『Time』, April 19, 1993, pp.48~49.

30 김수진, 「미 청소년 사망…정부, 묘안 없어 '골머리'」, 『문화일보』, 1994년 5월 17일.

31 이효준, 「'아무나 살해' 낳은 스나이퍼 문화」, 『중앙일보』, 2002년 10월 10일.

32 「TV폭력 묘사를 둘러싼 세계의 동향」, 문화방송, 『세계방송정보』, 243호(1994년 3월 25일), 57쪽.

33 『Washington Post』, April 17, 1993; 「텔레비전 폭력」, 한국방송공사, 『해외방송정보』, 522호(1993년 5월 15일), 13면.

34 『Intermedia』, 1993년 11월/12월호; 「아시아 각국의 TV폭력」, 한국방송공사, 『해외방송정보』, 539호(1994년 1월 31일), 49면.

35 「TV폭력 묘사를 둘러싼 세계의 동향」, 문화방송, 『세계방송정보』, 243호(1994년 3월 25일), 58쪽.

36 「TV폭력 묘사를 둘러싼 세계의 동향」, 문화방송, 『세계방송정보』, 243호(1994년 3월 25일), 58쪽.

37 「TV폭력 묘사를 둘러싼 세계의 동향」, 문화방송, 『세계방송정보』, 243호(1994년 3월 25일), 59쪽.

38 『New York Times』, October 21, 1993; 「재연되는 미 TV폭력 규제 논란」, 문화방송, 『세계방송정보』, 235호(1993년 11월 25일), 46쪽.

39 「미 의회, TV폭력 규제법 제정에 박차」, 한국방송공사, 『해외방송정보』, 제531호(1993년 9월 28일), 43~44쪽.

40 『New York Times』, October 21, 1993; 「재연되는 미 TV폭력 규제 논란」, 문화방송, 『세계방송정보』, 235호(1993년 11월 25일), 45쪽.

41 『New York Times』, January 22, 1994; 「미 케이블 TV, 폭력물 자율규제 결의」, 문화방송, 『세계방송정보』, 241호(1994년 2월 25일), 44쪽.

42 『New York Times』, January 22, 1994; 「미 케이블 TV, 폭력물 자율규제 결의」, 문화방송, 『세계방송정보』, 241호(1994년 2월 25일), 45쪽.

43 「폭력물 모니터, 신종 사업으로 부상?」, 문화방송, 『세계방송정보』, 248호(1994년 6월 10일), 44~45쪽.

44 「폭력물 모니터, 신종 사업으로 부상?」, 문화방송, 『세계방송정보』, 248호(1994년 6월 10일), 45쪽.

45 「V-chip」, 『Wikipedia』.

46 김해원, 「"미국 TV 프로그램에 폭력과 섹스 증가"」, 『연합뉴스』, 2007년 9월 6일.

47 「Aestheticization of violence」, 『Wikipedia』.

48 「Gerbner, George」, 『Current Biography』, 1983 ed., pp.144~145.

49 존 스페이드(Jon Spayde) & 제이 월재스퍼(Jay Walljasper), 원재길 옮김, 『틱낫한에서 촘스키까지: 더 실용적이고 창조적인 삶의 전망 61장』(마음산책, 2001/2004), 426~427쪽.

50 줄리엣 쇼어(Juliet B. Schor), 정준희 옮김, 『쇼핑하기 위해 태어났다』(해냄, 2004/2005), 95쪽.

51 James Shanahan & Michael Morgan, 『Television and Its Viewers: Cultivation Theory and Research』(New York: Cambridge University Press, 1999), p.13; Juliet B. Schor, 『Born to Buy』(New York: Scribner, 2004), p.178.

52 존 스페이드(Jon Spayde) & 제이 월재스퍼(Jay Walljasper), 원재길 옮김, 『틱낫한에서 촘스키까지: 더 실용적이고 창조적인 삶의 전망 61장』(마음산책, 2001/2004), 423쪽.

53 줄리엣 쇼어(Juliet B. Schor), 정준희 옮김, 『쇼핑하기 위해 태어났다』(해냄, 2004/2005), 96쪽.

54 Markus Appel, 「Fictional Narratives Cultivate Just-World Beliefs」, 『Journal of Communication』, 58(2008), pp.62~83; 조너선 갓셜(Jonathan Gottschall), 노승영 옮김, 『스토리텔링 애니멀: 인간은 왜 그토록 이야기에 빠져드는가』(민음사, 2012/2014), 168쪽. '시적 정의(poetic justice)'는 시나 소설 속에 나오는 권선징악(勸善懲惡)과 인과응보(因果應報)의 사상으로, 17세기 후반 영국의 문학 비평가 토머스 라이머(Thomas Rymer, 1643~1713)가 만든 말이다. 그는 극의 행위가 개연성과 합리성을 가지고 도덕적 훈계와 예

증으로 교훈을 주어야 하며 인물들은 이상형이거나 그들 계층의 일반적인 대변자로서 행동해야 한다고 주장했다. 「시적 정의[詩的 正義, Poetic justice, Poetische Gerechtigkeit]」, 「네이버 지식백과」.

55 Marvin Stone, 「Movies and TV—Good or Bad?」, 「U.S .News & World Report」, October 31, 1983, p.92; George Gerbner, 「Foreword: What Do We Know」, James Shanahan & Michael Morgan, 『Television and Its Viewers: Cultivation Theory and Research』(New York: Cambridge University Press, 1999), p.xii.

56 닐 포스트먼(Neil Postman), 홍윤선 옮김, 「죽도록 즐기기」(굿인포메이션, 1985/2009), 217쪽.

57 James Shanahan & Michael Morgan, 『Television and Its Viewers: Cultivation Theory and Research』(New York: Cambridge University Press, 1999), p.224.

58 존 스페이드(Jon Spayde) · 제이 월재스퍼(Jay Walljasper), 원재길 옮김, 「틱낫한에서 촘스키까지: 더 실용적이고 창조적인 삶의 전망 61장」(마음산책, 2001/2004), 425~429쪽.

59 George Gerbner, 「Communication: Society Is the Message」, 「Communication」, 1(1974), p.64.

60 George Gerbner and Larry Gross, 「Living with Television: The Violence Profile」, 「Journal of Communication」, 26(Spring 1976), pp.193~194; Stuart Hall et al., 『Policing the Crisis: Mugging, the State, and Law and Order』(New York: Holmes & Meier, 1978).

61 앤서니 기든스(Anthony Giddens) · 필립 서튼(Philip W. Sutton), 김봉석 옮김, 「사회학의 핵심 개념들」(동녘, 2014/2015), 380~381쪽.

62 앤서니 기든스(Anthony Giddens) · 필립 서튼(Philip W. Sutton), 김봉석 옮김, 「사회학의 핵심 개념들」(동녘, 2014/2015), 378~379쪽; Stuart Hall et al., 『Policing the Crisis: Mugging, the State and Law and Order』(New York: Holmes & Meier, 1978), pp.3~28; 「Moral panic」, 「Wikipedia」.

63 한세희, 「게임 중독 담론과 도덕적 공황」, 「전자신문」, 2010년 10월 25일.

64 심재웅, 「언론의 학원폭력 보도 유감」, 「한국일보」, 2012년 5월 12일.

65 앤서니 기든스(Anthony Giddens) · 필립 서튼(Philip W. Sutton), 김봉석 옮김, 「사회학의 핵심 개념들」(동녘, 2014/2015), 382쪽.

66 강성원, 「[저널리즘의 미래 ⑥] 제한된 취재원, 출입처 중심 받아쓰기 취재 관행의 한계…선정적 이슈 찾아 '하이에나 저널리즘' 행태도」, 「미디어오늘」, 2015년 2월 11일.

67 엘리 패리저(Eli Pariser), 이현숙 · 이정태 옮김, 「생각 조종자들」(알키, 2011), 201~203쪽.

68 구본권, 「'좋아요'만 허용한 페이스북의 잔인함」, 「한겨레」, 2014년 12월 30일.

제7장 왜 미디어의 해방적 가능성을 포기하면 안 되는가? 레이먼드 윌리엄스

1 『New York Times』, January 29, 1988, p.13.

2 Michael Merrill, 「Raymond Williams and the Theory of English Marxism」, 「Radical History Review」, 19(Winter 1978-1979), p.9.

3 Nicholas Garnham, 「Raymond Williams, 1921-1988: A Cultural Analyst, A Distinctive Tradition」, 「Journal of Communication」, 38:4(Autumn 1988), pp.123~124.

4 레이몬드 윌리엄스, 백낙청 옮김, 「로오렌스와 産業主義」, 「창작과비평」, 1:3(1966년 7월), 342~356쪽; 레이몬드 윌리엄스, 백낙청 옮김, 「리얼리즘과 現代小說」, 「창작과비평」,

2:3(1967년 8월), 422~435쪽.

5 Stuart Laing, 「Raymond Williams and the Cultural Analysis of Television」, 『Media, Culture & Society』, 13:2(April 1991), p.153.

6 Raymond Williams, 「Communications as Cultural Science」, C. W. E. Bigsby, ed., 『Approaches to Popular Culture』(Bowling Green, OH: Bowling Green University Popular Press, 1976), p.30.

7 Raymond Williams, 「Communications as Cultural Science」, C. W. E. Bigsby, ed., 『Approaches to Popular Culture』(Bowling Green, OH: Bowling Green University Popular Press, 1976), p.33.

8 Cary Nelson, 「Williams, Raymond」, Robert A. Gorman, ed., 『Biographical Dictionary of Neo-Marxism』(Westport, CT.: Greenwood Press, 1985), p.429.

9 Raymond Williams, 『Television: Technology and Cultural Form』(New York: Schocken Books, 1974/1975), p.131. 이 책의 번역본으론 박효숙 옮김, 『텔레비전론』(현대미학사, 1996)이 있다.

10 『동아세계대백과사전』, 1991년 판, 제22권, 271쪽; 「Wales」, 『Wikipedia』; 빌 브라이슨(Bill Bryson), 박중서 옮김, 『빌 브라이슨의 유쾌한 영어 수다』(휴머니스트, 1990/2013), 121쪽.

11 빌 브라이슨(Bill Bryson), 박중서 옮김, 『빌 브라이슨의 유쾌한 영어 수다』(휴머니스트, 1990/2013), 58~59쪽.

12 Nicholas Garnham, 「Raymond Williams, 1921–1988: A Cultural Analyst, A Distinctive Tradition」, 『Journal of Communication』, 38:4(Autumn 1988), p.125.

13 이현석, 「옮긴이 해제」, 레이먼드 윌리엄스(Raymond Williams), 이현석 옮김, 『시골과 도시』(나남, 1973/2013), 590쪽.

14 테리 이글턴(Terry Eagleton), 윤희기 옮김, 『비평과 이데올로기: 마르크스 문학 이론의 한 연구』(인간사랑, 2006/2012), 55쪽.

15 Chris Waters, 「Badges of Half-Formed, Inarticulate Radicalism: A Critique of Recent Trends in the Study of Working Class Youth Culture」, 『International Labor and Working Class History』, 19(Spring 1981), p.34; Dave Laing, 『The Marxist Theory of Art』(Atlantic Highlands, NJ: Humanities Press, 1978), pp.140~141.

16 Robin Blackburn, 「Raymond Williams and the Politics of a New Left」, 『New Left Review』, 168(March/April 1988), p.16.

17 김성기·유리, 「역자 해설: 『키워드』란 무엇인가」, 레이먼드 윌리엄스(Raymond Williams), 김성기·유리 옮김, 『키워드』(민음사, 1983/2010), 563쪽.

18 Raymond Williams, 『The Politics of Modernism: Against the New Conformists』(New York: Verso, 1989), pp.156~157; Stuart Laing, 「Raymond Williams and the Cultural Analysis of Television」, 『Media, Culture & Society』, 13:2(April 1991), p.154; Graeme Turner, 『British Cultural Studies』(London: Unwin Hyman, 1990), p.59; 김성기·유리, 「역자 해설: 『키워드』란 무엇인가」, 레이먼드 윌리엄스(Raymond Williams), 김성기·유리 옮김, 『키워드』(민음사, 1983/2010), 565쪽.

19 Nicholas Garnham, 「Raymond Williams, 1921–1988: A Cultural Analyst, A Distinctive Tradition」, 『Journal of Communication』, 38:4(Autumn 1988), p.126.

20 Andrew Milner, 「Cultural Materialism, Culturalism and Post-Culturalism: The Legacy of Raymond Williams」, 『Theory, Culture & Society』, 11(1994), p.47. 리비스에 대해선 김영희, 『비평의 객관성과 실천적 지평: F. R. 리비스와 레이먼드 윌리엄스 연구』(창

작과 비평사, 1993)를 참고할 것.

21 크리스 앤더슨(Chris Anderson), 이노무브그룹 외 옮김, 『롱테일 경제학』(랜덤하우스, 2006), 337~338쪽.

22 『문화와 사회』의 번역본으로는 라영균 역, 『문화와 사회 1780-1950』(이화여자대학교 출판부, 1988), 『장구한 혁명』의 번역본으로는 성은애 옮김, 『기나긴 혁명』(문학동네, 1961/2007)이 있다.

23 이현석, 「옮긴이 해제」, 레이먼드 윌리엄스(Raymond Williams), 이현석 옮김, 『시골과 도시』(나남, 1973/2013), 592~593쪽.

24 Grame Turner, 『British Cultural Studies』(London: Unwin Hyman, 1990), p.55.

25 「Hoggart, [Herbert] Richard」, 『Current Biography』, 1963 ed., pp.186~188; 「Richard Hoggart」, 『Wikipedia』.

26 Michael Green, 「Raymond Williams and Cultural Studies」, 『Centre for Contemporary Cultural Studies Working Paper』, 6(1974), p.40; Cary Nelson, 「Williams, Raymond」, Robert A. Gorman, ed., 『Biographical Dictionary of Neo-Marxism』(Westport, CT.: Greenwood Press, 1985), p.430.

27 Graeme Turner, 『British Cultural Studies』(London: Unwin Hyman, 1990), pp.57~58. 주창윤은 '감정의 구조' 개념을 한국 사회의 '정서적 허기(sentimental hunger)'를 논하는 데에 적용했다. 주창윤, 「좌절한 시대의 정서적 허기: 윌리엄스 정서의 구조 개념 비판적 적용」, 『커뮤니케이션 이론』, 8권1호(2012년 4월), 142~176쪽.

28 '경제주의'에 대해선 Tom Bottomore 외, 임석진 편, 『마르크스 사상사전』(청아출판사, 1988), 24~25쪽, '문화주의'에 관한 윌리엄스 자신의 견해에 대해선, 「Notes on Marxism in Britain since 1945」, 『New Left Review』, 100(November 1976-January 1977), pp.88~91을 참고할 것.

29 제임스 프록터(James Procter), 손유경 옮김, 『지금 스튜어트 홀』(앨피, 2004/2006), 82~83쪽; Graeme Turner, 『British Cultural Studies』(London: Unwin Hyman, 1990), p.31.

30 Michael Merrill, 「Raymond Williams and the Theory of English Marxism」, 『Radical History Review』, 19(Winter 1978-1979), p.17.

31 Raymond Williams, 『Communications』(London: Penguins, 1966), pp.18~19; Nicholas Garnham, 「Raymond Williams, 1921-1988: A Cultural Analyst, A Distinctive Tradition」, 『Journal of Communication』, 38:4(Autumn 1988), p.127; Graeme Turner, 『British Cultural Studies』(London: Unwin Hyman, 1990), p.60.

32 Michael Green, 「Raymond Williams and Cultural Studies」, 『Cultural Studies Working Papers』, 6(1974), p.45.

33 테리 이글턴(Terry Eagleton), 윤희기 옮김, 『비평과 이데올로기: 마르크스 문학 이론의 한 연구』(인간사랑, 2006/2012), 59쪽; Pamela McCallum, 「Ideology and Cultural Theory」, 『Canadian Journal of Political and Social Theory』, 3:1(1979), pp.135~136; E. P. Thompson, 「The Long Revolution」, 『New Left Review』, 9(May-June 1961), pp.24~33; E. P. Thompson, 「The Long Revolution II」, 『New Left Review』, 10(July-August 1961), pp.34~39; Terry Eagleton, 「Criticism and Politics: The Work of Raymond Williams」, 『New Left Review』, 95(January-February 1976), pp.3~25; Anthony Barnett, 「Raymond Williams and Marxism: A Rejoinder to Terry Eagleton」, 『New Left Review』, 99(September-October 1976), pp.47~64.

34 테리 이글턴(Terry Eagleton), 김명환 · 장남영 · 장남수 옮김, 『문학이론입문』(창작과비평사, 1983/1986), 300쪽.

35 테리 이글턴(Terry Eagleton), 김명환 · 장남영 · 장남수 옮김, 『문학이론입문』(창작과비평사, 1983/1986), 301쪽.

36 테리 이글턴(Terry Eagleton), 윤희기 옮김, 『비평과 이데올로기: 마르크스 문학 이론의 한 연구』(인간사랑, 2006/2012), 26~27쪽.

37 테리 이글턴(Terry Eagleton), 김성균 옮김, 『낙관하지 않는 희망: 테리 이글턴이 전하는 21세기 희망 메시지』(우물이있는집, 2016), 9쪽.

38 테리 이글턴(Terry Eagleton), 윤희기 옮김, 『비평과 이데올로기: 마르크스 문학 이론의 한 연구』(인간사랑, 2006/2012), 19~20쪽.

39 레이먼드 윌리엄스(Raymond Williams), 성은애 옮김, 『기나긴 혁명』(문학동네, 1961/2007), 166쪽.

40 김영희, 『비평의 객관성과 실천적 지평: F. R. 리비스와 레이먼드 윌리엄스 연구』(창작과 비평사, 1993), 81~82쪽.

41 E. P. Thompson, 『The Poverty of Theory & other essays』(London: Merlin Press, 1978), p.201; Jon Wiener, 「Marxist Theory and History」, 『Socialist Review』, 52(July–August 1980), p.139; David MacGregor, 「Evaluating the Marxist Tradition」, 『Critical Sociology』, 9(1980), pp.486~488.

42 앤드류 밀너(Andrew Milner), 이승렬 옮김, 『우리시대 문화이론』(한뜻, 1994/1996), 77~78, 139, 143~144쪽.

43 Raymond Williams, 『Culture』(London: Fontana Books, 1981), pp.186, 226; Nicholas Garnham and Raymond Williams, 「Pierre Bourdieu and the Sociology of Culture: An Introduction」, 『Media, Culture and Society』, 2(1980), pp.209~223.

44 Raymond Williams, 「The Growth and Role of the Mass Media」, Carl Gardner, ed., 『Media, Politics and Culture: A Socialist View』(London: Macmillan, 1979), pp.14~24.

45 김영희, 『비평의 객관성과 실천적 지평: F. R. 리비스와 레이먼드 윌리엄스 연구』(창작과 비평사, 1993), 83쪽; 앤드류 밀너(Andrew Milner), 이승렬 옮김, 『우리시대 문화이론』(한뜻, 1994/1996), 83쪽.

46 Alan O'Connor, ed., 『Raymond Williams on Television: Selected Writings』(London: Routledge, 1989), p.xi. 윌리엄스는 1974년에 『텔레비전』을 출간하기까지의 기간 동안 잠시 문학 연구로 되돌아가 『Modern Tragedy』(1966), 『Drama from Ibsen to Brecht』(1968)라는 2권의 드라마 연구서를 출간했다.

47 Lawrence Grossberg, 「Cultural Interpretation and Mass Communication」, 『Communication Research』, 4(July 1977), pp.350~351.

48 원용진, 「백남준의 의도, 예술 숭배를 전복한 시선의 주체화: 상호매체성(intermediability) 또는 재매개(re-mediation)된 새로운 매체 경험」, 김수경 외, 『백남준을 말하다: 아직도, 우리는 그를 모른다』(해피스토리, 2012), 250쪽.

49 Raymond Williams, 『Television: Technology and Cultural Form』(New York: Schocken Books, 1974/1975), p.128.

50 이승렬, 「다시 문화연구를 생각한다: 레이먼드 윌리엄스와 '공통의 문화'」, 『안과밖』, 22권(2007년 4월), 40쪽.

51 Raymond Williams, 『The Year 2000』(New York: Pantheon Books, 1983), p.133.

52 이승렬, 「다시 문화연구를 생각한다: 레이먼드 윌리엄스와 '공통의 문화'」, 『안과밖』, 22권 (2007년 4월), 41쪽.

53 Francis Mulhern, 「Towards 2000, or News from You-Know-Where」, 『New Left Review』, 148(Nov./Dec. 1984), pp.5~30; Raymond Williams, 「Towards Many Socialisms」, 『Socialist Review』, 85(1986), p.63.

54 Raymond Williams, 「Towards Many Socialisms」, 『Socialist Review』, 85(1986), pp.63, 74.

55 앤드류 밀너(Andrew Milner), 이승렬 옮김, 『우리시대 문화이론』(한뜻, 1994/1996), 87~89쪽.

56 Raymond Williams, 「On High Culture and Popular Culture」, 『The New Republic』, November 23, 1974, pp.13~16.

57 Raymond Williams, 『The Politics of Modernism: Against the New Conformists』(New York: Verso, 1989), pp.131~132.

58 Robin Blackburn, 「Raymond Williams and the Politics of a New Left」, 『New Left Review』, 168(March/April 1988), p.15.

59 Terry Eagleton, 「Resources for a Journey of Hope: The Significance of Raymond Williams」, 『New Left Review』, 168(March/April 1988), p.9.

60 김성기 · 유리, 「역자 해설: 『키워드』란 무엇인가」, 레이먼드 윌리엄스(Raymond Williams), 김성기 · 유리 옮김, 『키워드』(민음사, 1983/2010), 560쪽.

61 윌리엄스의 겸손함에 대해, 에드워드 사이드(Edward Said, 1935~2003)는 14년 연상인 윌리엄스가 자신을 만났을 때 지적 수준에서 '동료'로 생각해주는 것에 대해 큰 감명을 받았다고 말하고 있다. Edward W. Said, 「Last Dispatches from the Border Country」, 『The Nation』, March 5, 1988, p.312.

62 Raymond Williams, 「Splits, Pacts and Coalitions」, 『New Socialist』, March/April 1984, pp.31~35; 「Raymond Williams」, 『New Socialist』, March 1988, p.2.

63 Alan O'Connor, ed., 『Raymond Williams on Television: Selected Writings』(London: Routledge, 1989), pp.xiii~xiv.

64 E. P. Thompson, 「Last Dispatches from the Border Country」, 『The Nation』, March 5, 1988, p.311.

65 Todd Gitlin, 「The Politics of Communication and the Communication of Politics」, 『Mass Media and Society』, eds. James Curran and Michael Gurevitch(London: Edward Arnold, 1991), p.336.

66 David Laing, 『The Marxist Theory of Art』(Atlantic Highlands, NJ: Humanities Press, 1978), p.141.

67 Nicholas Garnham, 「Raymond Williams, 1921-1988: A Cultural Analyst, A Distinctive Tradition」, 『Journal of Communication』, 38:4(Autumn 1988), pp.124~125.

68 Nicholas Garnham, 「Raymond Williams, 1921-1988: A Cultural Analyst, A Distinctive Tradition」, 『Journal of Communication』, 38:4(Autumn 1988), p.126.

69 Nicholas Garnham, 「Raymond Williams, 1921-1988: A Cultural Analyst, A Distinctive Tradition」, 『Journal of Communication』, 38:4(Autumn 1988), p.124.

70 Raymond Williams, 「Communications as Cultural Science」, C. W. E. Bigsby, ed., 『Approaches to Popular Culture』(Bowling Green, OH: Bowling Green University Popular Press, 1976), pp.28~29.

71 Raymond Williams, 「Communications as Cultural Science」, C. W. E. Bigsby, ed.,

『Approaches to Popular Culture』(Bowling Green, OH: Bowling Green University Popular Press, 1976), p.34.

72   Raymond Williams, 「Communications as Cultural Science」, C. W. E. Bigsby, ed., 『Approaches to Popular Culture』(Bowling Green, OH: Bowling Green University Popular Press, 1976), p.34.

73   Graeme Turner, 『British Cultural Studies』(London: Unwin Hyman, 1990), p.68.

74   테리 이글턴(Terry Eagleton), 윤희기 옮김, 『비평과 이데올로기: 마르크스 문학 이론의 한 연구』(인간사랑, 2006/2012), 21쪽.

75   대니얼 카너먼(Daniel Kahneman), 이진원 옮김, 『생각에 관한 생각: 우리의 행동을 지배하는 생각의 반란』(김영사, 2011/2012), 355쪽.

76   Alan O'Connor ed., 『Raymond Williams on Television: Selected Writings』(London: Routledge, 1989), p215.

제8장 왜 미래학자는 대중을 열광시키는 선지자가 되는가? 앨빈 토플러

1   앨빈 토플러(Alvin Toffler), 이규행 감역, 『예견과 전제』(한국경제신문사, 1983/1989), 181쪽.

2   「Toffler, Alvin」, 『Current Biogrpahy』, 1975 ed., p.417.

3   앨빈 토플러(Alvin Toffler), 이규행 감역, 『예견과 전제』(한국경제신문사, 1983/1989), 182~83쪽.

4   앨빈 토플러(Alvin Toffler), 이규행 감역, 『예견과 전제』(한국경제신문사, 1983/1989), 183쪽.

5   앨빈 토플러(Alvin Toffler), 이규행 감역, 『예견과 전제』(한국경제신문사, 1983/1989), 184쪽.

6   Alvin Toffler, 『The Culture Consumers: Art and Affluence in America』(Baltimore, MD: Penguin Books, 1964/1965), p.141.

7   「Toffler, Alvin」, 『Current Biography』, 1975 ed., p.418.

8   앨빈 토플러(Alvin Toffler), 이규행 감역, 『예견과 전제』(한국경제신문사, 1983/1989), 187~88쪽.

9   앨빈 토플러(Alvin Toffler), 이규행 감역, 『예견과 전제』(한국경제신문사, 1983/1989), 188~89쪽.

10   앨빈 토플러(Alvin Toffler), 이규행 감역, 『예견과 전제』(한국경제신문사, 1983/1989), 194쪽.

11   Alvin Toffler, 『Future Shock』(New York: Bantam Books, 1970/1972), pp.263~83. 그로부터 30여년 후인 2004년 미국 스워스모대학(Swathmore College)의 심리학자 배리 슈워츠(Barry Schwartz, 1946~)는 『선택의 역설(The Paradox of Choice)』에서 선택사항이 너무 많으면 오히려 선택을 하지 못하는 '선택의 역설'을 제시했다. 이 책이 베스트셀러가 되면서 '선택 피로(choice fatigue)'라는 신조어까지 생겨났다. Barry Schwartz, 「The Paradox of Choice: Why More Is Less』(New York: Harper Perennial, 2004); Susie Dent, 『fanboys and overdogs: the language report』(New York: Oxford University Press, 2005), p.9. 강준만, 「왜 선택 사항이 많아지면 오히려 불행해지는가?: 선택의 역설」, 『우리는 왜 이렇게 사는 걸까?: 세상을 꿰뚫는 50가지 이론 2』(인물과사상사, 2014), 313~318쪽 참고.

12   「Toffler, Alvin」, 『Current Biography』, 1975 ed., p.419.

13   앨빈 토플러(Alvin Toffler), 이상백 옮김, 「제20장 프로슈머의 출현」, 『제3의 충격파』(홍신문화사, 1980/1981), 315~341쪽. prosumer는 'producer+consumer'로 생산소비자(또는 생

산적 소비자)란 뜻이다. 참여소비자라고 해도 좋겠다.

14 '대량 맞춤(mass customization)'은 대량생산(Mass Production)과 맞춤화 (Customization)가 결합된 용어로 맞춤화된 상품과 서비스를 대량생산을 통해 비용을 낮춰 경쟁력을 창출하는 새로운 생산·마케팅 방식을 말한다. 고객 입장에서는 대량생산 제품을 군말 없이 사는 것이 아니라, 마치 동네 양복점에서 옷을 맞추듯 대기업, 중견기업 제품도 자신의 취향을 반영한 상품을 살 수 있다. 토플러는 『미래의 충격』에서 대량생산과 맞춤화의 패러독스가 극복될 가능성이 있다고 예견했다. 물론 이견도 있다. 존 실리 브라운(John Seely Brown)과 폴 두기드(Paul Duguid)는 『비트에서 인간으로』(2000)에서 "거대기업의 활발한 활동은 첨단 정보통신기술의 발달로 더욱 힘을 얻고 있다. 거대한 네트워크를 효과적으로 이용할 수 있게 되면서 거대 복합기업의 유지와 운영이 쉬워지고 있다.……벤처기업의 전유물처럼 인식되던 '틈새시장'도 거대기업이 독차지하고 있다"며 다음과 같이 말했다. "'대량 맞춤(mass customizing)'이라는 역설적인 단어가 의미하는 것은 바로 틈새시장에서도 대형 기업이 유리하다는 사실이다. 개인의 몸에 치수를 맞춘 이른바 '맞춤식 청바지'를 만든다고 생각해보자. 이것을 할 수 있는 기업은 리바이스말고는 없다. 개인의 다양한 치수에 맞는 옷을 만들기 위해서는 거대한 생산시설과 표준화된 제품과 공정, 이를 받쳐주는 시장이 모두 필요하기 때문이다. 따라서 상품의 탈대량화(demassification)는 대량생산과 대량소비의 기반 위에서나 가능한 것이다. 인터넷 경제의 헨리 포드가 나온다면 그 역시 이렇게 말할 것이다. '당신에게 꼭 맞는 청바지가 여기 있습니다. 물론 모두 리바이스죠.'" 존 실리 브라운(John Seely Brown) & 폴 두기드(Paul Duguid), 이진우 옮김, 『비트에서 인간으로』(거름, 2000/2001), 43~44쪽.

15 Alvin Toffler, 『Future Shock』(New York: Bantam Books, 1970/1972), pp.350~355.

16 네이트 실버(Nate Silver), 이경식 옮김, 『신호와 소음: 미래는 어떻게 당신 손에 잡히는가』(더퀘스트, 2012/2014), 30쪽.

17 애드호크러시는 라틴어로 '특정한 목적을 지닌(for the purpose)'이란 뜻의 ad hoc와 '주의(主義), 통치'를 뜻하는 cracy의 합성어로 관료주의에 기반한 조직과 정반대의 특성을 가진 체제다. 기업 관료주의를 대체할 역동적이고 수평적인 즉흥 조직으로, 관료주의적 장벽을 허물고 사람들을 한데 모아 기회를 찾고 혁신적 해결책을 얻을 수 있는 새로운 조직 형태로 선언되었다. 애드호크러시는 1968년 워런 베니스(Warren G. Bennis)와 필립 슬레이터(Philip Slater)가 공저한 『일시적인 사회(The Temporary Society)』에 처음 등장한 말이지만, 그걸 대중화시킨 주인공은 토플러다. Alvin Toffler, 『Future Shock』(New York: Bantam Books, 1970/1972), pp.124~151; 매슈 프레이저(Matthew Fraser)·수미트라 두타(Soumitra Dutta), 최경은 옮김, 『소셜 네트워크 e 혁명』(행간, 2008/2010), 230~231쪽; 에드워드 러셀 월링(Edward Russell-Walling), 김영규 옮김, 『경영의 탄생: CEO가 반드시 알아야 할 50가지 경영 아이디어』(더난출판, 2007/2010), 12~13쪽; 「Adhocracy」, 『Wikipedia』.

18 탄력회사는 토플러가 『권력이동』(1990)에서 관료 체제의 대안으로 제시한 조직 유형으로, 그 대표적 예는 가족회사다. 토플러는 "가족회사에서는 아무도 남을 골탕먹이지 않는다. 모두가 모두를 너무나 잘 알며 '연줄'을 통해 아들이나 딸이 성공하도록 돕는 것은 당연시된다"며 "가족제도에서는 주관·직관력·정감(情感)이 사랑과 다툼을 모두 지배한다"라고 주장했다. "사업에서 가족관계가 역할을 수행하는 경우에는 관료적 가치관과 규칙이 파괴되고 이와 함께 관료체제의 권력구조도 파괴된다. 이것은 매우 중요한 의미를 갖는다. 오늘날 가족기업의 부활은 단순한 일시적 현상이 아니기 때문이다. 우리는 지금 '관료주의 이후'의 시대로 접어들고 있다.……(가족회사는) 대규모의 관료적 회사와는 달리 신속한 의사결정이 가능하다. 과

감한 투기적 모험에도 선뜻 나설 때가 많다. 가족회사는 변화가 빠르며 새로운 시장의 요구에도 잘 적응한다. 일상적인 직접적 상호작용과 심지어 잠자리의 정담을 통한 의사전달은 신속하고 풍성하며 한마디 투덜거리거나 얼굴을 찡그려도 많은 내용을 전달한다. 가족 구성원은 보통 회사에 대한 뿌리 깊은 '소유' 의식을 가지고 있으며 높은 성취동기를 나타낸다. 또한 충성심이 강하며 초인적인 장시간 근무를 할 때가 많다." 토플러는 파키스탄의 경영전문가 사이드(Syed Mumtaz Saeed)가 서방에서의 산업주의 시대의 탈인간화는 가족을 순전한 사회적ㆍ비경제적 역할로 강등시킨 결과로 빚어진 것이므로 제3세계 국가들은 관료 체제의 비인격성과 서방식 반가족주의를 거부하고 가족에 기초한 경제체제를 구축해야 하며 고전적 온정주의를 보존해야 한다고 주장한 것에 동의를 표했다. 앨빈 토플러(Alvin Toffler), 이규행 감역, 『권력이동』(한국경제신문사, 1990), 231, 239쪽.

19 앨빈 토플러, 「에코스패즘(발작적 경제 위기)」, 『신동아』, 1982년 8월, 177쪽.

20 박성현, 「지식기반 경제와 지식기반 전쟁—토플러의 『전쟁과 반전쟁』」, 나라정책연구회 편, 『21세기 나라의 길』, 1994년 3월, 76쪽.

21 Jenny Deam, 「Possible Power Shift in 1990s」, 『Reuter』; 『The Korea Times』, October 28, 1990, p.5에서 재인용. 토플러는 말을 할 때에 '우리(we)'라는 표현을 즐겨 쓰는데, 이는 공동 저자로 참여하는 자신의 아내 하이디 패럴(Heide Farrell)을 포함해서 쓰는 말이다.

22 김철, 「특별 인터뷰—토플러가 보는 오늘의 세계」, 『조선일보』, 1992년 5월 26일, 3면.

23 앨빈 토플러(Alvin Toffler), 이규행 감역, 『권력이동』(한국경제신문사, 1990), 56쪽.

24 앨빈 토플러(Alvin Toffler)ㆍ하이디 토플러(Heidi Toffler), 김중웅 옮김, 『부의 미래』(청림출판, 2006), 8쪽.

25 막스 더블린(Max Dublin), 황광수 옮김, 『왜곡되는 미래』(의암출판, 1991/1993).

26 댄 가드너(Dan Gardner), 이경식 옮김, 『앨빈 토플러와 작별하라』(생각연구소, 2010/2011), 241쪽.

27 프랭크 웹스터(Frank Webster), 조동기 옮김, 『정보사회이론』(사회미평사, 1995/1997), 356쪽.

28 앨빈 토플러(Alvin Toffler), 이상백 옮김, 『제3의 충격파』(홍신문화사, 1980/1981), 422~424쪽.

29 앨빈 토플러(Alvin Toffler), 이상백 옮김, 『제3의 충격파』(홍신문화사, 1980/1981), 424쪽.

30 앨빈 토플러(Alvin Toffler), 이규행 감역, 『예견과 전제』(한국경제신문사, 1983/1989), 236쪽.

31 앨빈 토플러(Alvin Toffler), 이규행 감역, 『예견과 전제』(한국경제신문사, 1983/1989), 129쪽.

32 앨빈 토플러(Alvin Toffler), 이규행 감역, 『예견과 전제』(한국경제신문사, 1983/1989), 100쪽.

33 김창기, 「미래학자 앨빈 토플러 신년 인터뷰」, 『조선일보』, 1991년 1월 4일, 5면.

34 앨빈 토플러(Alvin Toffler), 이규행 감역, 『예견과 전제』(한국경제신문사, 1983/1989), 163쪽.

35 앨빈 토플러(Alvin Toffler), 이규행 감역, 『예견과 전제』(한국경제신문사, 1983/1989), 211쪽.

36 앨빈 토플러(Alvin Toffler), 이규행 감역, 『예견과 전제』(한국경제신문사, 1983/1989), 211~212쪽.

37 앨빈 토플러, 『한국인과 제3의 물결』(한국경제신문사, 1985/1989), 83쪽.

38 이 좌우명은 원래 C. P. 스노우(C. P. Snow, 1905~1980)의 말임. 「Toffler, Alvin」, 『Current Biography』, 1975 ed., p.419.

39 권태준, 「미래학 여행」, 『조선일보』, 1993년 8월 21일, 11면.

40 앨빈 토플러(Alvin Toffler), 이규행 감역, 『예견과 전제』(한국경제신문사, 1983/1989), 202쪽.

41 Alvin Toffler, 『Future Shock』(New York: Bantam Books, 1970/1972), pp.281~282.

42 앨빈 토플러(Alvin Toffler), 이상백 옮김, 『제3의 충격파』(홍신문화사, 1980/1981), 201쪽.

43 앨빈 토플러(Alvin Toffler), 이상백 옮김, 『제3의 충격파』(홍신문화사, 1980/1981), 201쪽.

44 앨빈 토플러(Alvin Toffler), 이상백 옮김, 『제3의 충격파』(홍신문화사, 1980/1981), 202쪽.

45 앨빈 토플러(Alvin Toffler), 이상백 옮김, 『제3의 충격파』(홍신문화사, 1980/1981), 202쪽.

46 앨빈 토플러(Alvin Toffler), 이상백 옮김, 『제3의 충격파』(홍신문화사, 1980/1981), 204쪽.

47 앨빈 토플러(Alvin Toffler), 이규행 감역, 『권력이동』(한국경제신문사, 1990), 427~428쪽.

48 앨빈 토플러(Alvin Toffler), 이규행 감역, 『예견과 전제』(한국경제신문사, 1983/1989), 86쪽.

49 Hank Whittemore, 『CNN: The Inside Story』(Boston, MA.: Little, Brown and Company, 1990), p.54.

50 앨빈 토플러(Alvin Toffler), 이규행 감역, 『권력이동』(한국경제신문사, 1990), 405~407쪽.

51 앨빈 토플러(Alvin Toffler), 이규행 감역, 『권력이동』(한국경제신문사, 1990), 552쪽.

52 T. R. Young, 「Information, Ideology, and Political Reality: Against Toffler」, Jennifer Daryl Slack & Fred Fejes, eds., 『The Ideology of the Information Age』(Norwood, NJ: Ablex, 1987), p.125.

53 앨빈 토플러(Alvin Toffler) · 하이디 토플러(Heidi Toffler), 김원호 옮김, 『정치는 어떻게 이동하는가』(청림출판, 1994/2013), 203~204쪽.

54 앨빈 토플러(Alvin Toffler) · 하이디 토플러(Heidi Toffler), 김원호 옮김, 『정치는 어떻게 이동하는가』(청림출판, 1994/2013), 199쪽.

55 앨빈 토플러(Alvin Toffler) · 하이디 토플러(Heidi Toffler), 김중웅 옮김, 『부의 미래』(청림출판, 2006), 63~70쪽.

56 앨빈 토플러(Alvin Toffler) · 하이디 토플러(Heidi Toffler), 김중웅 옮김, 『부의 미래』(청림출판, 2006), 9쪽.

57 앨빈 토플러(Alvin Toffler) · 하이디 토플러(Heidi Toffler), 김중웅 옮김, 『부의 미래』(청림출판, 2006), 570쪽.

58 김영한, 『사이버 트렌드: 21세기, 가상세계의 명암』(고려원미디어, 1996), 346쪽.

59 강정인, 『세계화, 정보화 그리고 민주주의』(문학과지성사, 1998), 171~173쪽.

60 1994년 11월 중간선거에서 공화당은 민주당을 꺾고 다수당이 되었다. 상원은 공화당 53명, 민주당 47명, 하원은 공화당 230명, 민주당 204명이었다. 하원에서 공화당 다수 체제를 구축한 것은 40년만의 대사건이었기에, 이는 '보수주의자들의 쿠데타'로 불렸다.

61 닉 다이어-위데포드, 신승철 · 이현 옮김, 『사이버-맑스: 첨단기술 자본주의에서의 투쟁주기와 투쟁순환』(이후, 2003), 84쪽; 「Alvin Toffler」, 『Wikipedia』.

62 댄 가드너(Dan Gardner), 이경식 옮김, 『앨빈 토플러와 작별하라』(생각연구소, 2010/2011), 297, 327쪽.

63 댄 가드너(Dan Gardner), 이경식 옮김, 『앨빈 토플러와 작별하라』(생각연구소, 2010/2011), 326~331쪽. 강준만, 「왜 점쟁이를 찾는 사람이 많은가?: 바넘 효과」, 『우리는 왜 이렇게 사는 걸까?: 세상을 꿰뚫는 50가지 이론 2』(인물과사상사, 2014), 219~224쪽 참고.

제9장 왜 조지 오웰과 러디어드 키플링을 넘어서야 하는가? 백남준

1 최재필, 「서울의 삶터-국립민속박물관과 현대미술관」, 『서울신문』, 1994년 4월 16일, 14면.

2 이 글에서 '비디오아트'를 '비디오예술'로 번역해 사용하고 있는 국내 문헌을 인용할 경우엔 그대로 '비디오예술'로 사용하기도 했다.

3 김홍희, 「비디오아트: 소통의 문제와 대중 미학」, 『문학과 사회』, 1992년 겨울, 1264~1265쪽.

4   김홍희, 『굿모닝, 미스터 백: 해프닝, 플럭서스, 비디오아트』(디자인하우스, 2007), 98쪽.

5   백남준, 「나의 길—"재미없으면 예술 아니다"」, 『동아일보』, 1993년 9월 26일, 15면.

6   백낙승은 광복 후에는 이승만(1875~1965)에게 정치자금을 헌납하고 고려방직 등 귀속재산
    을 불하받고 홍삼 전매권까지 얻는 등 특혜를 받았다. 1949년 반민족행위처벌법의 피의자로
    체포되었으나 곧 보석으로 풀려났다. 「백낙승[白樂承]」, 『네이버 지식백과』.

7   백남준, 「나의 삶 나의 생각—'예술엔 건전한 하극상 필요'」, 『경향신문』, 1993년 8월 25일,
    15면.

8   이수연, 「재매개의 관점에서 본 백남준의 TV 작업」, 『현대미술사연구』, 36권(2014년 12월),
    187쪽.

9   황필호, 『누가 최고 스타인가』(열린문화, 1994), 225~226쪽.

10 「Paik, Nam June」, 『Current Biography』, 1983 ed., p.284.

11 에디트 데커(Edith Decker-Phillips), 김정용 옮김, 『백남준: 비디오 예술의 미학과 기술을
    찾아서』(궁리, 1995/2001), 40~41쪽.

12 이동식, 「위성을 통해 시공예술을 개창한 백남준의 황금기: KBS 백남준 취재파일」, 김수경
    외, 『백남준을 말하다: 아직도, 우리는 그를 모른다』(해피스토리, 2012), 96쪽.

13 Michael Walsh, 「Sounds of Silence」, 『Time』, November 15, 1993.

14 백남준, 「실험정신 깨우쳐 준 거장 · 존 케이지를 추모하며」, 『조선일보』, 1992년 8월 15일,
    11면.

15 이동식, 「위성을 통해 시공예술을 개창한 백남준의 황금기: KBS 백남준 취재파일」, 김수경
    외, 『백남준을 말하다: 아직도, 우리는 그를 모른다』(해피스토리, 2012), 95쪽.

16 강태희, 「캔버스와 종이는 죽었다」, 『시사저널』, 1992년 8월 13일, 78면.

17 김용옥, 『석도화론: 도올이 백남준을 만난 이야기』(통나무, 1992), 249쪽.

18 홍미희, 「백남준 미디어 아트에 나타난 팝아트의 특성 연구: '매체 확장'과 '관객 참여'를 중
    심으로」, 『만화애니메이션 연구』, 42권(2016년 3월), 204~205쪽.

19 「Paik, Nam June」, 『Current Biography』, 1983 ed., p.284.

20 김홍희, 『백남준과 그의 예술: 해프닝과 비디오아트』(디자인하우스, 1992), 18쪽.

21 김홍희, 『굿모닝, 미스터 백: 해프닝, 플럭서스, 비디오아트』(디자인하우스, 2007), 21쪽.

22 김홍희, 『백남준과 그의 예술: 해프닝과 비디오아트』(디자인하우스, 1992), 41쪽; 「Fluxus」,
    『Wikipedia』.

23 김용옥, 「백남준—한국의 전통을 간직한 '비디오아트'의 창시자」, 『월간조선』, 1994년 1월호
    별책부록, 『세계의 한국인』, 239~240쪽.

24 이용우, 『백남준 그 치열한 삶과 예술』(열음사, 2000), 71쪽.

25 마이클 러시(Michael Rush), 심철웅 옮김, 『뉴미디어 아트』(시공사, 1999/2003), 134쪽.

26 백남준, 「나의 길—"재미없으면 예술 아니다"」, 『동아일보』, 1993년 9월 26일, 15면.

27 신원정, 「"루돌프 아우크슈타인에게 경의를": 백남준의 부퍼탈 전시에 드러난 정치성」, 『현대
    미술사연구』, 38권(2015년 12월), 87~112쪽.

28 채장석, 「포스트모더니즘과 비디오아트」, 김욱동 편, 『포스트모더니즘과 예술』(청하, 1991),
    272쪽.

29 이용우, 『백남준 그 치열한 삶과 예술』(열음사, 2000), 160쪽.

30 채장석, 「포스트모더니즘과 비디오아트」, 김욱동 편, 『포스트모더니즘과 예술』(청하, 1991),
    273쪽.

31 마이클 러시(Michael Rush), 심철웅 옮김, 『뉴미디어 아트』(시공사, 1999/2003), 93쪽.

32 Rose Lee Goldberg, 『The Art of Performance』(New York: Harry N. Abrams, 1979),

p.281; 채장석, 「포스트모더니즘과 비디오아트」, 김욱동 편, 『포스트모더니즘과 예술』(청하, 1991), 287쪽.

33 김홍희, 『굿모닝, 미스터 백: 해프닝, 플럭서스, 비디오아트』(디자인하우스, 2007), 121쪽.

34 채장석, 「포스트모더니즘과 비디오아트」, 김욱동 편, 『포스트모더니즘과 예술』(청하, 1991), 287~288쪽.

35 「Paik, Nam June」, 『Current Biogrphy』, 1983 ed., p.285.

36 에디트 데커(Edith Decker-Phillips), 김정용 옮김, 『백남준: 비디오 예술의 미학과 기술을 찾아서』(궁리, 1995/2001), 17쪽.

37 채장석, 「포스트모더니즘과 비디오아트」, 김욱동 편, 『포스트모더니즘과 예술』(청하, 1991), 288~290쪽.

38 이용우, 『백남준 그 치열한 삶과 예술』(열음사, 2000), 183~186쪽.

39 이용우, 『백남준 그 치열한 삶과 예술』(열음사, 2000), 188~189쪽.

40 김홍희, 「비디오 아트: 소통의 문제와 대중 미학」, 『문학과 사회』, 1992년 겨울, 1268~1270쪽.

41 이용우, 『백남준 그 치열한 삶과 예술』(열음사, 2000), 194쪽.

42 이용우, 『백남준 그 치열한 삶과 예술』(열음사, 2000), 196쪽.

43 김홍희, 『백남준과 그의 예술: 해프닝과 비디오아트』(디자인하우스, 1992), 58쪽.

44 William Morris · Mary Morris, 『Morris Dictionary of Word and Phrase Origins』, 2nd ed.(New York: Harper & Row, 1971), p.611; 박지향, 『제국주의: 신화와 현실』(서울대학교 출판부, 2000), 186~187쪽.

45 백남준 외, 『말에서 크리스토까지: 백남준 총서 1』(백남준아트센터, 2010), 294, 332쪽; 김동일 · 선내규 · 김경만, 「백남준의 사회학, 음악장의 전복자에서 미술장의 지배자로: 63년 〈음악의 전시〉 전후를 중심으로」, 『문화와 사회』, 9권(2010년 11월), 164쪽 재인용.

46 김홍희, 『백남준과 그의 예술: 해프닝과 비디오아트』(디자인하우스, 1992), 91쪽.

47 천호선, 「백남준과 예술행정 25년」, 김수경 외, 『백남준을 말하다: 아직도, 우리는 그를 모른다』(해피스토리, 2012), 124쪽.

48 김홍희, 『굿모닝, 미스터 백: 해프닝, 플럭서스, 비디오아트』(디자인하우스, 2007), 80~83쪽.

49 김홍희, 『굿모닝, 미스터 백: 해프닝, 플럭서스, 비디오아트』(디자인하우스, 2007), 108쪽.

50 김홍희, 『굿모닝, 미스터 백: 해프닝, 플럭서스, 비디오아트』(디자인하우스, 2007), 230쪽.

51 백남준, 「나의 삶 나의 생각— '예술엔 건전한 하극상 필요'」, 『경향신문』, 1993년 8월 25일, 15면.

52 백남준, 「나의 길— '재미없으면 예술 아니다'」, 『동아일보』, 1993년 9월 26일, 15면.

53 김용옥, 「백남준—한국의 전통을 간직한 '비디오아트'의 창시자」, 『월간조선』, 1994년 1월호 별책부록, 『세계의 한국인』, 240~241쪽.

54 조영남, 「 '얼기설기 TV 뭉치'에 북새통을 이룬 한국의 미술관」, 김수경 외, 『백남준을 말하다: 아직도, 우리는 그를 모른다』(해피스토리, 2012), 210~211쪽.

55 김재권 · 백남준, 「작가와의 대화/백남준, 20세기의 신화와 백남준의 예술」, 『미술세계』, 1990년 9월호, 67쪽; 김동일 · 선내규 · 김경만, 「백남준의 사회학, 음악장의 전복자에서 미술장의 지배자로: 63년 〈음악의 전시〉 전후를 중심으로」, 『문화와 사회』, 9권(2010년 11월), 166쪽 재인용.

56 황필호, 『누가 최고 스타인가』(열린문화, 1994), 215쪽.

57 황필호, 『누가 최고 스타인가』(열린문화, 1994), 226~227쪽.

58 백남준, 「나의 길— '재미없으면 예술이 아니다'」, 『동아일보』, 1993년 9월 26일, 15면.

59 백남준, 「나의 길— '재미없으면 예술이 아니다'」, 『동아일보』, 1993년 9월 26일, 15면.

60 백남준, 「나의 길— '재미없으면 예술이 아니다'」, 『동아일보』, 1993년 9월 26일, 15면.

61 김용옥, 「백남준—한국의 전통을 간직한 '비디오아트'의 창시자」, 『월간조선』, 1994년 1월호 별책부록, 『세계의 한국인』, 241~2420쪽.

62 홍라희, 「미디어아트의 음유 시인, 백남준 선생을 추모하며」, 『백남준 추모 문집 TV 부처 백남준』(삶과꿈, 2007), 130~131쪽; 김동일 · 선내규 · 김경만, 「백남준의 사회학, 음악장의 전복자에서 미술장의 지배자로: 63년 〈음악의 전시〉 전후를 중심으로」, 『문화와 사회』, 9권 (2010년 11월), 182~183쪽 재인용.

63 홍미희, 「백남준 미디어아트에 나타난 팝아트의 특성 연구: '매체 확장'과 '관객 참여'를 중심으로」, 『만화애니메이션 연구』, 42권(2016년 3월), 207쪽.

64 정소연 · 이원형, 「시대적 변화에서 나타난 백남준과 그의 모순」, 『한국콘텐츠학회논문지』, 11권 7호(2011년 7월), 166쪽.

65 백남준, 「나의 삶 나의 생각— '예술엔 건전한 하극상 필요'」, 『경향신문』, 1993년 8월 25일, 15면.

66 Frederic Jameson, 「Postmodernism, or The Cultural Logic of Late Capitalism」, 『New Left Review』, 146(July~August 1984), pp.75~76.

67 김홍희, 『굿모닝, 미스터 백!: 해프닝, 플럭서스, 비디오아트』(디자인하우스, 2007), 22쪽.

68 김홍희, 『굿모닝, 미스터 백!: 해프닝, 플럭서스, 비디오아트』(디자인하우스, 2007), 118~119쪽.

69 송태현, 「백남준 예술세계와 전통사상」, 『인문콘텐츠』, 19권(2010년 11월), 491~510쪽.

70 김홍희, 『굿모닝, 미스터 백!: 해프닝, 플럭서스, 비디오아트』(디자인하우스, 2007), 120~121쪽.

71 황필호, 『누가 최고 스타인가』(열린문화, 1994), 218쪽.

72 황필호, 『누가 최고 스타인가』(열린문화, 1994), 224~225쪽.

73 백남준 외, 『말에서 크리스토까지: 백남준 총서 1』(백남준아트센터, 2010), 106쪽; 김동일 · 선내규 · 김경만, 「백남준의 사회학, 음악장의 전복자에서 미술장의 지배자로: 63년 〈음악의 전시〉 전후를 중심으로」, 『문화와 사회』, 9권(2010년 11월), 163쪽 재인용.

74 백남준, 「나의 삶 나의 생각— '예술엔 건전한 하극상 필요'」, 『경향신문』, 1993년 8월 25일, 15면.

75 「'21세기는 한국 문화 도약 시대'」, 『동아일보』, 1990년 7월 23일, 17면.

76 김수기, 「백남준의 재발견」, 『국민일보』, 2008년 10월 21일.

77 황필호, 『누가 최고 스타인가』(열린문화, 1994), 228쪽.

78 황필호, 『누가 최고 스타인가』(열린문화, 1994), 229쪽.

79 황인, 「[길 위의 사람] 백남준과 서울 창신동」, 『월간 샘터』, 2015년 7월, 86~87쪽.

80 김홍희, 『굿모닝, 미스터 백!: 해프닝, 플럭서스, 비디오아트』(디자인하우스, 2007), 111쪽.

81 김용옥, 『석도화론: 도올이 백남준을 만난 이야기』(통나무, 1992), 249쪽.

82 황필호, 『누가 최고 스타인가』(열린문화, 1994), 235~238쪽.

83 김용옥, 「백남준—한국의 전통을 간직한 '비디오아트'의 창시자」, 『월간조선』, 1994년 1월호 별책부록, 『세계의 한국인』, 240쪽.

84 황필호, 『누가 최고 스타인가』(열린문화, 1994), 228~230쪽.

85 황필호, 『누가 최고 스타인가』(열린문화, 1994), 243쪽.

86 홍성욱, 「예술을 바꾸는 기술, 기술을 바꾸는 예술: 비디오아티스트 백남준의 상상력과 기술철학」, 『인문학논총』(경성대학교 인문과학연구소), 34권(2014년 2월), 40쪽.

87 백남준, 「나의 길— '재미없으면 예술이 아니다'」, 『동아일보』, 1993년 9월 26일, 15면.

88 실제로 백남준의 사상을 매클루언과 연결시켜 논의하는 시도가 적지 않다. 예컨대, 홍성욱, 「예술을 바꾸는 기술, 기술을 바꾸는 예술: 비디오아티스트 백남준의 상상력과 기술철학」,

『인문학논총』(경성대학교 인문과학연구소), 34권(2014년 2월), 39~67쪽; 김소희, 「백남준의 전시작품의 실험에 새겨지는 새로운 시대정신 형상화: '전지구적 협력'의 소통을 향한 '감각의 조건화'와 '감각파장'을 중심으로」, 『문화산업연구』, 15권 2호(2015년 6월), 9~27쪽 참고.

제10장 왜 CNN은 '프런티어 자본주의'의 첨병이었는가? 테드 터너

1   엘리엇 킹(Elliot King), 김대경 옮김, 『무료뉴스: 인터넷은 저널리즘을 어떻게 바꾸었나?』(커뮤니케이션북스, 2010/2012), 48쪽.

2   Ien Ang, 『Living Room Wars: Rethinking Media Audiences for a Postmodern World』(New York: Routledge, 1996), p.151.

3   김호준, 「'하이테크'가 주도하는 '신종전쟁': 워싱턴서 본 걸프전 새 양상」, 『서울신문』, 1991년 1월 27일, 4면.

4   서동구, 「부시의 신병기 'TV뉴스'」, 『경향신문』, 1991년 1월 30일, 5면.

5   Evgeny Morozov, 『The Net Delusion: The Dark Side of Internet Freedom』(New York: PublicAffairs, 2011), pp.267~268; John Walston, 『The Buzzword Dictionary』(Oak Park, IL: Marion Street Press, 2006), p.45; 「CNN effect」, 『Wikipedia』.

6   Hank Whittemore, 『CNN: The Inside Story』(Boston, MA: Little, Brown and Company, 1990), p.7. 이 책의 번역본으론 행크 휘트모어, 김석희 옮김, 『뉴스 속의 뉴스 CNN』(흥부네박, 1990/2000) 참고.

7   Les Brown, 『Les Brown's Encyclopedia of Television』(New York: New York Zoetrope,1982),p.414.

8   켄 올레타(Ken Auletta), 이중순 옮김, 『테드 터너, 꿈이 있는 승부사』(청림출판, 2004/2007), 37쪽.

9   Kerwin Swint, 『Dark Genius: The Influential Career of Legendary Political Operative and Fox News Founder Roger Ailes』(New York: Union Square Press, 2008), p.172; Scott Collins, 『Crazy Like a Fox: The Inside Story of How Fox News Beat CNN』(New York: Portfolio, 2004), p.41.

10   Scott Collins, 『Crazy Like a Fox: The Inside Story of How Fox News Beat CNN』(New York: Portfolio, 2004), p.1.

11   Hank Whittemore, 『CNN: The Inside Story』(Boston, MA: Little, Brown and Company, 1990), pp.27~28.

12   Hank Whittemore, 『CNN: The Inside Story』(Boston, MA: Little, Brown and Company, 1990), pp.6~7.

13   Harry F. Waters, 「Ted Turner's Empire」, 『Newsweek』, June 16, 1980, p.66; Whittemore, p.152.

14   Hank Whittemore, 『CNN: The Inside Story』(Boston, MA: Little, Brown and Company, 1990), p.159.

15   Hank Whittemore, 『CNN: The Inside Story』(Boston, MA: Little, Brown and Company, 1990), pp.244~245.

16   「CBS Attacks」, 『Time』, June 17, 1985, p.60; 「Schorr, CNN Part Ways Over Contract Dispute」, 『Broadcasting』, May 18, 1985, pp.68~69.

17   자넷 로우(Janet Lowe), 김광수 옮김, 『나는 CNN으로 세계를 움직인다: CNN의 창립자 테

드 터너 성공신화』(크림슨, 1999/2004), 202쪽.

18 테드 터너(Ted Turner) · 빌 버크(Bill Burke), 송택순 옮김, 『테드 터너 위대한 전진: 도전과 성취의 아이콘 CNN 창립자 테드 터너의 인생과 경영』(해냄, 2008/2011), 244~245쪽.

19 마크 턴게이트(Mark Tungate), 강형심 옮김, 『세계를 지배하는 미디어 브랜드』(프리윌, 2005/2007), 27쪽.

20 「Even the Networks May Be Fair Game」, 『Business Week』, March 18, 1985, pp.28~29; David Pauly, 「It's Prime Time for Ted Turner」, 『Newsweek』, April 29, 1985, pp.54~57; 「CBS Attacks」, 『Time』, June 17, 1985, p.60; 「Upping the Ante」, 『Time』, July 15, 1985, p.49; William E. Schmidt, 「Behind the Bid for CBS Is Atlanta's Enigmatic 'Town Character'」, 『New York Times』, July 21, 1985, p.15; Michael Hirschorn, 「Interest Group Auction」, 『New Republic』, July 29, 1985, pp.17~19.

21 Laurence Zuckerman, 「A New Member Joins the Club」, 『Time』, February 22, 1988, p.64.

22 Ken Auletta, 『Three Blind Mice: How the TV Networks Lost Their Way』(New York: Vintage Books, 1991/1992), pp.18~19.

23 파하드 만주(Farhad Manjoo), 권혜정 옮김, 『이기적 진실: 객관성이 춤추는 시대의 보고서』(비즈앤비즈, 2008/2014), 129쪽.

24 「'개밥의 도토리' 신세가 여의주 문 용으로 둔갑」, 『Variety』, April 18, 1990; MBC, 『세계방송정보』, 1990년 여름 특집호, 115쪽에서 재인용.

25 송병승, 「부시의 최대 정보원은 CNN 뉴스」, 『세계일보』, 1989년 8월 16일, 6면.

26 자넷 로우(Janet Lowe), 김광수 옮김, 『나는 CNN으로 세계를 움직인다: CNN의 창립자 테드 터너 성공신화』(크림슨, 1999/2004), 224~225쪽.

27 자넷 로우(Janet Lowe), 김광수 옮김, 『나는 CNN으로 세계를 움직인다: CNN의 창립자 테드 터너 성공신화』(크림슨, 1999/2004), 226쪽.

28 공종식, 「미 CNN '생중계' 뉴스 충격 준 '방송공룡'」, 『동아일보』, 1994년 4월 17일, 9면; 「미디어제국 이룩한 테드 터너의 경영전략」, MBC, 『세계방송정보』, 제243호(1994년 3월 25일), 23쪽.

29 공종식, 「미 CNN '생중계' 뉴스 충격 준 '방송공룡'」, 『동아일보』, 1994년 4월 17일, 9면.

30 정의길, 「'CNN 위기' 언제까지」, 『한겨레신문』, 1994년 6월 30일, 14면.

31 T. Rosentiel, 「The Myth of CNN: Why Ted Turner's Revolution Is Bad News」, 『The New Republic』, August 22, 1994, pp.27~33; 루시 큉-쉔클만(Lucy Küng-Shankleman), 박인규 옮김, 『BBC와 CNN: 미디어 조직의 경영』(커뮤니케이션북스, 2000/2001), 199~200쪽에서 재인용.

32 「아시아 진출에 전력투구하는 CNN」, MBC, 『세계방송정보』, 제247호(1994년 5월 25일), 8쪽.

33 「미디어제국 이룩한 테드 터너의 경영전략」, MBC, 『세계방송정보』, 제243호(1994년 3월 25일), 22~23쪽.

34 「미디어제국 이룩한 테드 터너의 경영전략」, MBC, 『세계방송정보』, 제243호(1994년 3월 25일), 22~23쪽; 공종식, 「미 CNN '생중계' 뉴스 충격 준 '방송공룡'」, 『동아일보』, 1994년 4월 17일, 9면.

35 Harry F. Waters, 「Ted Turner's Empire」, 『Newsweek』, June 16, 1980, p.65.

36 Harry F. Waters, 「Ted Turner's Empire」, 『Newsweek』, June 16, 1980, p.63.

37 Stephen Koepp, 「Captain Outrageous Opens Fire」, 『Time』, April 19, 1985, p.61.

38 「Turner, Ted」, 『Current Biography』, 1979 ed., pp.408~411.

39 Harry F. Waters, 「Ted Turner's Empire」, 「Newsweek」, June 16, 1980, p.65; 「Takeovers in the News Again」, 「Broadcasting」, March 31, 1986, p.31.

40 Harry F. Waters, 「Ted Turner's Empire」, 「Newsweek」, June 16, 1980, p.65.

41 자넷 로우(Janet Lowe), 김광수 옮김, 『나는 CNN으로 세계를 움직인다: CNN의 창립자 테드 터너 성공신화』(크림슨, 1999/2004), 175쪽.

42 테드 터너(Ted Turner)·빌 버크(Bill Burke), 송택순 옮김, 『테드 터너 위대한 전진: 도전과 성취의 아이콘 CNN 창립자 테드 터너의 인생과 경영』(해냄, 2008/2011), 297쪽.

43 Hank Whittemore, 『CNN: The Inside Story』(Boston, MA: Little, Brown and Company, 1990), p.233.

44 Janice Castro, 「Turner Takes on Hollywood」, 「Time」, August 19, 1985, p.32.

45 한완상, 「[길을 찾아서] CNN, 서울 아닌 홍콩 택한 이유에 '민망'」, 「한겨레」, 2012년 8월 15일.

46 Howard Kurtz, 『Hot Air: All Talk All the Time—How the Talk Show Culture Has Changed America』(New York: BasicBooks, 1996/1997), p.78.

47 헬레나 노르베리-호지/ISEC, 이민아 옮김, 『허울뿐인 세계화』(따님, 2000), 24쪽; Scott Collins, 『Crazy Like a Fox: The Inside Story of How Fox News Beat CNN』(New York: Portfolio, 2004), p.64.

48 자넷 로우(Janet Lowe), 김광수 옮김, 『나는 CNN으로 세계를 움직인다: CNN의 창립자 테드 터너 성공신화』(크림슨, 1999/2004), 133쪽.

49 테드 터너(Ted Turner)·빌 버크(Bill Burke), 송택순 옮김, 『테드 터너 위대한 전진: 도전과 성취의 아이콘 CNN 창립자 테드 터너의 인생과 경영』(해냄, 2008/2011), 350~352쪽.

50 테드 터너(Ted Turner)·빌 버크(Bill Burke), 송택순 옮김, 『테드 터너 위대한 전진: 도전과 성취의 아이콘 CNN 창립자 테드 터너의 인생과 경영』(해냄, 2008/2011), 370쪽.

51 자넷 로우(Janet Lowe), 김광수 옮김, 『나는 CNN으로 세계를 움직인다: CNN의 창립자 테드 터너 성공신화』(크림슨, 1999/2004), 219~220쪽.

52 자넷 로(Janet Lowe), 최인자 옮김, 『빌 게이츠 미래를 바꾸는 기술: 컴퓨터 황제 빌 게이츠 성공 스토리』(문학세계사, 1998/1999), 223쪽.

53 Paul R. La Monica, 『Inside Rupert's Brain』(New York: Portfolio, 2009), p.5.

54 Paul R. La Monica, 『Inside Rupert's Brain』(New York: Portfolio, 2009), pp.78~79.

55 Wendy Goldman Rohm, 『The Murdoch Mission: The Digital Transformation of a Media Empire』(New York: John Wiley & Sons, 2002), pp.46~47, 209~210, 262~263.

56 Kerwin Swint, 『Dark Genius: The Influential Career of Legendary Political Operative and Fox News Founder Roger Ailes』(New York: Union Square Press, 2008), p.172; Paul R. La Monica, 『Inside Rupert's Brain』(New York: Portfolio, 2009), p.81.

57 리처드 코니프(Richard Conniff), 이상근 옮김, 『부자』(까치, 2002/2003), 152쪽.

58 「CNN, 17년 사상 최저 시청률 보여」, KBS, 『해외방송정보』, 1997년 8월, 61~62쪽.

59 「Marketing Week」, 1997년 7월 17일; 「위기의 CNN '채널 역할 찾기' 고심」, MBC, 『세계방송정보』, 1997년 9월 30일, 18~21면 재인용.

60 「머독과 터너, 미국 '뉴스 방송' 시장에서 패권 다툼」, KBS, 『해외방송정보』, 1997년 9월, 30면.

61 Peg Tyre, 「뉴스의 대명사 CNN 토크쇼로 승부」, 「뉴스위크」 한국판, 2001년 1월 17일, 54면.

62 이 기사에 따르면, 당시 정보통신업계 5대 M&A는(괄호 속은 합병 규모와 일시) ① 타임워

너-AOL(1,820억 달러, 2000년 1월), ② AT&T-텔리커뮤니케이션(699억 달러, 1998년 6월), ③ AT&T-미디어원(631억 달러, 1999년 4월), ④ VIA-CBS(409억 달러, 1999년 9월), ⑤ US웨스트그룹 분리 매각(317억 달러, 1997년 10월) 등이고, 세계 5대 M&A는 ① 타임워너-AOL(1,820억 달러, 2000년 1월), ② VOD-만네스만(1,486억 달러, 1999년 11월), ③ MCI월드컴-스피릿(1,273억 달러, 1999년 10월), ④ 파이저-워너램버트(879억 달러, 1999년 11월), ⑤엑슨-모빌(864억 달러, 1998년 12월) 등이었다. 김현기 · 김준술, 「인터넷+TV.영화 · 음악…생활의 혁명 일으킨다: AOL · 타임워너 '꿈의 결합'」, 『중앙일보』, 2000년 1월 12일, 32면.

63 Bill Kovarik, 『Revolutions in Communication: Media History from Gutenberg to the Digital Age』(New York: Continuum, 2011), pp.309~310.

64 켄 올레타(Ken Auletta), 이중순 옮김, 『테드 터너, 꿈이 있는 승부사』(청림출판, 2004/2007), 14~15쪽.

65 리처드 코니프(Richard Conniff), 이상근 옮김, 『부자』(까치, 2002/2003), 156쪽.

66 Robert W. McChesney, 『The Problem of the Media: U. S. Communication Politics in the Twenty-First Century』(New York: Monthly Review Press, 2004), p.80.

67 마크 턴게이트(Mark Tungate), 강형심 옮김, 『세계를 지배하는 미디어 브랜드』(프리월, 2005/2007), 25쪽.

68 마크 턴게이트(Mark Tungate), 강형심 옮김, 『세계를 지배하는 미디어 브랜드』(프리월, 2005/2007), 32~33쪽.

69 이철민, 「CNN, 우울한 25주년」, 『조선일보』, 2005년 6월 1일, A19면.

70 국기연, 「"기자 반, 유권자 반" 칼럼니스트도 현장에 분산배치: 미국 대선 취재 현장을 가다」, 『신문과 방송』, 제447호(2008년 3월), 32쪽.

71 Brian Anderson, 「Fox Got It Right」, 『Los Angeles Times』, October 4, 2006; 스티브 M. 바킨(Steve M. Barkin), 김응숙 옮김, 『미국 텔레비전 뉴스: 미국방송의 사회문화사』(커뮤니케이션북스, 2003/2004), 170~175쪽; Scott Collins, 『Crazy Like a Fox: The Inside Story of How Fox News Beat CNN』(New York: Portfolio, 2004); Lisa de Moraes, 「Fox News Channel Celebrates 10 Years as Country's Most-Watched Cable News Network」, 『The Washington Post』, January 31, 2012; Brian Stelter, 「Fox News Draws the Most 'Super Tuesday' Viewers」, 『The New York Times』, March 7, 2012; Erik Wemple, 「Media Matters Churns Out Vitriol for Fox, Cliches」, 『The Washington Post』, February 27, 2012.

72 이철민, 「CNN, 우울한 25주년」, 『조선일보』, 2005년 6월 1일, A19면.

73 정인환, 「그 눈빛에 번뜩이던 허망한 민족주의」, 『한겨레 21』, 제709호(2008년 5월 8일).

74 박현숙, 「앗 뜨거, 애국전투의 성화」, 『한겨레 21』, 제709호(2008년 5월 8일).

75 이용수, 「CNN의 반란: "더 싼 값에 뉴스 공급" 통신시장 뛰어들어」, 『조선일보』, 2008년 12월 3일자.

76 이국배, 「CNN의 위기」, 『피디저널』, 2010년 4월 13일.

77 Richard A. Viguerie & David Franke, 『America's Right Turn: How Conservatives Used News and Alternative Media to Take Power』(Chicago: Bonus Books, 2004), pp.219~221.

78 이지선, 「'인간방패 논란' 폭스-CNN 설전」, 『경향신문』, 2011년 3월 23일.

79 「MSNBC」, 『Wikipedia』.

80 성기홍, 「'뉴욕타임스'가 되고 싶은 CNN의 고민」, 『기자협회보』, 2012년 5월 9일.

81 이태규, 「중도 언론이 설 자리 없는 미국 대선」, 『기자협회보』, 2012년 10월 10일.

82 양모듬, 「'만년 3등' CNN의 승부수…뉴스룸 뉴욕으로 이전」, 『조선일보』, 2014년 6월 2일.

83 Davis Merritt, 『KnightFall: Knight Ridder and How the Erosion of Newspaper Journalism Is Putting Democracy at Risk』(New York: AMACOM, 2005), pp.3~4.

84 Hank Whittemore, 『CNN: The Inside Story』(Boston, MA: Little, Brown and Company, 1990), p.54.

85 『Time』, May 11, 2009, p.32.

86 최원영, 「미국 CNN 회장 테드 터너와의 대화」, 『시사저널』, 1990년 10월 18일, 52면.

87 Hank Whittemore, 『CNN: The Inside Story』(Boston, MA: Little, Brown and Company, 1990), p.259.

88 Hank Whittemore, 『CNN: The Inside Story』(Boston, MA: Little, Brown and Company, 1990), p.201.

89 Hank Whittemore, 『CNN: The Inside Story』(Boston, MA: Little, Brown and Company, 1990), p.14.

90 Hank Whittemore, 『CNN: The Inside Story』(Boston, MA: Little, Brown and Company, 1990), p.1.

91 Hank Whittemore, 『CNN: The Inside Story』(Boston, MA: Little, Brown and Company, 1990), p.97.

92 강인선, 「걸프전쟁의 장외스타 CNN 연구」, 『월간조선』, 1991년 3월, 415~416면.

93 Harry F. Waters, 「Ted Turner's Empire」, 『Newsweek』, June 16, 1980, pp.63~66.

94 「Turner, Ted」, 『Current Biography』, 1979 ed., p.409.

95 Hank Whittemore, 『CNN: The Inside Story』(Boston, MA: Little, Brown and Company, 1990), p.11.

96 「Turner, Ted」, 『Current Biography』, 1979 ed., p.411.

97 Harry F. Waters, 「Ted Turner's Empire」, 『Newsweek』, June 16, 1980, p.66.

98 데니얼 버스타인(Daniel Burstein) · 데이비드 클라인(David Kline), 김광전 옮김, 『정보고속도로의 꿈과 악몽』(한국경제신문사, 1995/1996), 302쪽.

99 렉 휘태커(Reg Whitaker), 이명균 · 노명현 옮김, 『개인의 죽음: 이제 더 이상 개인의 프라이버시는 존재하지 않는다』(생각의나무, 2001), 127쪽.

100 Hank Whittemore, 『CNN: The Inside Story』(Boston, MA: Little, Brown and Company, 1990), p.153.

101 자넷 로우(Janet Lowe), 김광수 옮김, 『나는 CNN으로 세계를 움직인다: CNN의 창립자 테드 터너 성공신화』(크림슨, 1999/2004), 209쪽.

102 「Ted Turner」, 『Wikipedia』.

103 양문평, 「터너, 키스톤 XL송유관 건설 반대…그의 물소 목장에 해로워」, 『뉴시스』, 2012년 2월 26일.

커뮤니케이션 사상가들

ⓒ 강준만, 2017

초판 1쇄 2017년 2월 27일 찍음
초판 1쇄 2017년 3월 6일 펴냄

지은이 | 강준만
펴낸이 | 강준우
기획 · 편집 | 박상문, 박효주, 김예진, 김환표
디자인 | 최진영, 최원영
마케팅 | 이태준, 박상철
인쇄 · 제본 | 대정인쇄공사

펴낸곳 | 인물과사상사
출판등록 | 제17-204호 1998년 3월 11일

주소 | (121-839) 서울시 마포구 서교동 392-4 삼양E&R빌딩 2층
전화 | 02-325-6364
팩스 | 02-474-1413

www.inmul.co.kr | insa@inmul.co.kr

ISBN 978-89-5906-432-8 93300
값 20,000원

이 도서의 국립중앙도서관 출판시도서목록(CIP)은 서지정보유통지원시스템 홈페이(http://seoji.nl.go.kr)와
국가자료공동목록시스템(http://www.nl.go.kr/kolisnet)에서 이용하실 수 있습니다.
(CIP제어번호 : CIP2017005002)